面向 *21* 世纪课程教材

信息管理与信息系统专业教材系列

U0731335

管理科学
——运用Spreadsheet建模和求解

第 2 版

丁以中 ◎编著

清华大学出版社

北京

内 容 简 介

本书是在第 1 版的基础上修订而成的，系统介绍管理科学的方法、技术与应用。全书共 10 章，内容涉及优化技术、模拟技术、决策技术和库存论等。

本书的主要特点是全面引入 Spreadsheet 方法。Spreadsheet 教学法是近年来美国各大学全面推广的一种管理科学教学法。它在 Excel（或其他背景）下将所需解决的问题进行描述与展开，然后建立数学模型，并使用 Excel 的命令与功能进行优化、模拟、决策、预测等运算与分析。本书的重点不是数学公式的推导与计算，而是注重于如何对复杂的实际系统进行描述与建模，并运用计算机求解，因此避免了大量烦琐的数学公式，使得管理科学的理论方法简明直观、容易理解与应用，特别有利于那些注重应用的企业管理人员以及 MBA 学生的学习，从而为企业决策人员与管理人员掌握与应用管理科学开辟了一个广阔的前景。同时，本书介绍的方法也为管理类专业的学生和研究人员提供了研究实际问题的有效工具。

本书可作为研究生、本科生、MBA 学生的教材或参考书，也可作为各级管理人员、工程技术人员及高层决策人员的培训教材或自学参考书。

图书在版编目（CIP）数据

管理科学：运用 Spreadsheet 建模和求解 / 丁以中编著. --2 版. --北京：清华大学出版社，2013
（2017.12 重印）

（面向 21 世纪课程教材·信息管理与信息系统专业教材系列）

ISBN 978-7-302-32096-8

Ⅰ．①管… Ⅱ．①丁… Ⅲ．①管理学－高等学校－教材 Ⅳ．①C931

中国版本图书馆 CIP 数据核字（2013）第 082835 号

责任编辑：贺　岩
封面设计：何凤霞
责任校对：王凤芝
责任印制：王静怡

出版发行：清华大学出版社
　　　　网　　　址：http://www.tup.com.cn，http://www.wqbook.com
　　　　地　　　址：北京清华大学学研大厦 A 座　　　　邮　编：100084
　　　　社 总 机：010-62770175　　　　　　　　　　　　邮　购：010-62786544
　　　　投稿与读者服务：010-62776969，c-service@tup.tsinghua.edu.cn
　　　　质量反馈：010-62772015，zhiliang@tup.tsinghua.edu.cn

印　刷　者：清华大学印刷厂
装　订　者：三河市铭诚印务有限公司
经　　　销：全国新华书店
开　　　本：185mm×230mm　　　印张：21.25　　　插页：1　　　字数：455 千字
版　　　次：2003 年 3 月第 1 版　　2013 年 5 月第 2 版　　　印次：2017 年 12 月第 6 次印刷
印　　　数：9501～10500
定　　　价：36.00 元

产品编号：052685-01

前 言 PREFACE

（第 2 版）

　　本书系统地介绍了管理科学的方法、技术与应用，内容涉及优化、模拟、决策和库存论等。本书的主要特点是借鉴了美国高校管理科学教学和运筹学教学的成果，全面引入了Spreadsheet 方法。Spreadsheet 是近年来美国各大学乃至企业推广的一种管理科学教学与应用的有效方法，它使得管理科学的理论与方法易于被学生和广大管理工作者理解与掌握，为管理科学提供了一种问题描述、数据处理、模型建立与求解的有效方法，从而推动了管理科学与运筹学走向广大的管理者、走向实践。本书自 2003 年 3 月出版以来，先后印刷 12 次，受到广大学生和读者的欢迎。

　　本书的此次修订，是作者多年来在管理类本科生、研究生和 MBA 教学实践的基础上进行的。由于原书的内容是管理科学的基础知识，所以并没有做大的变更。首先，对原书的内容做了一些删除和改动，由原来的 12 章减为 10 章，并对原书第 10 章和第 11 章的章节做了调整，力求结构与内容更加简明实用，更加适合教学使用。其次，更新和修改陈旧的内容，适当增加了新内容。此外对原书的章节标题的语言做了修改，使之更加准确贴切。

　　本书共分 10 章。其中第 1 章为引言；第 2 章至第 6 章为优化技术及其应用，主要涉及线性规划、网络规划、线性整数规划、非线性规划的建模，求解及其应用；第 7 章为库存模型及其求解；第 8 章为模拟模型的建立、求解及其应用；第 9 章至第 10 章为决策技术，包括单目标决策与多目标决策技术及其建模与求解。

　　本书的第 1 章至第 6 章，第 8 章至第 9 章，以及第 10 章的第 1 节与第 2 节由丁以中撰写与修改；第 7 章（原书的第 11 章）由杨静蕾撰写，并由丁以中修改；第 10 章的第 3 节（原书的第 10 章第 5 节）由 Jennifer S. Shang 撰写，并由丁以中翻译与修改。

　　由于作者水平有限，不当之处恳请读者指正。

丁以中

2013 年 2 月

目 录 CONTENTS

CHAPTER 1
第1章

引　言

1.1　决策与定量分析

1.1.1　决策过程

人们每天都要面对许多有待于解决的问题。所谓解决问题,就是确定实际状态与所要求状态的差距,然后采取行动消除该差距的过程[①]。解决问题的过程一般包括如下步骤:

(1) 定义问题;

(2) 找出可行性方案;

(3) 确定评价准则;

(4) 对可行性方案进行评价;

(5) 选择方案;

(6) 履行所选择的方案;

(7) 结果反馈与评价。

其中,步骤(1)～(5)称为决策过程。可见决策始于明确问题,终于选定方案。如图1.1.1[②]所示。

1.1.2　定性分析与定量分析

在决策过程中,常采用两种基本的分析方法:定性分析方法和定量分析方法。见图1.1.2[③]。定性分析方法基于管理者的判断与经验,包括管理者对所要决策问题的"感觉"。定量分析方法是在收集相关数据资料的基础上,用数学表达式描述问题的目标、约束条件与各相关因素之间的关系,然后采用数学方法得到量化的分析结果。所以人们常将定性分析方法看作一种管理的"艺术",而将定量分析方法看作一种管理的"科学"。

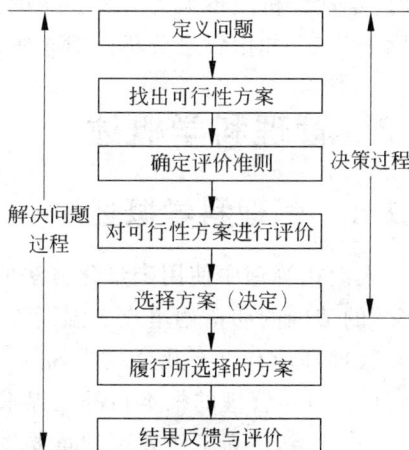

图 1.1.1　解决问题过程与决策过程

---

① David R. Anderson etc., Contemporary Management Science, South-Western College Publishing, USA, 1998, p. 2

② David R. Anderson etc., Contemporary Management Science, South-Western College Publishing, USA, 1998, p. 4

③ David R. Anderson etc., Contemporary Management Science, South-Western College Publishing, USA, 1998, p. 5

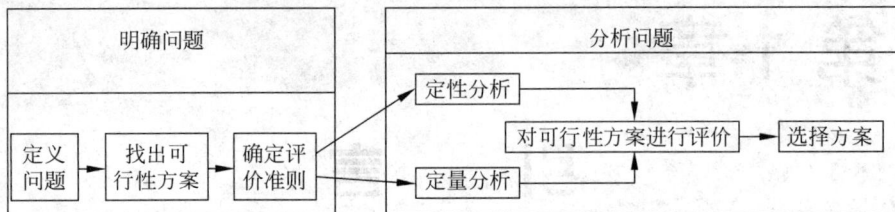

图 1.1.2　定性分析与定量分析

从图 1.1.2 可知，在决策过程中，首先对所要决策的问题进行定义，即从一般性的问题描述转化为确切的问题定义，然后找出解决该问题的各种可行性方案，并确定评价这些可行性方案的准则，这个过程称为明确问题的过程。问题明确之后，就可以根据情况进行定性分析或定量分析，对可行性方案进行评价，从而选择出最合理的方案。这个过程称为分析问题的过程。当管理者具有处理类似问题的相应经验，或当所要决策的问题较为简单时，定性分析法不失为一种实用的方法；而当管理者缺乏相应的经验，或者所要决策的问题十分复杂时，定量分析法对于管理者的正确决策则变得十分重要。

1.2　管理科学概述

1.2.1　管理科学概述

人们在管理中使用定量化方法的行为可追溯到 20 世纪初期。当时被称为“科学管理之父”的美国的弗雷德里克·温斯洛·泰罗（Frederic W. Taylor）创建了科学管理理论。科学管理理论有以下几个主要观点[①]：

（1）科学管理的根本目的是谋求最高工作效率；

（2）达到最高工作效率的重要手段是用科学的管理方法代替旧的经验管理；

（3）实施科学管理的核心问题是要求管理人员和工人双方在精神上和思想上来一个彻底变革。

根据以上观点，泰罗提出了以下管理制度：

（1）对工人提出科学的操作方法，以便合理利用工时，提高工效；

（2）在工资制度上实行差别计件制；

（3）对工人进行科学的选择、培训和提高；

（4）制定科学的工艺规程，并用文件形式固定下来以利推广；

（5）使管理和劳动分离。

而定量化方法在现代的应用则始于第二次世界大战。当时，人们将运筹学应用于军

---

① 周三多. 管理学原理与方法. 复旦大学出版社，1997，pp.50～52

事领域以进行复杂问题的决策。战后,定量化方法继续得到发展并被应用于非军事领域。1947 年,George Dantzig 提出了求解线性规划问题的简化方法。1957 年,由 Churchman,Ackoff 和 Arnoff[①] 撰写的第一本关于运筹学的著作应运而生。数字计算机的发明使得人们应用管理科学方法解决大规模复杂系统问题成为可能,极大地促进了现代管理科学的推广与应用。

"管理科学"是现代管理理论的一个重要学派。"管理科学"理论与泰罗的"科学管理"理论基本上属于同一个思想体系,但它又在"科学管理"理论的基础上有了新的发展。"管理科学"学派将近年来的最新科学技术成果应用于管理,形成了许多新的管理思想和管理技术,使管理工作的科学性达到了新的高度。为了区别于泰罗的"科学管理"理论,人们将新出现的一系列管理思想与管理技术称为"管理科学"。管理科学是"运用数学模型,对人力、设备、材料、资金等进行系统和定量的分析,以作出最优化规划和安排的管理理论和方法"。[②] 管理科学学派的主导思想是使用先进的数学方法及管理手段,使生产力得到最为合理的组织,以获得最佳的经济效益。"管理科学"理论有以下主要特点[③]:

(1) 生产和经营管理各个领域的各项活动都以经济效果的优劣作为评价标准,即要求行动方案能以总体的最少消耗获得总体的最大经济效益;

(2) 使衡量各项活动效果的标准定量化,并借助于数学模型描述事物的现状及发展规律,并找出最优的实施方案;

(3) 利用电子计算机进行各项管理;

(4) 强调使用先进的科学理论和管理方法,如系统论、信息论、控制论、运筹学、概率论等数学方法与数学模型。

在发达国家,大部分的成功企业均已将定量方法应用于企业生产与管理并取得很大的成功。据美国劳动统计局预测,对运筹学分析者这一职业的需求将从 1990 年的 57 000 人增长到 2005 年的 100 000 人,是需求增长最快的职业之一[④]。为促进管理科学理论与方法在实际管理工作中的应用,美国的大学近年来在管理科学课程的教学中普遍采用 Spreadsheet 教学法。Spreadsheet 提供了一种描述问题、处理数据、建立模型与解题的有效工具,使得管理科学的理论与方法易于被学生理解与掌握,大大推动了管理科学方法与技术在企业中的实际应用。

自 20 世纪 80 年代以来,管理科学在我国得到了迅速发展,许多大专院校建立了管理科学系,培养了大批管理人才。然而,管理科学在实际管理工作中的应用还远未普及。究其原因,除了我国企业的管理水平尚待提高外,另一个重要问题是我国管理科学教学中存

---

① C. W. Churchman, R. L. Ackoff, E. L. Arnoff, Introduction to Operation Research, New York: Wiley, 1957
② 胡式如等. 英汉经济管理词典. 上海外语教育出版社,1990,p. 627
③ 周三多. 管理学原理与方法. 复旦大学出版社,1997,pp. 73~74
④ David R. Anderson etc., Contemporary Management Science, South-Western College Publishing, USA, 1998, p. 2

在着理论与实践相分离的状况。由于在教学中常常过于强调数学问题，例如数学公式及其推导等，而对管理科学的思想、从实际问题中建立模型的技术，以及定量化方法在实际管理中的应用有所忽略。其结果，一方面使得不少管理人员望而却步，将管理科学看成深奥的、难以掌握的、抽象的数学问题；另一方面，管理科学难以在实践中普及。

本书引入 Spreadsheet 进行模型的建立与求解，并着力于讨论管理科学的应用。其目的是使得学生和广大管理人员能理解与掌握管理科学的一般理论与方法，并将其应用于管理工作的实践，以期促进管理科学与实践之结合。

1.2.2 模型

1. 模型的定义

用管理科学方法解决问题，一般需建立模型，用定量化方法来描述与分析所研究的问题。

模型是对现实系统或情景的一种描述，同时又是对现实系统的一种抽象。这里所说的系统，是指由两个或两个以上相互有联系的要素所组成的、具有特定功能的整体。

2. 模型的分类[①]

（1）根据模型与实际系统的一致程度分类

根据模型与实际系统的一致程度，一般可分成形象模型，图式模型，模拟模型，数学模型。

形象模型包括实体模型与比例模型。实体模型就是系统本身。比例模型是现实系统的放大或缩小，它能表明系统的主要特性和各个组成部分之间的关系。如船模，地球仪，原子模型等。

图式模型是用图表、图形、曲线、符号等将系统的实际状态加以抽象化的表现形式。如设计图、网络图、流程图等。

模拟模型是用一种系统去代替或近似描述另一种系统。如用电压模拟机械运动速度、船舶的水槽试验（称为物理模拟），用计算机模拟企业的经营活动等（称为计算机模拟）。

数学模型是对系统行为的一种数量描述，它使用字母、数字和符号，以数学方程抽象地表示系统及其要素的相互关系。数学模型又可按变量的种类分为确定型模型和随机型模型，连续型模型和离散型模型，静态模型和动态模型等。

（2）根据模型的目的分类

根据模型的目的，又可分为描述型模型和优化模型。描述型模型是对实际问题的数学描述，而优化模型则需求出在一定约束条件下使得目标达到最优的解。优化模型必须

---

① 姚德明等. 系统工程实用教程. 哈尔滨工业大学出版社，1984 年 8 月，p.103

明确说明以下两个问题：

① 目标。例如利润最大化、成本最小化等。描述所研究问题的目标的数学表达式称为目标函数。

② 约束条件。例如生产能力约束、资金约束、材料约束等。

3. 模型的建立

建立模型一般有以下步骤[①]：

(1) 定义问题。定义问题包括确定系统的目标和边界。

(2) 调查研究，收集数据。

(3) 建立数学模型。

(4) 模型的验证。为检验模型的有效性，需在使用前进行模型的验证。一般可用模型预测近期变量值，并将该预测值与实际值相比较，以确定模型的有效性。

(5) 选择可行方案。

(6) 模型运行求解，提出推荐的方案。

(7) 履行所推荐的方案，并进行评价。

4. 例：一个简单的描述型模型

假如某教师打算在早上 10 点到达市中心的图书馆，该图书馆离开他所在处的距离为 S，他可乘坐公交车到达该图书馆。公交车的速度通常为 V。若他想确定路上所需的时间以决定何时出发，则可建立模型如下：

$$T = S/V$$

T 即为路上所需时间。

现在，假如该教师必须在早上 10 点到达该图书馆参加一个重要会议。为保证不迟到，他还需考虑公交车在每个车站的停留时间。则模型变为：

$$T = (S/V) + (D \times N)$$

式中，D 为公交车在车站的平均停留时间，N 为车站数。

实际上，该问题远比上述模型复杂，因为影响路上所需时间的因素除了车辆速度和车站停留时间外，还与等车时间、交通拥挤状况、乘客上下频繁程度、气候等多种因素有关。不过，对于一般较粗略的时间估计，上述模型已经可以提供相应的参考了，不必作过于精细的计算。

从上例可得到以下结论：

(1) 模型通常是现实的抽象与简化；

(2) 模型是由那些与分析问题有关的主要要素构成，并表明这些主要要素之间的

---

① Wayne L. Winston, *Management Science*, Duxbury Press, 1997, pp. 8~9

关系；

（3）模型的精细程度与所要决策问题的需要有关。

1.3　一个例子：管理科学的应用

本节用一个盈亏平衡分析的例子说明管理科学的应用。盈亏平衡分析是通过分析产品产量、成本与盈利之间的关系，找出各投资方案盈利与亏损在产量、产品价格、单位产品成本等方面的临界值，以判断投资方案在各种不确定因素作用下的盈亏状况，从而为决策提供依据。

例 1.3.1　盈亏平衡分析

华丽床垫厂生产一种床垫，年固定费用为 90 000 元，生产一个床垫的可变费用为 50元，床垫的销售单价为 100 元。假定市场条件不变，产品价格稳定，所有的产品均能被销售。确定该产品在盈亏平衡点的产量（盈亏平衡点即保本点，这时总成本等于总收益）。如果该工厂生产 2 400 个床垫，盈亏情况如何？

解：设当产量为 X 时达到盈亏平衡点。则可建立如下模型：

（1）成本－产量模型

总成本为：
$$C(X) = 90\,000 + 50X \tag{1-3-1}$$
式中，X 为床垫的产量，C 为生产 X 个床垫的总成本，它是产量 X 的函数。

（2）收益－销售量模型

收益为：
$$R(X) = 100X \tag{1-3-2}$$
式中，X 为床垫的销售量（在本例中，床垫的销售量等于床垫的生产量）；$R(X)$ 为销售 X个床垫的总收益，它是产量 X 的函数。

边际收益是销售量变化一个单位时的收益变化量。从式（1-3-2）可见，床垫的边际收益为 100 元。

（3）利润－产量模型

总利润为：
$$P(X) = R(X) - C(X)$$
$$= 100X - (90\,000 + 50X)$$
$$= -90\,000 + 50X$$
式中，$P(X)$ 为总利润，它是 X 的函数。

（4）盈亏平衡分析

当总利润为零时，达到盈亏平衡。即，
$$P(X) = -90\,000 + 50X = 0$$
计算可得这时的产量为：$X = 1\,800$（个）

若生产 2 400 个床垫，则其利润为：$P(2\,400) = -90\,000 + 50 \times 2\,400 = 30\,000$（元）。

图 1.3.1 中的 B 点即为盈亏均衡点。当产量 X 大于 1 800 个（盈亏均衡点的产量）时，该产品盈利；当产量 X 小于 1 800 个时，该产品亏损；当 X 等于 1 800 个时，既无盈利

也无亏损。

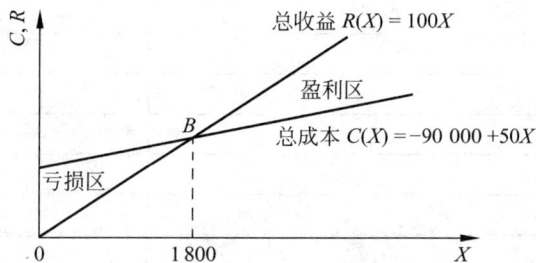

图 1.3.1　盈亏平衡分析图

1.4　Spreadsheet 在管理科学中的应用

　　Spreadsheet 为管理科学提供了一种问题描述、数据处理、模型建立与求解的有效工具,它在教学中的普遍运用,使得管理科学的理论与方法易于被学生与广大管理工作者理解与掌握,从而大大推动了管理科学的推广和应用。Spreadsheet 是在 Excel 或其他背景下将所需解决的问题进行描述与展开,然后建立数学模型,并使用 Excel 的命令与功能进行预测、决策、模拟、优化等运算与分析。

　　下面讨论如何以 Microsoft Excel 为背景,用 Spreadsheet 描述和解决例 1.3.1 中的问题。

　　打开 Excel 后,出现工作表。该工作表用作描述问题与建立模型时,称为 Spreadsheet。在 Spreadsheet 上进行盈亏分析的基本步骤如下:

　　首先在 Spreadsheet 中进行问题描述。用地址为 B4、B5、B6 的单元格分别表示固定费用、单位产品可变费用和产品单价,在这些单元格中分别输入已知数据。见表 1.4.1。

表 1.4.1　华丽床垫厂盈亏平衡分析模型

	A	B
1	例 1.3.1　盈亏平衡分析	
2		
3	产品成本	
4	固定费用	90 00
5	单位产品可变费用	50
6	单价	100
7		
8		
9	模型	
10	产品产量	2 400

续表

	A	B
11		
12	总成本	210 000
13		
14	总收益	240 000
15		
16	总利润	30 000

然后在 Spreadsheet 中建立模型。可在单元格 A9 处键入"模型"两个字，以表示以下为模型。用单元格 B10 表示产品产量，它是一个有待于确定的决策变量。由于总成本、总收益与总利润均与该决策变量有关，所以可将单元格 B10 用一个框围起来以示该决策变量的重要性。单元格 B12、B14、B16 分别表示总成本、总收益与总利润。总成本（单元格 B12）等于年固定费用与年可变费用之和，其中年可变费用等于单位产品可变费用与产品的产量之积，所以在单元格 B12 中输入下述公式：

＝B4＋B5＊B10

总收益（单元格 B14）等于产品价格与产品产量之积，在单元格 B14 中输入下述公式：

＝B6＊B10

总利润（单元格 B16）等于总收益与总成本之差，在单元格 B16 中输入公式：

＝B14－B12

运用上述模型即可计算出不同产品产量下的盈亏情况。例如，当产品的产量为 2 400 个时，可在单元格 B10 中输入 2 400，即得到此时的总成本、总收益与总利润分别为 210 000 元，240 000 元与 30 000 元，如表 1.4.1 所示。表 1.4.2 给出了该模型的公式。

表 1.4.2　华丽床垫厂盈亏平衡分析模型的公式

	A	B
1	例 1.3.1　盈亏平衡分析	
2		
3	产品成本	
4	固定费用	90 000
5	单位产品可变费用	50
6	单价	100
7		
8		
9	模型	
10	产品产量	2 400

续表

	A	B
11		
12	总成本	＝B4＋B5＊B10
13		
14	总收益	＝B6＊B10
15		
16	总利润	＝B14－B12

最后,确定盈亏均衡点。盈亏均衡点是总成本等于总收益的点,或总利润等于零的点。前面已经算出,当产量为 2 400 个时,总利润为 30 000 元,所以该点不是盈亏均衡点。可在单元格 B10 中继续输入其他产量值进行试算,直到总利润为零。下面介绍两种使用 Excel 中的命令迅速求出盈亏均衡点产量的方法,第一种方法使用数据表命令,第二种方法使用单变量求解命令。

方法一:数据表命令方法

Excel 中的数据表命令可用来计算不同输入下的输出值。在本例中,可用数据表命令计算不同产量下的盈利值或亏损值,其中,盈利值(或亏损值)为零时所对应的那一个产量,即为盈亏均衡点下的产量。用数据表命令求盈亏点下产量的步骤如下:

第一步:确定输入的决策变量值(即床垫的产量)的范围与计算步长。

前面已计算得到,当床垫的产量为 2 400 个时,总利润为正值,即盈利;在表 1.4.1 的模型中,若在单元格 B10 中试输入 1 400,得到总利润为负值,即亏损。因此,在产量为 1 400 与 2 400 之间,必有一个值使得总利润为零,这个值即为盈亏均衡点的产量。因此,可将输入范围定为[1 400,2 400],假设计算步长为 200。

第二步:在单元格 A23:A28 中分别输入从 1 400 至 2 400、步长为 200 的产量值。

第三步:在单元格 B22 中输入总利润的计算式＝B16。如表 1.4.3 所示。

表 1.4.3　构造数据表

	A	B
20	用数据表计算盈亏点	
21	产品产量	利润
22		＝B16
23	1 400	
24	1 600	
25	1 800	
26	2 000	
27	2 200	
28	2 400	

第四步：用 Excel 中的数据表命令计算不同产量下的利润值：

(1) 用光标选择单元格 A22：B28 的区域；

(2) 在 Excel 工作表的菜单栏中，选择"数据（Data）"，如图 1.4.1 所示；

(3) 选择"模拟运算表（Table）"，如图 1.4.1 所示；

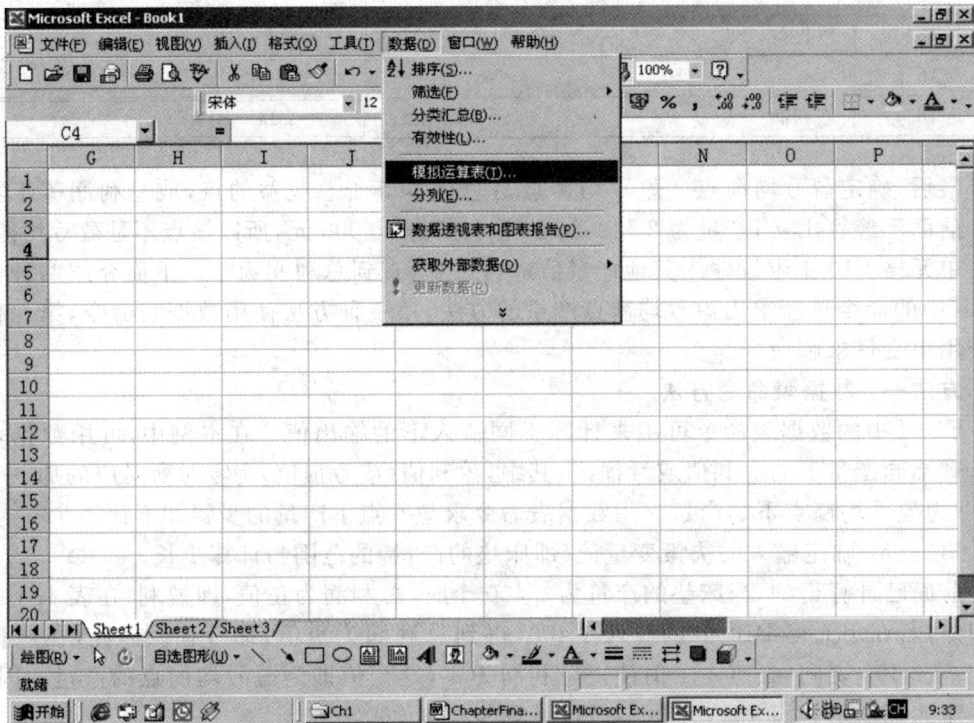

图 1.4.1　创建模拟运算表

(4) 出现模拟运算表对话框，在"输入引用列的单元格"一栏中输入"B10"，B10 是表示产量的单元格，这表示模拟运算表要计算的是不同产量下的利润，见图 1.4.2；

(5) 选择"确定"。

这时，表内将出现不同产量所对应的利润值，见表 1.4.4。从表中数据可见，当产量为 1 800 个时，总利润为零，即盈亏均衡点的产量为 1 800 个。

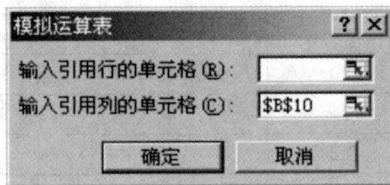

图 1.4.2　模拟运算表对话框

方法二：单变量求解命令方法

Excel 中的单变量求解命令可用来确定产生某个特定输出值（称为目标值）的对应输入值，使用该命令可迅速查出总利润（输出目标值）为零时对应的产量（输入值）。用单变量求盈亏点产量的步骤如下：

表 1.4.4 使用数据表命令确定盈亏均衡点的产量

	A	B
20	用数据表计算盈亏点	
21	产品产量	利润
22		30 000
23	1 400	−20 000
24	1 600	−10 000
25	1 800	0
26	2 000	10 000
27	2 200	20 000
28	2 400	30 000

第一步：在 Excel 的菜单栏中选择"工具(Tools)"，如图 1.4.3 所示。

图 1.4.3 创建单变量求解表

第二步：选择"单变量求解(Goal Seek)"，如图 1.4.3 所示。

第三步：这时，出现"单变量求解"对话框。在"目标单元格"一栏中输入地址"B16"（总利润值），在"目标值"一栏中输入"0"（表示总利润为零），在"可变单元格"一栏中输入地址"B10"（表示产量）。见图 1.4.4。该对话框的输入表明，下面要寻找的是当总利润为零时对应的产量值。选择"确定"。

　　这时，出现"单变量求解状态"界面，如图 1.4.5 所示。它表示已经求得了一个解。选择"确定"。

　　这时，在单元格 B10 中即得到盈亏均衡点的产品产量，为 1 800 个。见表 1.4.5。

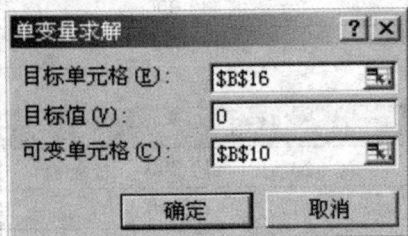

图 1.4.4　单变量求解对话框　　　　　　　　图 1.4.5　单变量求解状态界面

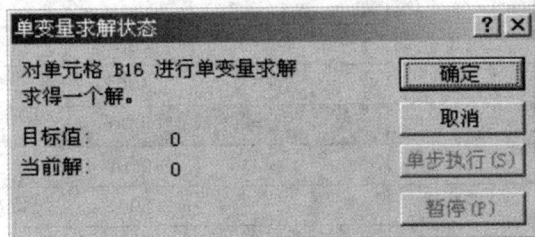

表 1.4.5　使用单变量求解命令确定盈亏均衡点的产量

	A	B	C
1	例 1.3.1　盈亏平衡分析		
2			
3	产品成本		
4	固定费用	90 000	
5	单位产品可变费用	50	
6	单价	100	
7			
8			
9	模型		
10	产品产量	1 800	
11			
12	总成本	180 000	
13			
14	总收益	180 000	
15			
16	总利润	0	
17			

CHAPTER 2
第2章

线 性 规 划

在社会经济活动中,人们总是希望通过某种途径,追求可能达到的最佳结果,这就是优化问题。其基本思路是在满足一定的约束条件下,使预定的目标值达到最优。

从本章至第6章将讨论优化问题。根据约束条件、目标函数、决策变量的不同性质,分别介绍优化技术中最常采用的线性规划、网络模型、整数规划和非线性规划。本章介绍线性规划的主要概念。

线性规划(linear programming)按其英文字头常记为LP。它最初是为解决"二战"中的后勤问题而产生的。自1947年丹茨格(G. B. Dantzig)提出解线性规划的单纯型法后,线性规划的理论体系和计算方法日趋系统和完善。随着电子计算机的发展,线性规划已广泛应用于商业、工业和军事,例如人力资源规划、选址问题、库存管理、生产计划、投资分析、营销决策等。

2.1 一个简单的最大化问题

下面以一个简单的最大化问题为例,说明线性规划的思路、建模与求解方法。

例 2.1.1 上海电器厂生产优化问题

上海电器厂生产A、B两种电器产品。产品A与产品B在生产过程中均需使用原材料1,其中每件所需消耗的原材料1的数量分别为6与2。同时,产品B还需使用原材料2,每件产品的消耗量为1。此外,每生产一件产品A与一件产品B所需的劳动时间分别为2与4。该厂可提供的两种原材料和劳动时间的数量是有限的。在第一个月初,该厂可提供的原材料1的数量为1800,原材料2的数量为350,可提供的总劳动时间为1600。该两种原材料的保存时间是一个月,也就是说,第一个月用不完的原材料只能丢弃。经财务部门分析计算,产品A与B每件利润分别为3元与8元。而且根据市场调查得到的该两种产品的市场需求状况可以确定,按当前的定价可确保所有产品均能销售出去。问第一个月内产品A与产品B各应生产多少,可使总利润最大?

在上述问题中,目标是总利润的最大化,所要决策的变量是产品的产量,而产品的产量则受到可提供的原材料与劳动时间的约束,因此该问题可以用目标、决策变量和约束条件三个因素加以描述。实际上,所有的线性规划问题都包含这三个因素。现对这三个因素简单说明如下:

(1)目标函数是指系统所追求的目标的数学描述。例如最大利润、最小成本等。

（2）决策变量是指系统中有待确定的未知因素。例如决定企业经营目标的各产品的产量等。

（3）约束条件是指实现系统目标的限制因素，它们限制了目标值所能达到的程度。例如原材料供应量、市场需求等。

下面对上述问题进行分析与求解。

解：本问题可用表 2.1.1 表示。

表 2.1.1　上海电器厂月生产安排

项　　目	1 件产品 A	1 件产品 B	总　量
原材料 1	6	2	1 800
原材料 2	0	1	350
劳动时间	2	4	1 600
利润	3	8	

（1）决策变量

本问题的决策变量是第一个月产品 A 与产品 B 的产量。可设：

X 为第一个月产品 A 的产量（件）；

Y 为第一个月产品 B 的产量（件）。

X、Y 即为本问题的决策变量。

（2）目标函数

本问题的目标函数是总利润最大。由于产品 A 与 B 每件利润分别为 3 元与 8 元，而其产量分别为 X 与 Y，所以总利润可计算如下：

$$总利润 = 3X + 8Y（元）$$

（3）约束条件

本问题共有四个约束。第一个约束是原材料 1 的约束。每件产品 A 与产品 B 对原材料 1 的消耗量分别为 6 与 2，而两种产品的产量分别为 X 与 Y，所以该两种产品在第一个月对原材料 1 的总消耗量为 $6X + 2Y$。由题意，原材料 1 的可提供量为 1 800。由此可得第一个约束如下：

$$6X + 2Y \leqslant 1\,800$$

第二个约束是原材料 2 的约束。由于只有产品 B 需消耗原材料 2，而且单位产品 B 对原材料 2 的消耗量为 1，产品 B 的产量为 Y，所以原材料 2 的总消耗量为 $1Y$。由题意，原材料 2 的可提供量为 350。由此可得第二个约束如下：

$$Y \leqslant 350$$

第三个约束是劳动时间的约束。由于每单位产品 A 与 B 对劳动时间的需要量分别为 2 与 4，而两种产品的产量分别为 X 与 Y，所以两种产品在第一个月所需的总劳动时间为 $2X + 4Y$。由题意，劳动时间的可提供量为 1 600。由此可得第三个约束如下：

$$2X + 4Y \leqslant 1\ 600$$

第四个约束是非负约束。由于产量不可能为负值,所以有:

$$X \geqslant 0, \quad Y \geqslant 0$$

由上述分析可建立本问题的线性规划模型如下:

o. b.　max　　$3X + 8Y$

s. t.　　$6X + 2Y \leqslant 1\ 800$　　（原材料 1 约束）

$Y \leqslant 350$　　（原材料 2 约束）

$2X + 4Y \leqslant 1\ 600$　　（劳动时间约束）

$X, Y \geqslant 0$　　（非负约束）

　　下一步就是要找出决策变量 X 与 Y 的值,使得在同时满足所有约束条件的前提下目标函数值达到最优,这就是线性规划的求解。该问题将在 2.3 节与 2.4 节中讨论。

　　本章讨论的问题均为线性规划问题。所谓"线性"规划,是指如果目标函数是关于决策变量的线性函数,而且约束条件也都是关于决策变量的线性等式或线性不等式,则相应的规划问题就称为线性规划问题。本题中,目标函数 $3X + 8Y$ 是关于决策变量 X 与 Y 的线性函数,而四个约束条件也都是关于决策变量 X 与 Y 的线性不等式,所以本问题是一个线性规划问题。

2.2　线性规划问题的图解法

2.2.1　可行域与最优解

　　在例 2.1.1 中所要寻求的解是产品 A 与产品 B 的产量组合。实际上,给出产品 A 与产品 B 的任意一组产量组合,就可能得到该问题的一个解,因此可以得到无穷多个解,但是其中只有满足所有约束条件的解才是符合题意的。满足所有约束条件的解称为该线性规划问题的可行解,全体可行解组成的集合称为该线性规划问题的可行域。其中,使得目标函数达到最优的可行解称为最优解。在例 2.1.1 中,如果能够找到一组能够满足所有约束条件的产量组合,则这个产量组合就是一个可行解;如果这个可行的产量组合能够使得总利润最大,则这个组合便是所求的最优解。

2.2.2　线性规划的图解法

　　例 2.1.1 的可行域可用图来描述。该问题有四个约束条件:

$$6X + 2Y \leqslant 1\ 800$$　　（原材料 1 约束）

$$Y \leqslant 350$$　　（原材料 2 约束）

$$2X + 4Y \leqslant 1\ 600$$　　（劳动时间约束）

$$X, Y \geqslant 0$$　　（非负约束）

　　图 2.2.1 给出了满足上述四个约束条件的区域。图中,横坐标为 X（产品 A 的产量）,纵坐标为 Y（产品 B 的产量）。约束不等式 $X \geqslant 0$ 表示以 Y 轴（直线 $X = 0$）为界的右

半平面;约束不等式 $Y \geqslant 0$ 表示以 X 轴(直线 $Y = 0$)为界的上半平面;约束不等式 $6X + 2Y \leqslant 1\,800$ 表示坐标平面上以直线 $6X + 2Y = 1\,800$ 为界的左下半平面;约束不等式 $Y \leqslant 350$ 表示坐标平面上以直线 $Y = 350$ 为界的下半平面;约束不等式 $2X + 4Y \leqslant 1\,600$ 表示坐标平面上以直线 $2X + 4Y = 1\,600$ 为界的左下半平面。因此,本问题的可行域,即满足所有四个约束条件的解的集合,为上述五个半平面的交集,也就是位于第一象限的凸多边形 $OABCD$(包括边界)。

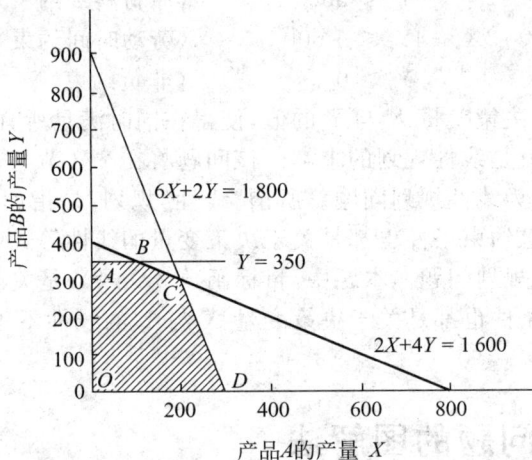

图 2.2.1　用图解法确定线性规划问题的可行域

本问题的目标是利润最大化,所以应在可行域内选择使得利润达到最大值的解。不妨考虑一下,哪些解可以使利润达到 720 元? 要回答这个问题,只需作出等利润直线 $3X + 8Y = 720$,该等利润直线上的每一点表示一种产量组合(即一个解),且所有这些点产生的利润均为 720 元。不过,这些点并不都是可行解,只有落在可行域内的那些点才是可行解。同理,作出等利润直线 $3X + 8Y = 1\,200$,该等利润直线落在可行域内的那些点即为使得利润达到 1 200 元的可行解。由此类推,可以作出一系列等利润直线 $3X + 8Y = k$,其中 k 可以取不同的值以表示不同的利润,见图 2.2.2。

不难发现,所有这些等利润直线都相互平行(这是因为它们具有相同的斜率),而且,越远离原点的等利润直线,它所代表的利润越高。因此,最优解应该是在可行域内的最远离原点的那条等利润直线上的点。本题中,既在可行域内,又最远离原点的等利润直线上的点是 B 点,因此 B 点是本问题的最优解,如图 2.2.2 所示。而 B 点是约束条件直线②(原材料 2 约束)和约束条件直线③(劳动时间约束)的交点,即同时满足下述方程的点:

$$Y = 350 \qquad\qquad\qquad ②$$
$$2X + 4Y = 1\,600 \qquad\qquad ③$$

解上述二元一次方程组,可得最优解为: $X = 100, Y = 350$。相应的最优值为: $3X + 8Y = 3 \times 100 + 8 \times 350 = 3\,100$。如果图画得很准确,可以通过直接观察图中 B 点的坐

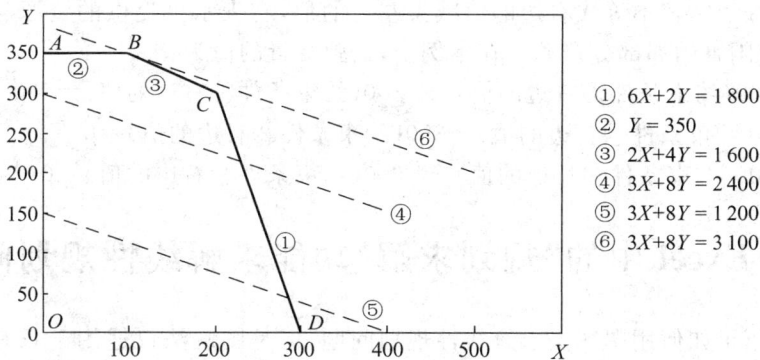

① $6X+2Y=1\,800$
② $Y=350$
③ $2X+4Y=1\,600$
④ $3X+8Y=2\,400$
⑤ $3X+8Y=1\,200$
⑥ $3X+8Y=3\,100$

图 2.2.2　用图解法确定线性规划问题的最优解

标,得到相同的结果。

图解法适用于求解含有两个决策变量的线性规划问题。现将采用图解法求解线性规划问题的步骤归纳如下:

第一步:在坐标图上作出代表各约束条件的直线;

第二步:确定满足所有约束条件的可行域;

第三步:作出任意一条等利润直线(令利润函数值等于任意一个特定值);

第四步:朝着使目标函数最优化的方向,平行移动该等利润直线,直到再继续移动就会离开可行域为止。这时,该等利润直线在可行域内的那些点,即为最优解。

2.2.3　松弛变量与线性规划模型的标准式

在例 2.1.1 中,若将最优解 $X=100$,$Y=350$ 代入约束条件的左边,就可得到三种材料的实际使用量如下:

$$6X+2Y=1\,300 \leqslant 1\,800 \qquad (\text{原材料 1 约束}) \qquad ①$$
$$Y \qquad \leqslant 350 \qquad (\text{原材料 2 约束}) \qquad ②$$
$$2X+4Y \qquad \leqslant 1\,600 \qquad (\text{劳动时间约束}) \qquad ③$$

可见原材料 1 有多余,而原材料 2、劳动时间没有多余。约束①称为"非紧"的约束,表示这时资源尚有多余;约束②与③称为"紧"的约束,表示这时资源已全部使用完毕。

若在约束条件左边加上一个变量,即可使得原来的"≤"约束不等式变为等式约束。例 2.1.1 中的模型可写为如下的等式形式:

$$\max \quad 3X+8Y+0S_1+0S_2+0S_3$$
$$6X+2Y+ S_1 \qquad = 1\,800$$
$$Y \quad + S_2 \qquad = 350$$
$$2X+4Y \qquad + S_3 = 1\,600$$
$$X,Y,S_1,S_2,S_3 \geqslant 0$$

上述等式形式的模型称为标准型线性规划模型。变量 S_1,S_2,S_3 称为松弛变量。松弛变量的值等于"≤"不等式右边的值减去左边的值，它表示可提供的资源与实际消耗的资源之差，即闲置的那部分资源。在本例中，松弛变量的值为：

$S_1 = 1\,800$（约束条件①右边的值）$-1\,300$（约束条件①右边的值）$=500$

$S_2 = 350$（约束条件②右边的值）-350（约束条件②右边的值）$=0$

$S_3 = 1\,600$（约束条件③右边的值）$-1\,600$（约束条件③右边的值）$=0$

2.3 用 Excel 中的"规划求解"功能求解线性规划问题

上节介绍了如何用图解法求解线性规划问题，但是图解法仅适用于只有两个决策变量的线性规划问题，而在实际问题中，常常有两个以上的决策变量。本节介绍用 Excel 的规划求解功能求解一般线性规划问题。下面采用 Excel 求解例 2.1.1 的线性规划问题。

一些常见的带有 Spreadsheet 的软件，如 Excel、Lotus 1-2-3 等，均有内置的线性规划求解功能。Excel 的规划求解功能是一种通用的优化与资源配置工具。下面仍以上海电器厂为例，说明运用 Excel 的"规划求解"功能求解线性规划问题的步骤。

2.3.1 用 Spreadsheet 进行问题描述与建模

首先用 Spreadsheet 描述问题与建立模型，见表 2.3.1。

表 2.3.1 用 Spreadsheet 对上海电器厂问题建模与求解

	A	B	C	D
1	例 2.2.1 上海电器厂生产优化问题			
2				
3	单位产品的资源需求			
4	资源	产品 A	产品 B	可提供资源量
5	原材料 1	6	2	1 800
6	原材料 2	0	1	350
7	劳动时间	2	4	1 600
8	单位产品利润	3	8	
9				
10	模型			
11				
12	决 策 变 量			
13		产品 A	产品 B	
14	产量	100	350	
15				
16	总利润最大化	3 100		
17				
18	约束	使用量（左边）		可提供量（右边）
19	原材料 1	1 300	<=	1 800
20	原材料 2	350	<=	350
21	劳动时间	1 600	<=	1 600

表 2.3.1 的上半部分是问题描述。问题描述是将已知的相关信息用简明的语言与数据表达出来,本题中就是对于上海电器厂关于产品所需的原材料、劳动时间、利润等信息的描述。表 2.3.1 的下半部分是建模部分。建立模型是键入该问题的目标函数计算公式、确定决策变量、描述与计算约束条件的过程。其具体做法如下:

(1) 设单元格 B14 和 C14 分别表示决策变量 X(第一个月产品 A 的产量)与 Y(第一个月产品 B 的产量);

(2) 设单元格 B16 表示目标函数(总利润),它的值 $=3X+8Y$,因此,在单元格 B16 中键入:

= B8 * B14+C8 * C14

上述公式等价于:

= sumproduct(B8:C8,B14:C14)

上述公式中的命令“= sumproduct(B8:C8,B14:C14)”表示将 B8:C8 中的元素(即单元格 B8 和 C8)与 B14:C14 中的相应元素(即单元格 B14 和 C14)分别相乘后求和,它等于 B8 * B14+C8 * C14 的值。

(3) 设单元格 B19、B20 和 B21 分别表示三个约束条件左边的值。其中,第一个约束条件左边是原材料 1 的实际使用量 $6X+2Y$,所以在单元格 B19 中键入:

= B5 * B14+C5 * C14

或者

= sumproduct(B5:C5,B14:C14)

得到第一个约束条件左边的值;

同理,在单元格 B20 和 B21 中分别键入:

= B6 * B14+C6 * C14

= B7 * B14+C7 * C14

分别得到第二个和第三个约束条件左边的值。

事实上,可将表示第一个约束条件左边的公式修改为:

= B5 * \$B\$14+C5 * \$C\$14

上式中,\$B\$14、\$C\$14 分别表示单元格 B14、C14 的绝对地址。然后利用复制功能,将上式复制到单元格 B20 和 B21 中,即可得到第二、第三个约束条件左边的公式。

(4) 设 D19、D20 和 D21 分别表示三个约束条件右边的值,即可提供的资源数量。它们分别等于单元格 D5、D6、D7 的值。因此,在单元格 D19 中输入下述公式:

= D5

即可得到第一个约束条件右边的值。然后将上述公式复制到单元格 D20 和 D21,分别得到第二个和第三个约束条件右边的值。

表 2.3.2 给出了相应的公式。

表 2.3.2　上海电器厂模型中的公式

	A	B	C	D	E
1	例 2.2.1　上海电器厂生产优化问题				
2					
3		单位产品的资源需求			
4	资源	产品 A	产品 B	可提供资源量	
5	原材料 1	6	2	1 800	
6	原材料 2		1	350	
7	劳动时间	2	4	1 600	
8	单位产品利润	3	8		
9					
10	模型				
11					
12	决 策 变 量				
13		产品 A	产品 B		
14	产量	100	350		
15					
16	总利润最大化	＝sumproduct(B8:C8,B14:C14)			
17					
18	约束	使用量（左边）		可提供量（右边）	
19	原材料 1	＝sumproduct(B5:C5,$B$14:$C$14)	＜＝	＝D5	
20	原材料 2	＝sumproduct(B6:C6,$B$14:$C$14)	＜＝	＝D6	
21	劳动时间	＝sumproduct(B7:C7,$B$14:$C$14)	＜＝	＝D7	
22					

2.3.2　用 Excel 的"规划求解"功能求解线性规划问题

用 Excel 的"规划求解"功能求解 2.3.1 中的模型的步骤如下。

第一步：打开 Excel 菜单栏中的工具菜单，出现一个子菜单。

第二步：单击该子菜单中的规划求解选项，出现一个矩形对话框，它是规划求解参数的对话框，如图 2.3.1 所示。该对话框用来输入规划的目标函数、决策变量和约束条件。

第三步：在规划求解参数对话框内填写参数所在的地址如下：

在设置目标单元格一栏内，填入表示目标函数值的单元格地址 B16，并选择最大值选项；

在可变单元格一栏内，填入决策变量的单元格地址 B14:C14。

第四步：单击添加按钮，出现添加约束对话框，在单元格引用位置一栏内，填入约束条件左边的值所在的单元格地址 B19:B21；选择＜＝；在约束值一栏内，填入约束条件左边的值的单元格地址 D19:D21。见图 2.3.2。

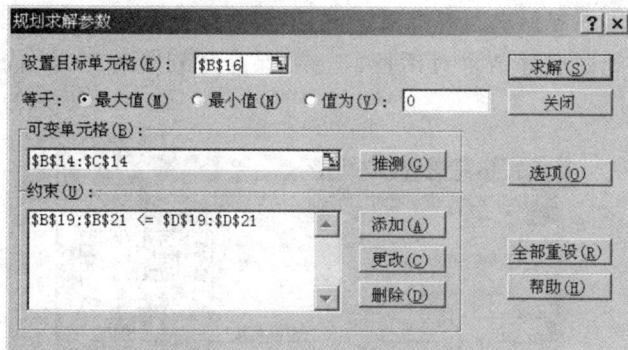

图 2.3.1　规划求解参数对话框

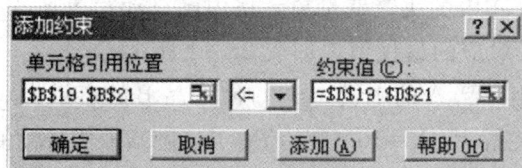

图 2.3.2　输入约束条件

单击"确定"按钮。得到一个填写完毕的规划求解参数对话框,如图 2.3.1 所示。

第五步:单击对话框内的选项按钮,出现规划求解选项对话框。该对话框用来输入规划求解运算中的有关参数,例如是否线性模型、是否假定非负、迭代次数、精度等。

第六步:在规划求解选项对话框内,大部分参数已经按一般要求设置好了,只需设置是否线性模型,以及是否假定非负。本题中,选择"采用线性模型";选择"假定非负";选择确定。见图 2.3.3。

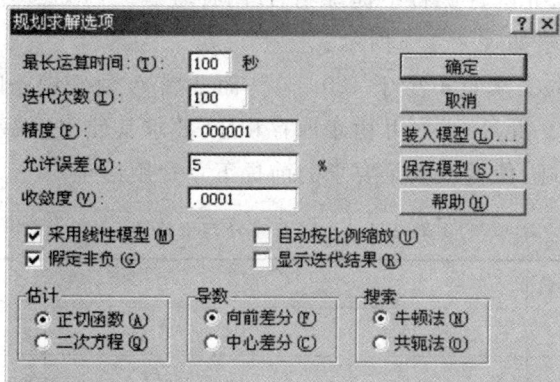

图 2.3.3　规划求解选项对话框

第七步：重新出现规划求解参数对话框，单击对话框内的求解按钮。

第八步：出现规划求解结果对话框，选择"保存规划求解结果"按钮；选择确定。见图 2.3.4。

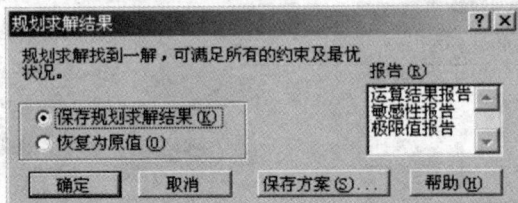

图 2.3.4　规划求解结果对话框

这时，在 Spreadsheet 中的决策变量单元格内已自动写入所求出的最优解，在目标函数单元格中已自动写入对应的最优值。如表 2.3.1 所示。

从表 2.3.1 可见，当产品 A 的产量为 100 吨、产品 B 的产量为 350 吨时，得到最大利润 3 100 元。即该问题最优解为：X＝100（吨），Y＝350（吨），最优目标值为 3 100（元）。

2.4　最小化问题

前面讨论了线性规划中的最大化问题，本节讨论最小化问题。

2.4.1　最小化问题及其线性规划模型

下面讨论一个简单的最小化问题。

例 2.4.1　贵州金属厂成本优化问题

贵州金属厂从Ⅰ、Ⅱ两种矿石中提炼 A、B 两种金属。已知每吨矿石中金属 A、B 的含量和两种矿石的价格如表 2.4.1 所示。

据预测，金属 B 的需求量不少于 420 千克，而金属 A 由于销路问题，该厂决定，其产量不得超过 600 千克。此外，矿石Ⅱ由于库存积压，要求其使用量不得少于 800 吨。问应使用各种矿石各多少吨，使得在满足要求的前提下总费用最小？

表 2.4.1　矿石成分与价格表

矿　石	金　属		价格/（元/吨）
	A	B	
Ⅰ	0.40	0.42	45
Ⅱ	0.25	0.15	10

解：根据题意可作如下分析：

（1）决策变量

本问题的决策变量是两种矿石的使用量。可设：

X 为矿石 I 的使用量(吨)；

Y 为矿石 II 的使用量(吨)。

（2）目标函数

本问题的目标函数是总费用最小。总费用可计算如下：

$$总费用 = 45X + 10Y（元）$$

（3）约束条件

本问题共有四个约束。第一个约束是金属 A 的产量约束,第二个约束是金属 B 的需求约束,第三个约束是矿石 II 的使用量约束,第四个约束是非负约束。由题意,这些约束可表达如下：

$$0.40X + 0.25Y \leqslant 600$$
$$0.42X + 0.15Y \geqslant 420$$
$$Y \geqslant 800$$
$$X \geqslant 0, \quad Y \geqslant 0$$

由上述分析,可建立该最小化问题的线性规划模型如下：

o.b.	min	$45X + 10Y$		
s.t.		$0.40X + 0.25Y \leqslant 600$	（金属 A 的产量约束）	①
		$0.42X + 0.15Y \geqslant 420$	（金属 B 的需求约束）	②
		$Y \geqslant 800$	（矿石 II 的使用量约束）	③
		$X \geqslant 0, \quad Y \geqslant 0$	（非负约束）	④

2.4.2 最小化问题的图解法

图 2.4.1 给出了满足上述四个约束条件的区域。图中,横坐标为 X(矿石 A 的使用量),纵坐标为 Y(矿石 B 的使用量)。约束不等式 $X \geqslant 0$ 表示以 Y 轴(直线 $X=0$)为界的右半平面；约束不等式 $Y \geqslant 0$ 表示以 X 轴(直线 $Y=0$)为界的上半平面；约束不等式 $0.40X + 0.25Y \leqslant 600$ 表示坐标平面上以直线 $0.40X + 0.25Y = 600$ 为界的左下半平面；约束不等式 $0.42X + 0.15Y \geqslant 420$ 表示坐标平面上以直线 $0.42X + 0.15Y = 420$ 为界的右上半平面；约束不等式 $Y \geqslant 800$ 表示坐标平面上以直线 $Y = 800$ 为界的上半平面。因此,本问题的可行域,即满足所有四个约束条件的解的集合,为上述五个半平面的交集,也就是如图 2.4.1 所示的位于第一象限的凸多边形 ABC(包括边界)。

本问题的目标是费用最小化,所以应在可行域内选择使得费用达到最小值的解。作等费用直线族 $45X + 10Y = k$(k 可取不同的常数)。对于一条等费用直线而言,其上的一

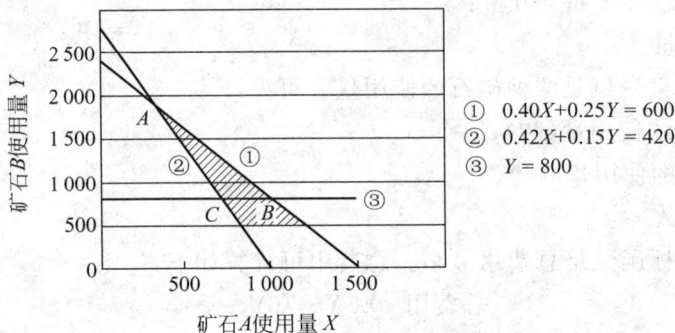

图 2.4.1　用图解法确定最小化问题的可行域

个点表示矿石使用量的一种组合（即一个解），且同一条等费用直线上所有各点对应的费用均相等。对于由许多等费用直线组成的等费用直线族来说，越靠近原点的等费用直线对应的费用越小。因此，最优解应是在可行域内的、最接近原点的那条等费用直线上的点。本题中，既在可行域内，又在最接近原点的等费用直线上的点是 A 点，如图 2.4.2 所示，所以 A 点的坐标就是最优解。而 A 点是约束条件直线①（金属 A 的产量约束）和约束条件直线②（金属 B 的需求量约束）的交点，也就是同时满足下述方程的点：

$$\text{s. t.} \quad 0.40X + 0.25Y = 600 \quad\quad\quad ①$$

$$0.42X + 0.15Y = 420 \quad\quad\quad ②$$

解上述二元一次方程组，可得最优解为：$X \approx 333.3$(t)，$Y \approx 1\,866.7$(t)。相应的最优值为：$45X + 10Y = 45 \times 333.3 + 10 \times 1\,866.7 \approx 33\,666$（元）。该解与图 2.4.2 中得到的结果相同。

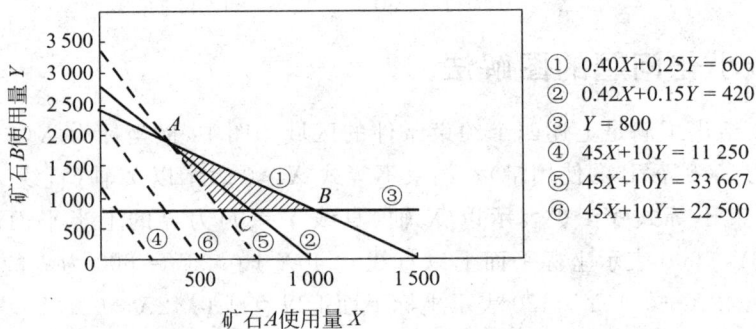

图 2.4.2　用图解法确定最小化问题的最优解

2.4.3　最小化问题的 Spreadsheet 解法

下面运用 Excel 的规划求解功能求解例 2.4.1 中的最小化问题。其 Spreadsheet 如

表 2.4.2 与表 2.4.3 所示。

表 2.4.2 的上半部分是问题描述,在相应的单元格中输入已知数据;下半部分是建模部分。建模的具体步骤如下:

(1) 确定决策变量

设单元格 B16;C16 分别表示决策变量 X、Y(两种矿石的使用量)。

(2) 输入目标函数公式

设单元格 C22 表示目标函数(总费用),它的数值 $= 45X + 10Y$,因此,在单元格 C22 中输入:

$= B11 * B16 + C11 * C16$

上述公式等价于:

$= sumproduct(B11:C11, B\$16:C\$16)$

(3) 输入约束条件

设单元格 C18:C20 分别表示三个约束条件左边的值。第一个约束条件左边是金属 A 的产量 $0.40X + 0.25Y$,所以在单元格 C18 中输入:

$= B7 * \$B\$16 + C7 * \$C\$16$

或者

$= sumproduct(B7:C7, \$B\$16:\$C\$16)$

将上述公式复制到单元格 C19,即可得到第二个约束条件左边的值。

第三个约束条件左边是矿石 Ⅱ 的使用量,它就是决策变量 Y。因此,在单元格 C20 中输入:

$= C16$

设单元格 E18:E20 分别表示三个约束条件右边的值。由题意,它们分别等于 F7、F8、C10 的值。

以上模型如表 2.4.2 所示。

表 2.4.2 贵州金属厂成本优化模型

	A	B	C	D	E	F	G
1	例 2.4.1 贵州金属厂成本优化问题						
2							
3	问题描述						
4							
5	每吨矿石中金属的含量(千克/吨)					金属需求量(千克)	
6		Ⅰ	Ⅱ				
7	金属 A	0.4	0.25			600	
8	金属 B	0.42	0.15			420	

续表

	A	B	C	D	E	F	G
9							
10	矿石Ⅱ最小使用量		800				
11	矿石价格（元/吨）	45	10				
12							
13							
14	模型						
15							
16	矿石使用量（吨）	333.3	1 866.7				
17							
18	金属 A 产量（千克）		600	<=	600		
19	金属 B 产量（千克）		420	>=	420		
20	矿石使用量约束		1 867	>=	800		
21							
22	总费用（元）		33.667				

上述模型的公式如表 2.4.3 所示。

（4）模型的数值表示和公式表示

Spreadsheet 可以用数值形式或公式形式表示模型。表 2.4.2 是用数值表示的模型，表 2.4.3 是用公式表示的模型。在 Spreadsheet 上可以按需要选择显示数值或显示公式的模型，其选择步骤如下：

① 打开 Excel 菜单栏中的"工具"（Tools）菜单，出现一个子菜单。如图 2.4.3 所示。

② 在该子菜单中单击"选项（Option）"按钮，出现一个有不同选择项目的矩形框。如图 2.4.4 所示。

③ 在选项矩形框中，选择项目"视图"。

表 2.4.3　贵州金属厂成本优化模型的公式

	A	B	C	D	E	F	G
1	例 2.4.1　贵州金属厂成本优化问题						
2							
3	问题描述						
4							
5	每吨矿石中金属的含量					金属需求量	
6	（千克/吨）	Ⅰ	Ⅱ			（千克）	
7	金属 A	0.4	0.25			600	
8	金属 B	0.42	0.15			420	
9							

续表

	A	B	C	D	E	F	G
10	矿石Ⅱ最小使用量		800				
11	矿石价格(元/吨)	45	10				
12							
13							
14	模型						
15							
16	矿石使用量(吨)	333.3	1 866.7				
17							
18	金属 A 产量(千克)	=sumproduct(B7:C7,$B$16:$C$16)		<=	=F7		
19	金属 B 产量(千克)	=sumproduct(B8:C8,$B$16:$C$16)		>=	=F8		
20	矿石使用量约束	=C16		>=	=C10		
21							
22	总费用(元)	=sumproduct(B11:C11,B16:C16)					

④ 在"视图"窗口中,若选择"公式(Formula)",则得到公式型的 Spreadsheet;若不选择"公式",则得到数值型的 Spreadsheet。

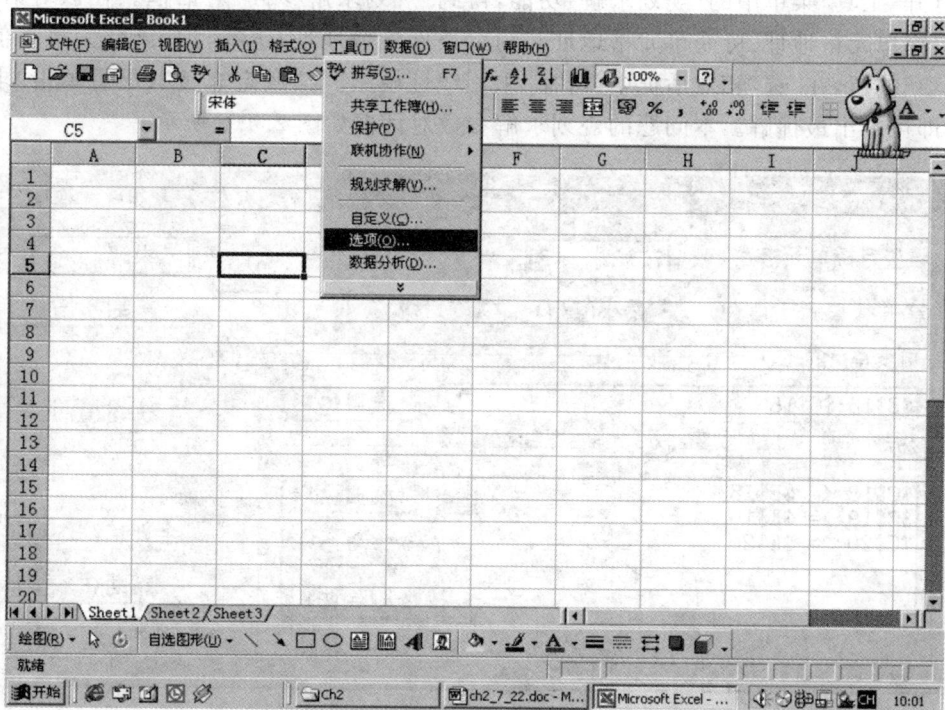

图 2.4.3 工具菜单

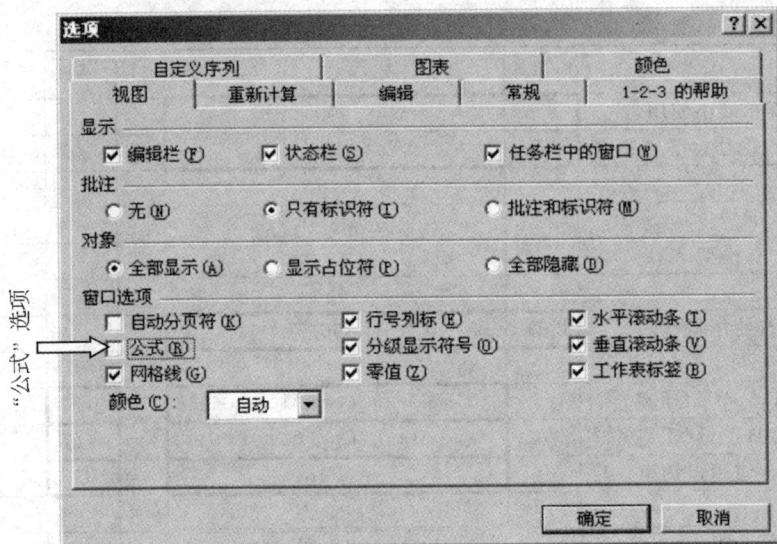

图 2.4.4　选项对话框

（5）模型的求解

打开"工具"菜单中的"规划求解"功能，得到"规划求解参数"对话框。在该对话框中输入目标单元格地址、可变单元格地址和约束条件参数地址，选择目标函数为最小值；单击"选项"按钮，在"选项"对话框中，选择"采用线性模型"与"假定非负"；最后单击"求解"按钮，即可求出最优解。本问题的规划求解参数对话框如图 2.4.5 所示。

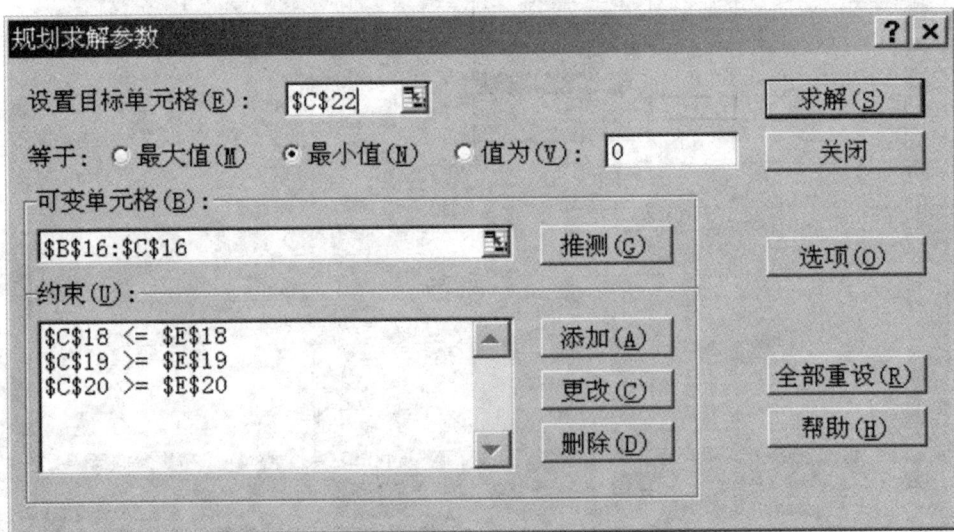

图 2.4.5　贵州金属厂模型规划求解参数对话框

从表 2.4.2 可知,当矿石Ⅰ和矿石Ⅱ的使用量分别为 333.3 吨与 1 866.7 吨时,总费用最小,约为 33 667 元。

2.4.4　剩余变量

在例 2.4.1 中,若将最优解 $X=333.3$、$Y=1\,866.7$ 代入约束条件的左边,可得:

$$0.40X+0.25Y=\ 600 \leqslant 600 \qquad (金属 A 的产量约束) \qquad ①$$
$$0.42X+0.15Y=\ 420 \geqslant 420 \qquad (金属 B 的需求约束) \qquad ②$$
$$Y=1\,867 \geqslant 800 \qquad (矿石Ⅱ的使用量约束) \qquad ③$$

约束①与②的左边等于右边,称为"紧"的约束;而约束③的左边大于右边,说明矿石Ⅱ的实际使用量不仅能够满足所要求的最小使用量,而且有剩余,称约束③为"非紧"约束。

若在约束条件③的左边减去一个变量,即可使得原来的"$\geqslant$"约束不等式变为等式约束。同理,可在约束条件②的左边减去一个变量,使原来的"$\geqslant$"约束不等式变为等式约束;在约束条件①的右边加上一个变量,使原来的"$\leqslant$"约束不等式变为等式约束。例 2.4.1 中的模型则可写为如下的等式形式:

$$
\begin{aligned}
\text{o. b.}\quad \min\quad & 45X+\ 10Y+0S_1+0S_2+0S_3 \\
\text{s. t.}\quad & 0.40X+0.25Y+S_1 \qquad\qquad\ = 600 \qquad ① \\
& 0.42X+0.15Y \qquad -S_2 \qquad\ = 420 \qquad ② \\
& Y \qquad\qquad\qquad -S_3 = 800 \qquad ③ \\
& X,Y,S_1,S_2,S_3 \geqslant 0 \qquad ④
\end{aligned}
$$

上述等式形式的模型称为标准型线性规划模型。变量 S_2,S_3 称为剩余变量(surplus),变量 S_1 称为松弛变量(slack)。剩余变量的值等于"$\geqslant$"不等式左边的值减去右边的值,它表示实际完成量与要求完成量之差,即"超额"的或"有剩余"的那部分数量。

在例 2.4.1 中,约束条件①的松弛变量为:

$S_1=600$(约束条件右边的值)-600(约束条件左边的值)$=0$。

约束条件②和③的剩余变量分别为:

$S_2=420$(约束条件左边的值)-420(约束条件右边的值)$=0$;

$S_3=1\,867$(约束条件左边的值)-800(约束条件右边的值)$=1\,067$。

2.5　线性规划问题的解的讨论

在前面所讨论的例题中,都得到了唯一的最优解,但是,并非所有的线性规划问题都具有唯一解。下面讨论线性规划问题的解可能出现的几种情况。

2.5.1　唯一解

线性规划问题具有唯一解是指,该规划问题有且仅有一个既在可行域内,又使目标值

达到最优的解。例 2.1.1 就是一个具有唯一解的规划问题,其数学模型如下:

$$
\begin{aligned}
\text{o. b.} \quad &\max \quad 3X+8Y \\
\text{s. t.} \quad &6X+2Y \leqslant 1\,800 \quad \text{（原材料 1 约束）} \\
&Y \leqslant 350 \quad \text{（原材料 2 约束）} \\
&2X+4Y \leqslant 1\,600 \quad \text{（劳动时间约束）} \\
&X,\ Y \geqslant 0 \quad \text{（非负约束）}
\end{aligned}
$$

上述模型可用图解法求出最优解,如图 2.5.1 所示。

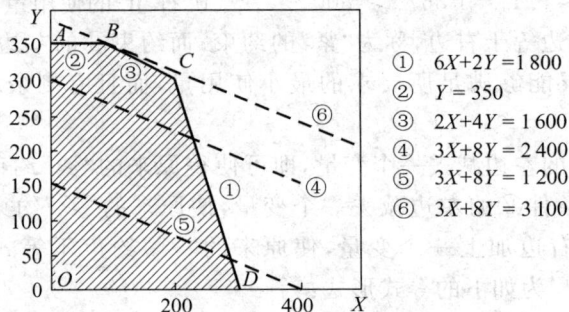

图 2.5.1　线性规划问题有唯一解的情况

从图 2.5.1 可见,既在可行域 OABCD 中,又使得目标值最大的点只有一个,那就是 B 点。所以 B 点的坐标($X=100, Y=350$)是该规划问题唯一的最优解。

2.5.2　无穷多解

线性规划问题具有无穷多解是指,该规划问题有无穷多个既在可行域内,又使目标值达到最优的解。

在例 2.1.1 中,设产品 A 的单位产品利润从 3 增加至 4,这时该问题的解将发生变化。用图解法可求出该问题的最优解,如图 2.5.2 所示。

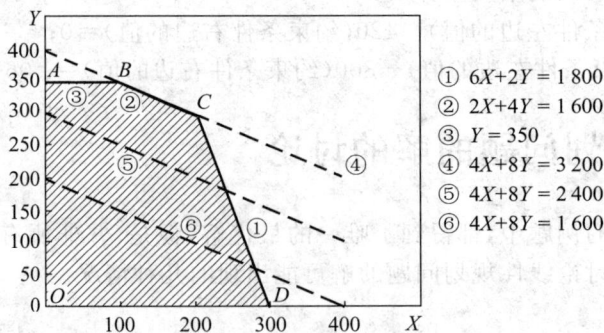

图 2.5.2　线性规划问题有无穷多个解的情况

从图 2.5.2 可见,等利润直线族中的直线 $4X+8Y=3\,200$ 与可行域中的边 BC 重叠,这时,线段 BC 上所有的点均为最优解。因此,该规划问题有无穷多个最优解。

2.5.3 线性规划问题无可行域的情况

当线性规划问题中的约束条件不能同时满足时,将出现无可行域的情况,这时不存在可行解,即该线性规划问题无解。

在例 2.1.1 中,若要求产品 A 的产量不得小于 400,则需再加上一个约束条件 $X \geqslant 400$。从图 2.5.3 可见,约束条件要求问题的解既在区域 $ABCDO$ 内,又在直线 EF 的右半平面内,显然这是不可能同时满足的,可见这时无可行域。因此,该线性规划问题无解。

有无可行域取决于约束条件,而与目标函数无关。

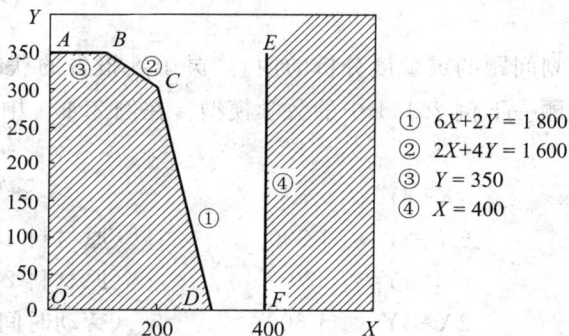

① $6X+2Y=1\,800$
② $2X+4Y=1\,600$
③ $Y=350$
④ $X=400$

图 2.5.3   线性规划问题无可行域的情况

2.5.4 线性规划问题可行域无界的情况

线性规划问题的可行域无界,是指最大化问题中的目标函数值可以无限增大,或最小化问题中的目标函数值可以无限减小。

在例 2.1.1 中,如果没有原材料约束与劳动时间约束,但要求产品 A 与产品 B 的总产量不得少于 350 单位,则该模型变为:

o. b.   max $3X+8Y$

s. t. $X+Y \geqslant 350$ (产量约束)

                            $X,Y \geqslant 0$ (非负约束)

该问题可用图 2.5.4 表示。

从图 2.5.4 可见,该问题的可行域是位于直线 AB 右上部分的半平面。在该可行域内,目标函数值(本问题中为利润)可以无限增大,因此该线性规划问题的可行域无界。

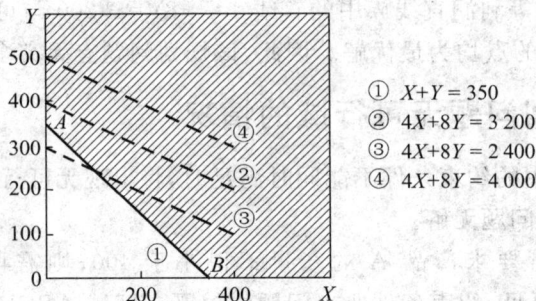

图 2.5.4　线性规划问题可行域无界的情况

2.6　线性规划的灵敏度分析和影子价格

本节讨论线性规划问题的灵敏度分析的内容、灵敏度报告的获得与使用以及影子价格的概念等。首先回顾一下例 2.1.1 中的数学模型。在例 2.1.1 中已建立了如下的数学模型：

o.b.	max	$3X+8Y$		
s.t.		$6X+2Y \leqslant 1\,800$	（原材料 1 约束）	①
		$Y \leqslant 350$	（原材料 2 约束）	②
		$2X+4Y \leqslant 1\,600$	（劳动时间约束）	③
		$X,\ Y \geqslant 0$	（非负约束）	

在上述模型中，决策变量 X、Y 分别表示产品 A 与产品 B 的产量；目标函数是利润最大化，其中，目标函数的系数 3 和 8 分别表示产品 A 与产品 B 每单位产品的利润；约束条件①、②分别是原材料 1 和原材料 2 的供应量约束，约束条件③是劳动时间约束。

用 Spreadsheet 解上述问题，得到上述问题的最优解为：$X=100,Y=350$

这时，利润达到最大，即得到最优目标值为 3 100 元。

现在假定市场状况或生产工艺发生了变化，使得目标函数中的系数发生了变化，例如，产品 A 的利润系数从 3（元/单位产品）增至 3.5（元/单位产品），那么，已求得的最优解、最优目标值会发生变化吗？目标函数的系数在什么范围内变化，才不会影响最优解？另外，如果原材料或劳动时间的供应量增加，最大利润将会如何变化？这些问题在实际生产管理中是十分重要的，它们也是灵敏度分析所要回答的问题。

2.6.1　灵敏度分析的内容

灵敏度分析是研究当目标函数中的系数发生变化，以及当约束条件右边的值发生变化时，原有的最优解、最优目标值受到的影响。

1. 目标函数中的系数的变化对最优解与最优目标值的影响

当目标函数中的系数变化时,等利润直线变得陡峭或平坦,它与可行域的交点也可能随之变化。目标函数中的系数改变足够大时,可使最优解发生变化。图 2.6.1 描绘了例 2.1.1 中目标函数中的系数变化时等利润直线的变化。当产品 A 的单位产品利润变化时,该等利润直线的斜率将发生变化。若等利润直线在图中所示的两条虚线 AE 和 BF 之间的范围内变化,则 B 点仍然是既在可行域上,又离原点最远的顶点,因此,这时最优解保持不变;若等利润直线变得足够陡峭(或足够平坦),超出了两条虚线之间的范围,则该等利润直线将与可行域相交于另一顶点 C 点(或 A 点),这时最优解将从顶点 B 点变为另一个顶点 C 点(或 A 点)。

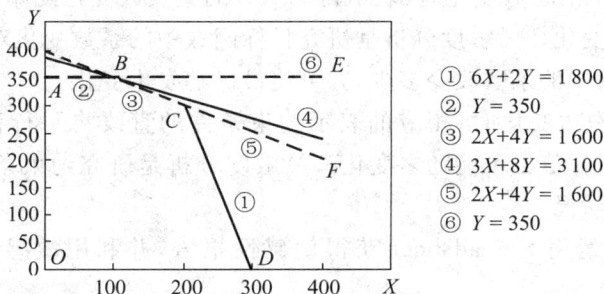

图中标注:

① $6X + 2Y = 1\,800$
② $Y = 350$
③ $2X + 4Y = 1\,600$
④ $3X + 8Y = 3\,100$
⑤ $2X + 4Y = 1\,600$
⑥ $Y = 350$

图 2.6.1　目标函数中的系数变化对最优解的影响

可见,当目标函数中的系数发生变化时,若变化量在某个范围内,则最优解不变;若变化足够大,则最优解将发生变化。而当最优解发生变化时,通常最优目标值也将随之发生变化。

2. 约束条件右边的变化对最优解与目标值的影响

当约束条件右边变化时,相应的表示约束的直线将平行移动,可行域将发生变化。当该移动足够大时,最优解、目标值也可能随之变化。图 2.6.2 描绘了例 2.1.1 中约束条件③(劳动时间约束)右边发生变化时,可行域的变化。当可提供的劳动时间减少时,表示劳动时间约束条件的直线 BC 移动至图中虚线 $B'C'$ 所示的位置,可行域亦随之变化,从多边形 $OABCD$ 变为多边形 $OAB'C'D$。这时,最优解与目标值均将发生变化。但是,如果约束条件①(原材料 1 约束)的右边发生变化,而且变化不太大,则可行域的变化不会影响最优解与目标值,该约束条件是“非紧”的。当然,如果变化很大,以致使该约束条件成为“紧”的,这时,最优解与最优目标值均可能发生变化。

可见,当约束条件右边发生变化时,最优解与最优目标值可能会发生变化。综上所述,灵敏度分析的主要内容包括:

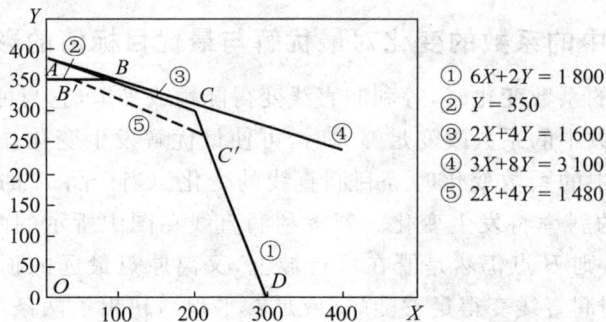

图 2.6.2　约束条件右边变化对最优解的影响

① $6X+2Y=1\,800$
② $Y=350$
③ $2X+4Y=1\,600$
④ $3X+8Y=3\,100$
⑤ $2X+4Y=1\,480$

（1）目标函数中的系数变化时，表示目标函数的直线族变得陡峭或平坦，它与可行域的交点也可能随之变化。灵敏度分析是研究目标函数中的系数变化对最优解与目标值的影响，以及目标函数中的系数改变多少，方可使最优解发生变化。

（2）约束条件右边变化时，相应的表示约束条件的直线将平行移动，可行域发生变化，最优解与最优目标值也可能随之变化。灵敏度分析是研究约束条件右边变化对目标值或最优解的影响状况。

下面介绍如何运用 Spreadsheet 获得敏感性报告，并利用敏感性报告进行灵敏度分析。

2.6.2　敏感性报告

灵敏度分析所要解决的问题可通过数学方法进行分析，例如可用数学公式计算目标函数中的系数或约束条件右边变化对最优解与最优目标值的影响。不过，这种计算一般比较复杂。幸运的是，运用 Excel 中的"规划求解"功能可以直接得到"敏感性报告"，利用该报告可以很方便地进行灵敏度分析。

1. 用 Spreadsheet 得到敏感性报告

用 Spreadsheet 得到敏感性报告的步骤如下：

第一步：打开 Excel 中的"工具"菜单，出现一个子菜单。

第二步：单击该子菜单中的规划求解按钮，出现一个矩形对话框，它是规划求解参数对话框。

第三步：在规划求解参数对话框内填写参数（包括目标单元格、可变单元格）所在的地址以及约束条件。单击对话框内的选项按钮，出现规划求解选项对话框。

第四步：在规划求解选项对话框内，选择采用线性模型，选择假定非负；选择确定。

第五步：再次出现规划求解参数对话框，单击对话框内的求解按钮。

第六步：出现规划求解结果对话框，选择"保存规划求解结果"按钮，同时在右部的报告中选择"敏感性报告";选择确定。见图 2.6.3。

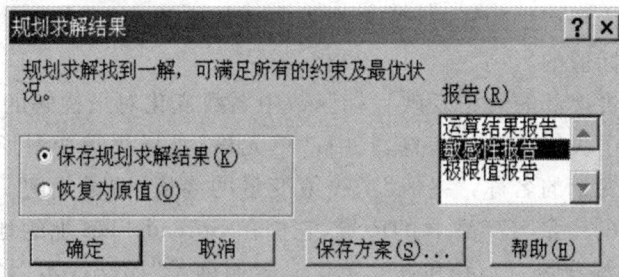

图 2.6.3 用 Spreadsheet 得到灵敏度分析报告

这时,就可得到一个名为敏感性报告的新工作表。

可见,获得敏感性报告的前五个步骤就是运用 Excel 中的"规划求解"功能求解线性规划问题的步骤,只需在最后的规划求解结果对话框内,选择"敏感性报告",即可获得该报告。

2. 敏感性报告中各项指标的含义

仍以例 2.1.1 为例,运用 Excel 中的"规划求解"功能可得到敏感性报告,如表 2.6.1 所示。下面介绍该敏感性报告中各项指标的含义。

表 2.6.1 敏感性报告

	A	B	C	D	E	F	G	H	I
1	Microsoft Excel 9.0 敏感性报告								
2	工作表[ex2-2.xls]Sheet1								
3	报告的建立:2001-07-27 15:47:25								
4									
5									
6	可变单元格								
7				终	递减	目标式	允许的		允许的
8	单元格		名 字	值	成本	系数	增量		减量
9	$B$15		产量 产品 A	100	0	3	1		3
10	$C$15		产量 产品 B	350	0	8	1E+30		2
11									
12	约束								
13				终	阴影	约束	允许的		允许的
14	单元格		名 字	值	价格	限制值	增量		减量
15	$B$20		原材料 1 使用量(左边)	1 300	0	1 800	1E+30		500
16	$B$21		原材料 2 使用量(左边)	350	2	350	50		50
17	$B$22		劳动时间 使用量(左边)	1 600	1.5	1 600	166.666 666 7		200
18									

敏感性报告由两部分组成。位于报告上部的表格（单元格 A6：I10）是关于目标函数中的系数变化对最优解产生的影响；位于报告下部的表格（单元格 A12：I17）是关于约束条件右边变化对目标值的影响。

位于敏感性报告上部的表格反映目标函数中系数变化对最优解的影响。表格中的前三列是关于该问题中决策变量的信息，其中，"单元格"是指决策变量所在单元格的地址，"名字"是这些决策变量的名称，"终值"是决策变量的终值，即最优解。在本题中，有两个决策变量：产品 A 的产量与产品 B 的产量，它们在 Spreadsheet 上的地址分别是 $B$15 和 $C$15，其最优解分别为 100 和 350 单位。第四列是"递减成本"，它的绝对值表示目标函数中决策变量的系数必须改进多少，才能得到该决策变量的正数解。这里的"改进"，在最大化问题中是指增加，在最小化问题中则是指减少。本题中，两个决策变量均已得到正数解，所以它们的递减成本均为零。第五列"目标式系数"是指目标函数中的系数，它是题目中的已知条件。本题中，目标函数中两个决策变量的系数分别为 3 和 8。第六列与第七列分别是"允许的增量"和"允许的减量"，它们表示目标函数中的系数在允许的增量与减量范围内变化时，最优解不变。本题中，第一个决策变量（产品 A 的产量）的目标系数为 3，允许的增量为 1，允许的减量为 3，因此，该目标系数在 $[3-3,3+1]$，也就是 $[0,4]$ 范围内变化时，该问题的最优解不变。同理，第二个决策变量（产品 B 的产量）的目标系数为 8，允许的增量为 1E30，允许的减量为 2，因此，该目标系数在 $[6,+\infty]$ 范围内变化时，该问题的最优解不变。应注意，这里给出的决策变量的"允许变化范围"是指其他条件不变，仅在该决策变量变化时的允许变化范围。

位于敏感性报告下部的表格反映约束条件右边变化对目标值的影响。表格中的前三列是关于约束条件左边的信息，其中，"单元格"是指约束条件左边所在单元格的地址，"名字"是约束条件左边的名称，"终值"是约束条件左边的终值。在本题中，有三个约束条件，它们的左边分别是原材料 1 使用量，原材料 2 使用量和劳动时间使用量，它们在 Spreadsheet 上的地址分别是 $B$20，$B$21 和 $B$22，其终值分别为 1 300，350 和 1 600。第四列为"阴影价格"，即影子价格，关于影子价格问题将在稍后进行讨论。第五列为"约束限制值"，指约束条件右边的值，通常是题目中给出的已知条件。本题中，三个约束条件右边的值分别表示原材料 1、原材料 2 与劳动时间的供应量，它们分别为 1 800，350 与 1 600。第六列与第七列是"允许的增量"和"允许的减量"，它们表示约束条件右边在允许的增量与减量范围内变化时，影子价格不变。例如本题中，第一个约束条件右边的值为 1 800，允许的增量为 1E30，允许的减量为 500，因此，该约束条件右边在 $[1\,800-500,1\,800+\infty]$，也就是 $[1\,300,+\infty]$ 范围内变化时，原材料 1 的影子价格不变。应注意，这里给出的某约束条件右边的"允许变化范围"是指其他条件不变，仅在该约束条件右边变化时的允许变化范围。同理，第二个约束条件右边在 $[350-50,350+50]$，即 $[300,400]$ 范围内变化时，原材料 2 的影子价格不变；第三个约束条件右边在 $[1\,600-200,1\,600+166.7]$，即 $[1\,400,1\,766.7]$ 范围内变化时，劳动时间的影子价格不变。

3．影子价格

在敏感性报告下部的表格中，第四列是影子价格，这是一个十分重要的概念。影子价格是指约束条件右边增加（或减少）一个单位，目标值增加（或减少）的数量。

在例 2.1.1 中有三个资源约束，每种资源的影子价格是该种资源供应量增加（或减少）一个单位时，总利润增加（或减少）的数量。例如，从敏感性报告可知，第一个约束条件（原材料 1 供应量约束）的影子价格为 0，这说明在允许的范围 $[1\,300, +\infty]$ 内，再增加（或减少）一个单位的原材料 1 供应量，总利润不变。第二个约束条件（原材料 2 供应量约束）的影子价格为 2，说明在允许的范围 $[300, 400]$ 内，再增加（或减少）一个单位的原材料 2 供应量，总利润将增加（或减少）2 元。第三个约束条件（劳动时间供应量约束）的影子价格为 1.5，说明在允许的范围 $[1\,400, 1\,766.7]$ 内，再增加（或减少）一个单位的劳动时间供应量，总利润将增加（或减少）1.5 元。

4．使用敏感性报告进行灵敏度分析

下面采用敏感性报告对例 2.1.1 进行灵敏度分析，并回答本节开始时提出的问题。

(1) 若产品 A 的利润系数从 3（元/单位产品）增至 3.5（元/单位产品），那么，已求得的最优解、最优目标值会变化吗？该系数在什么范围内变化，才不会影响最优解？

由表 2.6.1 所示的敏感性报告上部的表格可知，产品 A 的系数在允许的变化范围 $[3-3, 3+1]$，即 $[0, 4]$ 区间变化时，不会影响最优解。现在，产品 A 的利润系数增至 3.5，是在允许的变化范围内，所以最优解不变，仍然是 $X=100, Y=350$。

应注意的是，这时最优目标值（即最大利润）将发生变化。原来的最大利润 $=3X+8Y=3\times100+8\times350=3\,100$（元），变化后的最大利润 $=3\,100+(3.5-3)\times100=3\,150$（元）。

(2) 若原材料 2 的供应量增加 30 千克，最大利润将为多少？

由表 2.6.1 所示的敏感性报告下部的表格可知，当原材料 2 的约束条件右边在允许变化的范围 $[350-50, 350+50]$，即 $[300, 400]$ 区间变化时，原材料 2 的影子价格不变。现在，原材料 2 的供应量增加了 30 千克，变为 380 千克，是在允许增加的范围内，所以，其影子价格不变，仍然等于 2。也就是说，原材料 2 的供应量每增加 1 千克，将使最大利润增加 2 元。当原材料 2 的供应量增加 30 千克时，最大利润将增加 $2\times30=60$（元），最大利润 $=3\,100+60=3\,160$（元）。

2.6.3 例题

例 2.6.1 雅致家具厂生产计划优化问题

雅致家具厂生产四种小型家具，由于该四种家具具有不同的大小、形状、重量和风格，

所以它们所需要的主要原料（木材和玻璃）、制作时间、最大销售量与利润均不相同。该厂每天可提供的木材、玻璃与工人劳动时间分别为 600 单位、1 000 单位与 400 小时，见表 2.6.2。问：

（1）应如何安排该四种家具的日产量，使得该厂的日利润最大？

（2）该厂是否愿意付出 10 元的加班费，让某工人加班 1 小时？

（3）如果可提供的工人劳动时间变为 398 小时，该厂的日利润将有何变化？

（4）该厂应优先考虑购买何种资源？

（5）若因市场变化，第一种家具的单位利润从 60 元下降到 55 元，问该厂的生产计划及日利润将如何变化？

表 2.6.2　雅致家具厂基本数据

家具类型	劳动时间 （小时/件）	木材 （单位/件）	玻璃 （单位/件）	单位产品利润 （元/件）	最大销售量 （件）
1	2	4	6	60	100
2	1	2	2	20	200
3	3	1	1	40	50
4	2	1	2	30	100
可提供量	400（小时）	600（单位）	1 000（单位）		

解：根据题意，本问题的决策变量是四种家具的日产量，目标函数是日利润最大化，而约束条件则是资源（木材、玻璃和劳动时间）约束、需求量约束与非负约束。因此，本问题可用下列线性规划模型描述。

$$\text{o. b.} \quad \max \quad 60X_1 + 20X_2 + 40X_3 + 30X_4$$

$$
\begin{array}{llll}
\text{s. t.} & 4X_1 + 2X_2 + \ X_3 + 2X_4 \leqslant 600 & \text{（木材约束）} & ① \\
& 6X_1 + 2X_2 + \ X_3 + 2X_4 \leqslant 1\,000 & \text{（玻璃约束）} & ② \\
& 2X_1 + \ X_2 + 3X_3 + 2X_4 \leqslant 400 & \text{（劳动时间约束）} & ③ \\
& X_1 \leqslant 100 & \text{（家具 1 需求量约束）} & ④ \\
& X_2 \leqslant 200 & \text{（家具 2 需求量约束）} & ⑤ \\
& X_3 \leqslant 50 & \text{（家具 3 需求量约束）} & ⑥ \\
& X_4 \leqslant 100 & \text{（家具 4 需求量约束）} & ⑦ \\
& X_1, \ X_2, \ X_3, \ X_4 \geqslant 0 & \text{（非负约束）} & ⑧
\end{array}
$$

其中，X_1，X_2，X_3，X_4 分别为四种家具的日产量。

用 Excel 中的"规划求解"功能可求出上述线性规划问题的最优解与最优值。规划求解功能中的对话框如图 2.6.4 所示，该规划问题的模型与公式分别如表 2.6.3 与

表 2.6.4 所示。

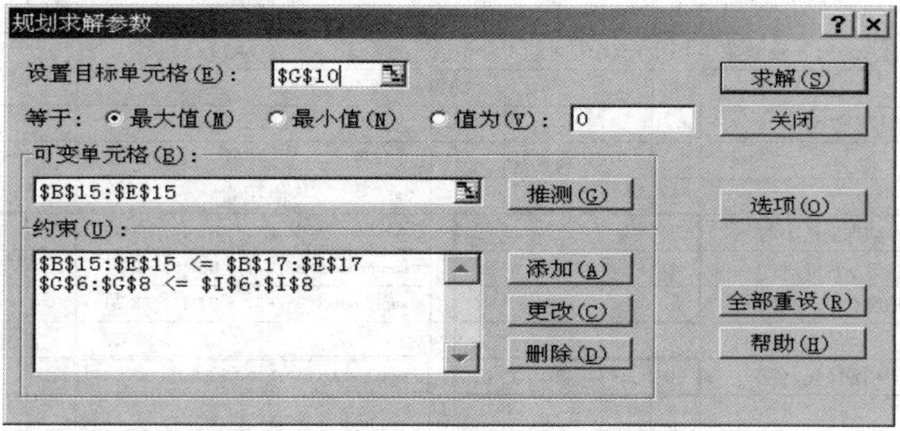

图 2.6.4　雅致家具厂规划求解参数对话框

表 2.6.3　雅致家具厂生产计划优化模型

	A	B	C	D	E	F	G	H	I	J
1	例 2.6.1　雅致家具厂生产优化问题									
2										
3	问题描述									
4				家具类型						
5		1	2	3	4		使用量		可提供量	
6	劳动时间(小时/件)	2	1	3	2		400	<=	400	
7	木材(单位/件)	4	2	1	2		600	<=	600	
8	玻璃(单位/件)	6	2	1	2		800	<=	1 000	
9										
10	日利润(元/件)	60	20	40	30		9 200			
11										
12	模型									
13				家具类型						
14		1	2	3	4					
15	日产量(件)	100	80	40	0					
16		<=	<=	<=	<=					
17	最大日销售量(件)	100	200	50	100					
18										

表 2.6.4　雅致家具厂生产计划优化模型的公式表示

	A	B	C	D	E	F	G	H	I
1	例 2.6.1　雅致家具厂生产优化问题								
2									
3	问题描述								
4				家具类型					
5		1	2	3	4		使用量		可提供量
6	劳动时间（小时/件）	2	1	3	2		=sumproduct(B6:E6, $B$15:$E$15)	<=	400
7	木材（单位/件）	4	2	1	2		=sumproduct(B7:E7, $B$15:$E$15)	<=	600
8	玻璃（单位/件）	6	2	1	2		=sumproduct(B8:E8, $B$15:$E$15)	<=	1 000
9									
10	日利润（元/件）	60	20	40	30		=sumproduct(B10:E10, $B$15:$E$15)		
11									
12	模型								
13				家具类型					
14		1	2	3	4				
15	日产量（件）	100	80	40	0				
16		<=	<=	<=	<=				
17	最大日销售量（件）	100	200	50	100				
18									

根据模型运行结果可作出如下分析：

(1) 由模型的解可知，雅致家具厂四种家具的最优日产量分别为 100 件、80 件、40 件和 0 件，这时该厂的日利润最大，为 9 200 元。

本问题的敏感性报告如表 2.6.5 所示。由上述敏感性报告可进行灵敏度分析，并回答题目中的问题(2)～(5)。

(2) 由敏感性报告可知，劳动时间的影子价格为 12 元，即在劳动时间的增量不超过 25 小时的条件下，每增加 1 小时劳动时间，该厂的利润（目标值）将增加 12 元。因此，付给某工人 10 元以增加 1 小时劳动时间是值得的，可多获利 12－10＝2(元)。

(3) 当可提供的劳动时间从 400 小时减少为 398 小时时，该减少量在允许的减量（100 小时）内，所以劳动时间的影子价格不变，仍为 12 元。因此，该厂的利润变为：9 200 ＋12×(398－400)＝9 176(元)。

(4) 由敏感性报告可见，劳动时间与木材这两种资源的使用量等于可提供量，所以它们的约束条件为"紧"的，即无余量的；而玻璃的使用量为 800，可提供量为 1 000，所以玻璃的约束条件是"非紧"的，即有余量的。因此，应优先考虑购买劳动时间与木材这两种资源。

表 2.6.5 雅致家具厂生产优化问题的敏感性报告

	A　B	C	D	E	F	G	H
1	Microsoft Excel 9.0 敏感性报告						
2	工作表[ex2-6.xls]Sheet1						
3	报告的建立：2001-08-06 11:04:02						
4							
5							
6	可变单元格						
7			终	递减	目标式	允许的	允许的
8	单元格　　名　字		值	成本	系数	增量	减量
9	$B$15　日产量(件)		100	20	60	1E+30	20
10	$C$15　日产量(件)		80	0	20	10	2.5
11	$D$15　日产量(件)		40	0	40	20	5.0
12	$E$15　日产量(件)		0	−2.0	30	2.0	1E+30
13							
14	约束						
15			终	阴影	约束	允许的	允许的
16	单元格　　名　字		值	价格	限制值	增量	减量
17	$G$6　劳动时间(小时/件)		400	12	400	25	100
18	$G$7　木材(单位/件)		600	4	600	200	50
19	$G$8　玻璃(单位/件)		800	0	1 000	1E+30	200
20							

（5）由敏感性报告可知，家具 1 的目标系数（即单位利润）允许的减量为 20，即当家具 1 的单位利润减少量不超过 20 元时，最优解不变。因此，若家具 1 的单位利润从 60 元下降到 55 元，下降量为 5 元，该下降量在允许的减量范围内，这时，最优解不变。四种家具的最优日产量仍分别为 100 件、80 件、40 件和 0 件。最优值变为 9 200＋(55−60)×100 ＝8 700(元)。

CHAPTER 3

C 第 3 章

线性规划模型的应用

    线性规划已被广泛应用于经济领域,包括生产计划、广告媒体选择、投资决策、资本预算、运输、配送系统设计、人事安排、产品配比问题等。实践证明,线性规划是进行管理决策的最有效的方法之一。本章介绍线性规划模型在各个领域的应用,主要涉及市场营销、财务管理和运营管理等方面[①]。

3.1 市场营销问题

    线性规划在市场营销中的应用十分广泛。而广告和市场调查是市场营销的重要内容。本节介绍在广告媒体选择和市场调查问题中,如何应用线性规划进行决策。

3.1.1 媒体选择问题

    媒体选择问题是指公司在市场营销中如何合理地选择广告媒体,并对所选择的各种媒体的广告投资进行优化组合。广告媒体通常包括报刊、杂志、电视、广播电台、直接邮寄等。媒体选择问题的决策变量是各种广告媒体的投资预算,其目标通常是使得广告被最大限度地收听或收看,而约束条件则往往取决于公司的总预算与政策、公司对广告的要求、可供选择的广告媒体的种类与成本等。下面用一个例子说明如何应用线性规划进行媒体选择。

    例 3.1.1 白云洗涤剂厂广告媒体选择问题

    白云洗涤剂厂试制出一种新型高效洗衣粉,该厂希望在较短的时间内将这种新产品推向市场,其中要采取的一个重要的营销手段就是广告。该厂可使用电视、报刊、广播电台等媒体做广告,也可将洗衣粉样品与广告小册子同时发放给消费者进行宣传。上述各种广告途径的可达人数、成本、可提供的广告数、单位广告的影响力如表 3.1.1 所示。此外,该厂希望通过各种广告,使得至少 500 000 人看到广告;并且由于电视的影响力较大,厂方要求电视广告数不得少于 10 个,其中黄金档电视广告数不得少于 2 个;广告的总预算为 30 000 元,其中电视广告预算为 18 000 元。该厂应如何合理地选择媒体,在满足上述要求的前提下使得广告的影响力最大?

---

    ① 关于线性规划模型的应用,更详细的内容可参考 Anderson, Sweeney, Williams 等著"Contemporary Management Science with Spreadsheets", International Thomson Publishing, South-Western College Publishing, USA, 1998

表 3.1.1　白云洗涤剂厂广告媒体选择数据

媒　体	可达消费者数（人）	单位广告成本（元）	媒体可提供的广告数（个）	单位广告影响力
电视 1（非黄金档）	10 000	1 500	15	65
电视 2（黄金档）	20 000	3 000	10	90
报刊	15 000	450	25	60
广播电台	25 000	800	4	40
赠送样品	3 000	100	30	20

解：据题意，本问题的决策变量是各媒体投入的广告数，设 X_1, X_2, X_3, X_4, X_5 分别为电视 1、电视 2、报刊、广播电台和赠送样品这五种不同的广告媒体或途径上投入的广告数。

本问题的目标是获得最大的总影响力。由表 3.1.1 可知，五种广告媒体的单位广告的影响力分别为 65，90，60，40，20，总影响力应等于所有媒体上的广告的影响力之和，即：

$$总影响力 = 65X_1 + 90X_2 + 60X_3 + 40X_4 + 20X_5$$

本问题的约束条件包括：公司要求的广告可达人数、各媒体可提供的最大广告数、公司要求的电视广告数与黄金档电视广告数、广告总预算与电视广告预算约束。

因此，本问题的线性规划模型如下：

o.b. max　　$65X_1 + 90X_2 + 60X_3 + 40X_4 + 20X_5$（总影响力最大化）

s.t.　　$10\,000X_1 + 20\,000X_2 + 15\,000X_3 + 25\,000X_4 + 3\,000X_5 \geqslant 500\,000$　　①

（广告可达人数约束）

$1\,500X_1 + 3\,000X_2 + 450X_3 + 800X_4 + 100X_5 \leqslant 30\,000$　　②

（总预算约束）

$1\,500X_1 + 3\,000X_2 \leqslant 18\,000$　　③

（电视广告预算约束）

$X_1 \leqslant 15$　　④

（电视 1 广告供给量约束）

$X_2 \leqslant 10$　　⑤

（电视 2 广告供给量约束）

$X_3 \leqslant 25$　　⑥

（报刊广告供给量约束）

$X_4 \leqslant 4$　　⑦

（广播电台广告供给量约束）

$X_5 \leqslant 30$　　⑧

（赠送样品广告供给量约束）

$$X_1 + \qquad X_2 \qquad\qquad\qquad \geqslant 10 \qquad\qquad ⑨$$

（电视广告数约束）

$$X_2 \qquad\qquad\qquad \geqslant 2 \qquad\qquad ⑩$$

（黄金档电视广告数约束）

$$X_1, \qquad X_2, \qquad X_3, \qquad X_4, \qquad X_5 \geqslant 0 \qquad\qquad ⑪$$

（非负约束）

用 Spreadsheet 可描述本问题并建立模型。见表 3.1.2。其模型的公式见表 3.1.3。

表 3.1.2 白云洗涤剂厂广告媒体选择模型

	A	B	C	D	E	F	G	H	I
1	例 3.1.1 白云洗涤剂厂广告媒体选择问题								
2									
3	问题描述								
4				媒 体					
5		电视 1	电视 2	报刊	广播电台	赠送样品			
6	广告可达人数（人）	10 000	20 000	15 000	25 000	3 000		广告的最少可达人数（人）	500 000
7	单位广告成本（元/个）	1 500	3 000	450	800	100		最少的电视广告数目（个）	10
8	媒体可提供的广告数（个）	15	10	25	4	30		最少的黄金档电视广告数目（个）	2
9	单位广告的影响力	65	90	60	40	20		最大电视广告预算（元）	18 000
10								总预算（元）	30 000
11	模型								
12									
13		电视 1	电视 2	报刊	广播电台	赠送样品			
14	各种媒体的广告数目（个）	8	2	20	0	30			
15									
16	最大的总影响力	2 500							
17									
18	约束条件		左边		右边				
19	广告可达人数（人）	510 000	>=	500 000					
20	电视广告数（个）	10	>=	10					
21	黄金档电视广告数（个）	2	>=	2					
22	电视广告预算（元）	18 000	<=	18 000					
23	总预算（元）	30 000	<=	30 000					
24									

然后,用 Excel 中的规划求解功能求出本问题的解。规划求解参数框如图 3.1.1 所示。

从表 3.1.2 可知,该厂广告媒体的最优组合如下:

非黄金档电视广告: 8个;

黄金档电视广告: 2个;

报刊广告: 20个;

广播电台广告: 0个;

赠送样品并发送广告: 30个。

这时,满足所有的要求且总影响力最大,达到 2 500。

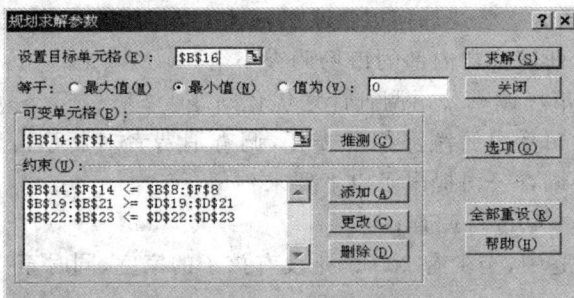

图 3.1.1　媒体选择问题的规划求解参数对话框

表 3.1.3　白云洗涤剂厂广告媒体选择模型的公式表示

	A	B	C	D	E	F	G	H	I
1	例 3.1.1　白云洗涤剂厂广告媒体选择问题								
2									
3	问题描述								
4				媒　体					
5		电视 1	电视 2	报刊	广播电台	赠送样品			
6	广告可达人数(人)	10 000	20 000	15 000	25 000	3 000		广告的最少可达人数(人)	500 000
7	单位广告成本(元/个)	1 500	3 000	450	800	100		最少的电视广告数目(个)	10
8	媒体可提供的广告数(个)	15	10	25	4	30		最少的黄金档电视广告数目(个)	2
9	单位广告的影响力	65	90	60	40	20		最大电视广告预算(元)	18 000
10								总预算(元)	30 000
11	模型								
12									
13		电视 1	电视 2	报刊	广播电台	赠送样品			
14	各种媒体的广告数目(个)	8	2	20	0	30			
15									
16	最大的总影响力	= sumproduct（B9：F9,B14：F14)							
17									
18	约束条件	左边		右边					
19	广告可达人数(人)	= sumproduct（B6：F6,B14:F14)	>=	=I6					
20	电视广告数(个)	=B14+C14	>=	=I7					
21	黄金档电视广告数(个)	=C14	>=	=I8					
22	电视广告预算(元)	= sumproduct（B7：C7,B14:C14)	<=	=I9					
23	总预算(元)	= sumproduct（B7：F7,B14:F14)	<=	=I10					
24									

3.1.2　市场调查问题

市场调查是市场营销中不可缺少的环节。国内外已有专业的市场调查公司,专门为各公司进行市场调查。这些专业市场调查公司的工作包括调查方式设计、实际市场调查、数据收集与处理、数据分析、调查报告撰写、建议方案的提出等。本节讨论的市场调查问题,就是研究专业市场调查公司如何以最小的成本,按其顾客公司的要求完成市场调查。该方法同样可适用于任何公司内部的市场调查小组。

例 3.1.2 华中市场调查公司调查计划优化问题

华中市场调查公司受白云洗涤剂厂委托,调查消费者对新型洗衣粉的了解与反应。白云洗涤剂厂对市场调查公司提出了以下要求:

(1) 共对 500 个家庭进行调查;

(2) 在被调查家庭中,至少有 200 个是没有孩子的家庭,同时至少有 200 个是有孩子的家庭;

(3) 至少对 300 个被调查家庭采用问卷式书面调查,其余家庭可采用口头调查;

(4) 在有孩子的被调查家庭中,至少有 50％的家庭采用问卷式书面调查;

(5) 在没有孩子的被调查家庭中,至少有 60％的家庭采用问卷式书面调查。

对不同家庭采用不同调查方式的费用见表 3.1.4。

表 3.1.4　市场调查费用表

家 庭 类 型	调查费用（元）	
	问卷式书面调查	口头调查
有孩子的家庭	50	30
没有孩子的家庭	40	25

华中市场调查公司应如何进行调查,使得在满足厂方要求的条件下使得总调查费用最小?

解:根据题意,本问题的决策变量如下:

X_1——对有孩子家庭采用问卷式书面调查的数目,

X_2——对有孩子家庭采用口头调查的数目,

X_3——对没有孩子家庭采用问卷式书面调查的数目,

X_4——对没有孩子家庭采用口头调查的数目。

上述决策变量如表 3.1.5 所示。

表 3.1.5　市场调查问题的决策变量表

家 庭 类 型	调查家庭数	
	问卷式书面调查	口头调查
有孩子的家庭	X_1	X_2
没有孩子的家庭	X_3	X_4

本问题的目标是使得总调查费用最小。由表 3.1.4 可知各种情况下每调查一个家庭的费用,因此,总调查费用应等于各种情况下的调查费用之和。即:

$$50X_1 + 30X_2 + 40X_3 + 25X_4$$

该公司的目标是使得总费用最小化,即:

$$\min \quad 50X_1 + 30X_2 + 40X_3 + 25X_4$$

本问题的约束条件包括:调查家庭总数约束,有孩子与没有孩子的被调查家庭数约束,采用问卷式书面调查的家庭数约束,以及采用问卷式书面调查的家庭的比例约束。

由此可得本问题的线性规划模型如下:

$$\text{o. b. } \min 50X_1 + 30X_2 + 40X_3 + 25X_4 \qquad \text{(总调查费用最小化)}$$

$$\text{s. t. } \quad X_1 + X_2 + X_3 + X_4 = 500 \qquad \text{(调查家庭总数约束)} \quad ①$$

$$X_1 + X_2 \geqslant 200 \qquad \text{(有孩子家庭调查数约束)} \quad ②$$

$$X_3 + X_4 \geqslant 200 \qquad \text{(没有孩子家庭调查数约束)} \quad ③$$

$$X_1 + X_3 \geqslant 300 \qquad \text{(采用问卷式书面调查的家庭数约束)} \quad ④$$

$$X_1 \geqslant 0.5 * (X_1 + X_2) \qquad \text{(有孩子家庭采用问卷式书面调查比例约束)} \quad ⑤$$

$$X_3 \geqslant 0.6 * (X_3 + X_4) \qquad \text{(没有孩子家庭采用问卷式书面调查比例约束)} \quad ⑥$$

$$X_1 , \quad X_2 , \quad X_3 , \quad X_4 \geqslant 0 \qquad \text{(非负约束)} \quad ⑦$$

用 Spreadsheet 可描述本问题并建立模型。见表 3.1.6。

表 3.1.6 市场调查优化模型

	A	B	C	D	E	F	G	H	I	J
1	例 3.1.2 华中市场调查公司调查计划优化									
2										
3	问题描述									
4		调查成本(元)								
5	家庭类型	问卷式书面调查	口头调查			要求调查的家庭数				500
6	有孩子家庭	50	30			有孩子家庭的最小调查数目				200
7	没有孩子家庭	40	25			没有孩子家庭的最小调查数目				200
8						采用问卷式书面调查的最小数目				300
9						有孩子家庭采用问卷式书面调查的最小比例				50%
10						没有孩子家庭采用问卷式书面调查的最小比例				60%
11	模型									
12										
13		调查家庭数目								
14	家庭类型	问卷式书面调查	口头调查	合计		最小总费用	18 500			
15	有孩子家庭	100	100	200						
16	没有孩子家庭	200	100	300		约束条件		左边		右边
17	合计	300	200	500		调查家庭总数		500	=	500
18						其中:有孩子		200	>=	200
19						其中:无孩子		300	>=	200
20						书面调查总数		300	>=	300
21						其中:有孩子		100	>=	100
22						其中:无孩子		200	>=	180
23										

模型的公式见表 3.1.7。

表 3.1.7   市场调查优化模型的公式表示

	A	B	C	D	E	F	G	H	I	J
1	例 3.1.2 华中市场调查公司调查计划优化									
2										
3	问题描述									
4		调查成本（元）								
5	家庭类型	问卷式书面调查	口头调查				要求调查的家庭数			500
6	有孩子家庭	50	30				有孩子家庭的最小调查数目			200
7	没有孩子家庭	40	25				没有孩子家庭的最小调查数目			200
8							采用问卷式书面调查的最小数目			300
9							有孩子家庭采用问卷式书面调查的最小比例			50%
10							没有孩子家庭采用问卷式书面调查的最小比例			60%
11	模型									
12										
13		调查家庭数目								
14	家庭类型	问卷式书面调查	口头调查	合计		最小总费用	= sumproduct(B6;C7,B15;C16)			
15	有孩子家庭	100	100	= SUM(B15;C15)						
16	没有孩子家庭	200	100	= SUM(B16;C16)		约束条件		左边		右边
17	合计	= SUM(B15;B16)	= SUM(C15;C16)	= SUM(D15;D16)		调查家庭总数		= D17	=	J5
18						其中：有孩子		= D15	>=	J6
19						其中：无孩子		= D16	>=	J7
20						书面调查总数		= B17	>=	J8
21						其中：有孩子		= B15	>=	J9 * D15
22						其中：无孩子		= B16	>=	J10 * D16
23										

然后，用 Excel 中的规划求解功能求出本问题的解。规划求解参数框如图 3.1.2 所示。

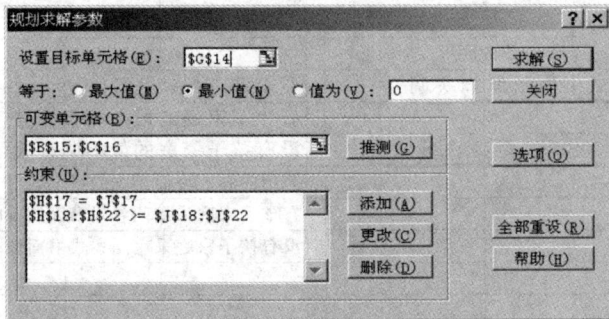

图 3.1.2   市场调查问题规划求解参数对话框

从表 3.1.6 可得华中市场调查公司的调查计划优化结果，如表 3.1.8 所示。

表 3.1.8   华中市场调查公司的调查计划优化结果

家 庭 类 型	调查家庭数	
	问卷式书面调查	口头调查
有孩子的家庭	100	100
没有孩子的家庭	200	100

这时，满足所有的约束条件，且总费用最小。总费用为 18 500 元。

3.2　财务管理问题

线性规划在财务方面的应用主要包括投资组合优化，财务计划，资本预算等。本节介绍线性规划在投资组合优化与财务计划方面的应用，并通过两个算例加以说明。

3.2.1　投资组合优化问题

投资组合优化问题研究如何选择投资对象，例如如何选择不同的债券或股票，在满足某些要求的前提下使得利润最大或风险最小。因此，其决策变量是对各种可能的投资对象的投资组合，其目标函数通常是期望回报最大化或风险最小化，而约束条件则可包括总投资额、公司政策、法律法规等约束。

例 3.2.1　海翔公司投资组合优化问题

海翔公司董事会决定将 20 万元现金进行债券投资。经咨询，现有五种债券是较好的投资对象，它们是：黄河汽车，长江汽车，华南电器，西南电器，填山纸业。它们的投资回报率如表 3.2.1 所示。为减少风险，董事会要求，对汽车业的投资不得超过 12 万元，对电器业的投资不得超过 8 万元，其中对长江汽车业的投资不得超过对汽车业投资的 65％，对纸业的投资不得低于对汽车业投资的 20％。该公司应如何投资，才能在满足董事会要求的前提下使得总回报额最大？

表 3.2.1　五种债券回报率表

债券名称	黄河汽车	长江汽车	华南电器	西南电器	填山纸业
回报率	0.065	0.092	0.045	0.055	0.042

解：据题意，本问题的决策变量是对五种投资对象的投资额，设：该公司对五种债券的投资额分别为 X_1, X_2, X_3, X_4, X_5。

本问题的目标是获得最大的债券回报额。债券回报额等于回报率乘以投资额。由表 3.2.1 可知，五种债券的回报率分别为 0.065，0.092，0.045，0.055，0.042，所以总回报额应等于各种债券回报额之和，即：

$$总回报额 = 0.065X_1 + 0.092X_2 + 0.045X_3 + 0.055X_4 + 0.042X_5$$

公司的目标是使得上述总回报额最大化，即：

$$\max \quad 0.065X_1 + 0.092X_2 + 0.045X_3 + 0.055X_4 + 0.042X_5$$

本问题的约束条件包括：总投资额约束，以及对汽车业、电器业、长江汽车业、纸业的投资限制。因此，本问题的线性规划模型如下：

o. b. max $0.065X_1 + 0.092X_2 + 0.045X_3 + 0.055X_4 + 0.042X_5$

（总回报额最大化）

s. t. $X_1 + X_2 + X_3 + X_4 + X_5 = 200\,000$

（总投资额约束）　①

$X_1 + X_2 \leqslant 120\,000$

（汽车业投资约束）　②

$X_3 + X_4 \leqslant 80\,000$

（电器业投资约束）　③

$X_2 \leqslant 0.65 * (X_1 + X_2)$

（长江汽车业投资约束）　④

$X_5 \geqslant 0.20 * (X_1 + X_2)$

（纸业投资约束）　⑤

$X_1, \quad X_2, \quad X_3, \quad X_4, \quad X_5 \geqslant 0$

（非负约束）　⑥

用 Spreadsheet 可描述本问题并建立模型。见表 3.2.2。

表 3.2.2　海翔公司投资决策模型

	A	B	C	D	E	F	G	H
1	例 3.2.1　海翔公司投资决策问题							
2								
3								
4	基金名称	投资回报率						
5	黄河汽车	0.065		可提供资金(元)		200 000		
6	长江汽车	0.092		汽车业最大投资(元)		120 000		
7	华南电器	0.045		电器业最大投资(元)		80 000		
8	西南电器	0.055		长江汽车占汽车业的投资比例上限		0.65		
9	缜山纸业	0.042		纸业占汽车业的投资比例下限		0.2		
10								
11	模型							
12								
13	基金名称	投资额(元)		约束条件	左边		右边	
14	黄河汽车	42 000		可提供资金	200 000	=	200 000	
15	长江汽车	78 000		汽车业	120 000	<=	120 000	
16	华南电器	0		电器业	56 000	<=	80 000	
17	西南电器	56 000		长江汽车	78 000	<=	78 000	
18	缜山纸业	24 000		纸业	24 000	>=	24 000	
19								
20	总回报额最大化	13 994						
21								

上述模型的公式见表 3.2.3。

表 3.2.3　海翔公司投资决策模型的公式表示

	A	B	C	D	E	F	G
1	例 3.2.1　海翔公司投资决策问题						
2							
3							
4	基金名称	投资回报率					
5	黄河汽车	0.065		可提供资金（元）		200 000	
6	长江汽车	0.092		汽车业最大投资（元）		120 000	
7	华南电器	0.045		电器业最大投资（元）		80 000	
8	西南电器	0.055		长江汽车占汽车业的投资比例上限		0.65	
9	缜山纸业	0.042		纸业占汽车业的投资比例下限		0.2	
10							
11	模型						
12							
13	基金名称	投资额（元）		约束条件	左边		右边
14	黄河汽车	42 000		可提供资金	＝SUM(B14:B18)	＝	＝F5
15	长江汽车	78 000		汽车业	＝SUM(B14:B15)	＜＝	＝F6
16	华南电器	0		电器业	＝SUM(B16:B17)	＜＝	＝F7
17	西南电器	56 000		长江汽车	＝B15	＜＝	＝F8*(B14+B15)
18	缜山纸业	24 000		纸业	＝B18	＞＝	＝F9*(B14+B15)
19							
20	总回报额最大化	＝sumproduct(B5:B9,B14:B18)					
21							

用 Excel 中的规划求解功能求出本问题的解。规划求解参数对话框如图 3.2.1 所示。

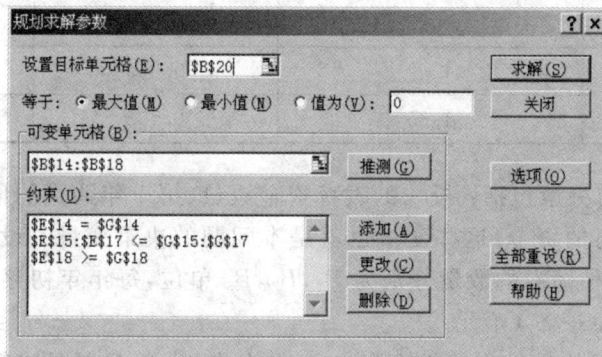

图 3.2.1　投资决策线性规划求解参数对话框

从表 3.2.2 可得该公司的最优投资组合，如表 3.2.4 所示。

表 3.2.4　海翔公司最优投资组合

债券名称	黄河汽车	长江汽车	华南电器	西南电器	缜山纸业
回报额（元）	42 000	78 000	0	56 000	24 000

这时,满足所有的约束条件,且总回报额最大,达到 13 994 元。

3.2.2 财务计划问题

线性规划可用于各种不同类型的财务计划优化问题,例如公司的财务计划或者个人的理财计划等。例 3.2.2 是一个关于如何进行个人财务计划的例子。

例 3.2.2 老李个人理财计划问题

老李是一个做事有条理的人。他打算在退休前为他的正在读高中的孙子准备一笔教育资金,以保证孙子四年大学与三年硕士生的学习费用。据估计,四年大学与三年硕士生的学习费用如表 3.2.5 所示。经多方调查,老李发现有三种债券值得购买。这三种债券的票面价值均为 1 000 元,但由于它们的回报率不同,所以它们的购买价格不同。它们的购买价格、回报率与到期年限见表 3.2.6。同时,老李也考虑在每年的年初将经费存入银行,在下一年初再全部取出,这时可得利息 3.5%。老李希望能设计一个理财计划,使得在保证孙子七年学习费用的前提下,所需投入的教育资金最少。

表 3.2.5 学习费用估计表

年 份	第 1 年	第 2 年	第 3 年	第 4 年	第 5 年	第 6 年	第 7 年
费用(千元)	3.25	2.58	2.60	2.45	3.65	3.20	2.60

表 3.2.6 三种债券数据表

债券	购买价格(千元)	回报率	到期年限(年)
1	1.15	0.092	4
2	1	0.055	5
3	1.35	0.122	6

解:老李面临的决策包括:投入的教育资金数量、第 1 年购买的债券数量,以及七年内每年年初存入银行的资金,这些变量也就是本问题的决策变量。设:投入的教育资金为 F,第 1 年购买三种债券的数量分别为 B_1,B_2,B_3 单位,每年年初存入银行的资金分别为 S_1,S_2,S_3,S_4,S_5,S_6,S_7(千元)。

本问题的目标函数是投入的教育资金 F 最小化(注意 F 既是决策变量,又是目标函数)。即:

$$\min F$$

本问题的约束条件则是在七年内满足各年的学习费用。下面对学习费用逐年进行分析。

第 1 年的现金流入是投入的教育资金 F,现金流出是购买债券及存入银行的资金。因此,教育资金 F 扣除购买债券及存入银行的资金后,剩余的资金(即现金流入量与现金

流出量之差,称为净现金流)应等于第 1 年的学习费用。即:

$$F-1.15B_1-B_2-1.35B_3-S_1=3.25 \quad \text{(满足第 1 年学习费用约束)} \quad ①$$

第 2 年的现金流入来自债券的回报,以及第 1 年存款取出后的资金(本息之和);现金流出量是第 2 年存入银行的资金。现金流入量与现金流出量之差(净现金流)应等于第 2 年的学习费用。即:

$$0.092B_1+0.055B_2+0.122B_3+1.035S_1-S_2=2.58$$

$$\text{(满足第 2 年学习费用约束)} \quad ②$$

同理可得第 3 年与第 4 年的约束条件分别为:

$$0.092B_1+0.055B_2+0.122B_3+1.035S_2-S_3=2.60$$

$$\text{(满足第 3 年学习费用约束)} \quad ③$$

$$0.092B_1+0.055B_2+0.122B_3+1.035S_3-S_4=2.45$$

$$\text{(满足第 4 年学习费用约束)} \quad ④$$

第 5 年的现金收入除了债券回报和第 4 年存款的本息之外,由于债券 1 已到期,还可得到债券 1 的本金。这里,债券 1 的本金应等于债券 1 的票面价值乘以债券 1 的购买份数。因此有:

$$(1+0.092)B_1+0.055B_2+0.122B_3+1.035S_4-S_5=3.65$$

$$\text{(满足第 5 年学习费用约束)} \quad ⑤$$

同理可得第 6 年与第 7 年的约束条件分别为:

$$(1+0.055)B_2+0.122B_3+1.035S_5-S_6=3.20$$

$$\text{(满足第 6 年学习费用约束)} \quad ⑥$$

$$(1+0.122)B_3+1.035S_6-S_7=2.60 \quad \text{(满足第 7 年学习费用约束)} \quad ⑦$$

最后是非负约束:

$$F,B_1,B_2,B_3,S_1,S_2,S_3,S_4,S_5,S_6,S_7 \geqslant 0 \quad \text{(非负约束)} \quad ⑧$$

综上所述,本问题的线性规划模型如下:

o. b.　min　F

s. t.
$$F-1.15B_1-\quad B_2-1.35B_3-\quad\quad S_1=3.25 \quad\quad ①$$
$$0.092B_1+0.055B_2+0.122B_3+1.035S_1-S_2=2.58 \quad\quad ②$$
$$0.092B_1+0.055B_2+0.122B_3+1.035S_2-S_3=2.60 \quad\quad ③$$
$$0.092B_1+0.055B_2+0.122B_3+1.035S_3-S_4=2.45 \quad\quad ④$$
$$1.092B_1+0.055B_2+0.122B_3+1.035S_4-S_5=3.65 \quad\quad ⑤$$
$$1.055B_2+0.122B_3+1.035S_5-S_6=3.20 \quad\quad ⑥$$
$$1.122B_3+1.035S_6-S_7=2.60 \quad\quad ⑦$$
$$F,B_1,B_2,B_3,S_1,S_2,S_3,S_4,S_5,S_6,S_7 \geqslant 0 \quad\quad ⑧$$

用 Spreadsheet 可描述本问题并建立模型。见表 3.2.7。其模型的公式见表 3.2.8。

表 3.2.7　老李个人理财计划优化模型

	A	B	C	D	E	F	G	H	I	J	K
1	例 3.2.2	老李个人理财计划									
2											
3											
4	年份	年需金额数（千元）				债券					
5	第 1 年	3.25			1	2	3				
6	第 2 年	2.58		价格（千元）	1.15	1	1.35				
7	第 3 年	2.6		回报率	0.092	0.055	0.122				
8	第 4 年	2.45		到期年限	4	5	6				
9	第 5 年	3.65									
10	第 6 年	3.2		银行存款复利		1.035					
11	第 7 年	2.6									
12											
13											
14	模型										
15	资金	债券 1	债券 2	债券 3	第 1 年	第 2 年	第 3 年	第 4 年	第 5 年	第 6 年	第 7 年
16					银行存款（千元）						
17	17.682 1	2.944 3	2.765 2	2.317 3	5.152 6	3.458 6	1.685 3	0.000 0	0.000 0	0.000 0	0.000 0
18				约束条件							
19					现金流		净现金流		现金需要量		
20	资金最小化（千元）	17.682 1			流入	流出					
21				第 1 年	17.682 1	14.432 1	3.25	=	3.25		
22				第 2 年	6.038 6	3.458 6	2.58	=	2.58		
23				第 3 年	4.285 3	1.685 3	2.60	=	2.60		
24				第 4 年	2.450 0	0.000 0	2.45	=	2.45		
25				第 5 年	3.650 0	0.000 0	3.65	=	3.65		
26				第 6 年	3.200 0	0.000 0	3.20	=	3.20		
27				第 7 年	2.600 0	0.000 0	2.60	=	2.60		
28											

表 3.2.8　老李个人理财计划优化模型的公式表示

	A	B	C	D	E	F	G	H	I	J	K
1	例 3.2.2	老李个人理财计划									
2											
3											
4	年份	年学习费用(千元)		债券							
5	第 1 年	3.25			1	2	3				
6	第 2 年	2.58		价格(千元)	1.15	1	1.35				
7	第 3 年	2.6		回报率	0.092	0.055	0.122				
8	第 4 年	2.45		到期年限	4	5	6				
9	第 5 年	3.65									
10	第 6 年	3.2		银行存款复利	1.035						
11	第 7 年	2.6									
12											
13											
14	模型										
15	资金	债券 1	债券 2	债券 3	银行存款(千元)						
16					第 1 年	第 2 年	第 3 年	第 4 年	第 5 年	第 6 年	第 7 年
17	17.682 1	2.944 3	2.765 2	2.317 3	5.152 6	3.458 6	1.685 3	0	0	0	0
18											
19					现金流		净现金流		现金需要量		
20	资金最小化 (千元)	=A17			流入	流出					
21	约束条件			第 1 年	=A17	=sumproduct($E$6:$G$6,$B$17:$D$17)+E17	=E21−F21	=	=B5		
22				第 2 年	=sumproduct($E$7:$G$7,$B$17:$D$17)+$F$10*E17	=F17	=E22−F22	=	=B6		
23				第 3 年	=sumproduct($E$7:$G$7,$B$17:$D$17)+$F$10*F17	=G17	=E23−F23	=	=B7		
24				第 4 年	=sumproduct($E$7:$G$7,$B$17:$D$17)+$F$10*G17	=H17	=E24−F24	=	=B8		
25				第 5 年	=sumproduct($E$7:$G$7,$B$17:$D$17)+$F$10*H17	=I17	=E25−F25	=	=B9		
26				第 6 年	=(1+F7)*C17+B17+$F$10*I17	=J17	=E26−F26	=	=B10		
27				第 7 年	=(1+G7)*D17+F10*J17	=K17	=E27−F27	=	=B11		
28											

用 Excel 中的规划求解功能求出本问题的解。规划求解参数对话框如图 3.2.2 所示。从表 3.2.6 可知，老李的最优理财计划如表 3.2.9 所示。

表 3.2.9　老李最优理财计划

购买债券（单位）			银行存款（千元）						
债券 1	债券 2	债券 3	第 1 年	第 2 年	第 3 年	第 4 年	第 5 年	第 6 年	第 7 年
2.944 3	2.765 2	2.317 3	5.152 6	3.458 6	1.685 3	0	0	0	0

这时，满足所有的约束条件，且投入的教育资金最少，为 17.682 1（千元）。

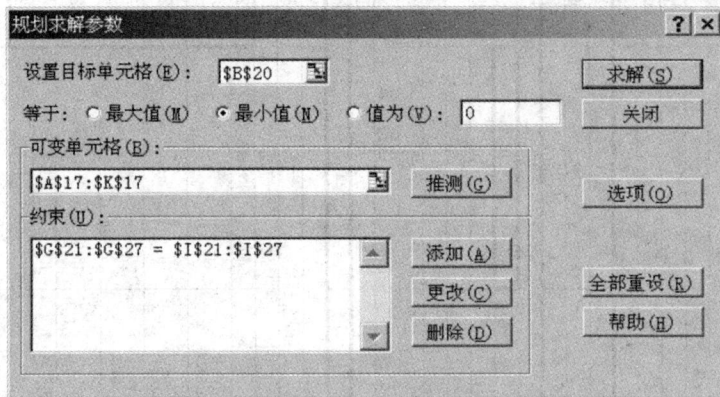

图 3.2.2　理财计划模型规划求解参数对话框

3.3　营运管理问题

线性规划在作业管理中的应用极为广泛，它涉及计划、人事、库存控制，以及生产决策等多个领域。本节主要介绍线性规划在生产计划、生产决策、产品配方问题与人力资源问题中的应用。

3.3.1　生产计划问题

生产计划是企业管理中的主要环节，它的制定涉及产品需求、交货期限、生产能力、库存水平、资源等多个方面。生产计划通常研究在满足需求、资源约束以及其他约束（例如对库存水平的要求等）的前提下，如何组织生产，使得生产成本最小化。下例是一个典型的应用线性规划制定生产计划的问题。

例 3.3.1　岐山器材厂生产与库存计划问题

岐山器材厂生产空调机的两种零件：零件 A 和零件 B。该厂已接到明年第一季度的订单,其中每个月对这两种零件的需求量如表 3.3.1 所示。据估计,本年末两种零件的库存量分别为 500 单位与 200 单位。为保证明年第二季度的需求,该厂希望在明年第一季度末两种零件的库存水平分别不低于 400 单位与 200 单位。已知两种零件的生产成本分别为 30 元/单位与 12 元/单位,存储成本分别为 0.30 元/单位与 0.10 元/单位。生产与存储这两种零件需要占用机器、工人劳动时间与仓库三种资源,其占用量如表 3.3.1 所示。据预测,该厂明年第一季度可提供的三种资源能力如表 3.3.2 所示。

表 3.3.1　岐山器材厂生产与库存计划基础数据表

| 产　品 | 需　求　量 | | | 占　用　资　源 | | | 本年末库存 | 第一季度末库存 | 生产成本(元/单位) | 储存成本(元/单位) |
	1 月	2 月	3 月	机器(小时/单位)	劳动力(小时/单位)	$A_{仓库}$(平方米/单位)				
零件 A	1 000	2 600	4 500	0.14	0.08	0.40	500	400	30	0.30
零件 B	1 000	2 600	3 500	0.12	0.10	0.60	200	200	12	0.10

表 3.3.2　岐山器材厂第一季度可提供资源量

| 月份 | 可提供资源 | | |
	机器(小时)	劳动力(小时)	$A_{仓库}$(平方米)
1	600	500	2 000
2	700	500	2 000
3	800	500	2 000

该厂应如何制定生产与库存计划,才能在满足需求与资源约束前提下,使得生产与库存的总费用最小?

解:据题意,本问题的决策变量是第一季度各月的产量安排与库存计划,可设:

零件 A 在明年 1、2、3 月的产量分别为 A_1, A_2, A_3(单位),各月末的库存量分别为 $I_{A_1}, I_{A_2}, I_{A_3}$;

零件 B 在明年 1、2、3 月的产量分别为 B_1, B_2, B_3(单位),各月末的库存量分别为 $I_{B_1}, I_{B_2}, I_{B_3}$。

本问题的目标函数是生产与库存的总费用最小化。即:

$$\min \quad 30 * (A_1 + A_2 + A_3) + 12 * (B_1 + B_2 + B_3) + 0.3 * (\bar{I}_{A_1} + \bar{I}_{A_2} + \bar{I}_{A_3}) +$$
$$0.1 * (\bar{I}_{B_1} + \bar{I}_{B_2} + \bar{I}_{B_3})$$

上式中,$\bar{I}_{A_1}, \bar{I}_{A_2}, \bar{I}_{A_3}$ 分别表示零件 A 在 1、2、3 月的平均库存量,$\bar{I}_{B_1}, \bar{I}_{B_2}, \bar{I}_{B_3}$ 分别表示零件 B 在 1、2、3 月的平均库存量。这里在计算库存费用时,使用了平均库存量的概念,即各月的库存费用等于单位库存量成本乘以该月的平均库存量。而月平均库存量等于该月末库存量与上月末库存量（即该月初库存量）的平均值。例如：$\bar{I}_{A_2} = \dfrac{I_{A_1} + I_{A_2}}{2}$。

本问题的约束条件有三部分，第一部分是需求约束，即零件 A 与零件 B 的各月供应量应分别等于各月需求量。而各月的供应量则等于（上月末库存）＋（本月产量）－（本月末库存）。因此有：

$$500 + A_1 - I_{A_1} = 1\,000 \qquad \text{（零件 } A \text{ 在 1 月份的提供量等于需求量）}$$

$$I_{A_1} + A_2 - I_{A_2} = 2\,600 \qquad \text{（零件 } A \text{ 在 2 月份的提供量等于需求量）}$$

$$I_{A_2} + A_3 - I_{A_3} = 4\,500 \qquad \text{（零件 } A \text{ 在 3 月份的提供量等于需求量）}$$

$$200 + B_1 - I_{B_1} = 1\,000 \qquad \text{（零件 } B \text{ 在 1 月份的提供量等于需求量）}$$

$$I_{B_1} + B_2 - I_{B_2} = 2\,600 \qquad \text{（零件 } B \text{ 在 2 月份的提供量等于需求量）}$$

$$I_{B_2} + B_3 - I_{B_3} = 3\,500 \qquad \text{（零件 } B \text{ 在 3 月份的提供量等于需求量）}$$

第二部分是资源约束，即生产两种零件所占用的机器与劳动力的时间、存储两种零件所占用仓库的面积不得超过其可提供量：

$$0.14A_1 + 0.12B_1 \leqslant 600$$

（1 月份生产两种零件占用机器的时间不得超过 600 小时）

$$0.14A_2 + 0.12B_2 \leqslant 700$$

（2 月份生产两种零件占用机器的时间不得超过 700 小时）

$$0.14A_3 + 0.12B_3 \leqslant 800$$

（3 月份生产两种零件占用机器的时间不得超过 800 小时）

$$0.08A_1 + 0.10B_1 \leqslant 500$$

（1 月份生产两种零件占用劳动力的时间不得超过 500 小时）

$$0.08A_2 + 0.10B_2 \leqslant 500$$

（2 月份生产两种零件占用劳动力的时间不得超过 500 小时）

$$0.08A_3 + 0.10B_3 \leqslant 500$$

（3 月份生产两种零件占用劳动力的时间不得超过 500 小时）

$$0.40I_{A_1} + 0.60I_{B_1} \leqslant 2\,000$$

（1 月末存储两种零件占用仓库的面积不得超过 2 000 平方米）

$$0.40I_{A_2} + 0.60I_{B_2} \leqslant 2\,000$$

（2 月末存储两种零件占用仓库的面积不得超过 2 000 平方米）

$$0.40I_{A_3} + 0.60I_{B_3} \leqslant 2\,000$$

（3 月末存储两种零件占用仓库的面积不得超过 2 000 平方米）

这里对占用库存量做了一点简化，即采用月末库存量代表该月产品所占用的库存空间。

第三部分是期末库存要求约束,即 3 月末零件 A 与零件 B 的库存量应不低于所要求的库存量:

$$I_{A_3} \geqslant 400, \; I_{B_3} \geqslant 200$$

（3 月末零件 A 与零件 B 的库存量应不低于所要求的库存量）

第四部分是非负约束,即:

$$A_1, A_2, A_3, B_1, B_2, B_3, I_{A_1}, I_{A_2}, I_{A_3}, I_{B_1}, I_{B_2}, I_{B_3} \geqslant 0$$

综上所述,本问题的线性规划模型如下:

o. b. min $\quad 30 * (A_1 + A_2 + A_3) + 12 * (B_1 + B_2 + B_3) +$

$\qquad\qquad 0.3 * (\bar{I}_{A_1} + \bar{I}_{A_2} + \bar{I}_{A_3}) + 0.1 * (\bar{I}_{B_1} + \bar{I}_{B_2} + \bar{I}_{B_3})$

s. t. $\qquad\qquad 500 + A_1 - I_{A_1} = 1\,000$

$\qquad\qquad\qquad I_{A_1} + A_2 - I_{A_2} = 2\,600$

$\qquad\qquad\qquad I_{A_2} + A_3 - I_{A_3} = 4\,500$

$\qquad\qquad\qquad 200 + B_1 - I_{B_1} = 1\,000$

$\qquad\qquad\qquad I_{B_1} + B_2 - I_{B_2} = 2\,600$

$\qquad\qquad\qquad I_{B_2} + B_3 - I_{B_3} = 3\,500$

$\qquad\qquad\qquad 0.14 A_1 + 0.12 B_1 \leqslant 600$

$\qquad\qquad\qquad 0.14 A_2 + 0.12 B_2 \leqslant 700$

$\qquad\qquad\qquad 0.14 A_3 + 0.12 B_3 \leqslant 800$

$\qquad\qquad\qquad 0.08 A_1 + 0.10 B_1 \leqslant 500$

$\qquad\qquad\qquad 0.08 A_2 + 0.10 B_2 \leqslant 500$

$\qquad\qquad\qquad 0.08 A_3 + 0.10 B_3 \leqslant 500$

$\qquad\qquad\qquad 0.40 I_{A_1} + 0.60 I_{B_1} \leqslant 2\,000$

$\qquad\qquad\qquad 0.40 I_{A_2} + 0.60 I_{B_2} \leqslant 2\,000$

$\qquad\qquad\qquad 0.40 I_{A_3} + 0.60 I_{B_3} \leqslant 2\,000$

$\qquad\qquad\qquad I_{A_3} \geqslant 400$

$\qquad\qquad\qquad I_{B_3} \geqslant 200$

$\qquad A_1, A_2, A_3, B_1, B_2, B_3, I_{A_1}, I_{A_2}, I_{A_3}, I_{B_1}, I_{B_2}, I_{B_3} \geqslant 0$

目标函数中的 $\bar{I}_{A_1}, \bar{I}_{A_2}, \bar{I}_{A_3}$ 分别表示零件 A 在 1、2、3 月的月平均库存量,$\bar{I}_{B_1}, \bar{I}_{B_2}, \bar{I}_{B_3}$ 分别表示零件 B 在 1、2、3 月的月平均库存量。月平均库存量等于本月末库存量与上月末库存量的平均值。

本问题的 Spreadsheet 见表 3.3.3。模型的公式见表 3.3.4。

表 3.3.3　岐山器材厂生产与库存计划优化模型

	A	B	C	D	E	F	G	H	I	J
1	例 3.3.1　岐山器材厂生产与库存计划问题									
2										
3		生产成本（元/单位）			单位产品存储成本（元/单位）					
4		1 月	2 月	3 月	1 月	2 月	3 月			
5	零件 A	30	30	30	0.30	0.30	0.30			
6	零件 B	12	12	12	0.1	0.1	0.1			
7										
8			需求量				上期末		本期末	
9		1 月	2 月	3 月		库存量		要求库存		
10	零件 A	1 000	2 600	4 500		500		400		
11	零件 B	1 000	2 600	3 500		200		200		
12										
13										
14		机器	劳动力	仓库			能力			
15		(小时/单位)	(小时/单位)	(平方米/单位)		机器(小时)	劳动力(小时)	仓库(平方米)		
16	零件 A	0.14	0.08	0.4		1 月	600	500	2 000	
17	零件 B	0.12	0.1	0.6		2 月	700	500	2 000	
18						3 月	800	500	2 000	
19										
20										
21										
22	模型									
23										
24			产量			月末库存			月平均库存	
25		1 月	2 月	3 月	1 月	2 月	3 月	1 月	2 月	3 月
26	零件 A	500	2 600	4 900	0	0	400	250	0	200
27	零件 B	3 350	2 800	950	2 550	2 750	200	1 375	2 650	1 475
28										
29										
30	成本最小化	325 885								
31							资源约束			
32		可提供量		需求量			使用量		可提供量	
33	1 月,零件 A	1 000	=	1 000		1 月,机器	472	<=	600	
34	1 月,零件 B	1 000	=	1 000		2 月,机器	700	<=	700	
35	2 月,零件 A	2 600	=	2 600		3 月,机器	800	<=	800	
36	2 月,零件 B	2 600	=	2 600		1 月,劳动力	375	<=	500	
37	3 月,零件 A	4 500	=	4 500		2 月,劳动力	488	<=	500	
38	3 月,零件 B	3 500	=	3 500		3 月,劳动力	487	<=	500	
39						1 月,库存量	1 530	<=	2 000	
40		实际		要求		2 月,库存量	1 650	<=	2 000	
41		期末库存		期末库存		3 月,库存量	280	<=	2 000	
42	零件 A	400	>=	400						
43	零件 B	200	>=	200						
44										

表 3.3.4　岐山器材厂生产与库存计划优化模型的公式表示

行	A	B	C	D	E	F	G	H	I	J
1	例 3.3.1　岐山器材厂生产与库存计划问题									
2										
3		生产成本(元/单位)			单位产品储存成本(元/单位)					
4		1月	2月	3月	1月	2月	3月			
5	零件A	30	30	30	0.30	0.30	0.30			
6	零件B	12	12	12	0.1	0.1	0.1			
7										
8		需求量				上期末库存		本期末要求库存		
9		1月	2月	3月		库存				
10	零件A	1000	2600	4500		500		400		
11	零件B	1000	2600	3500		200		200		
12										
13										
14		机器	劳动力	仓库			能力			
15		(小时/单位)	(小时/单位)	(平方米/单位)			机器(小时)	劳动力(小时)	仓库(平方米)	
16	零件A	0.14	0.08	0.4		1月	600	500	2000	
17	零件B	0.12	0.1	0.6		2月	700	500	2000	
18						3月	800	500	2000	
19										
20										
21										
22	模型									
23										
24		产量			月末库存			月平均库存		
25		1月	2月	3月	1月	2月	3月	1月	2月	3月
26	零件A	500	2600	4900	0	0	400	=0.5*(F10+E26)	=0.5*(E26+F26)	=0.5*(F26+G26)
27	零件B	3350	2800	950	2550	2750	200	=0.5*(F11+E27)	=0.5*(E27+F27)	=0.5*(F27+G27)
28										
29										
30	成本最小化	=sumproduct(B5:D6,B26:D27)+ sumproduct(E5:G6,H26:J27)								
31	可提供量			需求量			资源约束			
32		可提供量		需求量			使用量		可提供量	
33	1月,零件A	=F10+B26-E26	=	=B10		1月,机器	=sumproduct(B16:B17,B26:B27)	<=	G16	
34	1月,零件B	=F11+B27-E27	=	=B11		2月,机器	=sumproduct(B16:B17,C26:C27)	<=	G17	
35	2月,零件A	=E26+C26-F26	=	=C10		3月,机器	=sumproduct(B16:B17,D26:D27)	<=	G18	
36	2月,零件B	=E27+C27-F27	=	=C11		1月,劳动力	=sumproduct(C16:C17,B26:B27)	<=	H16	
37	3月,零件A	=F26+D26-G26	=	=D10		2月,劳动力	=sumproduct(C16:C17,C26:C27)	<=	H17	
38	3月,零件B	=F27+D27-G27	=	=D11		3月,劳动力	=sumproduct(C16:C17,D26:D27)	<=	H18	
39						1月,仓库	=sumproduct(D16:D17,H26:H27)	<=	I16	
40		实际库存		要求库存		2月,仓库	=sumproduct(D16:D17,I26:I27)	<=	I17	
41	期末库存					3月,仓库	=sumproduct(D16:D17,J26:J27)	<=	I18	
42	零件A	=G26	>=	=H10						
43	零件B	=G27	>=	=H11						
44										

然后用 Excel 中的规划求解功能求出本问题的解。规划求解参数对话框如图 3.3.1 所示。

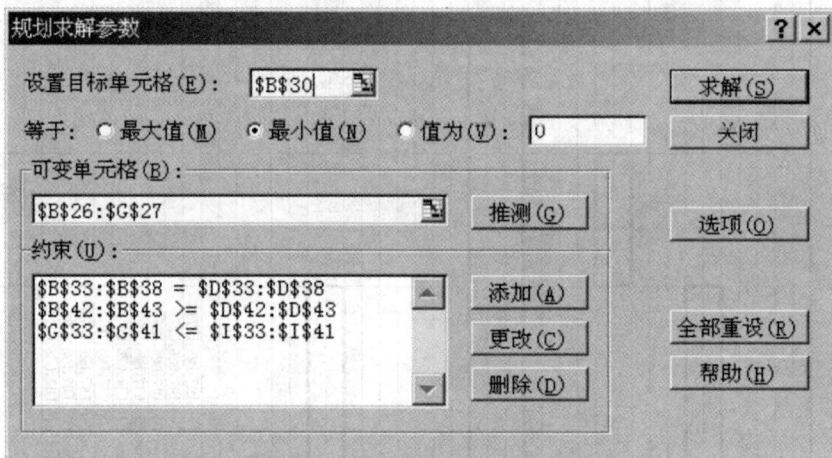

图 3.3.1　生产与库存计划模型规划求解参数对话框

从表 3.3.3 可知，岐山器材厂明年一季度生产与库存计划如表 3.3.5 所示。

表 3.3.5　岐山器材厂明年一季度生产与库存计划

产品	产 量			月末库存量		
	1 月	2 月	3 月	1 月	2 月	3 月
零件 A	500	2 600	4 900	0	0	400
零件 B	3 350	2 800	950	2 550	2 750	200

这时，满足所有的约束条件，且生产与库存总费用最低，为 325 885 元。

3.3.2　外购/自制生产决策问题

公司或生产厂常常要决定其产品的零部件是否应外购或是自制，以及应外购多少、自制多少，这类生产决策称为"外购/自制（make-or-buy）"决策问题。例 3.3.2 分析了华讯计算机厂的"外购/自制"决策问题。从该例可以看到如何应用线性规划进行"外购/自制"决策。

例 3.3.2　华讯计算机厂"外购/自制"决策问题

华讯计算机厂生产计算机与计算机桌，最近该厂得到了一份订单，预订计算机 600 台，其中 2/3 的计算机要带计算机桌，并要求在下月末交货。由于交货时间较紧，为按时交货，必须加班生产。制造这种计算机与计算机桌均需使用一套成本相同的塑胶板与一套成本相同的木板，此外。制造计算机还需要一套接插件，制造计算机桌还需要一套轮子。厂方应如何作出这四种零部件的"外购/自制"决策,才能在完成交货任务并满足资源约束的前提下,使得总成本最小? 这四种零部件所需的生产时间、自制成本与外购成本如表 3.3.6 所示,下月可提供的生产时间以及加班费用如表 3.3.7 所示。

表 3.3.6　零部件成本表

零部件名称	自制成本(元/套)	外购成本(元/套)	生产时间(小时/套)
插件	12	17	0.20
塑胶板	30	46	0.58
轮子	25	35	0.40
木板	57	78	0.80

表 3.3.7　下月可提供的生产时间

下月日常生产时间(小时)	下月可加班时间(小时)	加班费用(元/小时)
1 300	100	25

解:

(1) 决策变量

据题意,可知本问题的决策变量是四种零部件的自制量与外购量,以及下月的加班时间。用 A 与 B 分别表示计算机与计算机桌,可设:

制造计算机所需的零部件 1(插件)、零部件 2(塑胶板)、零部件 4(木板)的自制量分别为 A_1, A_2, A_4(套);

制造计算机所需的零部件 1(插件)、零部件 2(塑胶板)、零部件 4(木板)的外购量 $I_{A_1}, I_{A_2}, I_{A_4}$(套);

制造计算机桌所需的零部件 2(塑胶板)、零部件 3(轮子)、零部件 4(木板)的自制量分别为 B_2, B_3, B_4(套);

制造计算机桌所需的零部件 2(塑胶板)、零部件 3(轮子)、零部件 4(木板)的外购量分别为 $I_{B_2}, I_{B_3}, I_{B_4}$(套)。

下月加班时间为 S(小时)。

(2) 目标函数

本问题的目标函数是总成本最小化。总成本应等于两种产品所需的这四种零部件的自制成本、外购成本与加班费的总和,即:

$$\min \quad 12A_1 + 30A_2 + 57A_4 + 30B_2 + 25B_3 + 57B_4 + 17I_{A_1} + 46I_{A_2} +$$
$$78I_{A_4} + 46I_{B_2} + 35I_{B_3} + 78I_{B_4} + 25S$$

（3）约束条件

本问题的约束条件由两个部分组成，第一部分是需求约束，第二部分是劳动力资源约束。

首先分析需求约束。由于产品 A（计算机）与产品 B（计算机桌）的下月产量应满足订单要求的需求量，所以产品 A 的产量为 600 台，产品 B 的产量为 $600 \times 2/3 = 400$（台）。其中产品 A 需要零部件 1、2、4 的数量分别为 600、600、600 套，产品 B 需要零部件 2、3、4 的数量分别为 400、400、400 套，因此，四种零部件的自制量与外购量之和应等于需求量，它们分别为：$(600, 600+400, 400, 600+400)$ 套，即 $(600, 1\,000, 400, 1\,000)$ 套。则有：

$$A_1 + I_{A_1} = 600$$

（零部件 1 的自制量与外购量之和应等于生产产品 A 对它的需求量）

$$A_2 + B_2 + I_{A_2} + I_{B_2} = 1\,000$$

（零部件 2 的自制量与外购量之和应等于生产产品 A 与 B 对它的需求量）

$$B_3 + I_{B_3} = 400$$

（零部件 3 的自制量与外购量之和应等于生产产品 B 对它的需求量）

$$A_4 + B_4 + I_{A_4} + I_{B_4} = 1\,000$$

（零部件 4 的自制量与外购量之和应等于生产产品 A 与 B 对它的需求量）

其次是劳动力资源约束。由于生产时间是有限的，所以有以下约束：

加班时间 $\leqslant$ 最大可加班时间。本问题中，下月最大可加班时间为 100 小时。即：

$$S \leqslant 100$$

（加班时间不得超过最大可加班时间）

实际总生产时间 $\leqslant$ 可提供的总生产时间。其中：生产四种零部件所需的实际总生产时间 $= \sum$（生产单位各零部件所需的时间 $\times$ 各零部件的自制量）；可提供的总生产时间 $=$ 可提供的日常生产时间 $+$ 加班时间 $= 1\,300 + S$。注意这里可提供的总生产时间并不等于 $1\,300 + 100 = 1\,400$ 小时，这是因为实际加班时间 S 本身是一个不大于 100 的决策变量，一旦 S 的值确定了，则加班时间就应等于 S，而不能超过 S。因此有：

$$0.20A_1 + 0.58(A_2 + B_2) + 0.40B_3 + 0.80(A_4 + B_4) \leqslant 1\,300 + S$$

（自制四种零部件所需的生产时间不得超过可提供的总生产时间）

最后是非负约束：

$$A_1, A_2, A_4, B_2, B_3, B_4, I_{A_1}, I_{A_2}, I_{A_4}, I_{B_2}, I_{B_3}, I_{B_4}, S \geqslant 0$$

综上所述，本问题的线性规划模型如下：

o. b. min $12A_1 + 30A_2 + 57A_4 + 30B_2 + 25B_3 + 57B_4 +$
$17I_{A_1} + 46I_{A_2} + 78I_{A_4} + 46I_{B_2} + 35I_{B_3} + 78I_{B_4} + 25S$

s. t.

$$A_1 + \qquad\qquad I_{A_1} \qquad\qquad\qquad = 600$$
$$A_2 + \quad B_2 + \qquad I_{A_2} + \quad I_{B_2} \qquad = 1\,000$$
$$B_3 + \qquad\qquad I_{B_3} \qquad = 400$$
$$A_4 + \quad B_4 + \qquad I_{A_4} \quad I_{B_4} = 1\,000$$
$$S \leqslant 100$$
$$0.20A_1 + 0.58(A_2 + B_2) + 0.40B_3 + 0.80(A_4 + B_4) \leqslant 1\,300 + S$$
$$A_1, A_2, A_4, B_2, B_3, B_4, I_{A_1}, I_{A_2}, I_{A_4}, I_{B_2}, I_{B_3}, I_{B_4}, S \geqslant 0$$

本问题的 Spreadsheet 见表 3.3.8。

表 3.3.8　华讯计算机厂"外购/自制"决策模型

	A	B	C	D	E	F	G
1	例 3.3.2　华讯计算机厂"外购/自制"决策问题						
2							
3	零件	每套成本(元/套)		生产时间			
4	名称	自制	外购	(小时)			
5	插件	12	17	0.20			
6	塑板	30	46	0.58			
7	轮子	25	35	0.40			
8	木板	57	78	0.80			
9							
10							
11		使用零件(套/台)				下月订单	
12	名称	插件	塑板	轮子	木板	(套)	
13	主机	1	1	0	1	600	
14	计算机桌	0	1	1	1	400	
15							
16		可提供的生产时间(小时)			加班费用		
17		日常生产时间	加班时间		(元/小时)		
18		1 300	100		25		
19							
20	模型						
21							
22							
23		总成本最小化	113 200				
24							
25							

续表

	A	B	C	D	E	F	G
26	零件	自制量（套）	购买量（套）	生产量（套）		需要量（套）	
27	插件	0	600	600	=	600	
28	塑板	1 000	0	1 000	=	1 000	
29	轮子	0	400	400	=	400	
30	木板	1 000	0	1 000	=	1 000	
31							
32							
33	加班时间	80					
34							
35				实际时间（小时）		可提供时间（小时）	
36			加班时间约束	80	<=	100	
37			生产时间约束	1 380	<=	1 380	
38							

模型的公式见表 3.3.9。

表 3.3.9　华讯计算机厂"外购/自制"决策模型的公式表示

	A	B	C	D	E	F
1	例 3.3.2　华讯计算机厂"外购/自制"决策问题					
2						
3	零件	每套成本（元/套）		生产时间		
4	名称	自制	外购	（小时）		
5	插件	12	17	0.20		
6	塑板	30	46	0.58		
7	轮子	25	35	0.40		
8	木板	57	78	0.80		
9						
10						
11		使用零件（套/台）				下月订单
12	名称	插件	塑板	轮子	木板	（套）
13	主机	1	1	0	1	600
14	计算机桌	0	1	1	1	400
15						
16		可提供的生产时间（小时）			加班费用	
17		日常生产时间	加班时间		（元/小时）	
18		1 300	100		25	
19						
20	模型					
21						

续表

	A	B	C	D	E	F
22						
23		总成本最小化	=sumproduct(B5:C8,B27:C30)+E18*B33			
24						
25						
26	零件	自制量(套)	购买量(套)	生产量(套)		需要量(套)
27	插件	0	600	=B27+C27	=	=sumproduct($F$13:$F$14,B13:B14)
28	塑板	1 000	0	=B28+C28	=	=sumproduct($F$13:$F$14,C13:C14)
29	轮子	0	400	=B29+C29	=	=sumproduct($F$13:$F$14,D13:D14)
30	木板	1 000	0	=B30+C30	=	=sumproduct($F$13:$F$14,E13:E14)
31						
32						
33	加班时间	80				
34						
35				时间(小时)		可提供时间(小时)
36		加班时间约束	=B33		<=	=C18
37		生产时间约束	=sumproduct(D5:D8,B27:B30)		<=	=B18+B33
38						

然后用 Excel 中的规划求解功能求出本问题的解。规划求解参数对话框如图 3.3.2 所示。

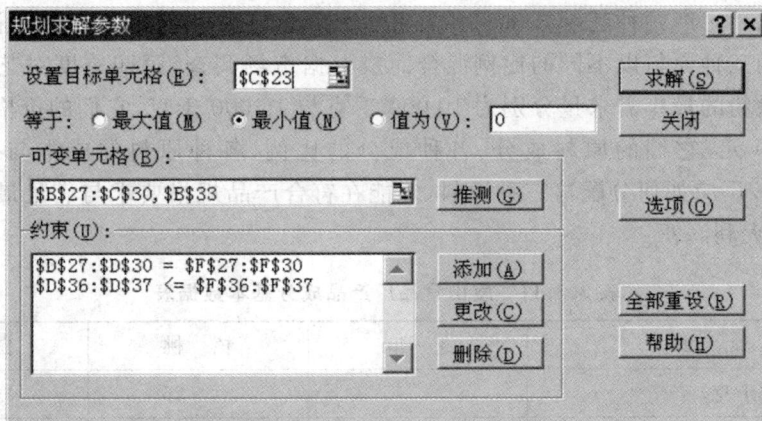

图 3.3.2　"外购/自制"决策模型规划求解参数对话框

从表 3.3.8 可知,华讯计算机厂下月的"外购/自制"决策如表 3.3.10 所示。

表 3.3.10　华讯计算机厂"外购/自制"最优决策

零部件名称	自制量（套）	外购量（套）	加班时间（小时）
插件	0	600	
塑胶板	1 000	0	80
轮子	0	400	
木板	1 000	0	

这时，满足所有的约束条件，且总成本最低，为 113 200 元。

3.3.3　产品配方问题

在某些生产过程中，人们将两种或两种以上的原料以某种比例合成，就得到了一种产品。例如，在石油工业中，人们将几种不同的油料、以不同的比例合成不同性质的汽油；在化学工业中，人们将若干种化合物合成为复合肥料与杀虫剂；在食品行业中，人们用不同成分的原料、以不同的比例合成不同的饮料等。在这类产品的生产过程中，决策者往往需要决定购买多少原料，以及每种产品使用多少原料，才能在满足产品规格要求与产品需求的前提下，使得总利润最大或总成本最小。这就是产品配方（blending）问题。

下面用例 3.3.3 分析产品配方问题。通过该例可以看到如何应用线性规划进行产品配方决策。

例 3.3.3　虞山食品厂产品配方决策问题

虞山食品厂生产两种芝麻核桃营养食品：芝麻核桃粉和低糖芝麻核桃粉，它们由芝麻、核桃、白糖三种原料以不同的比例混合而成。据市场调查，第四季度对芝麻核桃粉和低糖芝麻核桃粉的最小需求量分别为 10 000 千克与 15 000 千克，它们的价格分别为每千克 30 元与 40 元，它们的原料成分、各种成分的比例、各种原料的成本与可提供量见表 3.3.11。该厂应如何分配这三种原料，才能在符合产品规格要求与满足最小需求的前提下，获得最大利润？

表 3.3.11　虞山食品厂产品成分基本数据表

项　目	芝　麻	核　桃	白　糖
成本（元/千克）	45	25	4
可提供量（千克）	12 000	15 000	3 000
芝麻核桃粉成分（%）	≥ 40	≥ 30	≤ 20
低糖芝麻核桃粉成分（%）	≥ 50	≥ 40	≤ 5

解:据题意,可知本问题的决策变量是分配给两种产品的三种原料的数量。若用 A 与 B 分别表示产品 1(芝麻核桃粉)与产品 2(低糖芝麻核桃粉),则可设:分配给 A 的原料 1(芝麻)、原料 2(核桃)、原料 3(白糖)的数量分别为 A_1, A_2, A_3(千克);分配给 B 的原料 1(芝麻)、原料 2(核桃)、原料 3(白糖)的数量分别为 B_1, B_2, B_3(千克)。

本问题的目标函数是总利润最大化。总利润可用下式计算:

总利润 = 总收入 − 总成本 =(产品价格 × 产量)−(原料成本 × 原料使用量)

上式中,总收入的计算方法如下:产品 1 的价格为 30 元/千克,产量等于各种原料使用量之和 $A_1 + A_2 + A_3$,所以,产品 1 的收入 = $30 \times (A_1 + A_2 + A_3)$;同理,产品 2 的收入 = $40 \times (B_1 + B_2 + B_3)$。总收入为两种产品收入之和,即:总收入 = $30 \times (A_1 + A_2 + A_3) + 40 \times (B_1 + B_2 + B_3)$。

总成本的计算方法如下:两种产品对原料 1(芝麻)、原料 2(核桃)、原料 3(白糖)的使用量分别为 $A_1 + B_1, A_2 + B_2, A_3 + B_3$。而三种原料的价格分别为 $45, 25, 4$,所以,总成本 = $45 \times (A_1 + B_1) + 25 \times (A_2 + B_2) + 4 \times (A_3 + B_3)$。

因此,本问题的目标函数如下:

$$\max \quad 30(A_1 + A_2 + A_3) + 40(B_1 + B_2 + B_3) - 45(A_1 + B_1) - 25(A_2 + B_2) - 4(A_3 + B_3)$$

本问题的约束条件由三个部分组成,第一部分是需求约束,第二部分是原料资源约束,第三部分是产品必须符合所规定的成分要求。

首先分析需求约束。产品 1 与产品 2 的产量分别为 $A_1 + A_2 + A_3$ 与 $B_1 + B_2 + B_3$,它们应满足市场最小需求量,所以有:

$$A_1 + A_2 + A_3 \geqslant 10\,000$$
$$B_1 + B_2 + B_3 \geqslant 15\,000$$

其次是原料约束,三种原料的实际使用量分别为 $A_1 + B_1, A_2 + B_2, A_3 + B_3$,它们应不超过可提供的数量,所以有:

$$A_1 + B_1 \leqslant 12\,000$$
$$A_2 + B_2 \leqslant 15\,000$$
$$A_3 + B_3 \leqslant 3\,000$$

再次是产品成分要求约束,产品 1 中原料 1(芝麻)的含量不得少于 40%。产品 1 中原料 1 的数量为 A_1,产品 1 的总量为 $A_1 + A_2 + A_3$,所以有:

$$A_1 \geqslant 0.4 \times (A_1 + A_2 + A_3) \quad \text{(产品 1 中原料 1 的含量不得少于 40\%)}$$

同理,有:

$$A_2 \geqslant 0.3 \times (A_1 + A_2 + A_3) \quad \text{(产品 1 中原料 2 的含量不得少于 30\%)}$$
$$A_3 \leqslant 0.2 \times (A_1 + A_2 + A_3) \quad \text{(产品 1 中原料 3 的含量不得大于 20\%)}$$
$$B_1 \geqslant 0.5 \times (B_1 + B_2 + B_3) \quad \text{(产品 2 中原料 1 的含量不得少于 50\%)}$$
$$B_2 \geqslant 0.4 \times (B_1 + B_2 + B_3) \quad \text{(产品 2 中原料 2 的含量不得少于 40\%)}$$

$$B_3 \leqslant 0.05 \times (B_1 + B_2 + B_3) \quad （产品 2 中原料 3 的含量不得大于 5\%）$$

最后是非负约束：

$$A_1, A_2, A_3, B_1, B_2, B_3 \geqslant 0$$

综上所述，本问题的线性规划模型如下：

$$
\begin{aligned}
\text{o.b.} \quad \max \quad & 30(A_1 + A_2 + A_3) + 40(B_1 + B_2 + B_3) - \\
& 45(A_1 + B_1) - 25(A_2 + B_2) - 4(A_3 + B_3)
\end{aligned}
$$

$$
\begin{aligned}
\text{s.t.} \quad & A_1 + A_2 + A_3 && \geqslant 10\,000 \\
& B_1 + B_2 + B_3 \geqslant 15\,000 \\
& A_1 + B_1 && \leqslant 12\,000 \\
& A_2 + B_2 && \leqslant 15\,000 \\
& A_3 + B_3 \leqslant 3\,000 \\
& A_1 && \geqslant 0.4 \times (A_1 + A_2 + A_3) \\
& A_2 && \geqslant 0.3 \times (A_1 + A_2 + A_3) \\
& A_3 && \leqslant 0.2 \times (A_1 + A_2 + A_3) \\
& B_1 && \geqslant 0.5 \times (B_1 + B_2 + B_3) \\
& B_2 && \geqslant 0.4 \times (B_1 + B_2 + B_3) \\
& B_3 \leqslant 0.05 \times (B_1 + B_2 + B_3) \\
& A_1, A_2, A_3, B_1, B_2, B_3 \geqslant 0
\end{aligned}
$$

本问题的 Spreadsheet 见表 3.3.12。

上述模型的公式见表 3.3.13。

然后用 Excel 中的规划求解功能求出本问题的解。规划求解参数对话框如图 3.3.3 所示。

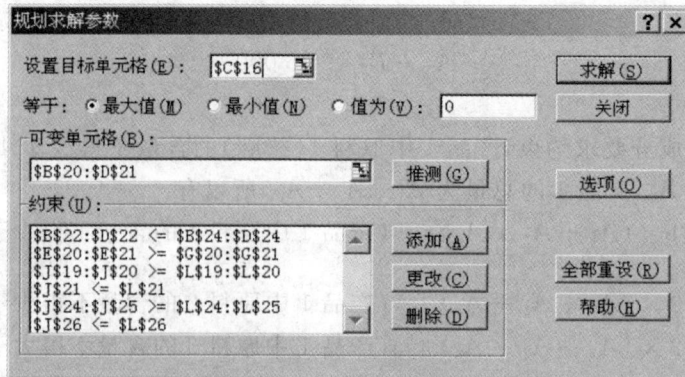

图 3.3.3　产品配方决策模型规划求解参数对话框

表 3.3.12　虞山食品厂产品配方问题优化模型

	A	B	C	D	E	F	G	H	I	J	K	L
1	例 3.3.3　虞山食品厂产品配方问题											
2												
3	产品名称	价格(元/千克)	最小需求量(千克)			芝麻核桃粉成分(%)						
4	芝麻核桃粉	30	10 000			最小芝麻含量	40					
5	低糖芝麻核桃粉	40	15 000			最小核桃衡量	30					
6						最大白糖含量	20					
7												
8	原料	芝麻	核桃	白糖		低糖芝麻核桃粉成分(%)						
9	成本(元/千克)	45	25	4		最小芝麻含量	50					
10	可提供量(千克)	12 000	15 000	3 000		最小核桃含量	40					
11						最大白糖含量	5					
12												
13												
14	模型											
15												
16	max Profit		108 800									
17												
18												
19	产品名称	芝麻	核桃	白糖	产量		需求量		芝麻核桃粉			
20	芝麻核桃粉	4 000	4 000	2 000	10 000	>=	10 000		最小芝麻含量	4 000	>=	4 000
21	低糖芝麻核桃粉	8 000	7 200	800	16 000	>=	15 000		最小核桃含量	4 000	>=	3 000
22	原料使用量	12 000	11 200	2 800					最大白糖含量	2 000	<=	2 000
23		<=	<=	<=					低糖芝麻核桃粉			
24	可提供量	12 000	15 000	3 000					最小芝麻含量	8 000	>=	8 000
25									最小核桃含量	7 200	>=	6 400
26									最大白糖含量	800	<=	800
27												

表 3.3.13　虞山食品厂产品配方问题优化模型的公式表示

	A	B	C	D	E	F	G	H	I	J	K	L
1	例 3.3.3	虞山食品厂产品配方问题										
2												
3	产品名称	价格（元/千克）	最小需求量（千克）			芝麻核桃粉成分（%）						
4	芝麻核桃粉	30	10 000			最小芝麻含量	40					
5	低糖芝麻核桃粉	40	15 000			最小核桃衡量	30					
6						最大白糖含量	20					
7	原料											
8		芝麻	核桃	白糖		低糖芝麻核桃粉成分（%）						
9	成本（元/千克）	45	25	4		最小芝麻含量	50					
10	可提供量（千克）	12 000	15 000	3 000		最小核桃含量	40					
11						最大白糖含量	5					
12												
13	模型											
14												
15	max Profit	=sumproduct(B4:B5,E20:E21)-sumproduct(B9:D9,B22:D22)										
16												
17												
18		原料						芝麻核桃粉	芝麻核桃含量			
19	产品名称	芝麻	核桃	白糖	产量		需求量	最小芝麻含量		=B20	>=	=G4 * $E$20
20	芝麻核桃粉	4 000	4 000	2 000	=SUM(B20:D20)	>=	=C4	最小核桃含量		=C20	>=	=G5 * $E$20
21	低糖芝麻核桃粉	8 000	7 200	800	=SUM(B21:D21)	>=	=C5	最大白糖含量		=D20	<=	=G6 * $E$20
22	原料使用量	=SUM(B20:B21)	=SUM(C20:C21)	=SUM(D20:D21)								
23		<=	<=	<=				低糖芝麻核桃粉	低糖芝麻核桃含量			
24	可提供量	=B10	=C10	=D10				最小芝麻含量		=B21	>=	=G9 * $E$21
25								最小核桃含量		=C21	>=	=G10 * $E$21
26								最大白糖含量		=D21	<=	=G11 * $E$21
27												

从表 3.3.12 的运算结果可知,虞山食品厂第四季度的产品配方最优决策如表 3.3.14 所示。

表 3.3.14　虞山食品厂产品配方最优决策　　　　千克

产品名称	芝　麻	核　桃	白　糖
芝麻核桃粉	4 000	4 000	2 000
低糖芝麻核桃粉	8 000	7 200	800

这时,满足所有的约束条件,且总利润最大,为 108 800 元。

3.3.4　人力资源管理问题

人力资源管理是管理中的重要问题之一。为完成既定的生产计划,要将劳动力分配到生产的各个环节上。对劳动力的合理分配,以及通过培训提高工人素质,是人力资源管理的重要组成部分,也是提高生产效率、降低成本或增加利润的重要途径。线性规划是人力资源优化的有效工具。例 3.3.4 就是线性规划在人力资源管理中的一个应用。

例 3.3.4　凯山紧固件厂人力资源优化问题

凯山紧固件厂生产两种销路很好的紧固件:紧固件 1 和紧固件 2。每箱紧固件 1 与每箱紧固件 2 分别可获利润 95 元和 100 元。两种紧固件均需经过四道工序,分别由四个部门完成,其中每道工序所需的人工数以及每个部门可提供的人工数如表 3.3.15 所示。该厂应生产多少紧固件 1 与 2,才能在满足各部门人力资源的约束下,获得最大利润?

表 3.3.15　凯山紧固件厂人力资源基本数据表

工序	紧固件 1 所需人工数	紧固件 2 所需人工数	各部门可提供人工数
1	0.60	0.90	650
2	0.50	0.80	500
3	1.00	0.70	700
4	0.15	0.30	120

解:据题意,可知本问题的决策变量是两种产品的产量。可设:紧固件 1 与紧固件 2 的产量分别为 A 和 B(箱)。

本问题的目标函数是总利润最大化。已知每单位(箱)紧固件 1 与 2 的利润分别是 95 元与 100 元,所以,总利润$=95A+100B$。目标函数为:

max　　　　　　　　　　$95A+100B$

本问题的约束条件是各部门的人力资源约束。即各部门实际使用的人工不得超过可提供的人工数。由于每箱紧固件 1 与紧固件 2 的第一道工序需用部门 1 的人工数分别为

0.60 与 0.90，所以生产 A 箱紧固件 1 和 B 箱紧固件 2 所需部门 1 的人工数＝0.60A＋0.90B；而部门 1 可提供的人工数为 650，因此有：

$$0.60A + 0.90B \leqslant 650$$

（两种紧固件所需部门 1 的人工数不得超过部门 1 可提供的人工数）

同理可得：

$$0.50A + 0.80B \leqslant 500$$

（两种紧固件所需部门 2 的人工数不得超过部门 2 可提供的人工数）

$$1.00A + 0.70B \leqslant 700$$

（两种紧固件所需部门 3 的人工数不得超过部门 3 可提供的人工数）

$$0.15A + 0.30B \leqslant 120$$

（两种紧固件所需部门 4 的人工数不得超过部门 4 可提供的人工数）

最后是非负约束：

$$A \geqslant 0, \quad B \geqslant 0$$

综上所述，本问题的线性规划模型如下：

$$
\begin{aligned}
\text{o.b.} \quad \max \quad & 95A + 100B \\
\text{s.t.} \quad & 0.60A + 0.90B \leqslant 650 \\
& 0.50A + 0.80B \leqslant 500 \\
& 1.00A + 0.70B \leqslant 700 \\
& 0.15A + 0.30B \leqslant 120 \\
& A \geqslant 0, \quad B \geqslant 0
\end{aligned}
$$

本问题的 Spreadsheet 见表 3.3.16。

模型的公式见表 3.3.17。

然后用 Excel 中的规划求解功能求出本问题的解。规划求解参数对话框如图 3.3.4 所示。

从表 3.3.16 的运算结果可知，凯山紧固件厂在满足人力资源约束下的最优生产计划是：紧固件 1 的产量约为 646 箱，紧固件 2 的产量约为 77 箱，这时总利润最大，为 69 076.92 元。

讨论：从表 3.3.16 可知，部门 1 与部门 2 的人力资源约束条件是"非紧"的，它们的松弛量分别为 193 与 115，而部门 3 与部门 4 的人力资源约束均为"紧"的。这说明，现有人力资源的分配不尽合理，部门 1 与部门 2 有多余，而部门 3 与部门 4 则为人力资源的"瓶颈"处。所以，厂方考虑，如果某些部门的工人通过培训可以胜任其他部门的工作，那么通过人力资源的重新分配，可以进一步提高效率，获得更高的利润。

表 3.3.16　凯山紧固件厂人力资源优化模型

	A	B	C	D	E	F	G	H	I	J
1	例 3.3.4　凯山紧固件厂人力资源优化模型									
2										
3		单位产品 需人工数								
4	工序	产品 1	产品 2	可提供人工数						
5	1	0.60	0.90	650						
6	2	0.50	0.80	500						
7	3	1.00	0.70	700						
8	4	0.15	0.30	120						
9										
10	单位产品利润	95	100							
11	（元/单位）									
12										
13	模型									
14										
15										
16	生产计划						人工数			
17	产品 1	产品 2					实际使用数		可提供数	松弛量
18	646.15	76.92		总利润最大化	69 076.92		456.92	<=	650.00	193.08
19							384.62	<=	500.00	115.38
20							700.00	<=	700.00	0.00
21							120.00	<=	120.00	0.00

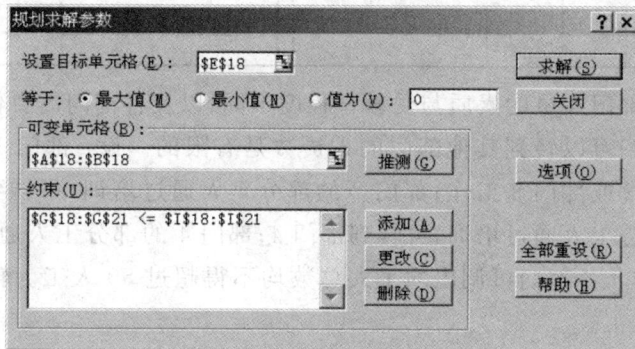

图 3.3.4　人力资源优化模型规划求解参数对话框

表 3.3.17　凯山紧固件厂人力资源优化模型的公式表示

	A	B	C	D	E	F	G	H	I	J
1	例 3.3.4　凯山紧固件厂人力资源优化模型									
2										
3		单位产品需人工数								
4	工序	产品 1	产品 2	可提供人工数						
5	1	0.60	0.90	650						
6	2	0.50	0.80	500						
7	3	1.00	0.70	700						
8	4	0.15	0.30	120						
9										
10	单位产品利润	95	100							
11	（元/单位）									
12										
13	模型									
14										
15										
16	生产计划						人工数			
17	产品 1	产品 2					实际使用数		可提供数	松弛量
18	646.15	76.92		总利润最大化	=sumproduct(B10:C10,A18:B18)		=sumproduct(B5:C5, $A$18:$B$18)	<=	=D5	=I18-G18
19							=sumproduct(B6:C6, $A$18:$B$18)	<=	=D6	=I19-G19
20							=sumproduct(B7:C7, $A$18:$B$18)	<=	=D7	=I20-G20
21							=sumproduct(B8:C8, $A$18:$B$18)	<=	=D8	=I21-G21
22										

　　但是，由于各部门人员的素质与受教育程度不同，以及各部门需要保持一定的稳定人员数，所以从各部门可以转到其他部门的人员数是有限的。设：部门 1 的部分工人通过培训，可转到部门 2 或部门 3 工作；部门 2 的部分工人通过培训，可转到部门 3 或部门 4 工作；部门 3 的部分工人通过培训，可转到部门 4；部门 4 的部分工人通过培训，可转到部门 1 或部门 2 工作。各部门可调出的工人总数均不得超过 50 人工。转换工种所需的培训费用为 50 元/人工。

　　该厂应如何重新进行人员配备以及如何修正生产计划，可以获得最大利润？

　　分析：这时应增加一项决策变量，即从各部门调配到其他部门的人工数。用决策变量 X_{ij} 表示从 i 部门调到 j 部门的人工数，如表 3.3.18 所示。

表 3.3.18　各部门人力资源调配量

调出部门	调入部门			
	1	2	3	4
1	0	X_{12}	X_{13}	0
2	0	0	X_{23}	X_{24}
3	0	0	0	X_{34}
4	X_{41}	X_{42}	0	0

已知每个人工的培训费为 50 元,所以,因调换工种而进行培训的总费用=$50 \times (X_{12} + X_{13} + X_{23} + X_{24} + X_{34} + X_{41} + X_{42})$,这时,总利润应等于产品利润扣除培训费用,所以目标函数变为:

max　　$95A + 100B - 50(X_{12} + X_{13} + X_{23} + X_{24} + X_{34} + X_{41} + X_{42})$

约束条件也发生了变化,不仅要考虑各部门人力资源约束,而且还要考虑人力资源调动数约束。

首先考虑各部门的人力资源约束。原来的人力资源约束条件的右边发生了变化,各部门可提供的人工数=(原来可提供的人工数)+(从其他部门调入的人工数)-(调出到其他部门的人工数),所以有:

部门 1 的人力资源约束

$$0.60A + 0.90B \leqslant 650 + X_{41} - (X_{12} + X_{13})$$

(重新调配后部门 1 可提供的人工数)

同理有:

$$0.50A + 0.80B \leqslant 500 + (X_{12} + X_{42}) - (X_{23} + X_{24})$$

(重新调配后部门 2 可提供的人工数)

$$1.00A + 0.70B \leqslant 700 + (X_{13} + X_{23}) - X_{34}$$

(重新调配后部门 3 可提供的人工数)

$$0.15A + 0.30B \leqslant 120 + (X_{24} + X_{34}) - (X_{41} + X_{42})$$

(重新调配后部门 4 可提供的人工数)

然后考虑人力资源调动数约束,据题意,各部门调出人工数不得超过 50,因此有:

$$X_{12} + X_{13} \leqslant 50 \quad (部门 1 调出人工数不得超过 50)$$

$$X_{23} + X_{24} \leqslant 50 \quad (部门 2 调出人工数不得超过 50)$$

$$X_{34} \leqslant 50 \quad (部门 3 调出人工数不得超过 50)$$

$$X_{41} + X_{42} \leqslant 50 \quad (部门 4 调出人工数不得超过 50)$$

表 3.3.19　凯山紧固件厂人力资源调配优化模型

	A	B	C	D	E	F	G	H	I	J	K
1	例 3.3.4　凯山紧固件厂人力资源优化模型										
2											
3		单位产品需人工数									
4	工序	产品 1	产品 2	可提供人工数			工序	最大调配人工数			
5	1	0.60	0.90	650			1	50			
6	2	0.50	0.80	500			2	50			
7	3	1.00	0.70	700			3	50			
8	4	0.15	0.30	120			4	50			
9										调配成本	
10	单位产品利润	95	100				调出/调入	1	2	3	4
11	（元/单位）						1		50	50	
12							2			50	50
13	模型						3				50
14							4	50	50		
15											
16		生产计划							人工数		
17		产品 1	产品 2					实际使用数		可提供数	松弛量
18		606	205	总利润最大化	74 003.88			549	<=	600	51
19								467	<=	467	0
20								750	<=	750	0
21								153	<=	153	0
22											
23			转换矩阵								
24	调出/调入	1	2	3	4	合计		最大调出人工数			
25	1		0	50		50	<=	50			
26	2			0	33	33	<=	50			
27	3				0	0	<=	50			
28	4	0	0			0	<=	50			
29	合计	0	0	50	33						
30											

最后是非负约束：

$$A \geqslant 0, \quad B \geqslant 0, \quad X_{12}, X_{13}, X_{23}, X_{24}, X_{34}, X_{41}, X_{42} \geqslant 0$$

综上所述，经培训与重新调配的人力资源模型如下：

o. b. max　$95A + 100B - 50(X_{12} + X_{13} + X_{23} + X_{24} + X_{34} + X_{41} + X_{42})$

s. t.　　$0.60A + 0.90B \leqslant 650 + X_{41} - (X_{12} + X_{13})$

$0.50A + 0.80B \leqslant 500 + (X_{12} + X_{42}) - (X_{23} + X_{24})$

$1.00A + 0.70B \leqslant 700 + (X_{13} + X_{23}) - X_{34}$

$0.15A + 0.30B \leqslant 120 + (X_{24} + X_{34}) - (X_{41} + X_{42})$

$X_{12} + X_{13} \leqslant 50$

$X_{23} + X_{24} \leqslant 50$

$X_{34} \leqslant 50$

$X_{41} + X_{42} \leqslant 50$

$A \geqslant 0, \quad B \geqslant 0, \quad X_{12}, X_{13}, X_{23}, X_{24}, X_{34}, X_{41}, X_{42} \geqslant 0$

该问题的 Spreadsheet 见表 3.3.19。

从表 3.3.19 可知,该厂关于人力资源的优化方案为:

(1) 紧固件 1 的产量为 606(箱),紧固件 2 的产量为 205(箱);

(2) 从部门 1 调出 50 个人工至部门 3,从部门 2 调出 33 个人工至部门 4。

这时,满足各人力资源约束,且总利润最大,为 74 003.88 元。

表 3.3.20 对该厂人力资源重新调配前后的产量与总利润进行了比较,显然人力资源重新调配后,产量与总利润均有了增长。这反映出对人力资源的合理调配可以有效地提高生产效率。

表 3.3.20　凯山紧固件厂人力资源调配结果对比

人力资源状况	产量(箱)			总利润(元)
	紧固件 1	紧固件 2	合计	
人力资源调配前	646	77	723	69 076.92
人力资源调配后	606	205	811	74 003.88

CHAPTER 4
第4章

图与网络分析及其应用

图与网络是运筹学的一个重要分支,许多重要的优化问题都可以用网络图进行描述。例如,在物流系统中将货物从某些起点运输到某些终点时,合理的运输路线和中转站的选择,以及合理的仓储地点的确定等,均涉及网络问题。此外,网络模型具有它特有的优化技术,它利用图的分析和变换来解决问题,十分直观和方便,并可用以处理一般线性规划算法难以处理的大规模、多变量优化问题。本章首先介绍图与网络的基本概念;然后分别介绍几种典型而实用的网络分析模型。它们包括:运输模型(transportation model),动态库存模型(dynamic inventory model),指派模型(assignment model),最小费用网络流模型(minimum cost network flow model),最大流模型(maximum flow model),最短路模型(shortest path model)和关键线路模型(critical path model)。其中,运输模型、指派模型、最大流模型、最短路模型和关键线路模型都是最小费用网络流模型的特例。

4.1 图与网络的基本概念

自 20 世纪 50 年代初以来,图论取得了重大的发展。现在它已广泛应用于电气工程、计算机科学、交通运输、邮电通信、社会科学等多个领域。

用图的方法描述与分析问题可以追溯到 1936 年,瑞士数学家列昂德·欧拉(Euler)引入图的概念解决了著名的哥尼斯堡(Königsberg)七桥问题,成为图论的创始人。20 世纪后,图论广泛应用于科学领域,例如网络理论、信息论、控制论、运筹学、物理、化学等。许多实际网络,如运输网、电话网、电力网等,可以直观地用一个称为图的几何图形(这种图形是由节点与连接节点的边构成的)加以描述与分析。本节将介绍图和网络的一些基本术语与概念。

4.1.1 什么是图

在现实生活中,人们为了反映某一系统中事物之间的关系,往往会用一些点或线画出示意图。例如,北京、上海、南京、杭州、西安、郑州、重庆、武汉、长沙、广州这十个城市和它们之间的航线可以用一个图形来描述。这十个城市分别用 $v_1, v_2, \cdots, v_{10}$ 代表,每个城市在图上用一个点或圆圈表示。如果两个城市间有航线相通,就把表示这两个城市的点或圆圈用一条线段连接起来,得到线段 $e_1, e_2, \cdots, e_{15}$。这样,就画成了图 4.1.1 所示的图。

在图 4.1.1 中,代表城市的那些点称为图的节点(或称为顶点,或简称为点),记作 $v_1,v_2,\cdots,v_{10}$。连接城市的直线(段)或曲线(段)称为图的边(或称为"弧",下同),记作 $e_k=[v_i,v_j]$,其中 e_k 表示连接节点 v_i 与节点 v_j 的边。从这个航线图可见,构成一个图的最基本的要素是节点以及连接其中某些节点的边。一般地,图的节点表示具体事物,边表示事物之间的联系。

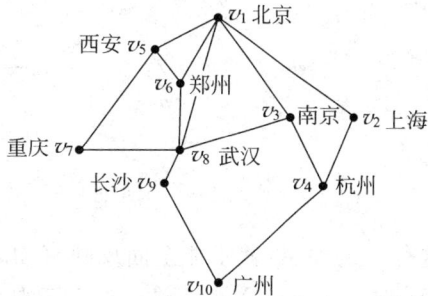

图 4.1.1　十城市航线图

定义 4.1.1　图 $G=(V,E)$ 由集合 V 和 E 构成。集合 V 的元素称为节点(或顶点);集合 E 的元素称为边,它是以 $[v_i,v_j]$ 形式出现的无序对,其中 $v_i,v_j\in V$。

在图 4.1.1 的例子中,图 $G=(V,E)$ 的节点的集合是:

$$V=\{北京,上海,南京,杭州,西安,郑州,重庆,武汉,长沙,广州\}$$

亦可用符号表示为:

$$V=\{v_1,v_2,\cdots,v_{10}\}$$

边的集合是:

$$\begin{aligned}
E=\{&(北京,上海),(北京,南京),(北京,西安),(北京,郑州),(北京,武汉),\\
&(上海,杭州),(南京,杭州),(南京,武汉),(杭州,广州),(西安,郑州),\\
&(西安,重庆),(郑州,武汉),(重庆,武汉),(武汉,长沙),(长沙,广州)\},
\end{aligned}$$

亦可用符号表示为:

$$\begin{aligned}
E=\{&(v_1,v_2),(v_1,v_3),(v_1,v_5),(v_1,v_6),(v_1,v_8),\\
&(v_2,v_4),(v_3,v_4),(v_3,v_8),(v_4,v_{10})(v_5,v_6),\\
&(v_5,v_7),(v_6,v_8),(v_7,v_8),(v_8,v_9),(v_9,v_{10})\}\\
=&\{e_1,e_2,\cdots,e_{15}\}
\end{aligned}$$

值得注意的是,描述一个图的图形并不是唯一的。表示节点的点和表示边的线段的相对位置并不重要,边的唯一作用是把两个点连接起来。例如图 4.1.2 中(a)、(b)、(c)所示的图形,尽管它们的形状不同,但本质是相同的,都是由 5 个点与连接这些点的 7 条边所组成的。此外,图中两条线除了相交于节点时表示有公共交点外,其他相交均不表示有公共交点。例如图 4.1.2 所示的图形(c)中,边 $[v_1,v_4]$ 与 $[v_2,v_3]$ 是互不相交的,可以想象成是高速公路中的立交桥。

4.1.2　有向图、无向图

在实际问题中,有时仅用边来反映两个事物之间的关系是不够的。例如某地区从 v_1 到 v_2 的公路是单行线,汽车只能由 v_1 通向 v_2,不能由 v_2 通向 v_1。如果此时仅用边来描

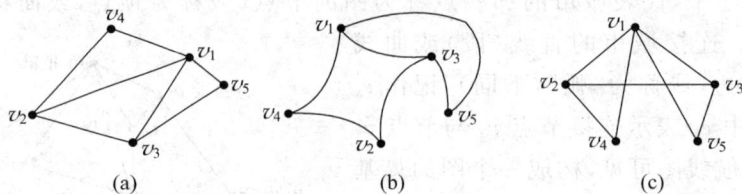

图 4.1.2　形状不同而本质相同的图形

述这种特定关系,就不能全面反映事物之间的联系。这时,可用一个带箭头的线段来代替连线(即 $v_1 \rightarrow v_2$),这就将单行线关系描述出来了。用箭头描述两事物间关系的有向性,这在日常生活中是常见的。例如部门间的领导与被领导的关系,工序的先后关系,车辆在两地间的运行等,都可用带箭头的有向线段表示。一个图,如果其边是有向的,则称这个图为有向图。否则就是无向图。

定义 4.1.2　有向图 $G_d = (V, E)$ 由集合 V 和 E 构成。集合 V 的元素称为起始节点(顶点)和终止节点(顶点);集合 E 的元素称为有向边(或弧),它是以 $[v_i, v_j]$ 形式出现的有序对,其中 $v_i, v_j \in V$。

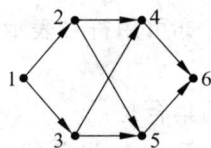

图 4.1.3　道路有向图

有向边(弧)$[v_i, v_j]$ 的方向从 v_i 流向 v_j。图 4.1.3 是一个道路有向图。它表示车辆只能从节点 1 流向节点 2 和 3,从节点 2 或节点 3 流向节点 4 和节点 5,从节点 4 或节点 5 流向节点 6。

4.1.3　网络

在许多实际系统中,仅仅笼统地给出图是有向或无向的仍然是不够的。例如,在研究公路系统时,除了描述公路的分布,还应描述每条公路的长度,这就要在两个节点间的边上标出边的里程数(或运行时间)。又如,在研究港口时,除了描述港口的分布,还应描述各港口的规模,于是在表示港口的节点处标上该港口的吞吐量。对于不同的问题可有不同的数量指标。由此可见,和图联系在一起的通常还有一个与节点或与边有关的数量指标(或称之为"权")。这种带有某种数量指标(或权)的图称为网络。

由此可见,网络是一个赋权的图,网络中的边或节点与标为权的实数相关联。其中,与边相对应的权又称为边长,边长可为正、负或零。在边长为正的情况下,它可以表示公路的实际长度、车辆运行时间、费用、通信线路的信息容量、电气系统从一个状态转移到另一个状态时吸收的能量等;在边长为负的情况下,它可以表示电气系统从一个状态转移到另一个状态时释放的能量等。

运输网络是一种常见的网络,它是一个赋权的有向图。运输网络是由节点与有向边构成的,网中每条边都与标为边长(权)的非负实数相关联。网中的节点是各种运输方式的车站、枢纽或多种运输方式的结合部,例如城市、地区中心、街道交叉口等;其边即该网

络中车站之间、枢纽点之间或各种运输方式的结合部之
间的区间线路如铁路线、公路线、航空线、水运航道以及
运输管道,例如两城市间的公路、两地区中心间的路径、
两交叉口间的街道等;其边长是与该网络的边相关的数
量指标,称为边的权,例如道路的长度、运行时间、运输费
用、交通流量等。这样一个用赋权有向图表示的运输系
统,称为运输网络。图 4.1.4 是一个运输网络图。图中

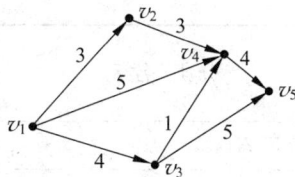

图 4.1.4　运输网络

的点表示道路的交叉点,边表示道路,各边上的数字表示车辆在该边上运行的时间。

4.2　运输问题

若一家公司拥有若干个工厂,这些工厂位于不同的地点,并且生产同一种产品。这些
产品要运输到不同的地点,以满足用户的需求。这些工厂称作供应节点,它们是运输的起
点。用户所在地则称为需求节点,它们是运输的终点或目的地。对于各个供应节点(即工
厂)而言,它们可提供的产品的数量是有限的;对于各个需求节点(即用户)而言,它们的需
求量是某个特定的值。假定产品既不能从一个供应节点运输到另一个供应节点,也不能
从一个需求节点运输到另一个需求节点,而只能从供应节点运至需求节点。公司面临的
问题是:应如何组织运输,才能在满足供应节点的供应量约束与需求节点的需求量约束
的前提下,使得运输成本最低。这类问题就是运输问题(transportation problem)。

运输问题可分为供需均衡的运输问题和供需非均衡的运输问题。若所有供应点的供
应量之和等于所有需求点的需求量之和,则这类运输问题称为供需均衡(或产销均衡)的
运输问题。这时,所有供应点的供应量全部供应完毕,而所有需求点的需求量全部满足。
若所有供应点的供应量之和不等于所有需求点的需求量之和,则这类运输问题称为供需
非均衡(或产销非均衡)的运输问题。

运输问题可以采用表上作业法处理,也可以运用线性规划模型求解。本节运用线性
规划问题分析运输问题,并且采用了 Spreadsheet 方法,可以十分方便地求出运输问题的
最优解。下面举例说明运输模型的建立与求解。

例 4.2.1　海华设备厂均衡运输问题

海华设备厂下设三个位于不同地点的分厂 A,B,C,该三个分厂生产同一种设备,设
每月的生产能力分别为 20 台、30 台和 40 台。海华设备厂有四个固定用户,该四个用户
下月的设备需求量分别为 20 台、15 台、23 台和 32 台。设各分厂的生产成本相同,从各分
厂至各用户的单位设备运输成本如表 4.2.1 所示,而且各分厂本月末的设备库存量为零。
问该厂应如何安排下月的生产与运输,才能在满足四个用户需求的前提下使总运输成本
最低。

表 4.2.1　海华设备厂运输成本表

分厂名称	运输成本（元/台）				月生产能力（台）
	用户 1	用户 2	用户 3	用户 4	
分厂 A	70	40	80	60	20
分厂 B	70	100	110	50	30
分厂 C	80	70	130	40	40
下月设备需求量（台）	20	15	23	32	

解：本题可用图 4.2.1 的网络图描述。网络图左边的节点表示三个分厂，右边的节点表示四个用户，左、右节点间的连线表示从左边某分厂生产的设备运输到右边某用户，线段上的数字表示单位设备的运输成本。网络图最左边的数字分别为三个分厂的生产能力，最右边的四个数字分别为四个用户的需求量。

本题中的总供应量＝20＋30＋40＝90（台），总需求量＝20＋15＋23＋32＝90（台），即所有供应点的供应量之和等于所有需求点的需求量之和。所以本问题是供需均衡的运输问题。这时，所有供应点的供应量全部供应完毕，而所有需求点的需求量全部满足。

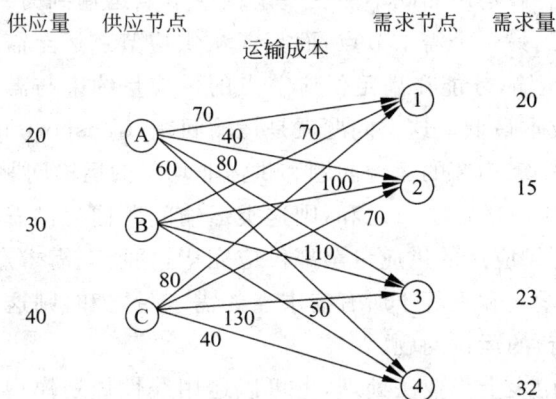

图 4.2.1　运输网络图

据题意，本问题的决策变量是下月各分厂为各用户生产与运输的设备数量。可设：分厂 A 下月为四个用户生产和运输的设备数量分别为 A_1, A_2, A_3, A_4（台）；

分厂 B 下月为四个用户生产和运输的设备数量分别为 B_1, B_2, B_3, B_4（台）；

分厂 C 下月为四个用户生产和运输的设备数量分别为 C_1, C_2, C_3, C_4（台）。

本问题的目标函数是总运输成本最小化。总运输成本的计算公式如下：

总运输成本 ＝ $\sum$（各分厂至各用户的设备运输成本）×（各分厂至各用户的运输量）

因此，该问题的目标函数为：

o.b. min $70A_1 + 40A_2 + 80A_3 + 60A_4 + 70B_1 + 100B_2 + 110B_3 +$
          $50B_4 + 80C_1 + 70C_2 + 130C_3 + 40C_4$

本问题的约束条件有三个部分,第一部分是需求约束,即各用户从各分厂收到的设备总数不得少于它们的需求量:

$A_1 + B_1 + C_1 = 20$ (用户 1 从三个分厂收到的设备总数应等于其需求量)

$A_2 + B_2 + C_2 = 15$ (用户 2 从三个分厂收到的设备总数应等于其需求量)

$A_3 + B_3 + C_3 = 23$ (用户 3 从三个分厂收到的设备总数应等于其需求量)

$A_4 + B_4 + C_4 = 32$ (用户 4 从三个分厂收到的设备总数应等于其需求量)

第二部分是生产能力约束,即各分厂生产和运输的设备总数不得超过其生产能力:

$A_1 + A_2 + A_3 + A_4 = 20$ (分厂 A 下月生产与运输的设备总数应等于其月生产能力)

$B_1 + B_2 + B_3 + B_4 = 30$ (分厂 B 下月生产与运输的设备总数应等于其月生产能力)

$C_1 + C_2 + C_3 + C_4 = 40$ (分厂 C 下月生产与运输的设备总数应等于其月生产能力)

第三部分是非负约束,即:

$A_1, A_2, A_3, A_4, B_1, B_2, B_3, B_4, C_1, C_2, C_3, C_4 \geqslant 0$ (非负约束)

综上所述,本问题的线性规划模型如下:

o.b. min $70A_1 + 40A_2 + 80A_3 + 60A_4 + 70B_1 + 100B_2 + 110B_3 +$
          $50B_4 + 80C_1 + 70C_2 + 130C_3 + 40C_4$

$$
\begin{aligned}
\text{s.t.} \quad A_1 + \quad\quad B_1 + \quad\quad C_1 \quad\quad &= 20 \\
A_2 + \quad\quad B_2 + \quad\quad C_2 \quad\quad &= 15 \\
A_3 + \quad\quad B_3 + \quad\quad C_3 \quad\quad &= 23 \\
A_4 + \quad\quad B_4 + \quad\quad C_4 &= 32 \\
A_1 + A_2 + A_3 + A_4 \quad\quad\quad\quad &= 20 \\
B_1 + B_2 + B_3 + B_4 \quad\quad &= 30 \\
C_1 + C_2 + C_3 + C_4 &= 40 \\
\end{aligned}
$$

$A_1, A_2, A_3, A_4, B_1, B_2, B_3, B_4, C_1, C_2, C_3, C_4 \geqslant 0$

本问题的 Spreadsheet 见表 4.2.2。模型的公式见表 4.2.3。

表 4.2.2 海华设备厂均衡运输优化模型

	A	B	C	D	E	F	G	H	I	J
1	例 4.2.1 海华设备厂均衡运输优化模型									
2										
3	单位运输成本									
4										
5		供应节点		需求节点						
6			用户 1	用户 2	用户 3	用户 4				

续表

	A	B	C	D	E	F	G	H	I	J
7		工厂A	70	40	80	60				
8		工厂B	70	100	110	50				
9		工厂C	80	70	130	40			总成本	
10									5 660	
11	运量									
12		供应节点		需求节点						
13			用户1	用户2	用户3	用户4	总运出量		可提供量	
14		工厂A	0	7	13	0	20	=	20	
15		工厂B	20	0	10	0	30	=	30	
16		工厂C	0	8	0	32	40	=	40	
17		总收货量	20	15	23	32				
18			=	=	=	=				
19		总需求量	20	15	23	32				
20										

表 4.2.3　海华设备厂运输优化模型的公式表示

	A	B	C	D	E	F	G	H	I	J
1	例 4.2.1　海华设备厂均衡运输优化模型									
2										
3	单位运输成本									
4										
5		供应节点		需求节点						
6			用户1	用户2	用户3	用户4				
7		工厂A	70	40	80	60				
8		工厂B	70	100	110	50				
9		工厂C	80	70	130	40			总成本	
10									= sumproduct (C7:F9,C14:F16)	
11	运量									
12		供应节点		需求节点						
13			用户1	用户2	用户3	用户4	总运出量		可提供量	
14		工厂A	0	7	13	0	=SUM(C14:F14)	=	20	
15		工厂B	20	0	10	0	=SUM(C15:F15)	=	30	
16		工厂C	0	8	0	32	=SUM(C16:F16)	=	40	
17		总收货量	=SUM(C14:C16)	=SUM(D14:D16)	=SUM(E14:E16)	=SUM(F14:F16)				
18			=	=	=	=				
19		总需求量	20	15	23	32				
20										

然后用 Excel 中的规划求解功能求出本问题的解。规划求解参数对话框如图 4.2.2 所示。

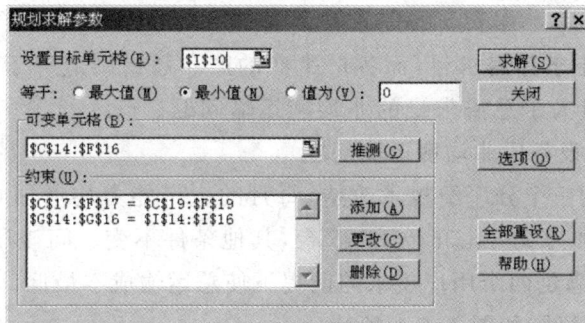

图 4.2.2　均衡运输问题规划求解参数对话框

模型运行结果见表 4.2.2。从表 4.2.2 可知,海华设备厂下月的生产运输决策如表 4.2.4 所示。这时,满足所有的约束条件,且运输总成本最低,为 5 660 元。

表 4.2.4　海华设备厂下月的生产运输最优决策

分厂名称	运输量(台)			
	用户 1	用户 2	用户 3	用户 4
分厂 A	0	7	13	0
分厂 B	20	0	10	0
分厂 C	0	8	0	32

以上决策可用网络图描述,见图 4.2.3。

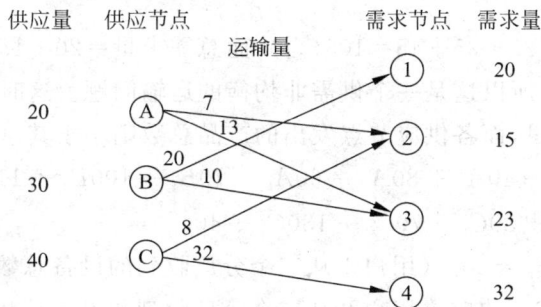

图 4.2.3　最优运输决策网络图

以上是对供需均衡的运输问题的分析。当供需为非均衡时,模型中的约束条件将发生变化。这时,若所有供应点的供应量之和大于所有需求点的需求量之和,则所有需求点的需求量全部满足,而某些供应点的供应量未供应完毕,所以,在约束条件中,各用户收到的产品数量应等于其需求量,而各厂生产的产品数量则应小于其供应能力。若所有供应点的供应量之和小于所有需求点的需求量之和,则所有供应点的供应量全部供应完毕,而某些需求点的需求量不能全部满足,所以,在约束条件中,各用户收到的产品数量应小于其需求量,而各厂生产的产品数量则应等于其供应能力。例 4.2.2 是一个总供应量大于总需求量的非均衡运输问题。

例 4.2.2 海华设备厂非均衡运输问题

若例 4.2.1 中的三个分厂经技术改造,每月的生产能力均增加了 5 台,即分别从 20 台、30 台和 40 台增加为 25 台、35 台和 45 台,其他条件不变。问该厂应如何安排下月的生产与运输,才能在满足四个用户需求的前提下使总运输成本最低。

解:本问题的网络图如图 4.2.4 所示。

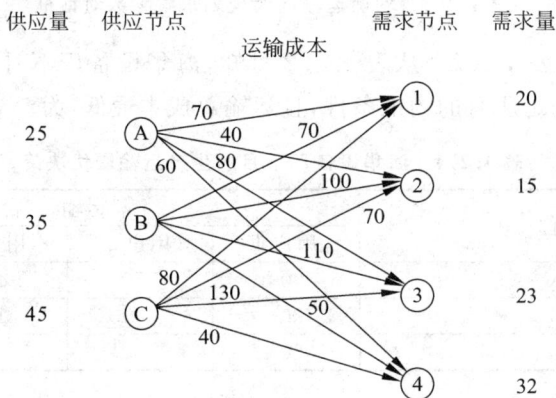

图 4.2.4　运输网络图

这时,总供应量 = 25 + 35 + 45 = 105(台),而总需求量 = 20 + 15 + 23 + 32 = 90(台),总供应量大于总需求量,所以这是一个供需非均衡的运输问题。这时,各需求节点收到的产品总数等于其总需求量,而各供应节点发出的产品总数则小于其总供应能力。模型变为:

o.b. min $\quad 70A_1 + 40A_2 + 80A_3 + 60A_4 + 70B_1 + 100B_2 + 110B_3 +$

$\qquad 50B_4 + 80C_1 + 70C_2 + 130C_3 + 40C_4$

s.t. $\quad A_1 + B_1 + C_1 = 20$　(用户 1 从三个分厂收到的设备总数应等于其需求量)

$\qquad A_2 + B_2 + C_2 = 15$　(用户 2 从三个分厂收到的设备总数应等于其需求量)

$\qquad A_3 + B_3 + C_3 = 23$　(用户 3 从三个分厂收到的设备总数应等于其需求量)

$\qquad A_4 + B_4 + C_4 = 32$　(用户 4 从三个分厂收到的设备总数应等于其需求量)

$\qquad A_1 + A_2 + A_3 + A_4 \leqslant 25$　(分厂 A 下月生产的设备总数应不超过其月生产能力)

$\qquad B_1 + B_2 + B_3 + B_4 \leqslant 35$　(分厂 B 下月生产的设备总数应不超过其月生产能力)

$\qquad C_1 + C_2 + C_3 + C_4 \leqslant 45$　(分厂 C 下月生产的设备总数应不超过其月生产能力)

$A_1, A_2, A_3, A_4, B_1, B_2, B_3, B_4, C_1, C_2, C_3, C_4 \geqslant 0$　（非负约束）

本问题的 Spreadsheet 见表 4.2.5。

表 4.2.5　海华设备厂下月的生产非均衡运输优化模型

	A	B	C	D	E	F	G	H	I	J
1	例 4.2.2　海华设备厂非均衡运输优化模型									
2										
3	单位运输成本									
4										
5		供应节点		需求节点						
6			用户 1	用户 2	用户 3	用户 4				
7		工厂 A	70	40	80	60				
8		工厂 B	70	100	110	50				
9		工厂 C	80	70	130	40			总成本	
10									5 510	
11	运量									
12		供应节点		需求节点						
13			用户 1	用户 2	用户 3	用户 4	总运出量		可提供量	
14		工厂 A	0	2	23	0	25	<=	25	
15		工厂 B	20	0	0	0	20	<=	35	
16		工厂 C	0	13	0	32	45	<=	45	
17		总收货量	20	15	23	32				
18			=	=	=	=				
19		总需求量	20	15	23	32				
20										

用 Excel 中的规划求解功能求解。规划求解参数对话框如图 4.2.5 所示。

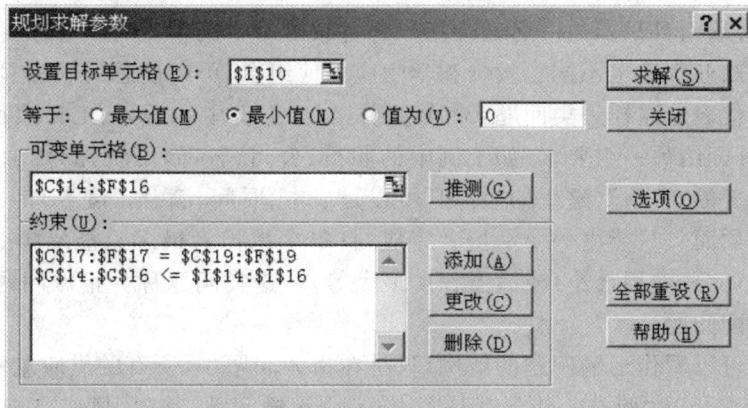

图 4.2.5　非均衡运输问题规划求解参数对话框

模型运行结果如表 4.2.5 所示。从表 4.2.5 可知,海华设备厂下月的生产运输决策如表 4.2.6 所示。这时,满足所有的约束条件,且运输总成本最低,为 5 510 元。

表 4.2.6　海华设备厂下月的生产运输最优决策

分厂名称	运输量（台）			
	用户 1	用户 2	用户 3	用户 4
分厂 A	0	2	23	0
分厂 B	20	0	0	0
分厂 C	0	13	0	32

4.3　指派问题

考虑以下实例:

(1)"职员—任务"问题

若有四项任务需要完成,现有五个职员可承担这些任务,各职员完成不同任务所需的时间是不同的,每个职员最多只能承担一项任务。应如何分配这些任务,使得完成所有任务的总时间最短?

(2)"公司—工程项目"问题

十家公司投标六个工程项目,各公司对不同工程项目的投标额是不同的,每家公司最多承担一项工程项目。应如何分配这些工程项目,才能使得完成这六个工程项目的总成本最低?

(3)"教师—学生"问题

20 个教师指导 20 个学生的毕业论文,每个教师必须而且只能指导一名学生,或者说,每个学生必须而且只能由一名教师指导。各教师对不同学生的欢迎程度不同,各学生对不同教师的欢迎程度也不同。教师和学生应如何组合,可以使总的满意程度最高?

上述例子代表着这样一类问题:将某组要素(如上例中的任务、工程项目、学生,可统称为"任务")分配给另一组要素(如上例中的职员、公司、教师,可统称为"承担者"),各承担者完成各任务的"费用"(这里的"费用"可以是成本、时间、满意程度等)是不同的。若要求每项任务必须而且只能由一个承担者完成,且每个承担者最多只能承担一项任务。应如何分配任务,使总费用最小(或满意程度最大等)。这类问题称为指派问题(assignment problem)或分配问题。

指派问题可以看作运输问题的特例,只是在指派问题中,所有的供应量和需求量均等于 1。例如,可将上述"职员—任务"问题看作一个运输问题,其中,供应节点是"职员",需求节点是"任务",从供应节点将一个单位的"供应量"运输到需求节点,以满足一个单位的

"需求量"。其决策变量是如何将不同的供应量分配给不同的需求量,以使得总运输成本最小,或总时间最短。

指派问题可以采用解运输问题的表上作业法,也可以建立线性规划模型求解。采用 Spreadsheet 方法,可以十分方便地求出指派问题的最优解。下面用一个例子来说明指派问题的建模与求解。

例 4.3.1　金工车间任务指派问题

某金工车间要加工四种零件,现有五台机器可以使用,表 4.3.1 给出了各台机器加工各种零件所需的时间。若每台机器最多只能承担一种零件。问应如何分配任务,才能使得完成四种零件加工任务的总时间最短。

表 4.3.1　金工车间加工零件时间表(单位:小时)

机器	零件 1	零件 2	零件 3	零件 4
1	10	3	8	6
2	3	12	7	5
3	7	8	5	9
4	4	4	6	7
5	5	5	4	8

解:从表 4.3.1 可知,各零件由不同机器加工所需的时间是不同的,例如,零件 1 由机器 2 加工所需的时间最短,零件 2 由机器 1 加工所需的时间最短,等等。那么,如何才能找到一种任务分配方法,使得总加工时间最短呢?容易想到的方案是,由加工某零件所需时间最短的机器来承担该零件的加工任务,即:零件 1 由机器 2 加工,零件 2 由机器 1 加工,零件 3 由机器 5 加工,零件 4 由机器 2 加工。但是问题并非如此简单,因为这时机器 2 承担了两项加工任务,不满足每台机器只能加工一种零件的约束条件。所以,需建立线性规划模型,并借助于 Spreadsheet 来解决该问题。

本问题的 Spreadsheet 见表 4.3.2。模型建立与求解的步骤如下。

(1) 输入已知数据

首先输入已知数据。在单元格 C6:F10 中输入各台机器加工各种零件的时间。例如在单元格 F7 中输入 5,表示机器 2 加工零件 4 所需的时间是 5 小时,等等。在单元格 I15:I19 中输入各台机器的生产能力,在单元格 C22:F22 中输入需加工的零件数。

(2) 决策变量

本问题的决策变量用单元格 C15:F19 中的单元格表示,它们是各种零件的加工任务在五台机器中的分配量。例如单元格 D15 表示机器 1 加工零件 2 的数量,如果单元格 D15=1,表示将加工零件 2 的任务指派给了机器 1;如果单元格 D15=0,表示未将加工零件 2 的任务指派给机器 1。

表 4.3.2　指派模型

	A	B	C	D	E	F	G	H	I	J
1	例 4.3.1　金工车间的任务指派问题									
2										
3	不同机器生产一个零件的时间									
4			零件							
5			1	2	3	4				
6		1	10	3	8	6				
7		2	3	12	7	5				
8	机器	3	7	8	5	9				
9		4	4	6	4	7				
10		5	5	5	4	8			总时间	
11									16	
12	任务分配									
13			零件							
14			1	2	3	4	分配的任务数		生产能力	
15		1	0	1	0	0	1	<=	1	
16		2	0	0	0	1	1	<=	1	
17	机器	3	0	0	0	0	0	<=	1	
18		4	1	0	0	0	1	<=	1	
19		5	0	0	1	0	1	<=	1	
20	完成零件		1	1	1	1				
21			>=	>=	>=	>=				
22	零件需求		1	1	1	1				
23										

（3）目标函数

本问题的目标函数是总加工时间最短。在单元格 I11 中输入目标函数，它等于各零件加工时间的总和，其计算公式如下：

= sumproduct(C6:F10,C15:F19)

（4）约束条件

本问题的约束条件有三个，第一个是生产能力约束，第二个是需求约束，第三个是决策变量非负约束。

生产能力约束是指各台机器最多只能完成一项加工任务。用单元格 G15:G19 表示各台机器完成的加工任务数。单元格 G15 表示机器 1 完成的任务数，它的计算公式如下：

= sum(C15:F15)

然后将上述公式复制到单元格 G16:G19，得到其他机器完成的任务数。各机器完成的任务数均不得大于 1。

需求约束是指各种零件都必须被加工,即每种零件加工任务的完成数不得小于 1。用单元格 C20:F20 表示各零件加工任务的完成数。单元格 C20 表示零件 1 加工任务的完成数,它的计算公式如下:

＝sum(C15:C19)

然后将上述公式复制到单元格 D20:F20,得到其他零件加工任务的完成数。各零件加工任务的完成数均不得小于 1。

　　然后用 Excel 中的规划求解功能求出本问题的解。在规划求解参数框中输入目标单元格(目标函数地址)、可变单元格(决策变量地址)和两个约束条件,然后在规划求解选项参数框中选择"采用线性模型"和"假定非负"。最后求解得到本问题的最优解。规划求解参数对话框如图 4.3.1 所示。

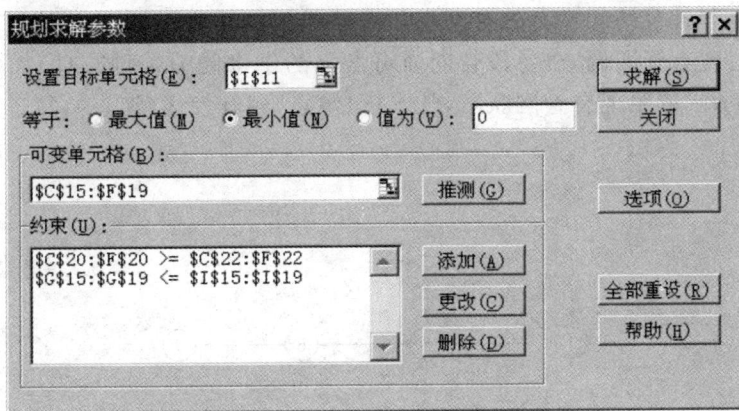

图 4.3.1　指派问题规划求解参数对话框

　　模型运行结果见表 4.3.2。由表 4.3.2 可知,本问题的最优指派决策是:零件 1 的加工任务由机器 4 承担,零件 2 的加工任务由机器 1 承担,零件 3 的加工任务由机器 5 承担,零件 4 的加工任务由机器 2 承担。总加工时间为 16 小时。上述决策可用图 4.3.2 的网络图表示。

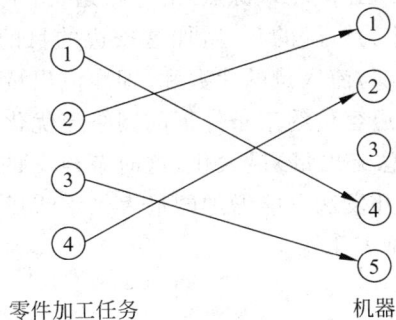

图 4.3.2　指派问题最优决策网络图

4.4　最大流问题

在实际问题中常常会遇到这样一类网络问题，即由于网络的边的容量是一定的，限制了通过这些边的运输量，这时往往需要知道从网络的起始节点（又称源点）至终止节点（又称收点或汇点）最多可以通过多少流量。这类问题称作"最大流问题"（maximum flow problem）。这里，网络的边（弧）的容量是指该边可通过的最大流量。本节用下例说明最大流问题的建模与求解。

例 4.4.1　供水网络问题①

某城市有 7 个供水加压站，分别用节点 1，节点 2，……，节点 7 表示。见图 4.4.1。其中节点 1 为水厂，各泵站间现有的管网用相应节点间的边表示。现规划在节点 7 处建一个开发区，经对现有管网调查，各段管网尚可增加的供水能力（万吨/日）如图 4.4.1 中各边上的数值所示。依照现有管网状况，从水厂（源点）到开发区（汇点），每日最多可增加多少供水量？

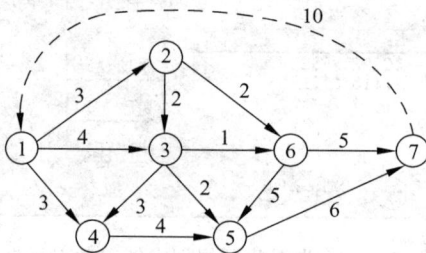

图 4.4.1　某城市供水网络可增加的供水能力

解：本问题要解决的问题是在各管网可增加的供水能力为定值时，该网络可增加的从水厂至开发区的最大供水流量。这是一个网络最大流问题。这时可在图 4.4.1 的网络图中添加一条从节点 7（汇点）至节点 1（源点）的"虚"边（由于实际上并不存在从节点 7 流向节点 1 的管道，所以称该边为"虚"的）。增加这条边的目的，是为了使网络中各节点的边形成回路，各节点的流出量与流入量的代数和（即净流出量）为零。

本问题可以看作在满足边容量约束条件下的网络流优化问题，目标函数是开发区（节点 7）的总流入量（或虚拟的总流出量）最大化，这时节点 7 的总流入量（或虚拟的总流出量）就是网络最大流，也就是开发区可能增加的最大供水流量。

本问题的 Spreadsheet 见表 4.4.1。

---

① 例 4.4.1 的题目选自范贻昌著《实用管理运筹学》（p.194），本节介绍了对该题目运用 Spreadsheet 的新解法。

表 4.4.1 城市供水网络最大供水流量模型

	A	B	C	D	E	F	G	H	I	J	K	L
1	例 4.4.1 城市供水网络问题											
2												
3	流量											
4						至						
5			节点 1	节点 2	节点 3	节点 4	节点 5	节点 6	节点 7	总流出量		最大流量
6		节点 1	0	2	4	3	0	0	0	9		9
7		节点 2	0	0	0	0	0	2	0	2		
8		节点 3	0	0	0	1	2	1	0	4		
9	从	节点 4	0	0	0	0	4	0	0	4		
10		节点 5	0	0	0	0	0	0	6	6		
11		节点 6	0	0	0	0	0	0	3	3		
12		节点 7	9	0	0	0	0	0	0	9		
13		总流入量	9	2	4	4	6	3	9			
14		总流出量	9	2	4	4	6	3	9			
15		净流出量	0	0	0	0	0	0	0			
16			=	=	=	=	=	=	=			
17		给定的净流出量	0	0	0	0	0	0	0			
18												
19	边的容量											
20						至						
21			节点 1	节点 2	节点 3	节点 4	节点 5	节点 6	节点 7			
22		节点 1		3	4	3						
23		节点 2			2			2				
24		节点 3				3	2	1				
25	从	节点 4					4					
26		节点 5							6			
27		节点 6					5		5			
28		节点 7	10									
29												

（1）输入部分

首先输入已知数据。在单元格 C22:I28 中输入各节点间的边的容量增量。例如在单元格 F22 中输入 3,表示从节点 1 至节点 4 的边可增加的供水能力为 3（万吨/日）,等等。凡是节点间没有管道相连接的边,令其容量为零。从节点 7 至节点 1 的边为"虚"边,可设它的能力增量等于从源点（节点 1）出发的所有边的供水能力增量之和,即:3＋4＋3＝10。此外,当网络中总流入量与总流出量达到平衡时,应满足以下条件:各中间节点的流出量等于流入量,即它们的净流出量应等于零;源点的流出量与从汇点经虚边的流入量的代数和应等于零；汇点的流入量与从汇点经虚边的流出量的代数和应等于零。因此，所有节点的净流出量均应等于零。在单元格 C17:I17 中输入各节点净流出量应取的值，它们均为零。

（2）决策变量

本问题的决策变量用 C6:I12 中的单元格表示，它们是从各节点到其他节点的流量，也是供水流量增量在网络中各条边上的分配量。例如单元格 D6 表示从节点 1 流入节点 2 的流量，也是连接节点 1 与节点 2 的边上的流量。

（3）目标函数

本问题的目标函数是流入节点 7 的总流入量最大（即开发区得到的供水流量增量最大），或者从节点 7 流向节点 1 的流出量最大。在单元格 L6 中输入目标函数，它用下式计算：

＝C12

（4）约束条件

本问题的约束条件有三个，第一个是网络中边的容量约束，第二个是各节点的总流入量与总流出量的平衡约束，第三个是决策变量非负约束。

第一个约束是网络中边的容量约束。容量约束是指各节点间的边上的流量不得超过该边的容量。因此有：

单元格 C6:I12 中的数值（边流量）≤单元格 C22:I28 中的数值（边容量）

第二个约束是节点总流入量与总流出量的平衡约束。其计算过程如下：

① 计算各节点的总流入量

节点的总流入量等于所有流入该节点的流量之和。用单元格 C13 表示节点 1 的总流入量，其计算公式如下：

＝sum(C6:C12)

将上述公式复制到单元格 D13:I13，得到其他节点的总流入量。

② 计算各节点的总流出量

节点的总流出量等于从该节点的所有流出量之和。用单元格 J6 表示节点 1 的总流出量，其计算公式如下：

＝sum(C6:I6)

将上述公式复制到单元格 J7:J12，得到其他节点的总流出量。

③ 计算各节点的净流出量

为便于计算节点的净流出量，需将单元格 J6:J12 的总流出量写入单元格 C14:I14。可在单元格 C14 中输入：

＝J6

然后，用同法逐个将单元格 J6:J12 的内容分别写入单元格 D14:I14。也可以使用 transpose(转置)命令完成这个工作。transpose 是一个将行向量或列向量进行转置的命令，其步骤是：选择区域 C14:I14，在单元格 C14 中输入：

＝transpose(J6:J12)

按下 Ctrl＋Shift＋Enter 组合键,就将总流出量写入了单元格 C14:I14。

节点的净流出量等于该节点的总流出量与总流入量之差即两者之代数和。在单元格 C17:I17 中输入各节点的净流出量。单元格 C15 表示节点 1 的净流出量,它的计算公式如下:

＝C14－C13

将上述公式复制到单元格 D15:I15,得到其他节点的净流出量。

④ 当网络中总流入量与总流出量达到平衡时,所有节点的净流出量均为零

(5) 用 Excel 中的规划求解功能求出本问题的解

在规划求解参数框中输入目标单元格(目标函数地址)、可变单元格(决策变量地址)和两个约束条件,然后在规划求解选项参数框中选择"采用线性模型"和"假定非负",最后求解得到本问题的最优解。规划求解参数对话框如图 4.4.2 所示。

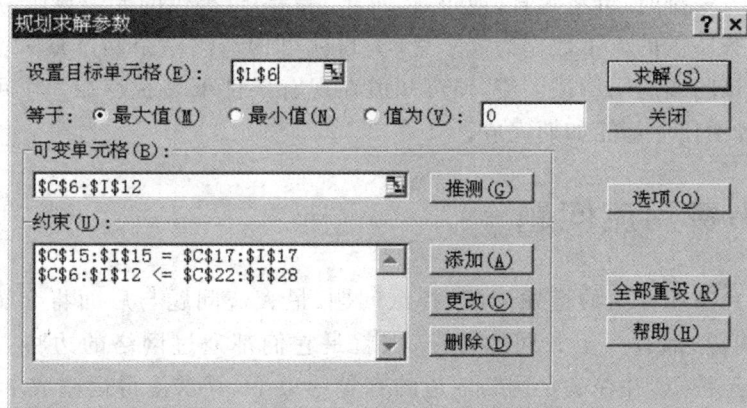

图 4.4.2　最大流问题规划求解参数对话框

模型运行结果见表 4.4.1。由表 4.4.1 可知,本问题的最优解如表 4.4.2 所示。这时,节点 7 的总流入量为 9,达到最大值,即该供水网络最多可供给开发区的供水流量增量为 9(吨/日)。

表 4.4.2　城市供水问题优化结果

节点	节点 1(水厂)	节点 2	节点 3	节点 4	节点 5	节点 6	节点 7(开发区)
1		2	4	3			
2						2	
3				1	2	1	
4					4		
5							6
6							3

上述结果可用图 4.4.3 的网络图表示。

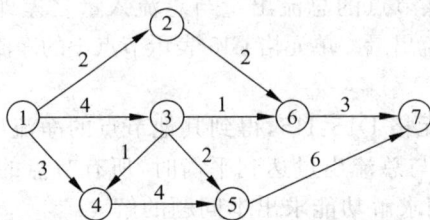

图 4.4.3　城市供水网络最大供水流量优化结果

在实际工作中，除了类似上例中的最大流问题外，有些其他问题也可化为最大流问题。例如在任务安排时，可将每日（或每月，每年，等等）可提供的人工数作为供应量（源），将完成各项任务所需的人工数作为需求量（汇），就可构造出一个网络最大流问题。用最大流模型计算该问题的网络最大流，便可知道在现有条件下是否存在一个可行的任务安排方案，使得各项任务都能如期完成。[①]

4.5　最小费用流问题

本章前面几节所介绍的运输问题、指派问题、最大流问题与后面将介绍的最短路问题、关键线路问题，都有一个共同的特点，那就是它们都通过网络的边将"货物"（或"任务"）从起点运至终点，并在满足网络的边的容量约束下，寻求使得运输成本最小的方案。这类问题统称为"最小费用流问题（minimum cost network flow problem）"。最小费用流问题是网络流问题中最基本的问题。本节讨论最小费用流问题的一般情况。

假定某公司有三个位于不同地区的工厂，它们生产同一种产品，每月的最大生产能力分别为 s_1, s_2, s_3 单位。这些产品可以先运至两个不同地点的仓库，再由仓库运送至两家固定用户；也可以由工厂直接运送到固定用户处。这两家固定用户的月需求量分别为 d_1 和 d_2 单位。工厂、仓库、用户之间的单位流量的运输费用均为已知值。问应如何组织生产与运输，使得在满足用户需求与生产能力约束下的总运输费用最小。

这个问题是一个典型的最小费用流问题，可用图 4.5.1 的网络图加以描述。图中，左边的节点（节点 1、2、3）是供应节点（源点），分别表示三个工厂，节点左边的变量 s_1, s_2, s_3 分别表示三个工厂的生产能力；中间的节点（节点 4 和节点 5）是中转节点，分别表示两个仓库；右边的节点（节点 6 和节点 7）是需求节点（又称"收点"或"汇点"），分别表示两个用户，节点右边的 d_1 和 d_2 分别表示用户的需求量。节点间的连线表示运输通道，称为网络

---

①　有关将其他问题化为最大流问题的例子可参看《实用管理运筹学》，范贻昌，天津，天津大学出版社，pp. 205～207。

的边,边上的数字表示边的容量或成本(可以是时间、费用等)等,本例中各条边上注明的符号 C_{ij} 表示从节点 i 至节点 j 的单位流量的费用。

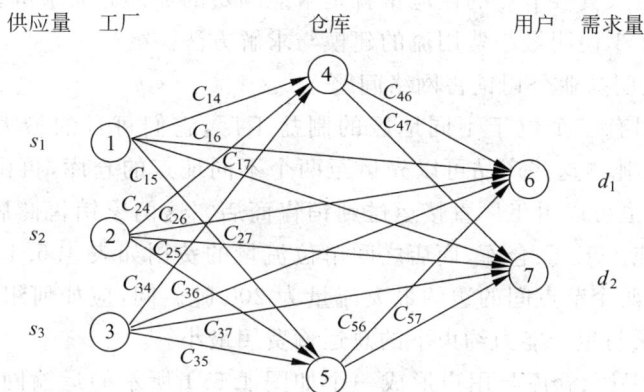

图 4.5.1 典型的最小费用流网络图

在对上述网络流问题建模时,应考虑以下特点:

(1) 网络中各边上的流量为决策变量,它反映出从供应节点至需求节点的运输流量的分配状况。

(2) 对应网络中的每条边,均有一个单位流量的运输费用(或利润),它反映出沿该边运输一个单位流量的费用或利润。

(3) 对应网络中的每条边,均有一个相应的最大可通过流量,它是一个非负的量。它反映出边的容量约束。

(4) 供应节点(源点),中转节点(中间节点)和需求节点(收点或汇点)的净流出量约束。

节点的净流出量必须满足下列公式:

节点的净流出量=节点的总流出量-节点的总流入量

若某节点的净流出量为正值,则该节点为供应节点;若某节点的净流出量为负值,则该节点为需求节点;若某节点的净流出量为零,则该节点为中转节点。

最小费用流问题要求对于整个网络而言,其净流出量等于零,即网络中供应节点的供应总量应等于需求节点的需求总量,这种情况称为供需平衡。但是,在实际问题中,常常会遇到供应量大于或小于需求量的情况,即供需不平衡情况。这时,可添加一个"虚节点"来解决这个问题。虚节点是一个实际上并不存在的节点,虚节点的净流出量用下式计算:

虚节点的净流出量=-(所有"真实"节点的净流出量之和)

当供应量大于需求量时,所有"真实"节点的净流出量之和为正值,因此虚节点的净流出量为负值,这表示多余的那部分供应量流入了该虚节点,从而保证了整个网络的供需平衡。流入虚节点的多余供应量就是未使用的那部分供应量。

当供应量小于需求量时，所有"真实"节点的净流出量之和为负值，因此虚节点的净流出量为正值，这表示未满足的那部分需求量由该虚节点供应，从而保证了整个网络的供需平衡。从虚节点流入真实节点的供应量就是未能满足的那部分需求量。

下面用例 4.5.1 说明最小费用流的建模与求解方法。

例 4.5.1 大明盐业公司销售网络问题

大明盐业公司有三个位于不同地区的制盐工厂，它们每月的最大生产能力分别为 150 吨，300 吨，80 吨。这些产品可以先运至两个不同地点的仓库，再由仓库运送至两家销售商店（用户）；也可以由工厂直接运送到销售商店。这两家销售商店的月需求量分别为 300 吨和 160 吨。工厂、仓库、商店之间单位流量的费用如表 4.5.1 所示。连接工厂、仓库、商店的任意两个节点间的边的最大流量为 200 吨。问，应如何组织生产与运输，使得在满足用户需求与生产能力约束下的总运输费用最小。

解：据题意，工厂、仓库与用户形成一个如图 4.5.1 所示的运输网络。其中，三个工厂的总供应量为 150＋300＋80＝530（吨），两个用户的总需求量为 300＋160＝460（吨），可见这是一个供需不平衡问题，而且供应量大于需求量。为了将本问题转化为供需平衡问题，添加一个虚节点，该虚节点的净流出量为：

表 4.5.1 大明盐业公司生产能力及运输网络单位流量费用表

	工厂 1	工厂 2	工厂 3	仓库 1	仓库 2	用户 1	用户 2	生产能力（吨）
工厂 1	—	6	4	3	1	2	4	150
工厂 2	10	—	10	1	1	10	9	300
工厂 3	10	10	—	1	0.5	10	8	80
仓库 1	1	1	0.5	—	1.2	6	1	
仓库 2	2	1	0.8	—	—	2	7	
用户 1	2	10	1	0.7	—	—	3	
用户 2	10	3	6	—	0.3	8	—	
需求量（吨）						300	160	

$$虚节点的净流出量＝－（所有"真实"节点的净流出量之和）$$
$$＝－（530－460）$$
$$＝－70（吨）$$

这时，该虚节点是需求节点。令从各真实节点流入虚节点所经过的边的单位流量费用为零；从各真实节点流入虚节点所经过的边的容量等于虚节点的净流出量的负值，即－（－70）＝70（吨）；从虚节点流入各真实节点所经过的边的容量等于零。

本问题的 Spreadsheet 见表 4.5.2。

表 4.5.2　大明盐业公司最小费用流模型

A	B	C	D	E	F	G	H	I	J	K
1	例 4.5.1　大明盐业公司最小费用流问题									
2										
3	单位流量费用									
4						至				
5		工厂1	工厂2	工厂3	仓库1	仓库2	用户1	用户2	虚节点	
6	工厂1	0	6	4	3	1	2	4	0	
7	工厂2	10	0	10	1	1	10	9	0	
8	工厂3	10	10	0	1	0.5	10	8	0	
9	从　仓库1	1	1	0.5	0	1.2	6	1	0	
10	仓库2	2	1	0.8	1	0	2	7	0	
11	用户1	2	10	1	1	0.7	0	3	0	
12	用户2	10	3	6	1	0.3	8	0	0	
13	虚节点	0	0	0	0	0	0	0	0	
14										总费用
15	流量									1 030
16						至				
17		工厂1	工厂2	工厂3	仓库1	仓库2	用户1	用户2	虚节点	总流出量
18	工厂1	0	0	0	0	0	150	0	0	150
19	工厂2	0	0	0	160	70	0	0	70	300
20	工厂3	0	0	0	0	80	0	0	0	80
21	从　仓库1	0	0	0	0	0	0	160	0	160
22	仓库2	0	0	0	0	0	150	0	0	150
23	用户1	0	0	0	0	0	0	0	0	0
24	用户2	0	0	0	0	0	0	0	0	0
25	虚节点	0	0	0	0	0	0	0	0	0
26	总流入量	0	0	0	160	150	300	160	70	
27	总流出量	150	300	80	160	150	0	0	0	
28	净流出量	150	300	80	0	0	−300	−160	−70	
29		=	=	=	=	=	=	=	=	
30	节点给定净流出量	150	300	80	0	0	−300	−160	−70	
31										
32	边的容量									
33						至				
34		工厂1	工厂2	工厂3	仓库1	仓库2	用户1	用户2	虚节点	
35	工厂1	0	200	200	200	200	200	200	70	
36	工厂2	200	0	200	200	200	200	200	70	
37	工厂3	200	200	0	200	200	200	200	70	
38	从　仓库1	200	200	200	0	200	200	200	70	
39	仓库2	200	200	200	200	0	200	200	70	
40	用户1	200	200	200	200	200	0	200	70	
41	用户2	200	200	200	200	200	200	0	70	
42	虚节点	0	0	0	0	0	0	0	0	
43										

（1）输入部分

首先输入已知数据。在单元格 C6：J13 中输入网络中各边的单位流量费用，其中从虚节点流入或流出的单位流量费用等于零。在单元格 C35：J42 中输入各节点间的边的容量，其中，从任何一个真实节点流入虚节点所经过的边的容量均等于虚节点的净流出量的负值，即等于 70；从虚节点流入任何一个节点所经过的边的容量均等于零。接着，在单元格 C30：J30 中输入各节点净流出量应取的值，其中，各中间节点（两个仓库）的净流出量应等于零；源点（三个工厂）的净流出量应等于其供应量，它们分别为 150、300 和 80；汇点（两个用户）的净流出量应等于其总流入量的负值，它们分别为 −300 和 −160；虚节点的净流出量等于 −70。

（2）决策变量

本问题的决策变量用单元格 C18：J25 中的单元格表示，它们是从各节点到其他节点的流量，也是流量在网络中各条边上的分配量。例如单元格 D18 表示从节点 1 流入节点 2 的流量，也是连接节点 1 与节点 2 的边上的流量。

（3）目标函数

本问题的目标函数是总费用最小。在单元格 K15 中输入目标函数，它等于各边的单位流量费用与流量的乘积之和，其计算公式如下：

＝sumproduct(C6：J13，C18：J25)

（4）约束条件

本问题的约束条件有三个，第一个约束是网络中边的容量约束，第二个约束是各节点的总流入量与总流出量的平衡约束，第三个约束是决策变量非负约束。

第一个约束是网络中边的容量约束。容量约束是指各节点间的边上的流量不得超过该边的容量。所以有：

单元格 C18：J25 中的数值（流量）≤单元格 C35：J42 中的相应数值（容量）

第二个约束是节点总流入量与总流出量的平衡约束。其计算步骤如下：

① 计算各节点的总流入量

节点的总流入量等于所有流入该节点的流量之和。用单元格 C26 表示节点 1 的总流入量，其计算公式如下：

＝sum(C18：C25)

将上述公式复制到 D26：J26，得到其他节点的总流入量。

② 计算各节点的总流出量

节点的总流出量等于从该节点的所有流出量之和。用单元格 K18 表示节点 1 的总流出量，其计算公式如下：

＝sum(C18：J18)

将上述公式复制到单元格 K19：K25，得到其他节点的总流出量。

③ 计算各节点的净流出量

为便于计算净流出量,需将单元格 K18:K25 的总流出量写入单元格 C27:J27。可在单元格 C27 中输入:

＝K18

然后,用同法逐个将单元格 K19:K25 的内容分别写入单元格 D27:J27。也可以使用 transpose(转置)命令完成这个工作。选择区域 C27:J27,在单元格 C27 中输入:

＝transpose(K18:K25)

按下 Ctrl＋Shift＋Enter 组合键,就将总流出量写入了单元格 C27:J27。

节点的净流出量等于该节点的总流出量与总流入量之差。用单元格 C28 表示节点 1 的净流出量,它的计算公式如下:

＝C27－C26

将上述公式复制到单元格 D28:J28,得到其他节点的净流出量。

④ 单元格 C28:J28 中各节点的净流出量应等于单元格 C30:J30 中给定的净流出量

(5) 用 Excel 中的规划求解功能求出本问题的解

在规划求解参数框中输入目标单元格(目标函数地址)、可变单元格(决策变量地址)和两个约束条件,然后在规划求解选项参数框中选择"采用线性模型"和"假定非负",最后求解得到本问题的最优解。规划求解参数对话框如图 4.5.2 所示。

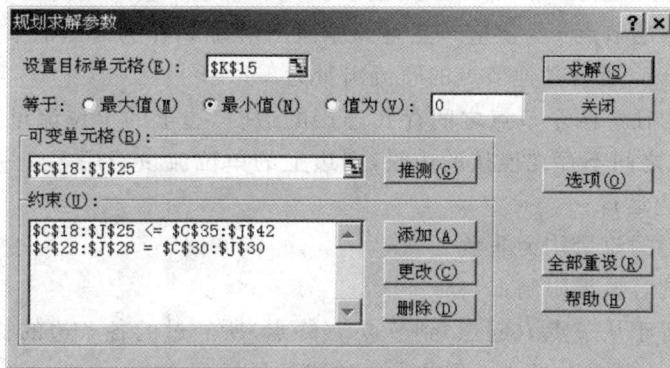

图 4.5.2　最小费用流规划求解参数对话框

模型运行结果见表 4.5.2。由表 4.5.2 可得,本问题的最优解是:从工厂 1 运输 150 吨至用户 1,从工厂 2 运输 160 吨至仓库 1、运输 70 吨至仓库 2,从工厂 3 运输 80 吨至仓库 2,再由仓库 1 运输 160 吨至用户 2,由仓库 2 运输 150 吨至用户 1。该最优解可用图 4.5.3 的网络图表示。这时,总费用最小,为 1 030 元。虚节点的净流出量为－70 吨,说明工厂的生产能力尚有 70 吨未使用。

供应量　工厂　　　　　　仓库　　　　　用户　需求量

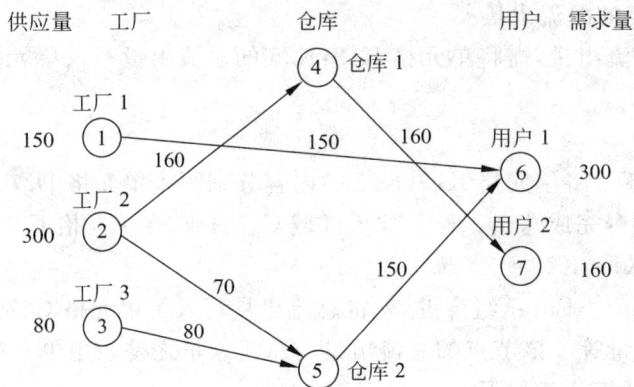

图 4.5.3　大明盐业公司生产运输优化结果

4.6　最短路问题

在网络问题的实际应用中，往往需要找出网络中两点之间的最短路，这就是最短路问题（shortest path problem）。最短路问题实际上是最小费用流问题的特例。当需要确定网络中从任一节点 i 至另一节点 j 的最短路时，只要在最小费用流模型中作以下假定：

（1）作为起点的节点 i 为供应节点且其净流出量为 1，作为终点的节点 j 为需求节点且其净流出量为 −1，所有其他节点的净流出量为零；

（2）当网络中任意两个节点之间存在连接的边时，边上的单位流量费用等于该边的长度；当两个节点之间不存在连接的边时，则边上的单位流量费用等于一个很大的数，以表明不能沿着该边运行；

（3）各条边上的流量均为非负；

（4）各条边的容量无限制；

（5）总费用等于从节点 i（起点）到节点 j（终点）所经过的各条边的长度之和，目标函数是总费用最小，也就是从节点 i 到节点 j 的路径最短。

运行该最小费用流模型后，运行结果中流量为 1 的边就构成了从节点 i 到节点 j 的最短路径。由于由节点 1 发送的流量为 1 个单位，而各边的容量无限制，所以在最优解中，各边的流量均为 1 或 0，其中最短路径所包含的边上的流量均为 1，其他未使用的边上的流量均为 0。下面举例说明最短路模型的应用。

例 4.6.1　最短路问题[1]

---

[1]　例 4.6.1 的题目选自范贻昌著《实用管理运筹学》（p.184），本节介绍了对该题目运用 Spreadsheet 的新解法。

如图 4.6.1 所示,某人要从 S 城(图中节点 1)到 T 城(图中节点 7)出差,因无直通车,从换乘的火车在时间上能很好衔接考虑,可供选择的各城市如图中各节点所示,各城市间的火车通行方向及距离(千米)均注于图 4.6.1 内。确定应走哪条路线总长最短。

解:本问题要确定从节点 1 至节点 7 的最短路径,可用最短路模型求解。本问题的 Spreadsheet 如表 4.6.1 所示。建模与求解的步骤如下。

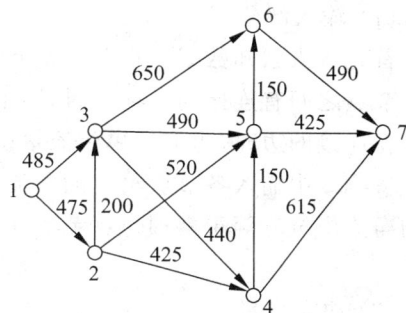

图 4.6.1　各城市火车通行方向及
距离(千米)

表 4.6.1　两城市间的最短路模型

	A	B	C	D	E	F	G	H	I	J	K
1	例 4.6.1	最短路问题									
2											
3	单位流量费用										
4						至					
5			节点 1	节点 2	节点 3	节点 4	节点 5	节点 6	节点 7		
6		节点 1	0	475	485	10 000	10 000	10 000	10 000		
7		节点 2	10 000	0	200	425	520	10 000	10 000		
8		节点 3	10 000	10 000	0	440	490	650	10 000		
9	从	节点 4	10 000	10 000	10 000	0	150	10 000	615		
10		节点 5	10 000	10 000	10 000	10 000	0	150	425		
11		节点 6	10 000	10 000	10 000	10 000	10 000	0	490		
12		节点 7	10 000	10 000	10 000	10 000	10 000	10 000	0		
13										最短路:	
14	路径选择									1 400	
15						至					
16			节点 1	节点 2	节点 3	节点 4	节点 5	节点 6	节点 7	总流出量	
17		节点 1	0	0	1	0	0	0	0	1	
18		节点 2	0	0	0	0	0	0	0	0	
19		节点 3	0	0	0	0	1	0	0	1	
20	从	节点 4	0	0	0	0	0	0	0	0	
21		节点 5	0	0	0	0	0	0	1	1	
22		节点 6	0	0	0	0	0	0	0	0	
23		节点 7	0	0	0	0	0	0	0	0	
24		总流入量	0	0	1	0	1	0	1		
25		总流出量	1	0	1	0	1	0	0		
26		净流出量	1	0	0	0	0	0	−1		
27			=	=	=	=	=	=	=		
28		给定净流出量	1	0	0	0	0	0	−1		
29											

（1）输入部分

首先输入已知数据。在单元格 C6:I12 中输入网络中各边的单位流量费用。其中，当两个节点之间有连接的边存在时，边上的单位流量费用等于该边的长度；当两个节点之间不存在连接的边时，边上的单位流量费用等于一个很大的数，本题中假设为 10 000。然后，在 C28:I28 中输入各节点给定的净流出量。其中，各中间节点的流出量等于流入量，即它们的净流出量应等于零；起点（节点 1）的净流出量等于 1；汇点（节点 7）的净流出量等于 -1。

（2）决策变量

用单元格 C17:I23 表示本问题的决策变量，它们是从各节点到其他节点的边上的流量，当所选择的路径经过某条边时，该边上的流量为 1，否则即为零。

（3）目标函数

本问题的目标函数是从节点 1 至节点 7 的路径长度最短。在单元格 J14 中输入目标函数，它等于各边的单位流量费用与流量的乘积之和，其计算公式如下：

＝sumproduct(C6:I12,C17:I23)

（4）约束条件

本问题的约束条件有两个，第一个是各节点的净流出量约束，第二个是决策变量非负约束。

节点的净流出量等于该节点的总流出量减去总流入量的差。网络中各节点的净流出量约束是指各节点的净流出量应等于该节点给定的净流出量。其计算步骤如下。

① 计算各节点的总流入量

节点的总流入量等于所有流入该节点的流量之和。用单元格 C24 表示节点 1 的总流入量，其计算公式如下：

＝sum(C17:C23)

将上述公式复制到单元格 D24:I24，得到其他节点的总流入量。

② 计算各节点的总流出量

节点的总流出量等于从该节点的所有流出量之和。用单元格 J17 表示节点 1 的总流出量，其计算公式如下：

＝sum(C17:I17)

将上述公式复制到单元格 J18:J23，得到其他节点的总流出量。

③ 计算各节点的净流出量

为便于计算净流出量，需将单元格 J17:J23 中的总流出量写入单元格 C25:I25。选择区域 C25:I25，在单元格 C25 中输入：

＝transpose(J17:J23)

按下 Ctrl＋Shift＋Enter 组合键，就将总流出量写入了单元格 C25:I25。

节点的净流出量等于该节点的总流出量与总流入量之差。用单元格 C26 表示节点 1

的净流出量,它的计算公式如下:

＝C25－C24

将上述公式复制到单元格 D26:I26,得到其他节点的净流出量。

④ 各节点的净流出量(用单元格 C26:I26 表示)应等于给定的净流出量(用单元格 C28:I28 表示)

(5) 用 Excel 中的规划求解功能求出本问题的解

在规划求解参数框中输入目标单元格(目标函数地址)、可变单元格(决策变量地址)和两个约束条件,然后在规划求解选项参数框中选择"采用线性模型"和"假定非负",最后求解得到本问题的最优解。规划求解参数对话框如图 4.6.2 所示。

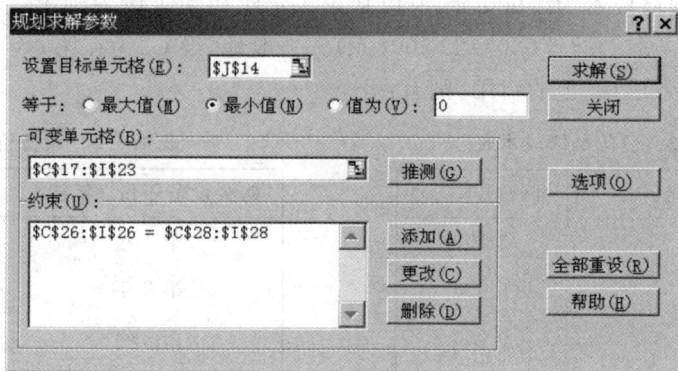

图 4.6.2　最短路问题规划求解参数对话框

模型运行结果见表 4.6.1。由表 4.6.1 可得,本问题的最优解是:从节点 1(起点)出发,在节点 3 换乘火车至节点 5,再换乘火车至节点 7(终点)。该最优解可用图 4.6.3 的网络图表示。这时,总路径最短,为 1 400 千米。

最短路模型除了用于确定网络中两节点之间的最短路以外,还可以应用于其他方面,例如设备更新问题等。下面的例 4.6.2 就是一个将设备更新问题转化为最短路问题的例子。

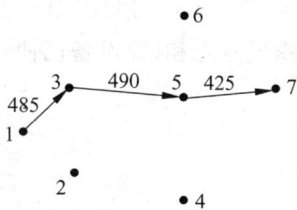

图 4.6.3　城市间最短路问题运行结果

例 4.6.2　天韵乐器厂在今年年初购买了一台设备,该设备的维修成本与设备使用时间相关,如表 4.6.2 所示。在各不同年份(年初)购买新的该种设备的价格如表 4.6.3 所示。假定该厂必须保持拥有一台设备(即在终止使用旧设备的同时,必须购入一台新设备),并且在更新设备时,旧设备不能折价销售。试制定今后五年的设备更新计划,使得总成本最小。

解:本问题可用一个具有 6 个节点的网络加以描述,并转化为最短路问题。在图 4.6.4 的网络图中,各节点表示各不同的年份(年初),节点 1 表示今年(第 1 年),节点 2

至节点 6 表示今后 5 年（第 2 年至第 6 年），各条弧（边）的起始节点表示在该年年初购买一台设备，而弧的箭头所指的节点表示在该年终止使用这台设备，因此，图 4.6.4 通过节点与弧描述了所有可能的更新方案。各条弧的长度表示该弧上的单位流量费用，它等于该弧在起始年份（年初）购买一台设备的费用与从起始年份（年初）至终止年份（年初）的总维修成本之和。例如，从节点 1 至节点 3 的弧表示在第 1 年年初购买的设备使用至第 3 年年初终止，其费用等于第 1 年年初购买设备的费用（15 000 元）与从第 1 年年初购买设备起至第 3 年年初的设备维修成本。其中，在第 1 年，设备已使用时间为零年，由表 4.6.2 知，第 1 年（从第 1 年年初购买设备起至第 2 年年初为止）的设备维修成本为 3 500 元；在第 2 年，设备已使用时间为一年，由表 4.6.2 知，第 2 年（从第 2 年年初至第 3 年年初）的设备维修成本为 5 000 元，所以从第 1 年年初购买设备到第 3 年年初为止的总费用等于 15 000＋3 500＋5 000＝23 500（元）。一般地，设 C_{ij} 为在第 i 年年初购买单位设备、使用至第 j 年年初终止的费用，则有：

表 4.6.2　设备维修成本表

已使用时间（年）	维修成本（元）
0	3 500
1	5 000
2	9 000
3	18 000
4	30 000

表 4.6.3　设备价格表

购买设备年份（年初）	设备价格（元）
第 1 年	15 000
第 2 年	18 000
第 3 年	20 000
第 4 年	25 000
第 5 年	28 000

C_{ij}＝第 i 年年初购买单位设备费用＋设备分别在第 i 年，第 $i+1$，…，第 $j-1$ 年被使用时的维修成本之和（即设备已使用时间分别为 0 年，1 年，…，$j-i-1$ 年的维修成本之和）

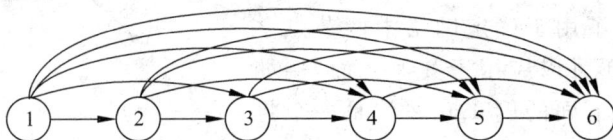

图 4.6.4　天韵乐器厂设备更新网络图

用上式可计算出图 4.6.4 的网络图中所有弧（边）的费用，如下：

$$C_{12} = 15\,000 + 3\,500 = 18\,500$$
$$C_{13} = 15\,000 + 3\,500 + 5\,000 = 23\,500$$
$$C_{14} = 15\,000 + 3\,500 + 5\,000 + 9\,000 = 32\,500$$
$$C_{15} = 15\,000 + 3\,500 + 5\,000 + 9\,000 + 18\,000 = 50\,500$$

$$C_{16} = 15\,000 + 3\,500 + 5\,000 + 9\,000 + 18\,000 + 30\,000 = 80\,500$$

$$C_{23} = 18\,000 + 3\,500 = 21\,500$$

$$C_{24} = 18\,000 + 3\,500 + 5\,000 = 26\,500$$

$$C_{25} = 18\,000 + 3\,500 + 5\,000 + 9\,000 = 35\,500$$

$$C_{26} = 18\,000 + 3\,500 + 5\,000 + 9\,000 + 18\,000 = 53\,500$$

$$C_{34} = 20\,000 + 3\,500 = 23\,500$$

$$C_{35} = 20\,000 + 3\,500 + 5\,000 = 28\,500$$

$$C_{36} = 20\,000 + 3\,500 + 5\,000 + 9\,000 = 37\,500$$

$$C_{45} = 25\,000 + 3\,500 = 28\,500$$

$$C_{46} = 25\,000 + 3\,500 + 5\,000 = 33\,500$$

$$C_{56} = 28\,000 + 3\,500 = 31\,500$$

本问题的 Spreadsheet 如表 4.6.4 所示。

（1）输入部分

首先输入已知数据。在单元格 B5:F5 中输入各年的设备价格；在单元格 B9:F9 中输入对应于不同的已使用年份的设备维修成本；在单元格 C13:H18 中输入不同更新方案的单位流量费用，其中，当两个节点之间有连接的边（弧）存在时，边上的单位流量费用等于购买设备费用与维修成本之和，当两个节点之间不存在连接的边（弧）时，则边上的单位流量费用等于一个很大的数，本题中假设为 1 000 000。例如，不可能在第二年购买设备、使用到第一年终止，即不存在从节点 2 指向节点 1 的弧，因此假设从节点 2 到节点 1 的弧上的单位流量费用为一个大数 1 000 000。然后，在单元格 C32:H32 中输入各节点给定的净流出量。其中，各中间节点的流出量等于流入量（表示该处要么继续使用原设备，既不终止也不重新购买，要么终止使用一台旧设备、同时购买一台新设备），即它们的净流出量应等于零；起点（节点 1）的净流出量等于 1；汇点（节点 7）的净流出量等于 -1。

（2）决策变量

用单元格 C22:H27 表示本问题的决策变量，它们是从各起始节点到其他终止节点的设备的流量，当在终止节点上要更新设备时，该边上的流量为 1，否则即为零。

（3）目标函数

本问题的目标函数是从节点 1 至节点 6 的总费用最小。在单元格 B34 中输入目标函数，它等于各边的单位流量费用与流量的乘积之和，其计算公式如下：

＝sumproduct(C13:H18,C22:H27)

（4）约束条件

本问题的约束条件有两个，第一个是各节点的净流出量约束，第二个是决策变量非负约束。

表 4.6.4 设备更新的最短路模型

	A	B	C	D	E	F	G	H	I
1	例 4.6.2 天韵乐器厂设备更新问题								
2									
3	设备价格与购买年份相关数据								
4	购买年份	1	2	3	4	5			
5	价格	15 000	18 000	20 000	25 000	28 000			
6									
7	维修成本与设备使用时间相关数据								
8	已使用时间(年)	0	1	2	3	4			
9	维修成本	3 500	5 000	9 000	18 000	30 000			
10									
11	网络中边(弧)上的单位成本		终 止 使 用 年 份(年初)						
12			1	2	3	4	5	6	
13		1	1 000 000	18 500	23 500	32 500	50 500	80 500	
14		2	1 000 000	1 000 000	21 500	26 500	35 500	53 500	
15	购买年份(年初)	3	1 000 000	1 000 000	1 000 000	23 500	28 500	37 500	
16		4	1 000 000	1 000 000	1 000 000	1 000 000	28 500	33 500	
17		5	1 000 000	1 000 000	1 000 000	1 000 000	1 000 000	31 500	
18		6	1 000 000	1 000 000	1 000 000	1 000 000	1 000 000	1 000 000	
19									
20	购买/更新计划		终 止 使 用 年 份(年初)						
21			1	2	3	4	5	6	总流出量
22		1	0	0	1	0	0	0	1
23		2	0	0	0	0	0	0	0
24		3	0	0	0	0	0	1	1
25	购买年份(年初)	4	0	0	0	0	0	0	0
26		5	0	0	0	0	0	0	0
27		6	0	0	0	0	0	0	0
28		总流入量	0	0	1	0	0	1	
29		总流出量	1	0	1	0	0	0	
30		净流出量	1	0	0	0	0	−1	
31			=	=	=	=	=	=	
32		给定净流出量	1	0	0	0	0	−1	
33									
34	总成本	61 000	· 运行结果：在第一年与第三年购买新设备						
35									

　　节点的净流出量等于该节点的总流出量减去总流入量的差。网络中各节点的净流出量约束是指各节点的净流出量应等于该节点给定的净流出量。其计算步骤如下。

①　计算各节点的总流入量

节点的总流入量等于所有流入该节点的流量之和。用单元格 C28 表示节点 1 的总流入量,其计算公式如下:

＝sum(C22:C27)

将上述公式复制到单元格 D28:H28,得到其他节点的总流入量。

②　计算各节点的总流出量

节点的总流出量等于从该节点的所有流出量之和。用单元格 I22 表示节点 1 的总流出量,其计算公式如下:

＝sum(C22:H22)

将上述公式复制到单元格 I23:I27,得到其他节点的总流出量。

③　各节点的净流出量

为便于计算净流出量,需将单元格 I22:I27 的总流出量写入单元格 C29:H29。选择区域 C29:H29,在单元格 C29 中输入:

＝transpose(I22:I27)

按下 Ctrl＋Shift＋Enter 组合键,就将总流出量写入了单元格 C29:H29。

节点的净流出量等于该节点的总流出量与总流入量之差。用单元格 C30 表示节点 1 的净流出量,它的计算公式如下:

＝C29－C28

将上述公式复制到单元格 D30:H30,得到其他节点的净流出量。

④　各节点的净流出量(用单元格 C30:H30 表示)应等于给定的净流出量(用单元格 C32:H32 表示)

(5)　用 Excel 中的规划求解功能求出本问题的解

在规划求解参数框中输入目标单元格(目标函数地址)、可变单元格(决策变量地址)和两个约束条件,然后在规划求解选项参数框中选择“采用线性模型”和“假定非负”,最后求解得到本问题的最优解。规划求解参数对话框如图 4.6.5 所示。

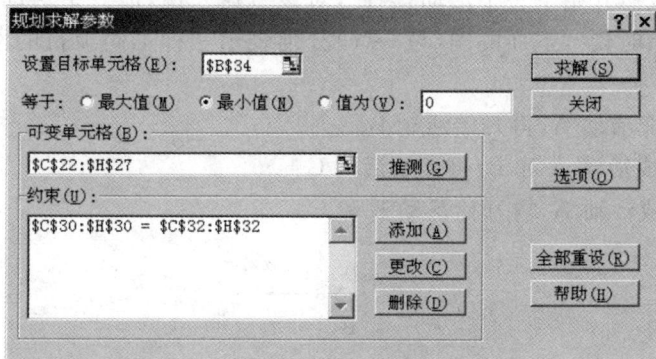

图 4.6.5　设备更新问题规划求解参数对话框

　　模型运行结果见表 4.6.4。由表 4.6.4 可得，本问题的最优解是：在节点 1（今年，即第 1 年年初）购买 1 台设备后，使用至节点 3（第 3 年年初）更新设备，然后一直使用至节点 6（第 6 年年初）。这时，总费用最小，为 61 000 元。

　　从上例可见，运用 Spreadsheet 求解数学规划问题是十分便利的。当然 Spreadsheet 也有一定的局限性，主要表现在该工具受到数学规划规模的限制，当决策变量数目很大时往往无法求解。这时我们可以运用其他更大规模的求解器软件求解。常用的优化软件有 Lingo，CPLEX，Xpress-MP，Gurobi 等。

4.7　关键线路模型

4.7.1　关键线路模型的建立

　　关键线路模型（critical path model）可用于包含许多活动的大型、复杂项目的计划。例如估计完成项目的时间（在确定型情况下），或在某规定期间完成该项目的概率（在不确定情况下）。该模型已广泛应用于项目管理、计算机系统安装、新产品设计与上市、造船等。下面介绍采用关键线路模型的基本步骤。

1. 列出完成项目所需的所有活动

　　首先列出完成项目所需的所有活动。这些活动完成之日，即该项目完成之时。

2. 绘制项目网络图

　　项目网络图由节点和连接节点的弧组成。其中，节点表示活动的开始或完成，用圆圈和圆圈中的序号表示；弧表示在两个节点间的一项活动，弧上用字母注明活动的名称。对于一个节点而言，它可以既是前一个活动的完成节点，同时也是下一个活动的起始节点，在前一个活动完成后开始下一个活动，因此，对该节点来说，前一个活动的终止时刻等于下一个活动的开始时刻。下面的图（a）～（c）分别表示三种不同项目的网络图，它们的含义如下。

　　图（a）：先完成活动 A，再开始活动 B。
　　图（b）：先完成活动 A 和 B，再开始活动 C。
　　图（c）：先完成活动 A，再开始活动 B 和 C。

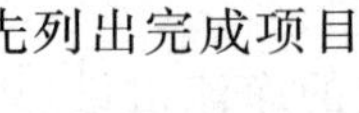

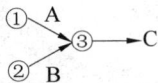

图　（a） 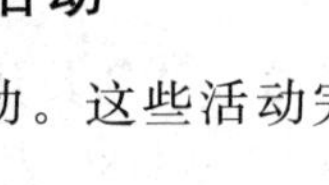　　　　　图　（b） 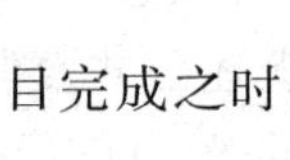　　　　　图　（c）

图 4.7.1　三种不同项目的网络图

在作项目网络图时应注意以下几点：

（1）节点 1（起点）表示项目的开始。

（2）应有一个节点（终点）表示项目的完成。

（3）表示活动的箭头从该活动的起始节点指向该活动的完成节点。任何一项活动的完成节点的序号均大于该活动的起始节点的序号。

3．用 Spreadsheet 建立与求解关键线路模型

在 Spreadsheet 上输入已知数据，然后建立关键线路模型，它是一个线性规划模型，最后用 Excel 的"规划求解"功能求解。其步骤如下。

（1）输入已知数据：输入已知的各活动所需的时间。

（2）确定模型的决策变量：令项目的起始时刻为零，决策变量是各节点活动的发生时刻。

（3）确定模型的目标函数：模型的目标函数是项目完成时间最短。由于项目完成时刻就是最后一项活动的完成时刻（也就是最后一个节点的活动开始时刻），所以目标函数也可以表示为最后一项活动的完成时刻最早，或最后一个节点的活动开始时刻最早。

（4）确定模型的约束条件：首先建立"活动-节点矩阵"，令对任一节点，箭头进入（活动完成）为 $+1$；箭头流出（活动开始）为 -1，则可作出对应于每一对节点活动发生或完成的"活动-节点矩阵"。

再由下述公式计算出活动的实际持续时间：

$$某活动结束时刻 - 某活动开始时刻 = 某活动实际持续时间$$

约束条件是：各个活动的实际持续时间应不小于完成活动所需时间。

（5）用 Excel 中的规划求解功能求出最优解，得到各节点上的活动发生时刻与项目完成时间。

4．确定关键活动与关键线路

关键活动是完成项目过程中的"瓶颈"，它是指这样一类活动：若一项活动的持续时间增加将使整个项目的完成时间增加，则称该活动为关键活动。从起点至终点的由关键活动组成的路径称关键线路。确定关键活动与关键线路对于采取有效措施以缩短工期是十分有意义的。判断一项活动是否为关键活动的常用方法有以下两种。

第一种方法是比较各活动的最大允许持续时间与完成活动所需时间，若某活动的最大允许持续时间等于完成该活动所需时间，则该活动为关键活动；若某活动的最大允许持续时间大于完成该活动所需时间，则该活动不是关键活动。

第二种方法是影子价格法，利用"规划求解"功能可得到敏感性报告，其中影子价格为 1 的活动均为关键活动，非关键活动的影子价格为零。这是因为当某项活动的实际持续时间约束的影子价格为零时，增加该活动的实际持续时间不会影响完成项目的总时间（目

标函数），所以这些活动不是关键活动；而当某项活动的实际持续时间约束的影子价格为1时，增加该活动的实际持续时间将会增加完成项目的总时间，所以这些活动是关键活动。不过采用该法只能判断出一条关键线路，而实际上可以有多条关键线路。

4.7.2 工程计划问题

下面用一个例子说明关键线路模型在工程计划中的应用。

例 4.7.1 天力冶炼厂设备安装项目的关键线路模型

天力冶炼厂购入一台大型设备，其安装工序与各工序所需时间如表 4.7.1 所示。表中用英文字母代表各个工序（或称活动），其中"紧前工序"表示紧排在本工序之前必须完成的工序，例如工序 G 的紧前工序是工序 B 和 D，表示在工序 G（安装设备）之前，必须先完成工序 B（基础施工）和工序 F（安装起重设备）。该厂要计算完成该安装工程需要的时间，并找出关键线路，以便作出计划安排。

表 4.7.1 天力冶炼厂设备安装工序表

工序（活动）	活 动 内 容	紧前工序	持续时间（天）
A	挖土	—	6
B	基础施工	A	11
C	设备与料具进场	—	10
D	铺设管线	C	5
E	管线试运行	D	4
F	安装起重设备	C	6
G	安装设备	B，F	8

解：根据表 4.7.1 中列出的各项活动可作出项目网络图，如图 4.7.2 所示。图中的小圆圈为节点，表示活动的开始或完成，节点 1 是表示项目开始的起始节点，节点 6 是表示项目完成的终止节点；弧（这里用箭线表示）表示两个节点间的活动，箭线起点为活动的开始节点，箭头指向活动的完成节点。箭线上的字母表示某个活动的名称，数字表示该活动的持续时间。

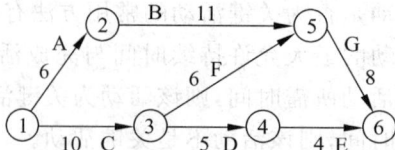

图 4.7.2 项目网络图

在 Spreadsheet 上建立关键线路模型的步骤如下：

第一步：输入已知条件

首先输入各项活动及其所需时间。为描述各项活动的逻辑关系，令对任一节点，箭头进入（活动完成）为 +1；箭头流出（活动开始）为 -1，则可作出对应于每一对节点活动开始或完成的"活动-节点矩阵"，如表 4.7.2 中单元格 B10：G16 内的数字所示。其中，用"-1"表示某工序的起始节点，"1"表示某工序的终止节点。

表 4.7.2　关键线路模型（CPM）

	A	B	C	D	E	F	G	H	I	J	K
1	例 4.7.1　天力冶炼厂设备安装的关键线路问题										
2											
3	各节点开工时刻										
4	节点	1	2	3	4	5	6		工期		
5	开工日期	0	6	11	21	17	25		25		
6											
7	活动-节点矩阵										
8				节点							
9	工序	1	2	3	4	5	6	各工序实际持续时间	完成工序所需时间		
10	A	-1	1	0	0	0	0	6	>=	6	
11	B	0	-1	0	0	1	0	11	>=	11	
12	C	-1	0	1	0	0	0	11	>=	10	
13	D	0	0	-1	1	0	0	10	>=	5	
14	E	0	0	0	-1	0	1	4	>=	4	
15	F	0	0	-1	0	1	0	6	>=	6	
16	G	0	0	0	0	-1	1	8	>=	8	
17											

第二步：确定决策变量

本题中的决策变量是各节点的开工时刻。用单元格 B5：G5 分别表示节点 1 至节点 6 的开工时刻。

第三步：描述目标函数

本问题的目标函数是工期最短。工期就是完成项目所需的时间。用单元格 I5 表示工期，它等于最后一个工序的完成时刻，或者最后一个节点的活动开始时刻。在单元格 I5 中输入下述公式：

=G5

第四步：描述约束条件

根据题意，有两个约束条件。第一个约束条件是各工序的实际持续时间应不小于完成各工序所需要的时间。其中，各工序的实际持续时间等于该工序完成时刻与开始时刻之差，用单元格 H10 表示工序 A 的实际持续时间，它可用下式计算：

=sumproduct(B10:G10，$B$5:$G$5)

由于工序 A 从节点 1 出发到节点 2 完成，所以 B10=−1,C10=1,D10=E10=F10=0,于是有：sumproduct(B10:G10，$B$5:$G$5)= B10 * $B$5+C10 * $C$5+ D10 * $D$5+E10 * $E$5+F10 * $F$5+ G10 * $G$5=− $B$5+ $C$5

上式等于节点 2 处工序 A 的完成时刻与节点 1 处工序 A 的开始时刻之差，所以它就是工序 A 的实际持续时间。将上述公式复制到单元格 H11:H16,得到其他工序的实际持续时间。各工序的实际持续时间（用单元格 H10:H16 表示）应不小于完成工序所需的时间（用单元格 J10:J16 表示）。

第二个约束条件是非负约束。

第五步：用 Excel 中的规划求解功能求解

在规划求解参数框中输入目标单元格（目标函数地址）、可变单元格（决策变量地址）和两个约束条件，然后在规划求解选项参数框中选择"采用线性模型"和"假定非负"，最后求解得到本问题的最优解。规划求解参数对话框如图 4.7.3 所示。

由表 4.7.3 可知，本项目的最短工期为 25 天,各工序的开工日期（天）如图 4.7.4 中括弧内的数字所示。

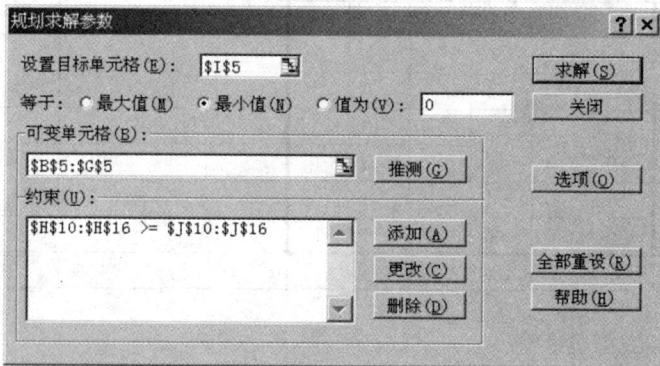

图 4.7.3　关键线路模型的规划求解参数对话框

由图 4.7.4 可见，工序 A 与 C 的开工日为 0；工序 B 的开工日为第 6 天；工序 D 与 F 的开工日为第 11 天；工序 E 的开工日为第 21 天；工序 G 的开工日为第 17 天。总工期为 25 天。

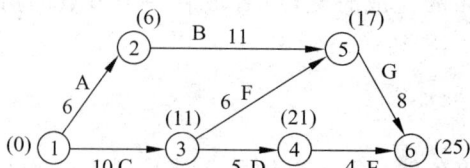

图 4.7.4　各工序的开工日期

第六步：确定关键活动与关键线路

第一种方法是比较各活动可获得的最大允许持续时间与完成活动所需时间。由图4.7.3可见，活动A的最大允许持续时间等于节点2处的活动开始时刻与节点1处的活动开始时刻之差，即6－0＝6(天)，而完成活动A所需的时间也是6天，这说明活动A的完成时间的延迟将导致总工期延迟，因此活动A为关键活动。活动C和F的最大允许持续时间之和应等于节点5处的活动开始时刻与节点1处的活动开始时刻之差，即17－0＝17，而完成活动C和F所需的时间为10＋6＝16，所以活动C和F不是关键活动。同理可知活动D和E也不是关键活动，而活动G则为关键活动。这里要注意的是，活动C与F不能单独比较其持续时间与完成活动所需时间，这是因为从节点1至节点5的允许时间(17天)与完成该两个活动所需的时间(16天)相比，有1天的余量，这1天的机动时间可以在该两个活动中进行分配，使得这两个活动稍微有延迟时不会导致总工期的延迟。同理，活动D与E也必须同时加以考虑。比较结果是：活动A、B、G为关键活动，活动C、D、E、F均不是关键活动。

第二种方法是用影子价格进行判断。用Excel中的"规划求解"功能可得到本问题的敏感性报告，见表4.7.3。

表4.7.3 设备安装CPM模型的敏感性报告

设备安装CPM模型的敏感性报告

可变单元格

单元格	名　字	终值	递减成本	目标式系数	允许的增量	允许的减量
＄B＄5	最早开工日期	0	1	0	1E＋30	1
＄C＄5	最早开工日期	6	0	0	1E＋30	1
＄D＄5	最早开工日期	11	0	0	0	1
＄E＄5	最早开工日期	21	0	0	0	1
＄F＄5	最早开工日期	17	0	0	1E＋30	1
＄G＄5	最早开工日期	25	0	1	1E＋30	1

约束

单元格	名　字	终值	阴影价格	约束限制值	允许的增量	允许的减量
＄H＄10A	工序实际持续时间	6	1	6	1E＋30	1
＄H＄11B	工序实际持续时间	11	1	11	1E＋30	1
＄H＄12C	工序实际持续时间	11	0	10	1	1E＋30
＄H＄13D	工序实际持续时间	10	0	5	5	1E＋30
＄H＄14E	工序实际持续时间	4	0	4	5	1E＋30
＄H＄15F	工序实际持续时间	6	0	6	1	5
＄H＄16G	工序实际持续时间	8	1	8	1E＋30	5

从表 4.7.3 的下半部分可见，工序 A、B、G 的影子价格为 1，这些工序的延迟将导致总目标即总工期的延迟，所以它们是关键活动；工序 C、D、E、F 的影子价格为零，它们的延迟不会影响总工期，所以它们不是关键线路。

从起点 1 至终点 6 的由关键活动组成的路径就是关键线路，因此，本项目的关键线路是：　　　　　　①——→②——→⑤——→⑥

4.7.3　赶工问题

在很多情况下，常常需要进行工期优化、费用优化与资源优化，这时，目标函数可以根据实际情况分别描述为赶工总成本、项目总费用、资源使用数量等。下面用一个例子说明 CPM 在以总成本最小为目标的赶工问题中的应用。

由于工期的长短取决于关键线路的长度，所以可以通过缩短关键活动的完成时间来缩短工期。设某项目由若干工序组成，当前完成某工序 (i,j) 所需的时间为 $w(i,j)$，总工期为 T_0（天）。假定赶工后，完成某工序 (i,j) 所需的时间为 $b(i,j)$，赶工成本为 $c(i,j)$，总工期为 T_1（天）。问如何赶工（即在哪些工序上赶工，以及各赶工工序的施工时间各为多少），才能使所增加的赶工成本最小。这个问题称为赶工问题。赶工问题在生产计划和工程问题中具有很大的实际意义。下面的例 4.7.2 就是一个典型的赶工问题。

例 4.7.2　天力冶炼厂设备安装项目的赶工问题[①]

若在例 4.7.1 的设备安装问题中，厂方希望通过赶工将安装工期缩短为 22 天。图 4.7.5 和图 4.7.6 分别为赶工前和赶工后的网络图。其中图 4.7.5 中各弧上方的数字为当前完成某工序 (i,j) 所需的时间 $w(i,j)$。图 4.7.6 中各弧上方的数字为赶工后完成某工序 (i,j) 所需的时间 $b(i,j)$，表 4.7.5 为各工序赶工前后的完成时间和赶工成本 $c(i,j)$。问如何赶工，可使赶工总成本最小。

表 4.7.4　赶工成本表

工　序	完成工序时间		赶工成本（元/天）
	赶工前	赶工后	
A（节点 1~2）	6	4	30
B（节点 2~3）	11	9	40
C（节点 1~3）	10	8	90
D（节点 3~4）	5	2	200
E（节点 4~6）	4	4	10 000（用一个很大的数表示无法缩短该工序）
F（节点 3~5）	6	5	100
G（节点 5~6）	8	7	160

---

①　例 4.7.2 的题目参考魏国华等著"实用运筹学"（复旦大学出版社，1987，p.244），本节介绍了对该题目运用 Spreadsheet 的新解法。

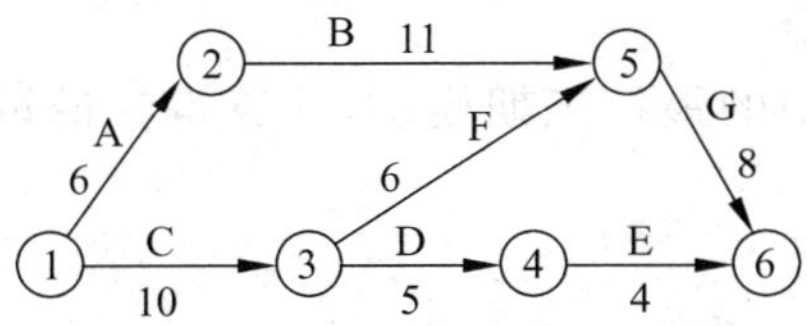

图 4.7.5　赶工前完成各工序的最短需要时间 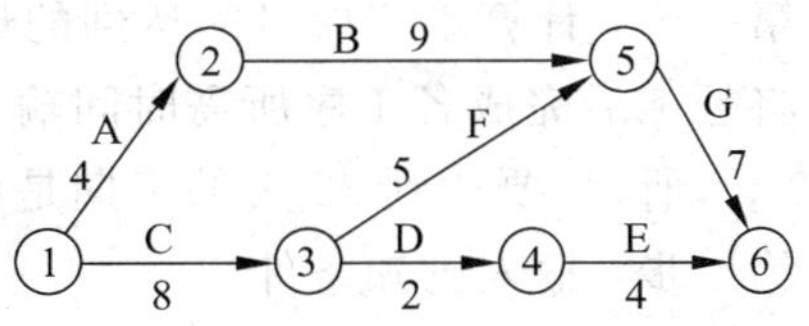　　图 4.7.6　赶工后完成各工序的最短需要时间

解： 总成本最小的赶工方案模型的 Spreadsheet 如表 4.7.5 所示。其步骤如下。

表 4.7.5　用 Spreadsheet 求解最小赶工成本下的赶工方案

	A	B	C	D	E	F	G	H	I	J	K
1	例 4.7.2　赶工问题：完成要求工期下的最小成本决策										
2											
3	工序	赶工成本（元/天）	最大缩短时间		实际缩短时间		赶工前所需时间				
4	A	30	2	>=	2		6				
5	B	40	2	>=	1		11				
6	C	90	2	>=	2		10				
7	D	200	3	>=	0		5				
8	E	10 000	0	>=	0		4				
9	F	100	1	>=	0		6				
10	G	160	1	>=	0		8				
11											
12	各节点开工时刻										
13	节点	1	2	3	4	5	6	实际工期			要求工期
14	开工日期	0	4	8	18	14	22		22	<=	22
15											
16	各工序的活动-节点矩阵										
17		节　　　　点									
18	工序	1	2	3	4	5	6	赶工后实际时间		赶工后所需时间	
19	A	−1	1	0	0	0	0	4	>=	4	
20	B	0	−1	0	0	1	0	10	>=	10	
21	C	−1	0	1	0	0	0	8	>=	8	
22	D	0	0	−1	1	0	0	10	>=	5	
23	E	0	0	0	−1	0	1	4	>=	4	
24	F	0	0	−1	0	1	0	6	>=	6	
25	G	0	0	0	0	−1	1	8	>=	8	
26											
27	赶工成本	280									

第一步：计算赶工后可能达到的最短工期

将赶工后完成各工序所需时间输入例 4.7.1 中的最短工期模型，计算得其最短工期为 20 天，所以，要达到 22 天的工期是可行的。

第二步：输入已知条件

在 Spreadsheet 上输入已知条件，包括赶工前后完成各工序所需的时间和赶工成本。

第三步：确定决策变量

本题中的决策变量有两部分，第一部分是各节点的开工时刻，用单元格 B14:G14 表示；第二部分是各工序为赶工而需缩短的时间（即实际缩短时间），用单元格 E4:E10 表示。

第四步：描述目标函数

本问题的目标是赶工成本最小。设该目标函数用单元格 B27 表示，它等于各工序赶工成本（各工序赶工成本等于每缩短一天所花费的成本乘以实际缩短时间）之和。其公式如下：

＝sumproduct(B4:B10,E4:E10)

第五步：描述约束条件

根据题意，有四个约束条件。第一个约束条件是各工序的实际缩短时间不得超过最大缩短时间，其中，最大缩短时间等于赶工前后完成各工序所需时间之差；第二个约束条件是赶工后的实际工期应不大于要求的工期，其中，赶工后的实际工期应等于最后一个工序的完成时刻，即最后一个节点的开始时刻；第三个约束条件是赶工后各工序的实际时间应不小于完成各工序所需要的时间（其中，赶工后各工序的实际时间应等于其终止节点时刻与起始节点时刻之差）；第四个约束条件是非负约束。

第六步：求解上述规划问题

第七步：用 Excel 中的规划求解功能求解

模型的公式表示如表 4.7.6 所示。

模型运行结果如表 4.7.5 所示。结果表明，当各工序的开工日期与缩短时间如表 4.7.7 所示时，在满足工期不超过 22 天的要求下，赶工成本最小，为 280 元。工期为 22 天。图 4.7.7 中，节点上方括号内的数字表示赶工后各工序的开工日期。

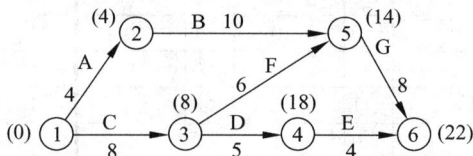

图 4.7.7　赶工后各工序的开工日期

表 4.7.6　最小赶工成本下的赶工模型的公式表示

	A	B	C	D	E	F	G	H	I	J	K
1	例 4.7.2　完成要求工期下的最小成本决策										
2											
3	工序	赶工成本（元/天）	最大缩短时间		实际缩短时间		赶工前所需时间				
4	A	30	2	>=	2		6				
5	B	40	2	>=	1		11				
6	C	90	2	>=	2		10				
7	D	200	3	>=	0		5				
8	E	10 000	0	>=	0		4				
9	F	100	1	>=	0		6				
10	G	160	1	>=	0		8				
11											
12	各节点开工时刻										
13	节点：	1	2	3	4	5	6		实际工期		要求工期
14	开工日期	0	4	8	18	14	22		=G14	<=	22
15											
16	各工序的活动-节点矩阵										
17		节　　点									
18	工序	1	2	3	4	5	6	赶工后实际时间		赶工后所需时间	
19	A	−1	1	0	0	0	0	= sumproduct ($B$14:$G$14,B19:G19)	>=	=G4−E4	
20	B	0	−1	0	0	1	0	= sumproduct ($B$14:$G$14,B20:G20)	>=	=G5−E5	
21	C	−1	0	1	0	0	0	= sumproduct ($B$14:$G$14,B21:G21)	>=	=G6−E6	
22	D	0	0	−1	1	0	0	= sumproduct ($B$14:$G$14,B22:G22)	>=	=G7−E7	
23	E	0	0	0	−1	0	1	= sumproduct ($B$14:$G$14,B23:G23)	>=	=G8−E8	
24	F	0	0	−1	0	1	0	= sumproduct ($B$14:$G$14,B24:G24)	>=	=G9−E9	
25	G	0	0	0	0	−1	1	= sumproduct ($B$14:$G$14,B25:G25)	>=	=G10−E10	
26											
27	赶工成本	= sumproduct (E4:E10,B4:B10)									
28											

表 4.7.7　赶工后各工序开工日期与缩短时间

工　序	开工日期	缩短时间（天）
A（节点 1~2）	0	2
B（节点 2~3）	4	1
C（节点 1~3）	0	2
D（节点 3~4）	8	0
E（节点 4~6）	18	0
F（节点 3~5）	8	0
G（节点 5~6）	14	0

CHAPTER 5
第5章

线性整数规划及其应用

在许多实际问题中,决策变量必须为整数。例如当决策变量是分配的人员数、购买的设备数、投入的车辆数等时,它们一般必须为非负整数才有意义。在这种情况下,常需要应用线性整数规划进行优化。本章讨论线性整数规划的建模、求解与应用。首先介绍整数规划的概念、分类和解的特点,然后阐述运用 Spreadsheet 建模和求解的方法,最后讨论整数规划的应用,其中着重讨论 0-1 整数规划在投资预算、固定成本问题、分配系统设计、选址问题等四个方面的应用。

5.1 线性整数规划的基本概念、分类与解的特点

线性整数规划(integer linear programming,IP)是要求部分或全部变量必须为整数的线性规划。这时,应该在原来的线性规划模型中添加"决策变量为整数"的约束条件。

线性整数规划(以下简称整数规划)可以分为纯整数规划(all-integer linear programming)与混合整数规划(mixed-integer linear programming)。纯整数规划是要求所有变量必须为整数的线性规划;混合整数规划是要求部分变量必须为整数的线性规划。

整数规划的一个重要的特例是 0-1 整数规划(0-1 integer linear programming),它是指所有变量都必须为 0 或 1 的线性规划。如果在整数规划中,只要求部分变量必须为 0 或 1,则称为 0-1 混合整数规划。

0-1 整数规划常常可以用来表示某种逻辑关系,一般用"1"表示"是",用"0"表示"非",来反映实际问题中对于变量必须满足某种逻辑关系的约束。

整数规划与一般规划相比,其可行解不是连续的,而是离散的。下面通过例 5.1.1 说明整数规划模型的解的特点。

例 5.1.1 乐天保健仪器厂的生产优化问题

乐天保健仪器厂下月拟生产两种保健仪器 A 和 B,生产该两种仪器的利润、消耗的主要原材料和劳动力如表 5.1.1 所示。该厂下月可提供的原材料和劳动力分别为 2 000(千克)和 140(千小时)。另根据市场调查,下月对仪器 A 的需求量不大于 5 台。为获得最大的总利润,该厂应生产这两种仪器各多少台?

表 5.1.1　乐天保健仪器厂生产利润与消耗资源表

设 备 名 称	仪器 A	仪器 B	可提供量
原材料（千克/台）	282	400	2 000
劳动力（千小时/台）	4	40	140
利润（千元/台）	10	15	

解：据题意，本问题的决策变量是下月两种仪器的生产量，设下月仪器 A 与 B 的生产量分别为 X（台）与 Y（台）。

本问题的目标函数是总利润最大，由于生产每台仪器 A 与仪器 B 的利润分别为 10 千元与 15 千元，所以总利润为：$10X+15Y$。

本问题的约束条件有四个。第一个约束是原材料约束，即所消耗的原材料总量不得超过原材料的可提供量；第二个约束是劳动力约束，即所需劳动力的总量不得超过劳动力的可提供量；第三个约束是仪器 A 的生产量约束不得超过其最大需求量；第四个约束是决策变量必须为非负整数。

由此得到整数规划模型如下：

$$\text{o.b.}\quad \max \quad 10X+15Y$$
$$\text{s.t.}\quad 282X+400Y \leqslant 2\,000$$
$$4X+40Y \leqslant 140$$
$$X \leqslant 5$$
$$X,\quad Y \geqslant 0 \text{ 并且为整数}$$

为了进行比较，暂不考虑"整数"约束，而先将上述问题看作一般的线性规划问题求出其最优解。图 5.1.1（a）描述了将本题作为一般线性规划问题时用图解法求出的最优解。其最优解是目标函数直线与可行域最右上方的相交点的坐标，即 $X=2.48$，$Y=3.25$。将该最优解代入目标函数，可得最优值为 73.57。

但是，本题的决策变量是仪器的台数，它们必须是整数解。这时，其可行解就不再是连续的，而是只能取原来的可行域中的若干个点，如图 5.1.1（b）所示。可见其可行解是以下 20 个点：

$(0,0),(0,1),(0,2),(0,3),(1,0),(1,1),(1,2),(1,3),(2,0),(2,1),(2,2),(2,3),$
$(3,0),(3,1),(3,2),(4,0),(4,1),(4,2),(5,0),(5,1)$。

这时，该问题的最优解不再是目标函数直线与原可行域最右上方的相交点的坐标，因为该点不满足整数约束，它不再是可行解了。由图 5.1.1（b）可知，最优解应该是在目标函数直线与 20 个可行解的交点中、使得目标函数直线位于最右上方的那个点，即：$X=4$，$Y=2$。将该最优解代入目标函数，可得最优值为 70。所以，该厂下月应生产 4 台仪器 A，2 台仪器 B，可获总利润 70（千元）。

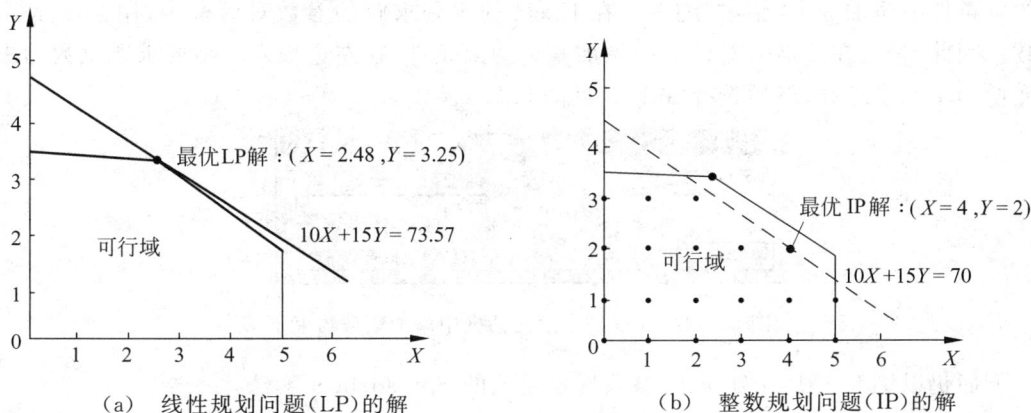

（a） 线性规划问题（LP）的解 （b） 整数规划问题（IP）的解

图 5.1.1

从例 5.1.1 可知，整数规划的可行解不再是连续的，而是离散的。为了取得整数解，容易想到的一种方法是：暂不考虑"取整"约束，而先将其看作一般的线性规划问题求出其最优解，然后在所得到的解中，对要求取整的解进行简单的"舍入化整"处理，即用一般线性规划的解法求出最优解，然后把它化成最接近的整数来作为整数规划的最优解。这种处理方法有时可以得到较满意的结果。不过，这样处理得到的解也可能不再是整数规划的可行解，或者虽然是可行解，但不一定是最优解。例如在例 5.1.1 中，将一般线性规划问题的最优解（$X=2.48, Y=3.25$）进行取或舍，可得到 4 个可能的解：$X=2, Y=3; X=2, Y=4; X=3, Y=3; X=3, Y=4$。这四个解中，有三个解（$X=2, Y=4; X=3, Y=3; X=3, Y=4$）均不是可行解，另一个解（$X=2, Y=3$）虽然是可行解，但不是最优解（最优解为 $X=4, Y=2$）。采用取整方法的另一个问题是当变量较多时难以处理，因为需要对每个取整后的解作出"取"或"舍"的选择，若有 n 个变量，则有 2^n 个可能的舍入方案，当变量较大时计算量非常大，甚至用计算机也难以处理。因此，有必要研究求解整数规划的特定方法。

由于离散问题比连续问题更难以处理，整数规划要比一般线性规划难解得多，而且至今尚无一种像求解线性规划那样较成熟的算法。目前常用的基本算法有分支定界法、割平面法等，但计算过程均很烦琐。Spreadsheet 提供了一种建立求解整数规划模型的十分有效的方法，它有助于人们理解模型、并且可以很容易地求出模型的解。

应当指出的是，现有的 Spreadsheet 方法虽然可以处理变量多达上千的一般线性规划问题，但它尚不能求解大规模整数规划问题。目前已有一些计算机软件具有较好的处理大规模整数规划的能力，如 MPSX-MIP、OSL、CPLEX、LINDO 等。不过，对于一般规模不太大的整数规划，Spreadsheet 方法不失为一种实用的好方法。

5.2 线性整数规划模型的 Spreadsheet 解法

用 Spreadsheet 方法求解整数规划的基本步骤与求解一般线性规划问题相同，只是在约束条件中添加一个"整数"约束。在 Excel 的规划求解的参数对话框中,用"int"表示整数。因此,只要在该参数对话框中添加一个约束条件,在左边输入的是要求取整数的决策变量的单元格地址,然后选择"int"。见图 5.2.1。

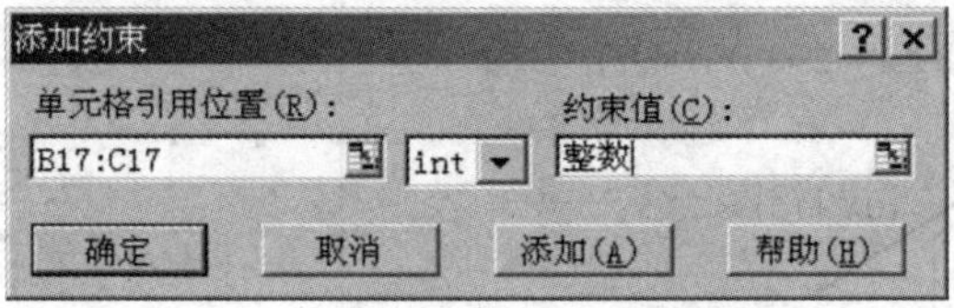

图 5.2.1　在规划求解对话框中添加整数约束

下面仍以例 5.1.1 为例,说明整数规划模型的 Spreadsheet 解法。

由上节分析可知,例 5.1.1 的整数规划模型如下:

$$\text{o.b.} \quad \max \quad 10X + 15Y$$

$$\text{s.t.} \quad 282X + 400Y \leqslant 2\,000$$

$$4X + 40Y \leqslant 140$$

$$X \quad \leqslant 5$$

$$X, \quad Y \geqslant 0 \text{ 并且为整数}$$

上述问题的 Spreadsheet 见表 5.2.1,其求解步骤如下。

表 5.2.1　生产优化整数规划问题的 Spreadsheet 解法

	A	B	C	D	E	F	G	H	I
1	例 5.1.1　乐天保健仪器厂生产优化问题								
2									
3		仪器 A	仪器 B						
4	原材料(千克/台)	282	400		可提供的原材料(千克)		2 000		
5	劳动力(千小时/台)	4	40		可提供的劳动力(千小时)		140		
6					仪器 A 最大需求量(台)		5		
7	单位产品利润(千元/台)	10	15						
8									
9									
10	模型								
11									
12									
13	最大总利润	70							
14					约束条件	左边		右边	
15					原材料约束	1 928	<=	2 000	
16		仪器 A	仪器 B		劳动力约束	96	<=	140	
17	生产计划	4	2		需求约束	4	<=	5	
18									

第一步：输入已知数据

与解一般线性规划问题相同，首先在 Excel 的工作表上输入已知数据：在单元格 B4：C5 中分别输入两种仪器消耗的原材料和劳动力，在单元格 G4：G6 中分别输入可提供的原材料、劳动力和最大需求量，在单元格 B7：C7 中输入两种设备的利润。

第二步：建立整数规划模型

首先在 Spreadsheet 上描述规划的决策变量、目标函数与约束条件。

本问题的决策变量是两种仪器的产量，分别用单元格 B17 与 C17 表示。

本问题的目标函数是总利润最大，用单元格 B13 表示总利润，它应等于每种仪器的单位利润与其产量的乘积之和，即在单元格 B13 中输入下述公式：

＝sumproduct(B7：C7，B17：C17)

本问题共有四个约束条件。第一个约束条件是原材料约束，即所消耗的原材料总量不得超过其供应量。在约束条件左边是所消耗的原材料总量，用单元格 F15 表示，它应等于每种仪器的单位原材料消耗量与其产量的乘积之和，即在单元格 F15 中输入下述公式：

＝sumproduct(B4：C4，B17：C17)

在约束条件右边输入原材料供应量。用单元格 H15 表示原材料供应量，并输入以下公式：

＝G4

同理可得第二个约束条件（劳动力约束）的公式，用单元格 F16 表示所需要的劳动力总量，在单元格 F16 中输入：

＝sumproduct(B5：C5，B17：C17)

用单元格 H16 表示劳动力供应量，在单元格 H16 中输入：

＝G5

第三个约束是仪器 A 的需求约束。仪器 A 的产量不得超过其最大需求量。用单元格 F17 表示仪器 A 的产量，它应等于表示仪器 A 产量的那个决策变量，因此，在单元格 F17 中输入：

＝B17

用单元格 H17 表示仪器 A 的最大需求量，它用下述公式得到：

＝G6

第四个约束条件是决策变量必须为非负整数。该约束条件在下一步规划求解时输入。

第三步：在 Excel 规划求解功能中输入整数约束并求解

在规划求解参数框中输入目标单元格（目标函数地址）、可变单元格（决策变量地址）和四个约束条件，包括整数约束，其规划求解参数框如图 5.2.2 所示。

然后在规划求解选项参数框中选择"采用线性模型"和"假定非负"，最后在规划求解参数对话框中单击"求解"得到本问题的最优解。从表 5.2.1 可见，本问题的最优解为：

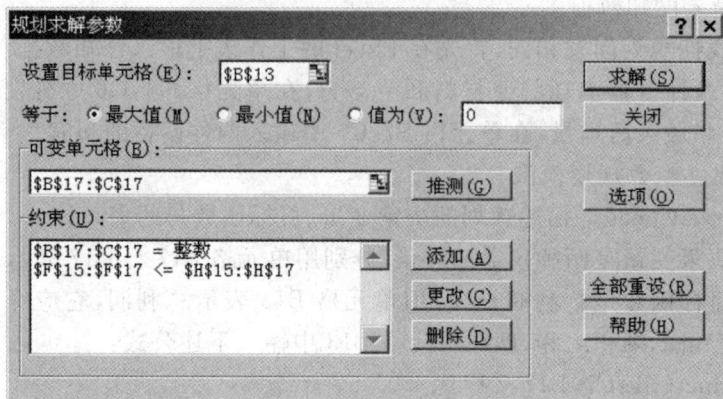

图 5.2.2　规划求解参数对话框

仪器 A 的产量为 4 台，仪器 B 的产量为 2 台。这时总利润最大，为 70 千元，该结果与上节中用图解法求得的结果相同。

5.3　0-1 整数规划模型及其应用

0-1 整数规划是整数规划的特殊情况，也是应用最广泛的一类整数规划。在 0-1 整数规划中，其整数变量只能取 0 或 1，通常用这些 0-1 变量表示某种逻辑关系，例如用"1"表示"是"，用"0"表示"非"。

0-1 整数规划模型的建立和求解方法与一般线性规划模型相同，只是增加了一个"决策变量必须为 0 或 1"的约束条件。为反映这一约束条件，在求解时应在 Excel 的规划求解参数对话框中添加关于决策变量取值为 1 或 0 的约束条件。在 Excel 规划求解功能中是用"bin"（binary）表示 0 和 1 两者取一的，因此，只要在约束条件左边输入要求取 0 或 1 的决策变量的单元格地址，然后选择"bin"。见图 5.3.1。

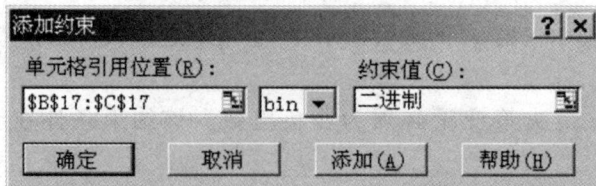

图 5.3.1　在规划求解对话框中添加 0-1 约束

下面通过若干例子讨论 0-1 整数规划在投资预算、固定成本问题、分配系统设计、选址问题四个方面的应用。

5.3.1　投资决策问题

例 5.3.1　迅捷通讯公司投资决策问题

迅捷通讯公司在制定今后四年的发展计划中,面临着若干个发展项目的选择。这些项目是:引进新设备、研制新产品、培训人才和增加广告数量。这四个项目在今后四年内的年投资额和预计在四年内可获得的利润如表 5.3.1 所示。该公司每年可为这些发展项目提供的资金预算如表 5.3.1 所示。该公司应当如何投资,可在预算允许的情况下获得最大利润?

表 5.3.1　公司发展项目投资、利润与预算表　　　　单位:万元

项　　　　目	引进新设备	研制新产品	培训人才	增加广告数量	资金预算
第一年投资(净现值)	25	20	10	8	60
第二年投资(净现值)	0	15	10	8	50
第三年投资(净现值)	20	20	10	8	50
第四年投资(净现值)	0	10	10	8	35
利润(净现值)	40	80	40	20	

解:据题意,本问题要求在现有的四个发展项目中选择出在不超出资金预算条件下使得总利润最大的那些项目进行投资,这就是说,决策变量是对各个项目应当"投资"或"不投资"。这种逻辑关系可以用 0-1 变量表示。设本问题的决策变量为 X_1,X_2,X_3,X_4,它们均为 0-1 变量,分别表示对四个项目的"投资"或"不投资"决策,即当变量为 1 时,表示"投资",当变量为 0 时表示"不投资"。

本问题的目标函数是总利润最大。已知四个项目的利润分别为 40,80,40,20(万元),而总利润应等于各项目利润与其 0-1 决策变量的乘积之和。这是因为当某个项目未被选中时,它的决策变量为 0,该项目的利润与决策变量的乘积也等于 0,说明这时该项目对总利润没有贡献;而当某个项目被选中时,它的决策变量为 1,该项目的利润与决策变量的乘积就等于其利润值,说明这时该项目对总利润的贡献等于该项目的利润值。所以总利润表达式为:$40X_1+80X_2+40X_3+20X_4$。

本问题的约束条件有两个。第一个约束是资金约束,即各年总投资额不得超过预算额,例如第一年的总投资额等于所选中项目的投资之和,即各项目在第一年的投资额与其 0-1 决策变量乘积之和,它等于 $25X_1+20X_2+10X_3+8X_4$,该值应不大于第一年的资金预算(60 万元)。同理可得第二年至第四年的资金约束。第二个约束是 0-1 约束,即决策变量只能取 1 或 0。

由此得到整数规划模型如下:

o.b.   max $40X_1+80X_2+40X_3+20X_4$

s.t. $25X_1+20X_2+10X_3+ 8X_4 \leqslant 60$ （第一年资金约束）

$15X_2+10X_3+ 8X_4 \leqslant 50$ （第二年资金约束）

$20X_1+20X_2+10X_3+ 8X_4 \leqslant 50$ （第三年资金约束）

$10X_2+10X_3+ 8X_4 \leqslant 35$ （第四年资金约束）

X_1,X_2,X_3,X_4 为 0 或 1   （0-1 整数约束）

上述问题的 Spreadsheet 见表 5.3.2。其求解步骤如下。

表 5.3.2   迅捷通讯公司投资决策的 Spreadsheet 解法

	A	B	C	D	E	F	G	H	I	J	K
1	例 5.3.1	迅捷通讯公司投资决策问题									
2											
3	数据										
4							单位:万元				
5			引进新设备	研制新产品	培训人才	增加广告	可提供资金（净现值）				
6	第一年投资(净现值)		25	20	10	8	60				
7	第二年投资(净现值)		0	15	10	8	50				
8	第三年投资(净现值)		20	20	10	8	50				
9	第四年投资(净现值)		0	10	10	8	35				
10	项目利润(净现值)		40	80	40	20					
11											
12	模型										
13											
14		总利润净现值最大化	160					左边		右边	
15								55	<=	60	
16								25	<=	50	
17			引进新设备	研制新产品	培训人才	增加广告		50	<=	50	
18		投资决策	1	1	1	0		20	<=	35	
19											

第一步：输入已知数据

与解一般线性规划问题相同，首先在 Excel 的工作表上输入已知数据：在单元格 C6：F9 中输入四个项目在各年所需的投资，在单元格 G6：G9 中分别输入各年可提供的资金，在单元格 C10：F10 中分别输入四个项目的利润。

第二步：建立 0-1 整数规划模型

在 Spreadsheet 上描述规划问题的决策变量、目标函数与约束条件。

本问题的决策变量是对四个项目"投资"或"不投资"决策,分别用单元格 C18:F18 中的 0-1 变量表示。

本问题的目标函数是总利润最大,用单元格 D14 表示总利润,它应等于所选中项目的利润之和,即在单元格 D14 中输入下述公式:

=sumproduct(C10:F10,C18:F18)

本问题共有两个约束条件。第一个约束条件是资金约束,即各年投资额不得超过预算额。第一年资金约束条件的左边是第一年投资额。用单元格 H15 表示第一年的投资额,它应等于每个项目在第一年所需投资与其 0-1 决策变量乘积之和,即在单元格 H15 中输入下述公式:

=sumproduct(C6:F6,\$C\$18:\$F\$18)

将上述公式复制到单元格 H16:H18,得到第二年至第四年的投资额。

在约束条件右边输入可提供资金额。用单元格 J15 表示可提供资金额,并输入下述公式:

=G6

将上述公式复制到单元格 J16:J18,得到第二年至第四年的可提供资金额。

第二个约束条件是决策变量必须为 0-1 变量。该约束条件将在下一步规划求解时输入。

第三步:在 Excel 规划求解功能中输入 0-1 整数约束并求解

在规划求解参数框中输入目标单元格(目标函数地址)、可变单元格(决策变量地址)和第一、第二个约束条件。其中第二个约束条件是 0-1 变量约束,只要在约束条件左边输入要求取 0 或 1 的决策变量的单元格地址(本题中为 C18:F18),然后选择"bin"。其规划求解参数框如图 5.3.2 所示。

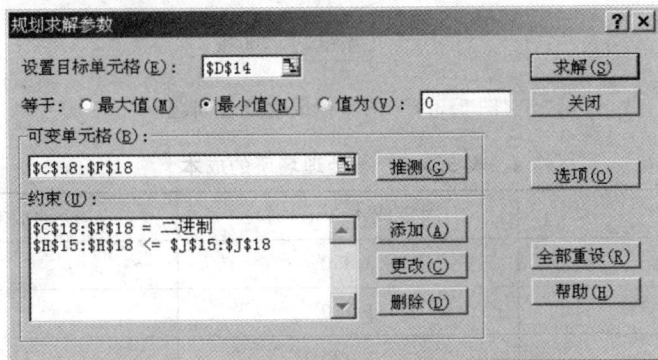

图 5.3.2　投资决策问题规划求解参数对话框

然后在规划求解选项参数框中选择"采用线性模型"和"假定非负",最后在规划求解参数对话框中单击"求解"，得到本问题的最优解。

从表 5.3.2 可见，本问题的最优解为：$X_1=1,X_2=1,X_3=1,X_4=0$，最优值为 160 万元。这就是说，该公司的最优投资决策是：对"引进新设备"、"研制新产品"、"培训人才"三个项目投资，而对"增加广告数量"项目不投资，可获利润 160 万元。

5.3.2　固定成本问题

产品的成本由固定成本和变动成本两部分组成。固定成本是指在固定投入要素上的支出，它是不受产量变化影响的成本，如租用厂房和设备的租金、借款利息、管理费用等；变动成本是指在可变投入要素上的支出，它是随着产量的变化而变化的成本，如原材料费用、生产工人的工资、销售佣金等。在第 2 章与第 3 章中关于生产优化的模型中，只考虑了变动成本，而未考虑固定成本。本节将讨论不仅考虑变动成本，而且考虑固定成本情况下的优化问题。

例 5.3.2　考虑固定成本的废物处理方案问题[①]

某地区有两个城镇，它们每周分别产生 700 吨和 1 200 吨固体废物。现拟用三种方式（焚烧、填海、掩埋）分别在三个场地对这些废物进行处理，见图 5.3.3。每个处理场所的处理成本分为固定成本和变动成本两部分，其数据如表 5.3.3 所示。两城镇至各处理场所的运输成本、应处理量与各处理场所的能力如表 5.3.4 所示。试求使两城镇处理固体废物总费用最小的方案。

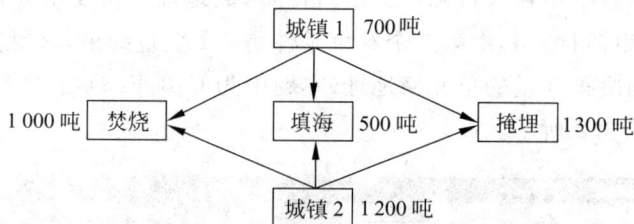

图 5.3.3　两城镇废物处理问题

表 5.3.3　各处理场所的成本

处理场所	固定成本（元/周）	变动成本（元/吨）
1. 焚烧	3 850	12
2. 填海	1 150	16
3. 掩埋	1 920	6

[①]　例 5.3.2 的题目参考范贻昌著《实用管理运筹学》(p.268)，本节介绍了对该题目运用 Spreadsheet 的新解法。

表 5.3.4　两城镇到各处理场所的运费、应处理量及各处理场所的能力

运费(元/吨)　处理场所 城镇	焚　烧	填　海	掩　埋	应处理量(吨)
城镇 1	7.5	5.0	15.0	700
城镇 2	5.0	7.5	12.5	1 200
处理能力(吨/周)	1 000	500	1 300	

解：据题意，本问题要在现有的三个处理废物方式中，选择出满足所需处理的废物量需求、而且在不超出各处理场所能力的条件下，使得总费用最小的方案。由此可见，本问题的决策变量有两类：第一类是各城镇运给各处理场所处理的废物量；第二类是对各个处理场所应当"使用"或"不使用"的决策，这种逻辑关系可以用 0-1 变量表示。设本问题的决策变量为 $X_{ij}(i=1,2;j=1,2,3)$ 和 $Y_i(i=1,2,3)$。其中 X_{ij} 表示从城镇 i 运至处理场所 j 进行处理的废物数量；Y_i 为 0-1 变量，表示对第 i 个处理场所使用或不使用的决策，当变量为 1 时表示"使用"，当变量为 0 时表示"不使用"。

本问题的目标函数是总费用最小，这里的总费用包含三个部分：第一部分费用是处理场所的变动成本产生的费用，它与处理的废物量是有关的。已知三个处理场所的变动成本分别为 12,16,6（元/吨），从城镇 1 与城镇 2 运到第一个处理场所（焚烧场所）的废物量分别为 X_{11} 与 X_{21}，所以焚烧场所的变动成本产生的费用＝$12\times(X_{11}+X_{21})$，同理可得，填海场所与掩埋场所的变动成本产生的费用分别为 $16\times(X_{12}+X_{22})$ 与 $6\times(X_{13}+X_{23})$。

第二部分费用是从各城镇运至各处理场所的运输成本所产生的费用，它也与处理的废物量有关。运输费用等于从各城镇运至各处理场所的单位运输成本与运量的乘积之和。运输费用＝$7.5X_{11}+5.0X_{12}+15.0X_{13}+5.0X_{21}+7.5X_{22}+12.5X_{23}$。

第三部分费用是处理场所的固定成本，它与处理的废物量无关，仅取决于是否选择了该处理场所。例如，已知焚烧场所的固定成本为 3 850（元/周），若选择了使用焚烧场所，则决策变量 $Y_1=1$，所付出的固定费用＝$3\,850Y_1=3\,850$（元/周）；若选择了不使用焚烧场所，则决策变量 $Y_1=0$，所付出的固定费用＝$3\,850Y_1=0$（元/周）。所以，三个处理场所的固定成本产生的费用＝$3\,850Y_1+1\,150Y_2+1\,920Y_3$。

综上，总费用的表达式为：$12\times(X_{11}+X_{21})+16\times(X_{12}+X_{22})+6\times(X_{13}+X_{23})+7.5X_{11}+5.0X_{12}+15.0X_{13}+5.0X_{21}+7.5X_{22}+12.5X_{23}+3\,850Y_1+1\,150Y_2+1\,920Y_3$。

在本问题中，两城镇需要处理的废物总量＝$700+1\,200=1\,900$（吨），而三个处理场所的总处理能力＝$1\,000+500+1\,300=2\,800>1\,900$（吨），可见两城镇的废物处理总需求量可以全部满足，而总能力则尚未完全发挥。

本问题的约束条件有四个。第一个约束是需求约束，即各城镇的处理的废物总量应等于其产生的废物总量，例如城镇 1 处理的废物总量＝$X_{11}+X_{12}+X_{13}$，而城镇 1 产生的废物总量＝700，所以有：

$$X_{11}+X_{12}+X_{13}=700$$

同理，城镇 2 处理的废物总量应等于其产生的废物总量，即

$$X_{21}+X_{22}+X_{23}=1\,200$$

第二个约束是能力约束，即各处理场所处理的废物量不得超过其实际处理能力，例如焚烧场所处理的废物量＝焚烧场所处理的城镇 1 产生的废物量＋焚烧场所处理的城镇 2 产生的废物量＝$X_{11}+X_{21}$，而焚烧场所的处理能力＝1 000，所以有：

$$X_{11}+X_{21}\leqslant 1\,000Y_1$$

注意在上述公式右边表示的实际处理能力（又称"逻辑处理能力"）表达式中，必须将焚烧场所的处理能力 1 000 乘以决策变量 Y_1，该公式反映了这样一个事实：当选择使用焚烧场所时，$Y_1=1$，实际处理能力＝$1\,000Y_1=1\,000$；当不选择使用焚烧场所时，$Y_1=0$，实际处理能力＝$1\,000Y_1=0$。

同理，填海场所与掩埋场所处理的废物应不超过其处理能力，即

$$X_{12}+X_{22}\leqslant 500Y_2$$
$$X_{13}+X_{23}\leqslant 1\,300Y_3$$

第三个约束是 0-1 约束，即决策变量 Y_1,Y_2,Y_3 只能取 1 或 0。第四个约束是非负约束。

由此得到整数规划模型如下：

$$
\begin{aligned}
\text{o. b. min}\quad & 12\times(X_{11}+X_{21})+16\times(X_{12}+X_{22})+6\times(X_{13}+X_{23})+ \\
& 7.5X_{11}+5.0X_{12}+15.0X_{13}+5.0X_{21}+ \\
& 7.5X_{22}+12.5X_{23}+3\,850Y_1+1\,150Y_2+1\,920Y_3 \\
\text{s. t.}\quad & X_{11}+X_{12}+X_{13}=700 \\
& X_{21}+X_{22}+X_{23}=1200 \\
& X_{11}+X_{21}\leqslant 1\,000Y_1 \\
& X_{12}+X_{22}\leqslant 500Y_2 \\
& X_{13}+X_{23}\leqslant 1\,300Y_3 \\
& Y_i=0\ \text{或}\ 1\quad (i=1,2,3) \\
& X_{ij}\geqslant 0\quad (i=1,2;\ j=1,2,3)
\end{aligned}
$$

上述问题的 Spreadsheet 见表 5.3.5。其求解步骤如下。

表 5.3.5　考虑固定成本的废物处理方案问题

	A	B	C	D	E	F	G	H
1	例 5.3.2　考虑固定成本的废物处理方案问题							
2								
3	⟍ 处理场地	焚烧	填海	掩埋	产生废物量（吨）			
4								
5	城镇 ⟍ 运费（元/吨）							
6	城镇 1	17.5	5	15	700			
7	城镇 2	5	7.5	12.5	1 200			
8								
9	可变成本（元/吨）	12	16	6				
10	固定成本（元/周）	3 850	1 150	1 920				
11	处理能力（吨/周）	1 000	500	1 300				
12								
13								
14	模型							
15								
16								
17		总费用最小化	41 170					
18								
19								
20		焚烧	填海	掩埋	处理废物量		产生废物量	
21	城镇 1	700	0	0	700	=	700	
22	城镇 2	300	0	900	1 200	=	1 200	
23	是否使用	1	0	1				
24								
25	处理废物量合计	1 000	0	900				
26		<=	<=	<=				
27	逻辑处理能力	1 000	0	1 300				
28	处理能力	1 000	500	1 300				
29								

第一步：输入已知数据

与解一般线性规划问题相同，首先在 Excel 的工作表上输入已知数据：在单元格 B9：D11 中输入三种处理废物方式的可变成本、固定成本和处理能力；在单元格 B6：D7 中输入各城镇至各处理场所的运输成本；在单元格 E6：E7 中输入各城镇产生的废物量。

第二步：建立 0-1 整数规划模型

在 Spreadsheet 上描述规划问题的决策变量、目标函数与约束条件。

本问题的决策变量是从各城镇运至各处理场所的废物量与对三个处理场所"使用"或

"不使用"的决策，分别用单元格 B21：D22 的变量与单元格 B23：D23 中的 0-1 变量表示。

本问题的目标函数是总费用最小，用单元格 C17 表示总费用，它应等于所选中的处理场所的变动成本产生的费用、固定成本产生的费用与各城镇至处理场所的运输费用之和，即在单元格 C17 中输入下述公式：

$$=\text{sumproduct}(B9:D9,B21:D21)+\text{sumproduct}(B9:D9,B22:D22)+$$
$$\text{sumproduct}(B10:D10,B23:D23)+\text{sumproduct}(B6:D7,B21:D22)$$

本问题共有三个约束条件。第一个约束是需求约束，即各城镇处理的废物总量应等于其产生的废物总量。用单元格 E21 表示城镇 1 处理的废物总量（约束条件左边），它应等于城镇 1 产生的废物总量（约束条件右边），即在单元格 E21 中输入下述公式：

$$=\text{sum}(B21:D21)$$

将上述公式复制到单元格 E22，得到城镇 2 处理的废物总量。

约束条件右边是产生的废物总量，用单元格 G21 表示城镇 1 产生的废物总量，并输入下述公式：

$$=E6$$

将上述公式复制到单元格 G22，得到城镇 2 产生的废物总量。

第二个约束条件是能力约束，即各处理场所处理的废物量不得超过其实际处理能力。用单元格 B25 表示焚烧场所处理的废物量（约束条件左边），它应等于焚烧场所处理的来自城镇 1 和城镇 2 的废物量之和，即在单元格 B25 中输入：

$$=B21+B22$$

将上述公式复制到单元格 C25：D25，得到填海场所与掩埋场所处理的废物总量。

约束条件右边是处理场所的能力，用单元格 B28：D28 分别表示三种处理场所的处理能力，它们分别等于单元格 B11：D11 中的相应数据。例如在单元格 B28 中输入：

$$=B11$$

用单元格 B27：D27 分别表示三种处理场所的逻辑处理能力，在单元格 B27 中输入：

$$=B11*B23$$

将上述公式复制到单元格 C27：D27，得到填海场所与掩埋场所的逻辑处理能力。

第三个约束条件是单元格 B23：D23 中的决策变量必须为 0-1 变量；第四个约束是非负约束。这两个约束条件将在下一步规划求解时输入。

第三步：在 Excel 规划求解功能中输入 0-1 整数约束并求解

在规划求解参数框中输入目标单元格（目标函数地址）、可变单元格（决策变量地址）和第一、第二、第三个约束条件，其中第三个约束条件是 0-1 变量约束，只要在约束条件左边输入要求取 0 或 1 的决策变量的单元格地址（本题中为单元格 B23：D23），然后选择

"bin"。其规划求解参数框如图 5.3.4 所示。

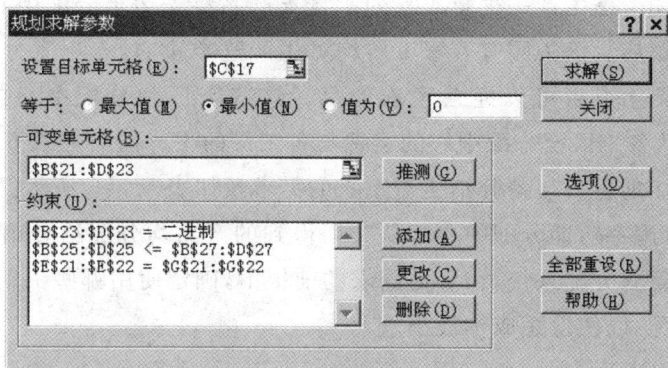

图 5.3.4　固定成本问题规划求解参数对话框

然后在规划求解选项参数框中选择"采用线性模型"和"假定非负",最后在规划求解参数对话框中单击"求解"得到本问题的最优解。

模型运算结果见表 5.3.5。从该表可知,本问题的最优解如表 5.3.6 所示。

表 5.3.6　考虑固定成本的废物处理最优方案　　　　　　　　　　吨

城　　镇	废物处理量		
	焚　烧	填　海	掩　埋
城镇 1	700	0	0
城镇 2	300	0	900

在最优解中,决策变量 $Y_1=1$,$Y_2=0$,$Y_3=1$,说明使用第一、第三个处理场所(焚烧场所与掩埋场所),不使用第二个处理场所(填海场所)。

因此,得到的最优决策方案是:城镇 1 产生的 700 吨废物量全部由焚烧场所处理,城镇 2 产生的 1 200 吨废物量中,300 吨由焚烧场所处理,900 吨由掩埋场所处理。这时的总费用最小,为 41 170 元。

5.3.3　物流配送系统设计

物流配送系统是物流系统的重要组成部分,该系统将生产厂的产品运送至分配中心,然后由这些分配中心将产品运送至用户。其中,合理地选择生产厂与分配中心对降低物流成本至关重要。配送系统设计就是要在综合考虑生产厂和分配中心的固定成本、生产厂至分配中心的运费、分配中心至用户的运费、生产厂的生产能力、满足需求等因素的基础上,对系统进行优化,以使总成本最小。下面通过例 5.3.3 来说明配送系统的设计方法。

例 5.3.3　东方服装集团的童衣配送系统设计

东方服装集团考虑生产一种童衣系列。童衣产品将先运至分配中心，再由分配中心将产品运送至分销店。该集团有五家工厂均可生产这类童衣，有三家分配中心可以分配童衣产品，有四家分销店可以经营童衣产品。这些工厂和分配中心的年固定成本如表 5.3.7 所示。从各工厂至分配中心的运费与各工厂的生产能力如表 5.3.8 所示。从各分配中心至分销店的运费与各分销店对童衣的需求量如表 5.3.9 所示。假定各分配中心的库存政策为"零库存"，即分配中心将从工厂得到的产品均分配给分销店，不留作库存。集团要设计一种童衣分配系统，在满足需求的前提下，确定使用哪些工厂与分配中心进行童衣的生产与分配，以使得总成本最小。

表 5.3.7　工厂与分配中心的固定成本　　　　　　　　　　　　　　　元

单　位	工厂1	工厂2	工厂3	工厂4	工厂5	分配中心1	分配中心2	分配中心3
年固定成本	35 000	45 000	40 000	42 000	40 000	40 000	20 000	60 000

表 5.3.8　各工厂运至分配中心的运输成本与生产能力

终点 / 起点	运输成本（元/箱）			生产能力（箱）
	分配中心1	分配中心2	分配中心3	
工厂1	800	1 000	1 200	300
工厂2	700	500	700	200
工厂3	800	600	500	300
工厂4	500	700	200	200
工厂5	700	600	500	400

表 5.3.9　从分配中心运至分销店的运输成本和各分销店需求量

终点 / 起点	运输成本（元/箱）			
	分销店1	分销店2	分销店3	分销店4
分配中心1	40	80	90	50
分配中心2	70	40	60	80
分配中心3	80	30	50	60
需求量（箱）	200	300	150	250

解：本问题可以用图 5.3.5 的网络图描述。

据题意，所要确定的问题是：如何选择生产厂和分配中心，如何确定从各生产厂运至

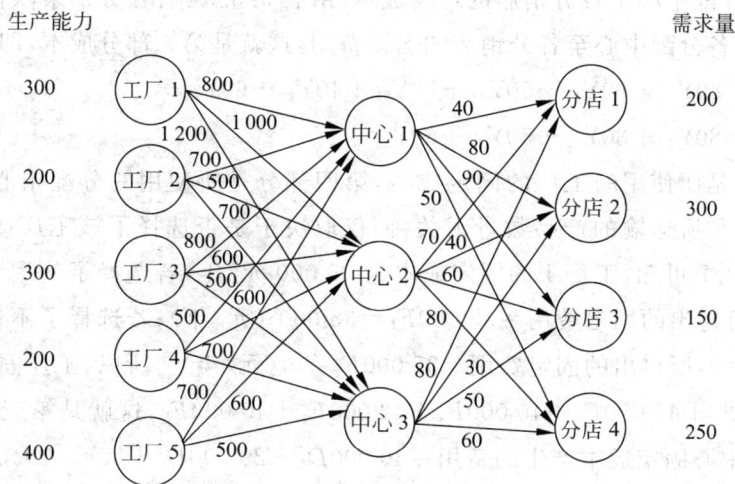

图 5.3.5　配送系统设计网络图

各分配中心的产品数量以及从各分配中心运至分销店的产品数量，才能在满足所要求的条件下使得总成本最小。该问题可以用 0-1 整数规划解决。

对生产厂和分配中心的选择，实际上就是对它们"使用"或"不使用"的决策，这种逻辑关系可以用 0-1 变量表示。设本问题的决策变量为 $X_{ij}(i=1,\cdots,5;j=1,2,3)$，$F_i(i=1,\cdots,5)$，$Y_{ij}(i=1,2,3;j=1,\cdots,4)$，$D_i(i=1,2,3)$。其中 X_{ij} 表示从生产厂 i 运至分配中心 j 的产品数量；F_i 为 0-1 变量，表示使用或不使用第 i 个生产厂的决策，当变量为 1 时，表示"使用"，当变量为 0 时表示"不使用"；Y_{ij} 表示从分配中心 i 运至分销店 j 的产品数量；D_i 为 0-1 变量，表示使用或不使用第 i 个分配中心的决策，当变量为 1 时，表示"使用"，当变量为 0 时表示"不使用"。

本问题的目标函数是总成本最小，这里的总成本应包含四个部分：第一部分是从各工厂至各分配中心的运输费用，第二部分是从各分配中心至各分销店的运输费用，这两部分费用均与所运输的产品数量有关。将各工厂至各分配中心的运输成本（由表 5.3.8 给出）分别乘以相应的运输量，其总和就是从各工厂至各分配中心的运输费用。例如，由表 5.3.8 可知，从工厂 1 运至各分配中心的运输成本分别为 800,1 000,1 200（元/箱），而从工厂 1 运至各分配中心的产品数量分别为 X_{11},X_{12},X_{13}（箱），所以从工厂 1 至各分配中心的运输费用 $=800X_{11}+1\,000X_{12}+1\,200X_{13}$（元）。同理可以计算出其他各工厂至分配中心的运输费用。所有工厂至分配中心的运输费用之和就是第一部分成本，即

$$=800X_{11}+1\,000X_{12}+1\,200X_{13}+700X_{21}+500X_{22}+700X_{23}+800X_{31}+600X_{32}+$$
$$500X_{33}+500X_{41}+600X_{42}+700X_{43}+700X_{51}+600X_{52}+500X_{53}$$

同样地,将各分配中心至各分销店的运输成本(由表 5.3.9 给出)分别乘以相应的运输量,其总和就是从各分配中心至各分销店的运输费用,这就是第二部分成本,即:

$$= 40Y_{11} + 80Y_{12} + 90Y_{13} + 50Y_{14} + 70Y_{21} + 40Y_{22} + 60Y_{23} +$$
$$80Y_{24} + 80Y_{31} + 30Y_{32} + 50Y_{33} + 60Y_{34}$$

第三部分是所使用的工厂的固定成本,第四部分是所使用的分配中心的固定成本。这两部分费用与所运输的产品数量无关,而仅取决于是否选择了该工厂或该分配中心。例如,由表 5.3.7 可知,工厂 1 的固定成本为 35 000 元/年,若选择了使用工厂 1,则决策变量 $F_1 = 1$,所付出的固定费用 $= 35\ 000F_1 = 35\ 000$(元/年);若选择了不使用工厂 1,则决策变量 $F_1 = 0$,所付出的固定费用 $= 35\ 000F_1 = 0$(元/年)。所以,工厂固定成本产生的费用 $= 35\ 000F_1 + 45\ 000F_2 + 40\ 000F_3 + 42\ 000F_4 + 40\ 000F_5$,这就是第三部分成本。同理可得,分配中心固定成本产生的费用 $= 40\ 000D_1 + 20\ 000D_2 + 60\ 000D_3$,这就是第四部分成本。

综上所述,总成本的表达式为:

$$800X_{11} + 1\ 000X_{12} + 1\ 200X_{13} + 700X_{21} + 500X_{22} + 700X_{23} + 800X_{31} + 600X_{32} +$$
$$500X_{33} + 500X_{41} + 600X_{42} + 700X_{43} + 700X_{51} + 600X_{52} + 500X_{53} + 40Y_{11} +$$
$$80Y_{12} + 90Y_{13} + 50Y_{14} + 70Y_{21} + 40Y_{22} + 60Y_{23} + 80Y_{24} + 80Y_{31} + 30Y_{32} +$$
$$50Y_{33} + 60Y_{34} + 35\ 000F_1 + 45\ 000F_2 + 40\ 000F_3 + 42\ 000F_4 +$$
$$40\ 000F_5 + 40\ 000D_1 + 20\ 000D_2 + 60\ 000D_3$$

由表 5.3.8 可知,五个工厂的总生产能力 $= 300 + 200 + 300 + 200 + 400 = 1\ 400$(箱/年),分配中心的吞吐能力无限定,又由表 5.3.9 可知,分销店的总需求量 $= 200 + 300 + 150 + 250 = 900$(箱/年),可见分销店的产品总需求可以全部满足,而工厂的总生产能力则尚未完全使用。

本问题的约束条件有六个。第一个约束是工厂生产能力约束,即各工厂运出的产品数量不得超过其实际生产能力。例如,工厂 1 运出的产品数量 $=$ 从工厂 1 运至各分配中心的产量之和 $= X_{11} + X_{12} + X_{13}$,而工厂 1 的生产能力为 300 箱/年,所以有:

$$X_{11} + X_{12} + X_{13} \leqslant 300F_1$$

注意在上述公式右边表示的实际生产能力(又称"逻辑生产能力")表达式中,必须将工厂的生产能力 300 乘以决策变量 F_1,该公式反映了这样一个事实:当选择使用工厂 1 时,$F_1 = 1$,实际处理能力 $= 300F_1 = 300$;当不选择使用工厂 1 时,$F_1 = 0$,实际处理能力 $= 300F_1 = 0$。

同理,工厂 2 至工厂 5 运出的产品数量应不超过其实际生产能力,即:

$$X_{21} + X_{22} + X_{23} \leqslant 200F_2$$

$$X_{31} + X_{32} + X_{33} \leqslant 300F_3$$
$$X_{41} + X_{42} + X_{43} \leqslant 200F_4$$
$$X_{51} + X_{52} + X_{53} \leqslant 400F_5$$

第二个约束是分配中心的"零库存"约束,即各分配中心的接收量=运出量。例如,分配中心 1 的接收量等于从各工厂运入的产品数量之和,即为 $X_{11} + X_{21} + X_{31} + X_{41} + X_{51}$;而分配中心 1 的运出量等于从该分配中心运出至各分销店的产品数量之和,即为 $Y_{11} + Y_{12} + Y_{13} + Y_{14}$。两者应相等,即有:

$$X_{11} + X_{21} + X_{31} + X_{41} + X_{51} = Y_{11} + Y_{12} + Y_{13} + Y_{14}$$

同理可得分配中心 2 和分配中心 3 的接收量与运出量平衡约束:

$$X_{12} + X_{22} + X_{32} + X_{42} + X_{52} = Y_{21} + Y_{22} + Y_{23} + Y_{24}$$
$$X_{13} + X_{23} + X_{33} + X_{43} + X_{53} = Y_{31} + Y_{32} + Y_{33} + Y_{34}$$

第三个约束是分配中心运出量约束,即各分配中心的运出量不得超过所有分销店的总需求量(前面已经计算出所有分销店的总需求量为 900)。例如分配中心 1 的运出量为 $Y_{11} + Y_{12} + Y_{13} + Y_{14}$,它应不大于 900,即:

$$Y_{11} + Y_{12} + Y_{13} + Y_{14} \leqslant 900D_1$$

注意在上述公式右边表示的逻辑最大需求量表达式中,必须将总需求量 900 乘以决策变量 D_1,该公式反映了这样一个事实:当选择使用分配中心 1 时,$D_1 = 1$,该分配中心的运出量不得超过 $900D_1 = 900$;当不选择使用分配中心 1 时,$D_1 = 0$,该分配中心的运出量不得超过 $= 900D_1 = 0$。也就是说,这时对分配中心 1 没有需求,因为它根本未被使用。注意,这里使用 0-1 整数变量 D_1 是十分必要的,因为当未选择分配中心 1 时,$Y_{11} + Y_{12} + Y_{13} + Y_{14} \leqslant 900D_1 = 0$,它保证了这时的非负决策变量 $Y_{11}, Y_{12}, Y_{13}, Y_{14}$ 均为零,即没有产品从该分配中心运出。

同理可得分配中心 2 和分配中心 3 的运出量约束如下:

$$Y_{21} + Y_{22} + Y_{23} + Y_{24} \leqslant 900D_2$$
$$Y_{31} + Y_{32} + Y_{33} + Y_{34} \leqslant 900D_3$$

第四个约束是满足需求约束,即各分销店的接收量应不小于其需求量。例如:分销店 1 的接收量等于从各分配中心运至分销店 1 的产品数量之和,即 $Y_{11} + Y_{21} + Y_{31}$;而由表 5.3.9 可知,分销店 1 的需求量为 200(箱),所以有:

$$Y_{11} + Y_{21} + Y_{31} \geqslant 200$$

同理可得分销店 2 至分销店 4 的需求约束:

$$Y_{12} + Y_{22} + Y_{32} \geqslant 300$$
$$Y_{13} + Y_{23} + Y_{33} \geqslant 150$$

$$Y_{14}+Y_{24}+Y_{34}\geqslant 250$$

第五个约束是 0-1 约束，即决策变量 $F_1,F_2,F_3,F_4,F_5,D_1,D_2,D_3$ 只能取 1 或 0；第六个约束是非负约束。

由此得到整数规划模型如下：

o. b. min $800X_{11}+1\,000X_{12}+1\,200X_{13}+700X_{21}+500X_{22}+$

$700X_{23}+800X_{31}+600X_{32}+500X_{33}+500X_{41}+600X_{42}+$

$700X_{43}+700X_{51}+600X_{52}+500X_{53}+40Y_{11}+80Y_{12}+90Y_{13}+$

$50Y_{14}+70Y_{21}+40Y_{22}+60Y_{23}+80Y_{24}+80Y_{31}+30Y_{32}+$

$50Y_{33}+60Y_{34}+35\,000F_1+45\,000F_2+40\,000F_3+42\,000F_4+$

$40\,000F_5+40\,000D_1+20\,000D_2+60\,000D_3$

s. t. $X_{11}+X_{12}+X_{13}\leqslant 300F_1$ （工厂 1 生产能力约束）

$X_{21}+X_{22}+X_{23}\leqslant 200F_2$ （工厂 2 生产能力约束）

$X_{31}+X_{32}+X_{33}\leqslant 300F_3$ （工厂 3 生产能力约束）

$X_{41}+X_{42}+X_{43}\leqslant 200F_4$ （工厂 4 生产能力约束）

$X_{51}+X_{52}+X_{53}\leqslant 400F_5$ （工厂 5 生产能力约束）

$X_{11}+X_{21}+X_{31}+X_{41}+X_{51}=Y_{11}+Y_{12}+Y_{13}+Y_{14}$

（分配中心 1 接收量与运出量均衡约束）

$X_{12}+X_{22}+X_{32}+X_{42}+X_{52}=Y_{21}+Y_{22}+Y_{23}+Y_{24}$

（分配中心 2 接收量与运出量均衡约束）

$X_{13}+X_{23}+X_{33}+X_{43}+X_{53}=Y_{31}+Y_{32}+Y_{33}+Y_{34}$

（分配中心 3 接收量与运出量均衡约束）

$Y_{11}+Y_{12}+Y_{13}+Y_{14}\leqslant 900D_1$ （分配中心 1 最大运出量约束）

$Y_{21}+Y_{22}+Y_{23}+Y_{24}\leqslant 900D_2$ （分配中心 2 最大运出量约束）

$Y_{31}+Y_{32}+Y_{33}+Y_{34}\leqslant 900D_3$ （分配中心 3 最大运出量约束）

$Y_{11}+Y_{21}+Y_{31}\geqslant 200$ （满足分销店 1 需求约束）

$Y_{12}+Y_{22}+Y_{32}\geqslant 300$ （满足分销店 2 需求约束）

$Y_{13}+Y_{23}+Y_{33}\geqslant 150$ （满足分销店 3 需求约束）

$Y_{14}+Y_{24}+Y_{34}\geqslant 250$ （满足分销店 4 需求约束）

$F_i=0$ 或 1 $(i=1,\cdots,5),D_i=0$ 或 1 $(i=1,2,3)$ （0-1 整数变量约束）

$X_{ij}\geqslant 0$ $(i=1,\cdots,5;j=1,2,3)$,

$Y_{ij}\geqslant 0$ $(i=1,2,3;j=1,\cdots,4)$ （非负约束）

上述问题的 Spreadsheet 见表 5.3.10。其求解步骤如下。

表 5.3.10　配送系统设计问题

	A	B	C	D	E	F	G	H	I	J	K	L
1	例 5.3.3　东方服装集团童衣分配系统设计											
2												
3	从工厂至分配中心的运输成本(元/箱)以及工厂的固定成本(元)											
4			分配中心									
5			1	2	3		固定成本					
6		1	500	900	1 100		35 000					
7		2	600	600	700		45 000					
8	工厂	3	700	700	500		40 000					
9		4	500	600	700		42 000					
10		5	700	600	500		40 000					
11												
12	从分配中心至分销店的运输成本(元/箱)以及分配中心的固定成本(元)											
13			分销店									
14			1	2	3	4	固定成本					
15		1	40	80	90	50	40 000					
16	分配中心	2	70	40	60	80	20 000					
17		3	80	30	50	60	60 000					
18												
19	从工厂运送至分配中心的童衣量(箱)											
20			分配中心									
21			1	2	3	从工厂运出量		逻辑生产能力(箱)	使用该工厂否?	生产能力(箱)		
22		1	300	0	0	300	<=	300	1	300		
23		2	0	0	0	0	<=	0	0	200		
24	工厂	3	0	0	300	300	<=	300	1	300		
25		4	0	0	0	0	<=	0	0	200		
26		5	0	0	300	300	<=	400	1	400		
27		分配中心接收量	300	0	600							
28			=	=	=							
29		分配中心运出量	300	0	600							
30												
31	从分配中心运送至分销店的童衣量(箱)											
32			分销店									
33			1	2	3	4	中心运出量		逻辑最大需求量(箱)	使用该分配中心否?	总需求量(箱)	
34		1	200	0	0	100	300	<=	900	1	900	
35	分配中心	2	0	0	0	0	0	<=	0	0	900	
36		3	0	300	150	150	600	<=	900	1	900	
37		分销店接收量	200	300	150	250						
38			>=	>=	>=	>=						
39		分销店需求量	200	300	150	250						
40												
41	总成本											
42	工厂至分配中心的运费		450 000									
43	分配中心至分销店的运费		38 500									
44	工厂的固定成本		115 000									
45	分配中心的固定成本		100 000									
46	总成本		703 500									
47												

第一步：输入已知数据

首先在 Excel 的工作表上输入已知数据：在单元格 C6：E10 中输入从五个工厂至三个分配中心的运输成本；在单元格 C15：F17 中输入从三个分配中心至四个分销店的运输成本；在单元格 G6：G10 中输入五个工厂的固定成本；在单元格 H15：H17 中输入三个分配中心的固定成本；在单元格 J22：J26 中输入五个工厂的生产能力；在单元格 C39：F39 中输入四个分销店的需求量。

第二步：建立 0-1 整数规划模型

在 Spreadsheet 上描述规划问题的决策变量、目标函数与约束条件。

本问题的决策变量包括：①从各生产厂运至各分配中心的产品数量，用单元格 C22：E26 表示；②反映使用或不使用各生产厂的 0-1 变量，用单元格 I22：I26 表示；③从各分配中心运至各分销店的产品数量，用单元格 C34：F36 表示；④反映使用或不使用各分配中心的 0-1 变量，用单元格 J34：J36 表示。

本问题的目标函数是总成本最小，用单元格 D46 表示总成本，它应等于工厂至分配中心的运输费用、分配中心至分销店的运输费用、所选中的工厂的固定成本与所选中的分配中心的固定成本之和，即在单元格 D46 中输入下述公式：

$$=\text{sumproduct}(C6:E10,C22:E26)+\text{sumproduct}(C15:F17,C34:F36)+$$
$$\text{sumproduct}(G6:G10,I22:I26)+\text{sumproduct}(H15:H17,J34:J36)$$

本问题共有六个约束条件。第一个约束是工厂生产能力约束，即各工厂运出的产品数量不得超过其实际生产能力。用单元格 F22 表示工厂 1 的运出量（约束条件左边），它等于从工厂 1 运至各分配中心的产量之和，即在单元格 F22 中输入下述公式：

$$=\text{sum}(C22:E22)$$

将上述公式复制到单元格 F23：F26，得到工厂 2 至工厂 5 的运出量。工厂 1 的运出量应不大于工厂 1 的逻辑生产能力，用单元格 H22 表示工厂 1 的逻辑生产能力（约束条件右边），它等于工厂 1 的生产能力与决定是否选择工厂 1 的 0-1 变量的乘积，即在单元格 H22 中输入下述公式：

$$=J22*I22$$

将上述公式复制到单元格 H23：H26，得到工厂 2 至工厂 5 的逻辑生产能力。各工厂的运出量均不得超过其逻辑生产能力。

第二个约束是分配中心的"零库存"约束，即各分配中心的接收量＝运出量。用单元格 C27 表示分配中心 1 的接收量，它等于从各工厂运入的产品数量之和，即在单元格 C27 中输入下述公式：

$$=\text{sum}(C22:C26)$$

将上述公式复制到单元格 D27：E27，得到分配中心 2 与分配中心 3 的接收量。用单元格 C29 表示分配中心 1 的运出量，它等于从分配中心 1 运至各分销店的产品数量之和，即在单元格 C29 中输入下述公式：

　　＝G34

在单元格 D29 中输入：＝G35，在单元格 E29 输入：＝G36，得到分配中心 2 与分配中心 3 的运出量。各分配中心的运出量也可以用前面介绍过的"transpose"命令得到，其步骤是：选择区域 C29：E29 并输入下述公式：

　　＝transpose(G34：G36)

然后选择 Ctrl＋Shift＋Enter 键，即可在单元格 C20：E29 中得到单元格 G34：G36 中向量的转置。

　　每个分配中心的总接收量应等于从该分配中心运出至各分销店的产品数量之和。

　　第三个约束是分配中心运出量约束，即各分配中心的运出量不得超过逻辑最大需求量。逻辑最大需求量等于最大总需求量与决定是否使用该分配中心的 0-1 变量之积，而最大总需求量等于所有分销店的需求量之和。用单元格 K34：K36 表示最大需求量，它等于所有分销店的需求量之和，在单元格 K34：K36 中分别输入下述公式：

　　＝sum(＄C＄39：＄F＄39)

用单元格 G34 表示分配中心 1 的运出量，它等于从分配中心 1 运至各分销店的产品数量。在单元格 G34 中输入下述公式：

　　＝sum(C34：F34)

将上述公式复制到单元格 G35：G36，得到分配中心 2 与分配中心 3 的运出量。用单元格 I34 表示分配中心 1 的逻辑最大需求量，它等于最大总需求量乘以决定是否使用分配中心 1 的 0-1 变量，即：

　　＝J34＊K34

将上述公式复制到单元格 I35：I36，得到分配中心 2 与分配中心 3 的逻辑最大需求量。各分配中心的运出量不得超过逻辑最大需求量。

　　第四个约束是满足需求约束，即各分销店的接收量应不小于其需求量。用单元格 C37 表示分销店 1 的接收量，它等于从各分配中心运至分销店 1 的产品数量之和，即：

　　＝sum(C34：C36)

将上述公式复制到单元格 D37：F37，得到分销店 2 至分销店 4 的接收量。各分销店的接收量均不得小于其需求量。各分销店的需求量如单元格 C39：F39 中的数字所示。

　　第五个约束条件是单元格 I22：I26 与单元格 J34：J36 中的决策变量必须为 0-1 变量；第六个约束是单元格 C22：E26 与单元格 C34：F36 中的决策变量必须非负。这两个约束将在下一步规划求解时输入。

　　第三步：在 Excel 规划求解功能中输入 0-1 整数约束并求解

　　在规划求解参数框中输入目标单元格（目标函数地址）、可变单元格（决策变量地址）和六个约束条件，其中第五个约束条件是 0-1 变量约束，只要在约束条件左边输入要求取 0 或 1 的决策变量的单元格地址（本题中为 I22：I26 与 J34：J36），然后选择"bin"。其规划求解参数框如图 5.3.6 所示。

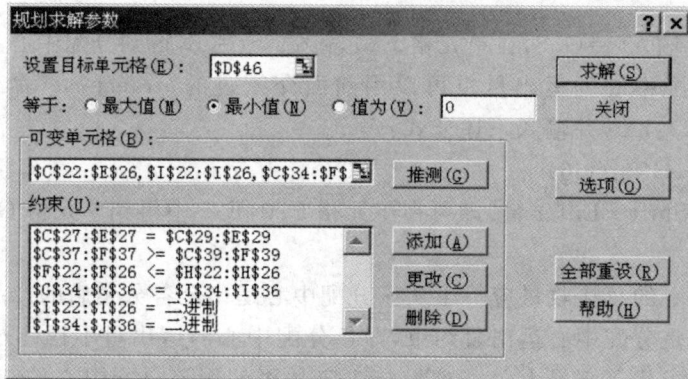

图 5.3.6　配送系统问题规划求解参数对话框

然后在规划求解选项参数框中选择"采用线性模型"和"假定非负"，最后在规划求解参数对话框中单击"求解"得到本问题的最优解。

从表 5.3.10 可见，本问题的最优解如表 5.3.11 和表 5.3.12 所示。

表 5.3.11　从各工厂运至各分配中心的产品产量　　　　　　　　箱

工　厂	分配中心 1	分配中心 2	分配中心 3
工厂 1	300	0	0
工厂 2	0	0	0
工厂 3	0	0	300
工厂 4	0	0	0
工厂 5	0	0	300

表 5.3.12　从各分配中心运至各分销店的产品产量　　　　　　　　箱

分配中心	分销店 1	分销店 2	分销店 3	分销店 4
分配中心 1	200	0	0	100
分配中心 2	0	0	0	0
分配中心 3	0	300	150	150

在最优解中，0-1 决策变量 $F_1=1$，$F_2=0$，$F_3=1$，$F_4=0$，$F_5=1$；$D_1=1$，$D_2=0$，$D_3=1$，说明使用第一、第三、第五个工厂，不使用第二、第四个工厂；使用第一、第三个分配中心，不使用第二个分配中心。从各工厂运至各分配中心的产品产量与从各分配中心运至各分销店的产品产量分别如表 5.3.11 与表 5.3.12 所示。这时，总成本最小，为703 500 元。

5.3.4　覆盖问题

覆盖问题是日常工作与生活中常常遇到的一个问题。给定一个集合 A,若要用另一个集合 B 中的某些元素去覆盖集合 A 中的所有元素,而且要求所用的集合 B 中的元素最少,这就是覆盖问题。例如,城市消防站系统需要研究覆盖问题,其中,集合 A 由城市中的各个小区组成,集合 B 由各消防站组成,若要求在离各小区 1 000 米处至少有一个消防站,问如何布局,使得在满足要求的前提下,所需设立的消防站最少。此外,还有交费站、商业系统布局等,均涉及覆盖问题。由于 0-1 变量可以表示"设立"或"不设立",所以覆盖问题可用 0-1 整数规划解决。下面以消防站的覆盖问题为例加以说明。

例 5.3.4　消防站的覆盖问题[①]

某城市的消防总部将全市划分为 11 个区,设有 4 个消防站。图 5.3.7 描述了各区域与消防站的位置,其中,A,B,C,D 表示消防站,1,2,3,4,…,11 表示区域。根据历史资料,各消防站均可在事先规定的时间内对所负责地区的火灾予以消灭,图中虚线表示各区由该虚线所连接的消防站负责时,可以及时灭火(没有虚线连接的消防站无法对该区及时灭火)。现在总部提出,在同样保证全市消防要求的前提下,是否可以减少消防站的数目?如果可以减少,应当关闭哪些消防站?

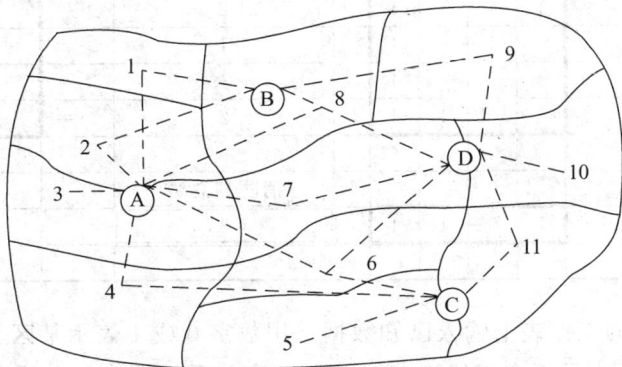

图 5.3.7　各区域与消防站的位置与连接

解：题中已给定了一个集合 A,由 11 个区组成;另一个集合 B,由四个消防站组成,现要求用集合 B 中尽可能少的元素去覆盖集合 A 中的所有元素。所以本问题的解应满足下述要求：

(1) 集合 A 中所有的元素均被集合 B 中的某些元素所覆盖,即所有区域均有可及时灭火的消防站与其相连接(图 5.3.7 中用虚线表示该种连接);

---

① 例 5.3.4 的题目参考胡运权主编《运筹学习题集》(p.31),本节介绍了对该题目运用 Spreadsheet 的新解法。

（2）在集合 B 中用来覆盖集合 A 的元素最少，即设立的消防站最少。

上述问题的 Spreadsheet 见表 5.3.13。其求解步骤如下。

第一步：输入已知数据

表 5.3.13　覆盖问题

	A	B	C	D	E	F	G	H		I	J
1	例 5.3.4　消防站的覆盖问题										
2											
3			消防站								
4	被覆盖的地区	A	B	C	D		可被多少个 消防站所覆盖			要求被多少个 消防站所覆盖	
5	1	1	1	0	0		1	>=		1	
6	2	1	1	0	0		1	>=		1	
7	3	1					1	>=		1	
8	4	1		1			2	>=		1	
9	5		1				1	>=		1	
10	6	1		1	1		3	>=		1	
11	7				1		2	>=		1	
12	8	1	1		1		2	>=		1	
13	9		1		1		1	>=		1	
14	10				1		1	>=		1	
15	11			1	1		2	>=		1	
16											
17							消防站总数				
18	是否使用该消防站？	1	0	1	1		3				
19											

首先在 Excel 的工作表上输入已知数据。用数字 0 或 1 表示某区与某消防站是否相连接（即在图 5.3.7 中是否有虚线连接），这种连接关系可用表示关系的值来描述：凡是相连接的，用"1"表示；无连接的则用"0"表示。在单元格 B5：E15 中输入从 11 个区至 4 个消防站的连接状况。例如，单元格 B6 表示区域 2 与消防站 A 的连接状况，由图 5.3.7 可知，区域 2 与消防站 A 之间有一条虚线连接，所以它们是相连接的，在 B6 中输入 1。

第二步：建立 0-1 整数规划模型

在 Spreadsheet 上描述规划问题的决策变量、目标函数与约束条件。

本问题的决策变量是：是否使用这些消防站。用"1"表示使用该消防站，用"0"表示关闭该消防站。在 Spreadsheet 上，用单元格 B18：E18 表示决策变量，它们分别代表消防站 A、B、C、D 的使用或关闭决策。

本问题的目标函数是所使用的消防站最少。用单元格 G18 表示使用的消防站总数。它等于决策变量中"1"的个数。所以,在单元格 G18 输入:

＝sum(B18:E18)

本问题共有两个约束条件。第一个约束是覆盖约束,即所有的区域均有消防站与其相连接。由于用"1"表示区域与消防站相连接,用"0"表示无连接关系,而且,只要区域与不少于一个的消防站相连接,就认为是覆盖了,所以,只要区域与所有投入使用的消防站的连接关系值之和不小于 1 就可以了。在单元格 G5 中输入下述公式:

＝sumproduct(B5:E5, $B$18:$E$18)

它表示区域 1 被多少个投入使用的消防站所覆盖。这里要注意的是,必须将现有的连接关系与消防站是否使用的决策变量相乘后再求和,这是因为即使现在区域 1 与消防站 A、B 均有连接关系,但是,如果消防站 A 和 B 关闭了,这种连接关系就不存在了。将上述公式复制到 G6:G15,得到覆盖每个区域的消防站个数。它们应不小于 1,即每个区域均有至少一个消防站与其连接。

第二个约束条件是单元格 B18:E18 中的决策变量必须为 0-1 变量。该约束将在下一步规划求解时输入。

第三步:在 Excel 规划求解功能中输入 0-1 整数约束并求解

在规划求解参数框中输入目标单元格(目标函数地址)、可变单元格(决策变量地址)和约束条件,其中第二个约束条件是 0-1 变量约束,只要在约束条件左边输入要求取 0 或 1 的决策变量的单元格地址(本题中为 B18:E18),然后选择"bin"。其规划求解参数框如图 5.3.8 所示。

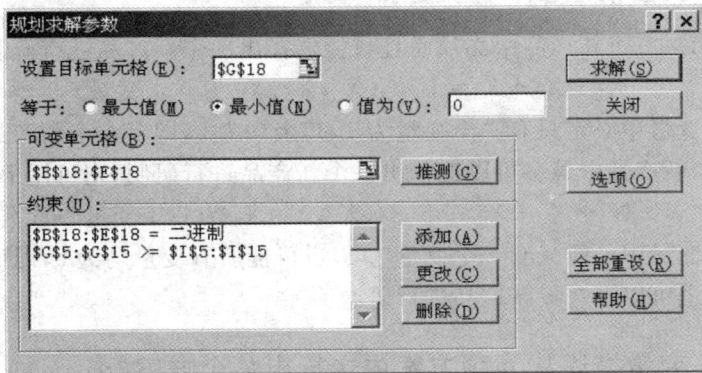

图 5.3.8　覆盖问题规划求解参数框

然后在规划求解选项参数框中选择"采用线性模型"和"假定非负",最后在规划求解参数对话框中单击"求解"得到本问题的最优解。

模型运行结果见表 5.3.13,从表 5.3.13 可知本问题的最优解如表 5.3.14 所示。

表 5.3.14 使用或关闭消防站的最优决策

	消防站 A	消防站 B	消防站 C	消防站 D
决策变量	1	0	1	1

上述结果说明，可在同样保证全市消防要求的前提下，减少消防站的数目。消防站 B 应当关闭。

5.3.5 多项方案的选择问题

在实际问题中，常常需要在多项方案中选择出若干方案，0-1 整数规划为此提供了一种十分有效的方法。其中，涉及如下问题：

（1）如何用 0-1 变量描述多项方案选择约束；

（2）如何用 0-1 变量描述从 n 项方案中选择出 k 个方案（$n > k$）；

（3）如何用 0-1 变量描述"选择方案 A"的必要条件是"选择方案 B"。

下面对上述问题逐个进行讨论。

假定某公司在研制新产品项目时，有三个新产品项目可以考虑，而最终只能从中选择一个或两个新产品进行研制。这就是多项方案的选择。可设：

X_1 为研制第一种新产品的决策变量，当 $X_1 = 1$，表示研制；当 $X_1 = 0$，表示不研制。

X_2 为研制第二种新产品的决策变量，当 $X_2 = 1$，表示研制；当 $X_2 = 0$，表示不研制。

X_3 为研制第三种新产品的决策变量，当 $X_3 = 1$，表示研制；当 $X_3 = 0$，表示不研制。

1. 用 0-1 变量描述多项方案选择约束

用下式表示从三个新产品中必须而且只能选择出一个新产品进行研制：

$$X_1 + X_2 + X_3 = 1 \quad (X_1, X_2, X_3 \text{ 为 0-1 变量})$$

这时，三个 0-1 变量中必定只有一个变量为 1，其余均为 0，即有一个新产品被选中。

如果从三个新产品中最多可以选择出一个新产品进行研制，则可用下式表示：

$$X_1 + X_2 + X_3 \leqslant 1 \quad (X_1, X_2, X_3 \text{ 为 0-1 变量})$$

这时，三个 0-1 变量中可能只有一个变量为 1，也可能所有变量均为 0，即可以选择一个新产品进行研制，也可以不选择新产品进行研制。

2. 用 0-1 变量描述从 n 项方案中选择出 k 个方案（$n > k$）

更具一般性地，如果要从 n 项方案中选择出 k 个方案（$n > k$），运用 0-1 变量也可以十分容易地描述这种情况。例如，如果从三个新产品中必须选择出其中两个进行研制，则可用下式描述。

$$X_1 + X_2 + X_3 = 2 \quad (X_1, X_2, X_3 \text{ 为 0-1 变量})$$

这时，三个 0-1 变量中必定有两个变量为 1，另一个变量为 0，即有两个新产品被选中。

如果从三个新产品中最多可以选择出两个新产品进行研制,则可用下式表示:

$$X_1 + X_2 + X_3 \leqslant 2 \quad (X_1, X_2, X_3 \text{ 为 0-1 变量})$$

这时,三个 0-1 变量中可能有两个变量为 1,也可能有一个变量为 1,还可能所有变量均为 0,即可以选择两个新产品进行研制,也可以选择一个新产品进行研制,还可以全部不选择。

3. 用 0-1 变量描述"选择方案 A"的必要条件是"选择方案 B"

有时候某个方案的选择条件是必须选择另一个方案,可以用 0-1 变量描述"选择方案 A"的必要条件是"选择方案 B"。例如,公司必须引进新设备,才能研制新产品。

设 X_1 表示是否选择"引进新设备";X_2 表示是否选择"研制新产品",约束条件是选择"研制新产品"的必要条件是选择"引进新设备",则可用下式描述这一约束条件:

$$X_2 \leqslant X_1 \quad (X_1, X_2 \text{ 为 0-1 变量})$$

这时,当 $X_1 = 1$ 时,$X_2 = 1$ 或 0,这说明只有当 $X_1 = 1$(引进新设备)时,才可能 $X_2 = 1$(研制新产品);当 $X_1 = 0$(不引进新设备)时,必有 $X_2 = 0$(不研制新产品)。

C HAPTER 6
第6章

非线性规划及其应用

在前面讨论的优化问题中,所涉及的规划问题的目标函数和约束条件都是线性的,但在许多较复杂的优化问题中,常常会遇到目标函数或约束条件为非线性的情况,这类规划问题就是非线性规划问题。由于非线性规划对于目标函数与约束条件几乎没有任何限制,所以在经济、管理与设计等领域的优化问题中得到了日益广泛的应用,并成为运筹学的重要分支。非线性规划的基本定理是库恩和塔克(Kuhn and Tucker)于1951年提出的,后来人们对非线性规划进行了多方面的研究,提出了各种算法。不过,目前关于非线性规划问题的求解方法都有其特定的适用范围,尚无适用于各种非线性规划问题的一般求解方法。

本章讨论非线性规划问题的建模、求解与应用,第6.1节介绍非线性规划的基本概念,第6.2节阐述运用 Spreadsheet 求解非线性规划问题的理论与方法,第6.3~6.7节讨论非线性规划在企业生产要素组合优化、生产计划优化、高峰时段的产品定价、人力资源优化、投资组合优化决策等方面的应用。

6.1 非线性规划的基本概念

6.1.1 什么是非线性规划

在规划问题中,如果其目标函数和约束条件中至少有一个是决策变量的非线性函数,则这类规划问题称为非线性规划(non-linear programming)问题。

下面用例 6.1.1 说明什么是非线性规划。

例 6.1.1 北海玩具厂生产计划问题

北海玩具厂生产一种玩具,设该玩具下月产量为 x(个),而且所有的产品均可销出。已知玩具 A 的单位产品利润随着销量的增加而减少,其规律是单位产品利润为 $100-0.5x$(元)。该玩具每月单位产品的原材料消耗量为 1 单位,对人工的需求量为 2 单位。已知该厂下月可提供的原材料为 200 单位,可提供的人工为 350 单位。问该厂下月应如何安排生产,才能使总利润最大?

解:设下月玩具的产量为 x(个),因此有

下月的利润为:$(100-0.5x)x = 100x - 0.5x^2$

下月玩具消耗的原材料为：x

下月玩具需要的人工为：$2x$

由此得到本问题的模型如下：

o.b. max $\qquad\qquad 100x - 0.5x^2$

s.t. $\qquad\qquad\qquad x \leqslant 200$

$\qquad\qquad\qquad\qquad 2x \leqslant 350$

$\qquad\qquad\qquad\qquad x \geqslant 0$

上述问题中，目标函数（利润）为决策变量（产量 x）的非线性函数，所以本规划问题为非线性规划问题。

一般地，非线性规划问题的标准形式如下：

o.b. min $\qquad\qquad f(x)$

s.t. $\qquad\qquad g_i(x) \geqslant 0 \qquad i = 1, 2, \cdots, m$

式中，决策变量向量 $x = (x_1, x_2, \cdots, x_n)^{\mathrm{T}}$ 是 n 维欧氏空间 En 中的向量；目标函数 $f(x)$、约束条件函数 $g_i(x)(i = 1, 2, \cdots, m)$ 中至少有一个是决策变量 x 的非线性函数。

6.1.2　非线性规划问题的解

在非线性规划问题中存在着整体最优解和局部最优解。例如，当目标函数曲线如图 6.1.1 所示时，从图中可见，在目标函数最大化问题中，由于 A 点和 C 点的值均大于其周围的点的值，所以 A 点和 C 点对应的解都是局部最优解，又由于 A 点的值大于 C 点的值，所以只有 A 点对应的解才可能是整体最优解。同理，在目标函数最小化问题中，B 点和 D 点对应的解均为局部最优解，而其中只有 B 点才可能是整体最优解。

非线性规划问题的求解通常要比线性规划问题复杂得多。非线性规划问题又可以分为无约束的非线性规划问题（即目标函数是决策变量的非线性函数，没有约束条件）和有约束的非线性规划问题，其中，有约束非线性规划问题要比无约束非线性规划问题的求解困难得多。通常的做法是：尽量将非线性规划问题化为线性规划问题，将有约束问题化为无约束问题。关于非线性规划问题的算法，目前常见的无约束非线性规划问题的算法有坐标轮换法、最速下降法、变度量（DFP）法等，常见的有约束非线性最优化问题有可行方向法、罚函数法、Frank-Wolfe 算法等。

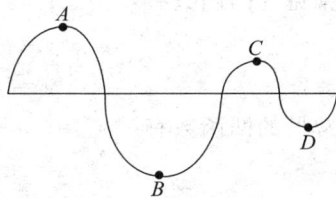

图 6.1.1　整体最优解与局部最优解

6.1.3　凸函数与凹函数

如前所述，非线性规划问题的解有局部最优解与整体最优解，所以，当求得一个最优解时，常常无法确定该解是否为整体最优解。不过，在某些情况下，可以保证所求得的最优解就是整体最优解。为描述这类非线性规划问题，首先要引入凸函数（convex function）与凹函数（concave function）的概念。

若一个变量的函数，其斜率在某区域中总是非减的，则该函数在该区域内为凸函数。其几何特征是，连接凸函数上任意两点的连线总是不可能落在该函数的下方，如图 6.1.2 所示。若一个变量的函数，其斜率在某区域中总是非增的，则该函数在该区域内为凹函数。其几何特征是，连接凹函数上任意两点的连线总是不可能落在该函数的上方，如图 6.1.3 所示。

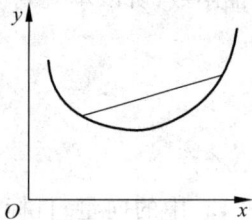

图 6.1.2　凸函数

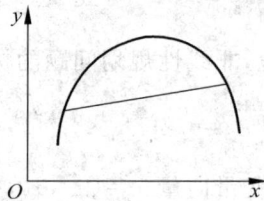

图 6.1.3　凹函数

当变量不止一个时，其函数的凸性的定义较为复杂。本节只给出有两个变量时的函数的凸性定义。

定义 6.1.1　若对于任意 $x_1, x_2, x_1 \neq x_2$ 及 $\lambda \in (0,1)$，都有

$$f(\lambda x_1 + (1-\lambda)x_2) \leqslant \lambda f(x_1) + (1-\lambda)f(x_2) \tag{6-1-1}$$

则称 $f(x)$ 为凸函数。若式（6-1-1）以严格不等式成立，则称 $f(x)$ 为严格凸函数。

如果函数 $f(x)$ 的负值（即 $-f(x)$）为（严格）凸函数，则 $f(x)$ 称为（严格）凹函数。

常见的凸函数有：

$$y = cx^a, \quad a \geqslant 1, c \geqslant 0, x \geqslant 0 \tag{6-1-2}$$

$$y = ce^x, \quad c \geqslant 0 \tag{6-1-3}$$

常见的凹函数有：

$$y = c\ln x, \quad c \geqslant 0, x > 0 \tag{6-1-4}$$

$$y = cx^a, \quad 0 \leqslant a \leqslant 1, c \geqslant 0, x \geqslant 0 \tag{6-1-5}$$

可以证明，凹函数之和也是凹函数；凸函数之和也是凸函数。

6.2　运用 Spreadsheet 的"规划求解"功能求解非线性规划问题

如前所述，非线性规划问题的求解通常要比线性规划问题复杂得多，现有的各种算法都较为烦琐。Spreadsheet 提供了一种求解非线性规划的有效方法。本节介绍运用 Spreadsheet 的"规划求解"功能求解非线性规划问题的方法。

毫无疑问，用 Spreadsheet "规划求解"功能能够正确求解线性规划问题，但在非线性

情况下,用 Spreadsheet"规划求解"功能是否也能正确求解呢?

仍以图 6.2.1 为例。在最大化问题中,图中的 A 点和 C 点值都比它们的邻近点大,所以它们都是局部最优点,但是其中只有 A 点才可能是整体最优点。在运用 Spreadsheet 的"规划求解"功能求解时,有可能将局部最优解误认为是整体最优解,这时,就不能得到正确的解。

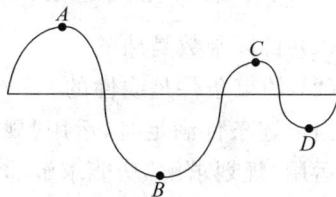
图 6.2.1　局部最优与整体最优

幸运的是,在不少情况下,非线性规划问题的局部最优解就是其整体最优解,这时用"规划求解"功能就能保证正确求解,而不必担心用"规划求解"功能求得的解是否只是局部最优解了。下面讨论"规划求解"功能正确求解的条件以及该条件不满足时的算法。

6.2.1　运用 Spreadsheet 的"规划求解"功能正确求解的条件

图 6.2.2 中的函数是一个凸函数,从图中可见,对凸函数而言,使得目标函数最小的局部最优解即为整体最优解(图中 S 点)。这就是说,在最小化问题中,当目标函数是决策变量的凸函数时,用"规划求解"功能求得的最优解就一定是整体最优解,所以这时用"规划求解"功能总是能正确求解。

图 6.2.3 中的函数是一个凹函数,从图中可见,对凹函数而言,使得目标函数最大的局部最优解即为整体最优解(图中 L 点)。这就是说,在最大化问题中,当目标函数是决策变量的凹函数时,用"规划求解"功能求得的最优解就一定是整体最优解,所以这时用"规划求解"功能也总是能正确求解。

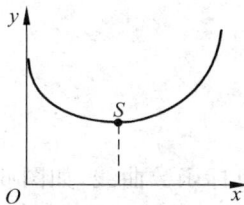
图 6.2.2　凸函数

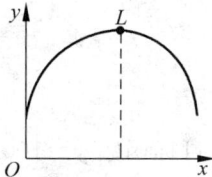
图 6.2.3　凹函数

一般地,运用 Spreadsheet 的"规划求解"功能正确求解非线性规划问题的条件如下:

1. 对于最大化问题,必须同时满足以下条件

(1) 目标函数是凹的,或目标函数的对数是凹的;

(2) 约束条件是线性的。

2．对于最小化问题必须同时满足以下条件

（1）目标函数是凸的；

（2）约束条件是线性的。

当上述条件满足时，运用"规划求解"功能总是能够正确求解。

运用"规划求解"功能求解非线性规划问题的具体步骤与求解线性规划问题的步骤相同，只是在"规划求解选项"对话框中，不选择"采用线性模型"，如图 6.2.4 所示。

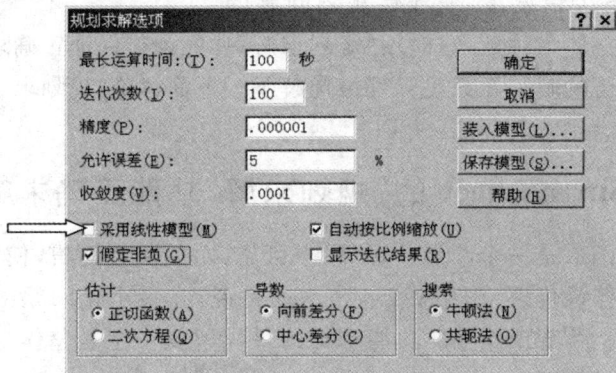

图 6.2.4　求解非线性规划问题的"规划；求解选项"对话框

下面运用"规划求解"功能来求解例 6.2.1 中的问题。

例 6.2.1　北海玩具厂生产计划问题（题目见上节例 6.1.1）

解：上节中已建立非线性规划模型如下：

$$\text{o. b. max} \qquad 100x - 0.5x^2$$

$$\text{s. t.} \qquad x \leqslant 200$$

$$2x \leqslant 350$$

$$x \geqslant 0$$

首先判断目标函数 $y = 100x - 0.5x^2$ 的凸性。作出目标函数曲线，如图 6.2.5 所示。

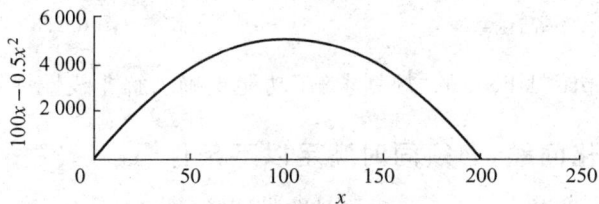

图 6.2.5　目标函数曲线图

从图 6.2.5 可见，在图中的曲线上的任意两点的连线总是不可能落在该函数的上方，

根据定义可知,该函数为凹函数。

也可根据定义判断该函数是否凹的。分别计算目标函数的一阶导数与二阶导数如下:

$$\frac{\mathrm{d}y}{\mathrm{d}x} = 100 - x$$

$$\frac{\mathrm{d}^2 y}{\mathrm{d}x^2} = -1 < 0$$

由上式可知,目标函数的斜率始终为减函数,所以该目标函数为凹函数。

综上所述,本问题的目标函数为决策变量的凹函数,而且本问题中所有约束条件均为决策变量的线性函数,因此本问题满足运用"规划求解"功能正确求解非线性规划问题的条件。可以运用"规划求解"功能求出本问题的最优解(如果有最优解存在的话)。

上述问题的 Spreadsheet 见表 6.2.1。其求解步骤如下。

第一步:输入已知数据

首先在 Excel 的工作表上输入已知数据。在单元格 D4:E4 中输入目标函数的系数,在单元格 D6:D7 中分别输入单位产品消耗的原材料和人工,在单元格 G6:G7 中分别输入原材料和人工的可提供量。

第二步:建立非线性规划模型

在 Spreadsheet 上描述规划的决策变量、目标函数与约束条件。

表 6.2.1　北海玩具厂生产计划优化模型

	A	B	C	D	E	F	G	H
1	例 6.2.1　北海玩具厂生产计划问题							
2								
3								
4		单位产品利润系数		100	0.5			
5					资源消耗量		资源可提供量	
6		单位产品消耗原材料		1	100	<=	200	
7		单位产品需要人工数		2	200	<=	350	
8								
9		下月计划生产量		100				
10								
11		下月总利润		5 000				
12								

本问题的决策变量是下月的计划生产量,在 Spreadsheet 上用单元格 D9 表示该决策变量。

本问题的目标函数是下月总利润最大。用单元格 D11 表示总利润。它等于单位产品的利润与产量的乘积,其中单位产品的利润等于 $100x - 0.5x^2$,所以,在单元格 D11 中输入：

$$= D4 * D9 - E4 * D9 * D9$$

本问题共有三个约束条件。第一个约束是原材料约束，即所消耗的原材料不得超过原材料的可提供量，用单元格 E6 表示该约束条件的左边，即所消耗的原材料，它应等于单位产品消耗的原材料与产量的乘积，所以在单元格 E6 中输入：

$$= D6 * \$D\$9$$

第二个约束是人工约束，即所需要的人工数不得超过可提供的人工数，用单元格 E7 表示该约束条件的左边，即所需要的人工，它应等于单位产品需要的人工数与产量的乘积，所以在单元格 E7 中输入：

$$= D7 * \$D\$9$$

第三个约束是非负约束，该约束将在下一步规划求解时输入。

第三步：利用"规划求解"功能求出非线性规划的最优解

在规划求解参数框中输入目标单元格（目标函数地址）、可变单元格（决策变量地址）和约束条件。其规划求解参数框如图 6.2.6 所示。

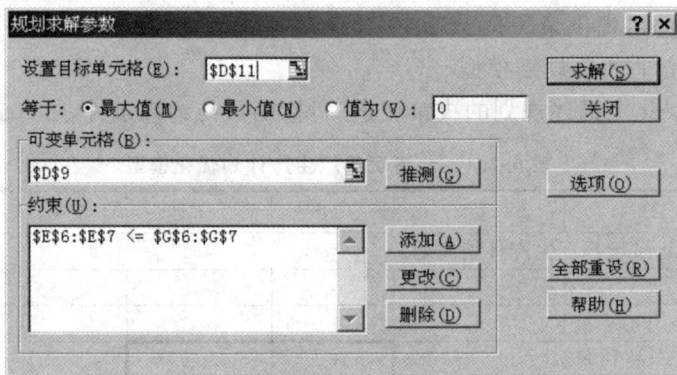

图 6.2.6　玩具厂生产计划非线性规划问题的规划求解参数框

然后在规划求解选项参数框中选择"假定非负"（注意：本问题是非线性规划问题，所以不选择"采用线性模型"），最后在规划求解参数对话框中单击"求解"得到本问题的最优解。

模型运行结果见表 6.2.1。从该表可知，本问题的最优解是：下月应生产 100 个玩具，这时，总利润最大，为 5 000 元。

6.2.2　当"规划求解"功能正确求解的条件不满足时的解法：初值试算法

从例 6.2.1 可见，当"规划求解"功能正确求解的条件满足时，用"规划求解"功能可以十分容易地求出非线性规划问题的解。但是,如果"规划求解"功能正确求解的条件不满足,则不能保证"规划求解"功能给出的解就是最优解。这时应如何处理呢? 通常可采用初值试算法加以解决。

在非线性规划问题中,不同的初始值可能得到不同的解。从图 6.2.7 中可以看出,如果初始值选在 M 点,则"规划求解"功能在搜索最大值的过程中,到达 A 点时,由于 A 点的值大于其附近的点的值,所以得到的解就是 A 点对应的解;如果初始值选在 N 点,则"规划求解"功能在搜索最大值的过程中,到达 C 点时,由于 C 点的值大于其附近的点的值,所以得到的解就是 C 点对应的解。将 A 点的值与 C 点的值进行比较,可知 C 点只是一个局部最优点,而不是整体最优点,而 A 点有可能是整体最优点。如果选择足够多的初始值进行

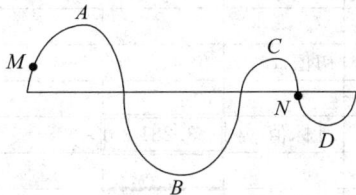

图 6.2.7 不同初值得到的最优解

试算,然后将它们的解进行比较,就可能找到整体最优解。

初值试算法的具体算法是将几个可能的值作为解的初始值,分别用"规划求解"功能求解,然后比较这些解,并在其中找出最优的作为问题的最优解。

例 6.2.2 用初值试算法解非线性规划问题

已知下列非线性规划问题:

max $(x-1)(x-2)(x-3)(x-4)(x-5)$

s. t. $x \geqslant 1, x \leqslant 5$

试用初值试算法求解。

解:作出目标函数曲线图如图 6.2.8 所示。

从图 6.2.8 或从目标函数表达式可知,该目标函数既不是凸函数也不是凹函数,所以无法确定是否可用"规划求解"功能正确求解。从图与目标函数可见,当 $x=1,2,3,4,5$ 时,目标函数的值为零。可在区间[1,2]、[2,3]、[3,4]、[4,5]内各取一个点作为决策变量的初始值,分别用"规划求解"功能求解,然后比较这些解,从中选出最优的解。其求解步骤如下。

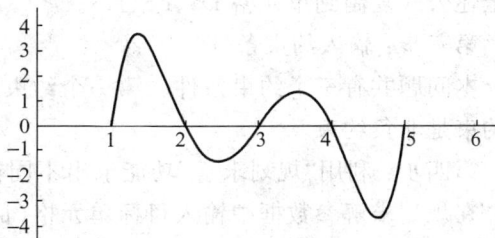

图 6.2.8 目标函数曲线图

第一步:选定决策变量单元格并赋予初值

首先在 Excel 的工作表上选定一个单元格作为决策变量。分别用单元格 B10、D10、F10、H10 表示同一个决策变量 x,只是在这些单元格中输入不同的初值。选择四个不同的初值 1.5、2.5、3.5、4.5,分别输入这四个单元格,见表 6.2.2。

表 6.2.2 用初值试算法解非线性规划问题（用"规划求解"功能优化前）

	A	B	C	D	E	F	G	H	I
1	例 6.2.2 用初值试算法解非线性规划问题								
2									
3	目标函数	$y=(x-1)(x-2)(x-3)(x-4)(x-5)$							
4									
5									
6	初值 x_0	1.5			2.5		3.5		4.5
7									
8	目标值 y	3.281 25			$-1.406\ 25$		1.406 25		$-3.281\ 25$
9									
10	决策变量 x	1.5			2.5		3.5		4.5
11		<=			<=		<=		<=
12		5			5		5		5
13		>=			>=		>=		>=
14		1			1		1		1
15									

第二步：计算目标函数值

分别用单元格 B8、D8、F8、H8 表示同一个目标函数 y，只是它们分别是四个不同的初值下的目标函数。由于目标函数值 $y=(x-1)(x-2)(x-3)(x-4)(x-5)$，所以在单元格 B8 中输入：

$$=(B10-1)*(B10-2)*(B10-3)*(B10-4)*(B10-5)$$

将上述公式复制到单元格 D8、F8、H8。

第三步：输入约束条件

本问题共有三个约束条件。第一个约束条件是 $x \geqslant 1$，第二个约束条件是 $x \leqslant 5$，第三个约束是非负约束。

第四步：利用"规划求解"功能求出不同初值下非线性规划的解

在规划求解参数框中输入目标单元格（目标函数地址）、可变单元格（决策变量地址）和约束条件。初值为 1.5 时的规划求解参数框如图 6.2.9 所示。

然后在规划求解选项参数框中选择"假定非负"（注意：本问题是非线性规划问题，所以不选择"采用线性模型"），最后在规划求解参数对话框中单击"求解"得到本问题的解。

用同样的方法分别求出初值为 2.5、3.5、4.5 时的解。例如当初值为 4.5 时的规划求解参数框如图 6.2.10 所示。

第五步：比较不同初始值下的解，得到本问题的最优解

模型运行结果见表 6.2.3。从该表可知，在不同初值下的解和相应的目标值如表 6.2.4 所示。

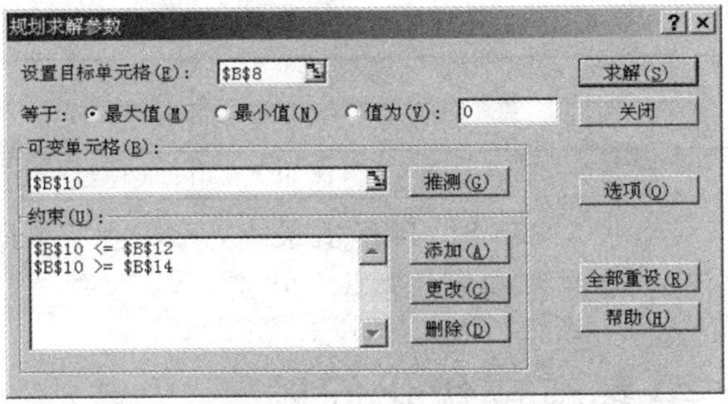

图 6.2.9 初值为 1.5 时的规划求解参数框

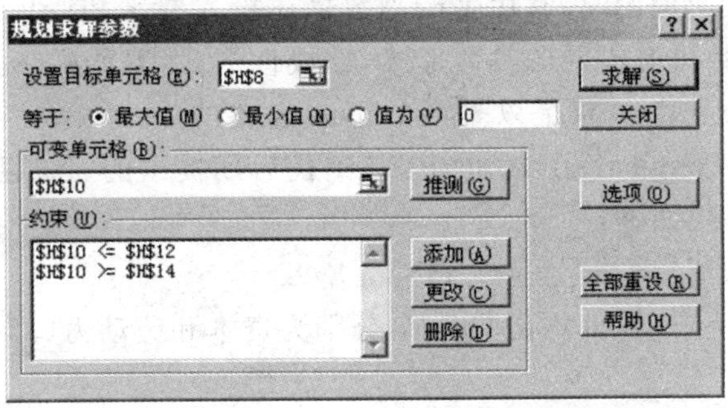

图 6.2.10 初值为 4.5 时的规划求解参数框

表 6.2.3 用初值试算法解非线性规划问题(运用"规划求解"功能优化后)

	A	B	C	D	E	F	G	H	I
1	例 6.2.2	用初值试算法解非线性规划问题							
2									
3	目标函数	$y=(x-1)(x-2)(x-3)(x-4)(x-5)$							
4									
5									
6	初值 x_0	1.5		2.5		3.5		4.5	
7									
8	目标值 y	3.631 432		1.418 697		1.418 697		1.418 697	
9									
10	决策变量 x	1.355 567		3.543 912		3.543 912		3.543 912	
11		<=		<=		<=		<=	
12		5		5		5		5	
13		>=		>=		>=		>=	
14		1		1		1		1	
15									

表 6.2.4　不同初值下的解和目标值比较

初　值	1.5	2.5	3.5	4.5
最优解	1.356	3.54	3.54	3.54
目标值	3.631 432	1.418 697	1.418 697	1.418 697

从表 6.2.4 可知，当 $x=1.356$ 时，目标值最大，所以它是本问题的最优解；而 $x=3.54$ 只是一个局部最优解，不是本问题的整体最优解。

6.3　企业生产要素组合优化问题

在研究企业的生产理论时，常用生产函数描述投入要素和产出之间的数量关系。根据不同情况，生产函数可有不同的具体形式，如线性形式、幂函数形式以及更复杂的函数形式。其中最常用的生产函数是以幂函数形式表述的生产函数，它是美国科学家科布（Cobb）和道格拉斯（Douglas）在 20 世纪 20 年代后期提出的。该函数具有很多优点，得到了广泛应用。其形式如下：

$$Q = \alpha K^{\beta} L^{\gamma} \qquad (6\text{-}3\text{-}1)$$

式（6-3-1）中，Q 为产量（即产出）；K、L 分别为资本和劳动力（即投入的生产要素）；α、β、γ 均为常数。

式（6-3-1）称为科布—道格拉斯生产函数（Cobb-Douglas production function）。

企业的各种生产决策中，一个重要问题就是生产要素组合决策。生产要素组合优化，就是确定投入的各种生产要素的比例与数量，以达到某个目标的最优化，例如使得总成本最小或总利润最大。而要决定应投入多少生产要素又必定涉及投入的生产要素与产出之间的关系，即生产函数关系。从式（6-3-1）的生产函数可见，该函数是决策变量（即投入的生产要素）的非线性函数，在进行优化时需要应用非线性规划。

下面用一个例子说明如何应用非线性规划进行企业生产要素组合优化。

例 6.3.1　安迅运输公司的生产要素组合优化问题[①]

安迅运输公司现拥有 700 辆货车和 2 200 名工人，在新的一年来临之际，它面临着以下决策问题：

（1）继续购买新货车还是卖掉部分旧货车；

（2）继续招工还是解雇部分工人；

（3）应购买多少燃料。

已知如下信息：

· 购买一辆新货车需 25 000 元，卖掉一辆旧货车可得 8 000 元，此外每辆货车的年维修费用为 1 000 元。

---

①　本题目参考 Wyne L. Winston et al，"Practical Management Science"，p. 273

- 每个工人的年薪是 30 000 元。此外雇用一个新工人需付费 1 000 元,而解雇一个工人需付 800 元。每辆车至少需要配备 3 名工人。
- 每辆货车最多行驶 100 000 公里,每公里消耗燃料 0.1 加仑,因此每辆货车年消耗燃料最多为 10 千加仑。每千加仑燃料的价格为 1 100 元。
- 将车辆数、工人数、燃料作为投入要素,将车公里数作为产出,据统计规律显示,该公司的生产函数基本符合科布—道格拉斯生产函数,其形式如下:

车公里数(千车公里) = $10.8 \times$ 车辆数(辆)$^{0.06} \times$ 工人数(人)$^{0.32} \times$ 燃料(千加仑)$^{0.56}$

$$(6\text{-}3\text{-}2)$$

- 公司下一年的预算为 80 000 000 元。公司决定,下一年总成本不得超过该预算值。此外,每车公里的利润为 0.5 元,即每"千车公里"的利润为 500 元。

问该公司应如何组合各生产要素,才能在不超出预算的条件下使得下一年的利润最大。

解:首先运用 Spreadsheet 描述本问题,然后计算各投入要素的成本与利润,最后运用"规划求解"功能求解。本问题的 Spreadsheet 如表 6.3.1 所示。其求解步骤如下:

第一步:输入已知数据

首先在 Excel 的工作表上输入已知数据。在单元格 B10:E10 中输入生产函数中的参数,在单元格 B12:B14、B18:D18、B21:D21、B23、F28、D44、D46 中输入其他已知数据,见表 6.3.1。

第二步:确定决策变量

公司面临着购买或卖出车辆、雇用工人或解雇工人、每辆车需配备多少燃料三项决策,用单元格 B26:F26 分别表示以下决策变量:购买车辆数、卖出车辆数、新雇用工人数、解雇工人数、每辆车配给燃料量。

第三步:计算目标函数值

本问题的目标函数是总利润最大。

总利润 = 每千车公里利润 × 车公里数　　　　(6-3-3)

用单元格 B48 表示总利润,单元格 B46 表示车公里数。在单元格 B48 中输入:

=D46 * B46

式(6-3-3)中的车公里数可用式(6-3-2)中的生产函数计算:

车公里数(千车公里) = $10.8 \times$ 车辆数(辆)$^{0.06} \times$ 工人数(人)$^{0.32} \times$ 燃料(千加仑)$^{0.56}$

其中车辆数、工人数、消耗燃料量分别用单元格 B31:D31 表示。它们的计算公式如下:

车辆数=已拥有车辆数+新购车辆数-卖出车辆数,即在单元格 B31 中输入:

=B12+B26-C26

工人数=已拥有工人数+新雇用工人数-解雇工人数,即在单元格 C31 中输入:

=B13+D26-E26

消耗燃料量=每辆车配给燃料量 * 车辆数。即在单元格 D31 中输入:

=F26 * B31

表 6.3.1　安迅运输公司生产要素组合优化模型

	A	B	C	D	E	F	G
1	例 6.3.1　安迅运输公司的生产要素组合优化问题						
2							
3							
4	车公里数(千车公里)＝10.8×车辆数$^{0.06}$×工人数$^{0.32}$×燃料$^{0.56}$						
5							
6							
7							
8	生产函数参数						
9		a	b	c	d		
10		10.8	0.06	0.32	0.56		
11							
12	已拥有车辆数	700					
13	已雇用工人数	2 200					
14	每辆车至少需要工人数	3					
15							
16	单位成本						
17	车辆(元/辆)	购买成本	卖出价格	维修成本			
18		25 000	8 000	1 000			
19							
20	成本(元/人)	雇用新工人成本	解雇成本	年薪			
21		1 000	800	30 000			
22							
23	燃料(元/千加仑)	1 100					
24							
25	决策变量	购买车辆数(辆)	卖出车辆数(辆)	新雇用工人数(人)	解雇工人数(人)	每辆车配给燃料量(千加仑)	
26		66.92	0	100.77	0	10.000	
27						＜＝	
28					每辆车最大配给燃料量	10	
29	生产函数输入						
30		车辆数(辆)	工人数(人)	燃料(千加仑)			
31		766.92	2 300.77	7 669.23			
32			＞＝				
33		需要工人数(人)	2 300.77				
34							
35	费用(元)						
36	车辆	购买新车费用(元)	卖出车辆收入(元)	维修费用(元)			
37		1 673 076.92	0.00	766 923.08			
38							
39	工人	雇用新工人费用(元)	解雇工人费用(元)	工资(元)			
40		100 769.23	0	69 023 076.9			
41							
42	燃料	8 436 153.843					
43							
44	总费用(元)	80 000 000.0	＜＝	80 000 000			
45				每千车公里利润(元/千公里)			
46	车公里数(千车公里)	28 692.56		500			
47							
48	总利润(元)	14 346 278.55					
49							

因此,在表示车公里数的单元格 B46 中输入以下公式:

＝B10 ＊ B31 ^ C10 ＊ C31 ^ D10 ＊ D31 ^ E10

第四步:输入约束条件

根据题意,本问题共有四个约束条件。

第一个约束是工人数约束,即每辆车配备的工人数不得少于 3 人。工人总数用单元格 C31 表示,若用单元格 C33 表示需要的最少工人数,则有以下约束:

工人总数(单元格 C31)≥需要的最少工人数(单元格 C33)

而需要的最少工人数(单元格 C33)应等于每辆车至少需要的工人数(3 人/辆)与车辆总数的乘积。即在单元格 C33 中输入:

＝B14 ＊ B31

第二个约束是燃料约束,即每辆车配给的燃料不得超过 10 千加仑。

第三个约束是预算约束,即总费用不得超过给定的预算。用单元格 B44 表示总费用,而总费用＝购买车辆费用＋车辆维修费用＋雇用新工人费用＋解雇工人费用＋工资＋燃料费用－卖出车辆费用,即在单元格 B44 中输入:

＝sum(B37,D37,B40:D40,B42)－C37

上式中各部分费用的计算公式如下。

购买车辆费用(单元格 B37)＝购买单位车辆成本 ＊ 购买的车辆数,因此在单元格 B37 中输入:

＝B18 ＊ B26

车辆维修费用(单元格 D37)＝单位车辆维修成本 ＊ 车辆数,因此在单元格 D37 中输入:

＝D18 ＊ B31

雇用新工人费用(单元格 B40)＝雇用一个新工人的成本 ＊ 雇用的新工人数,因此在单元格 B40 中输入:

＝B21 ＊ D26

解雇工人费用(单元格 C40)＝解雇一个工人的费用 ＊ 解雇的工人数,因此在单元格 C40 中输入:

＝C21 ＊ E26

工资(单元格 D40)＝每个工人的工资 ＊ 工人数,因此在单元格 D40 中输入:

＝D21 ＊ C31

燃料费用(单元格 B42)＝每千加仑燃料的成本 ＊ 消耗燃料量,因此在单元格 D42 中输入:

＝B23 ＊ D31

卖出车辆收入(单元格 C37)＝卖出单位车辆的收入 ＊ 卖出的车辆数,因此在单元格 C37 中输入:

＝C18 ＊ C26

用以上公式计算得到的总费用（单元格 B44）不得超过预算（单元格 D44）。

第四个约束是非负约束。

第五步：利用"规划求解"功能求出非线性规划的解

在规划求解参数框中输入目标单元格（目标函数地址）、可变单元格（决策变量地址）和约束条件。其规划求解参数框如图 6.3.1 所示。

然后在规划求解选项参数框中选择"假定非负"（注意：本问题是非线性规划问题，所以不选择"采用线性模型"），最后在规划求解参数对话框中单击"求解"得到本问题的解。

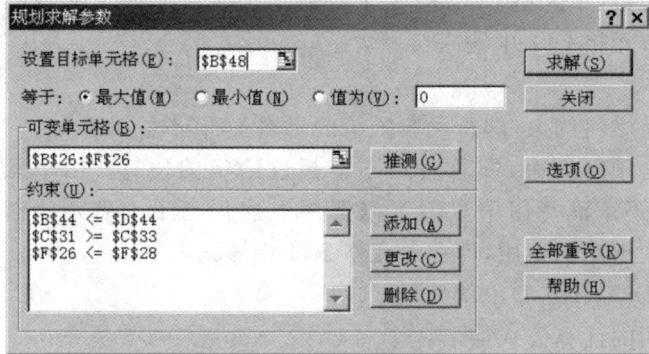

图 6.3.1　规划求解参数对话框

第六步：判断用"规划求解"功能求出的解是否本问题的最优解

本问题为最大化问题，其目标函数为总利润最大。由式（6-3-2）和式（6-3-3）可知，总利润的对数是若干个形式为 $c\ln x (c \geqslant 0, x > 0)$ 的函数之和。由式（6-1-4）可知，以下函数是凹函数：

$$y = c\ln x, \quad c \geqslant 0, x > 0$$

可见本问题的目标函数的对数是若干个凹函数之和，它也是一个凹函数。此外，本问题的约束条件均为线性不等式，所以本问题满足运用"规划求解"功能正确求解非线性规划问题的条件，所求得的解是整体最优解。

求解结果见表 6.3.1。由表可知本问题的最优解是：购买车辆：约 67 辆；卖出车辆：0；新雇用工人：约 101 人；解雇工人：0；每辆车配备燃料：10 千加仑。

这时，总利润最大，为 14 346 278.55 元。

6.4　生产计划优化问题

在进行生产计划时，为达到某个目标（如费用最小或利润最大等），常常需要计算不同生产决策下的总费用、总利润等，而总费用、总利润又往往是决策变量（例如产量）的非线性函数。所以，生产计划优化问题往往涉及非线性规划问题。本节通过例 6.4.1 说明非线性规划模型在生产计划优化中的应用。

例 6.4.1　长风机器厂生产计划优化问题[①]

长风机器厂向用户提供发动机,按合同规定,其交货数量和日期是:第一季度交货 40 台,第二季度交货 60 台,第三季度交货 80 台。工厂的最大生产能力为每季度 100 台,每季度的生产费用 $f(x)$ 是该季度生产的发动机数量 x 的非线性函数,其形式为:$f(x) = 50x + 0.2x^2$。若某季度生产的发动机有多余,可以在仓库中贮存到下一季度再向用户交货,每台发动机每季度在仓库的存贮费为 4 元。假定第一季度开始时发动机无存货。问该厂应如何安排这三个季度的生产,才能既满足交货合同,又使得总费用最小?

解:本问题的 Spreadsheet 如表 6.4.1 所示。其求解步骤如下。

第一步:输入已知数据

首先在 Excel 的工作表上输入已知数据。在单元格 B6:C6 中输入生产费用函数中的参数,在单元格 F6:G6 中分别输入每季度的存贮成本和生产能力,在单元格 B14:D14 中输入各季度要求的交货量,见表 6.4.1。

表 6.4.1　长风机器厂生产计划优化模型

	A	B	C	D	E	F	G	H
1	例 6.4.1　长风机器厂生产计划优化问题							
2								
3								
4								
5		a	b			存储成本	生产能力	
6	生产费用参数	50	0.2			4	100	
7								
8								
9	决策变量	第一季度产量/台	第二季度产量/台	第三季度产量/台				
10		50	60	70				
11		<=	<=	<=				
12	生产能力	100	100	100				
13								
14	要求交货量	40	60	80				
15								
16								
17		第一季度	第二季度	第三季度				
18	各季度末拥有发动机	50	70	80				

① 例 6.4.1 的题目参考胡运权著《运筹学习题集》(p.42),本节介绍了对该题目运用 Spreadsheet 的新解法。

	A	B	C	D	E	F	G	H
19	各季度多余的发动机	10	10	0				
20		>=	>=	>=				
21		0	0	0				
22	费用计算：							
23	各季度存储费用	40	40	0				
24	存储总费用	80						
25								
26	各季度生产费用	3 000	3 720	4 480				
27	生产总费用	11 200						
28								
29	总费用	11 280						
30								

第二步：确定决策变量

据题意，本问题的决策变量是 3 个季度生产的发动机数量，设第一、第二、第三季度生产的发动机数量分别为 x_1,x_2,x_3（台）。用单元格 B10:D10 表示决策变量。

第三步：计算目标函数值

（1）总费用

本问题的目标函数是总费用最小。用单元格 B29、B27、B24 分别表示总费用、生产总费用和存贮总费用。总费用＝生产总费用＋存贮总费用。即在表示总费用的单元格 B29 中输入：

＝B27＋B24

（2）生产费用

生产费用 $f(x)$ 与产量 x 的关系为 $f(x)=50x+0.2x^2$。用单元格 B26:D26 分别表示 3 个季度的生产费用。将第一季度的产量代入，得到第一季度的生产费用，即在单元格 B26 中输入：

＝＄B＄6＊B10＋＄C＄6＊B10^2

将上述公式复制到单元格 C26 与单元格 D26 中，得到第二、第三季度的生产费用。

生产总费用等于 3 个季度的生产费用之和，即在表示生产总费用的单元格 B27 中输入：

＝sum(B26:D26)

（3）存贮费用

存贮费用等于存贮单位产品的存贮成本（单元格 F6）与存贮数量的乘积。用单元格 B19:D19 分别表示 3 个季度交货后剩余的发动机，也就是需要存贮的发动机。3 个季度的发动机存贮数量如下：

第一季度发动机存贮数量＝（第一季度产量）－（第一季度交货量），所以在单元格
B19 中输入：

＝B10－B14

第二季度发动机存贮数量＝（第一季度剩余量）＋（第二季度产量）－（第二季度交货
量），所以在单元格 C19 中输入：

＝B19＋C10－C14

第三季度发动机存贮数量＝（第二季度剩余量）＋（第三季度产量）－（第三季度交货
量），所以在单元格 D19 中输入：

＝C19＋D10－D14

用单元格 B23：D23 分别表示各季度的存贮费用。第一个季度的存贮费用等于单位
产品的存贮成本乘以第一季度的存贮量，即在单元格 B23 中输入：

＝＄F＄6＊B19

将上述公式复制至单元格 C23：D23，得到第二、第三季度的存贮费用。总存贮费用
为 3 个季度的存贮费用之和，即在表示存贮总费用的单元格 B24 中输入：

＝sum(B23：D23)

第四步：输入约束条件公式

根据题意，本问题共有 3 个约束条件。

第一个约束是生产能力约束，即各季度的产量不得超过其生产能力。该约束条件的
左边是各季度的产量，即本问题的决策变量。约束条件的右边是已知的生产能力。

第二个约束是满足合同要求约束，即各季度应按合同规定的交货量交货。也就是说，
各季度拥有的发动机量与合同要求的交货量之差应该不小于零。该约束的左边是各季度
交货后的多余量（用单元格 B19：D19 表示），这些量均应不小于零。

第三个约束是非负约束。

模型的公式如表 6.4.2 所示。

表 6.4.2 长风机器厂生产计划优化模型的公式

	A	B	C	D	E	F	G	H
1	例 6.4.1 长风机器厂生产计划优化问题							
2								
3								
4								
5		a	b			存储成本	生产能力	
6	生产费用参数	50	0.2			4	100	
7								
8								

续表

	A	B	C	D	E	F	G	H
9	决策变量	第一季度产量/台	第二季度产量/台	第三季度产量/台				
10		50	60	70				
11		<=	<=	<=				
12	生产能力	＝＄G＄6	＝＄G＄6	＝＄G＄6				
13								
14	要求交货量	40	60	80				
15								
16								
17		第一季度	第二季度	第三季度				
18	各季度末拥有发动机	＝B10	＝B19＋C10	＝C19＋D10				
19	各季度多余的发动机	＝B10－B14	＝C18－C14	＝D18－D14				
20		>=	>=	>=				
21		0	0	0				
22	费用计算：							
23	各季度存储费用	＝B19＊＄F＄6	＝C19＊＄F＄6	＝D19＊＄F＄6				
24	存储总费用	＝sum(B23：D23)						
25								
26	各季度生产费用	＝＄B＄6＊B10＋＄C＄6＊B10＾2	＝＄B＄6＊C10＋＄C＄6＊C10＾2	＝＄B＄6＊D10＋＄C＄6＊D10＾2				
27	生产总费用	＝sum(B26：D26)						
28								
29	总费用	＝B24＋B27						
30								

第五步：利用"规划求解"功能求出非线性规划的解

在规划求解参数框中输入目标单元格（目标函数地址）、可变单元格（决策变量地址）和约束条件。其规划求解参数框如图 6.4.1 所示。

然后在规划求解选项参数框中选择"假定非负"（注意：本问题是非线性规划问题，所以不选择"采用线性模型"），最后在规划求解参数对话框中单击"求解"得到本问题的解。

第六步：判断用"规划求解"功能求出的解是否本问题的最优解

本问题的目标函数是总费用最小。总费用的计算公式如下：

$$总费用＝生产费用＋存贮费用$$

上式中，生产费用 $f(x)$ 与产量 x 的关系为 $f(x)＝50x＋0.2x^2$，总生产费用等于三个

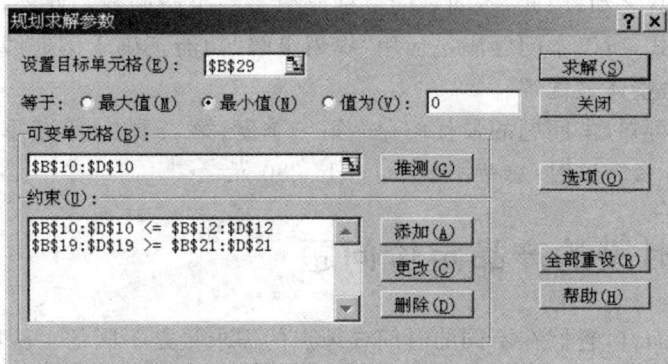

图 6.4.1　规划求解参数对话框

季度的生产费用之和,即:
$$f(x) = (50x_1 + 0.2x_1^2) + (50x_2 + 0.2x_2^2) + (50x_3 + 0.2x_3^2)$$

存贮费用等于单位产品存贮成本与存贮量的乘积。3 个季度的发动机存贮数量如下:

第一季度发动机存贮量(即剩余量)=(第一季度产量)-(第一季度交货量)
$$= x_1 - 40$$

第二季度发动机存贮量(即剩余量)=(第一季度剩余量)+(第二季度产量)-
$$(第二季度交货量)$$
$$= x_1 - 40 + x_2 - 60$$
$$= x_1 + x_2 - 100$$

由于第三季度已完成合同,所以第三季度不应有剩余的发动机,即第三季度存贮数量=0,又已知单位产品每个季度的存贮成本为 4 元,所以,

3 个季度的总存贮费用=4×(x_1-40+x_1+x_2-100+0)=8x_1+4x_2-560

于是得到:

总费用= 生产费用 + 存贮费用
$$= (50x_1 + 0.2x_1^2) + (50x_2 + 0.2x_2^2) + (50x_3 + 0.2x_3^2) + (8x_1 + 4x_2 - 560)$$
$$= 58x_1 + 0.2x_1^2 + 54x_2 + 0.2x_2^2 + 50x_3 + 0.2x_3^2 - 560$$

本问题的目标函数是:

$$\text{min} \qquad 58x_1 + 0.2x_1^2 + 54x_2 + 0.2x_2^2 + 50x_3 + 0.2x_3^2 - 560 \qquad (6\text{-}4\text{-}1)$$

本问题为最小化问题,其目标函数是总费用最小。由式(6-4-1)可知,总费用是决策变量的幂函数。由式(6-1-2)可知,以下幂函数是凸函数:

$$y = cx^a, \quad a \geqslant 1, c \geqslant 0, x \geqslant 0$$

可见式(6-4-1)中的第二、四、六项是凸函数;而第一、三、五项是决策变量的线性函数,其斜率在自变量范围内总是非减的,所以也可以看作凸函数。因此,本问题的目标函

数是若干个凸函数之和,因此,本问题的目标函数是一个凸函数。此外,本问题的约束条件均为线性不等式,所以本问题满足运用"规划求解"功能正确求解非线性规划问题的条件,所求得的解是整体最优解。

由表 6.4.1 可知,本问题的最优解是：第一季度、第二季度、第三季度的发动机产量分别为 50、60、70 台。这时,总费用最小,为 11 280 元。

6.5　高峰时段的产品定价问题

对某些产品而言,它们在不同的时间或地点的需求量是不同的。例如,高峰时段的用电量往往会大大超过非高峰时段的用电量;节假日的国际长途电话远远超过平时的数量;旅游季节的客运流量通常比平时高出若干倍。这时,若对不同时间段的产品确定不同的价格,就可能起到调节与控制的作用。例如在旅游旺季的机票价格定得较高,在非旅游旺季的机票价格定得较低,那么,有些旅游者就愿意尽量在平时出游以降低费用,这样,就可以减少拥挤,更好地满足需求。所以,对这类产品的定价问题是十分重要的。

下面通过例 6.5.1 说明非线性规划在产品定价中的应用。

例 6.5.1　远东发电厂高峰时段电价优化问题

远东发电厂多年来一直存在着高峰时段电量供不应求、非高峰时段电量过剩的问题。为解决这个问题,厂方决定重新调整其发电功率,同时对高峰时段与非高峰时段的用电分别给予不同的价格。据调查,高峰时段与非高峰时段的电量需求随着该两个时段的电价而变化,其变化规律如式(6-5-1)与式(6-5-2)的需求函数所示。

$$D_{高峰} = 130 - 36P_{高峰} + 8P_{非高峰} \tag{6-5-1}$$

$$D_{非高峰} = 80 + 6P_{高峰} - 78P_{非高峰} \tag{6-5-2}$$

式中,$D_{高峰}$、$D_{非高峰}$ 分别为高峰与非高峰时段的用电需求量,单位为千瓦时;

$P_{高峰}$、$P_{非高峰}$ 分别为高峰与非高峰时段的电价,单位为元/千瓦时。

已知维持发电功率为 1 千瓦的日发电成本为 0.45 元。为达到最大日利润,问：

(1) 该厂应如何确定其发电功率?

(2) 该厂应如何确定高峰与非高峰时段的电价?

解：从式(6-5-1)与式(6-5-2)可见,当高峰时段的价格 $P_{高峰}$ 上升时,高峰时段的需求量减少,而非高峰时段的需求量增加。这说明由于高峰时段的价格很高,一些消费者为了节省费用,尽量将用电时间选在非高峰时段了。同样,当非高峰时段的价格 $P_{非高峰}$ 上升时,非高峰时段的需求量减少,而高峰时段的需求量增加。这说明由于非高峰时段的价格上升,与高峰时段的价格接近了,一些消费者不再考虑将用电时间选在非高峰时段了。可见调整两个时段的电价,对用电量具有调节作用。本问题就是要找到一个合理的价格。

本问题的 Spreadsheet 如表 6.5.1 所示。其求解步骤如下。

表 6.5.1 远东发电厂高峰时段电价优化模型

	A	B	C	D	E
1	例 6.5.1 远东发电厂高峰时段电价优化问题				
2					
3	需求函数系数				
4		常数	系数 1	系数 2	
5	高峰时段	130	—36	8	
6	非高峰时段	80	6	—78	
7					
8	维持功率为 1 千瓦的日发电成本	0.45			
9					
10	决策变量				
11		高峰时段价格（元/千瓦时）	非高峰时段价格（元/千瓦时）	发电功率（千瓦）	
12		2.16	0.68	57.58	
13					
14	约束条件				
15		需求量		发电能力	
16	高峰时段	57.58	<=	57.58	
17	非高峰时段	39.64	<=	57.58	
18					
19	目标函数				
20	发电总成本	25.91			
21	收益	151.69			
22	利润	125.78			
23					

第一步：输入已知数据

首先在 Excel 的工作表上输入已知数据。在单元格 B5:D6 中输入需求函数中的参数，在单元格 B8 中输入发电成本。

第二步：确定决策变量

据题意，本问题的决策变量有三个。第一个决策变量是高峰时段的电价，第二个决策变量是非高峰时段的电价，第三个决策变量是该厂的发电功率。这三个决策变量分别用单元格 B12:D12 表示。

第三步：输入目标函数公式

本问题的目标函数是总利润最大。设单元格 B20、B21、B22 分别表示发电的总成本、总收益和总利润。其中，总成本等于每千瓦的日发电成本（单元格 B8）与发电功率（单元格 D12）的乘积，所以在单元格 B20 中输入：

＝B8 * D12

总收益等于高峰时段收益与非高峰时段收益之和，而高峰时段收益等于高峰时段价格（单元格 B12）乘以高峰时段的需求量（单元格 B16），非高峰时段收益等于非高峰时段价格（单元格 C12）乘以非高峰时段的需求量（单元格 B17）。用单元格 B21 表示总收益，在该单元格中输入：

　　＝B12＊B16＋C12＊B17

上式中，单元格 B16 和 B17 分别为高峰时段和非高峰时段的需求量，它们分别用式(6-5-1)和式(6-5-2)计算，即：

$$D_{高峰} = 130 - 36P_{高峰} + 8P_{非高峰}$$
$$D_{非高峰} = 80 + 6P_{高峰} - 78P_{非高峰}$$

因此，在单元格 B16 中输入：

　　＝B5＋C5＊$B$12＋D5＊$C$12

得到高峰时段的需求量，然后将上述公式复制到单元格 B17，得到非高峰时段的需求量。

总利润等于总收益与总成本之差，所以在单元格 B22 中输入：

　　＝B21－B20

第四步：输入约束条件公式

根据题意，本问题共有两个约束条件。

第一个约束是发电能力约束，即无论高峰时段还是非高峰时段的用电需求量均不得超过发电能力（功率）。发电能力是一个决策变量（该决策变量用单元格 D12 表示），用单元格 D16 与 D17 分别表示高峰时段与非高峰时段的发电能力（两者实际上是相等的），在单元格 D16 与 D17 中均输入：

　　＝D12

由于无论高峰时段还是非高峰时段的用电需求量均不得超过其发电能力（功率），因此有：

　　B16≤D16 与 B17≤D17

第二个约束是非负约束。

第五步：利用"规划求解"功能求出非线性规划的解

在规划求解参数框中输入目标单元格（目标函数地址）、可变单元格（决策变量地址）和约束条件。其规划求解参数框如图 6.5.1 所示。

然后在规划求解选项参数框中选择"假定非负"（注意：本问题是非线性规划问题，所以不选择"采用线性模型"），最

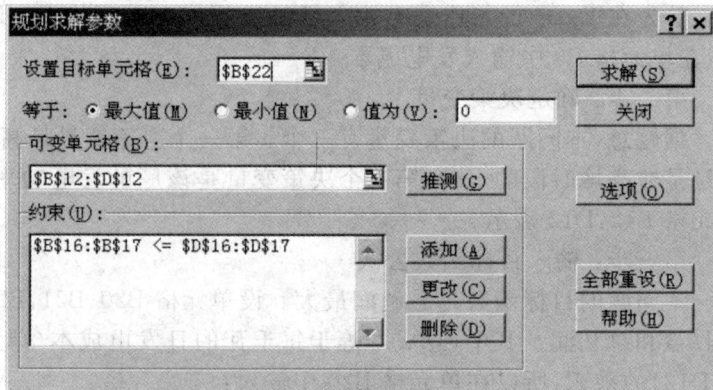

图 6.5.1　规划求解参数对话框

后在规划求解参数对话框中单击"求解"得到本问题的解。

第六步：判断用"规划求解"功能求出的解是否本问题的最优解

本问题的目标函数是总利润最大。总利润的计算公式如下：

总利润＝ 总收益 － 总成本

＝（高峰时段收益）＋（非高峰时段收益）－（发电总成本）

＝（高峰时段电价 ＊ 高峰时段用电需求量）＋

（非高峰时段电价 ＊ 非高峰时段用电需求量）－

（单位成本 ＊ 发电能力）

$$= P_{高峰} * D_{高峰} + P_{非高峰} * D_{非高峰} - 0.45 * C_{发电能力}$$

$$= P_{高峰} * (130 - 36P_{高峰} + 8P_{非高峰}) + P_{非高峰} * (80 + 6P_{高峰} - 78P_{非高峰}) -$$

$$0.45 * C_{发电能力}$$

$$= -36P_{高峰}^2 - 78P_{非高峰}^2 + 14P_{高峰} * P_{非高峰} +$$

$$130P_{高峰} + 80P_{非高峰} - 0.45 * C_{发电能力} \qquad (6\text{-}5\text{-}3)$$

式(6-5-3)中的决策变量 $P_{高峰}$、$P_{非高峰}$ 分别为高峰与非高峰时段的电价；$C_{发电能力}$ 为工厂的发电能力(即功率)。

式(6-5-3)是一个二次函数，可以证明，该二次函数为凹函数(证明略)。(注意：并非所有的二次函数均为凹函数)。

本问题为最大化问题，其目标函数是凹函数，此外，本问题的约束条件均为线性不等式，所以本问题满足运用"规划求解"功能正确求解非线性规划问题的条件，所求得的解是整体最优解。

模型运行结果见表 6.5.1。由该表可知，本问题的最优解是：高峰时段的电价为 2.16 元/千瓦时，非高峰时段的电价为 0.68 元/千瓦时，发电功率为 57.58 千瓦。这时，日利润最大，为 125.78 元。

6.6　人力资源优化问题

人力资源的合理配置是充分利用资源、提高效率的重要途径。国外已有不少公司运用非线性规划方法进行人员的优化配置，取得了很大的效益。例如美国辛塔克斯医药公司(Syntex Labs)应用非线性规划对下属七个药厂的销售部门的人力资源进行了优化，其结果是每年增加利润达一百万美元以上。下面用一个例子来说明如何将非线性规划应用于人员配置问题。

例 6.6.1　大风电视机厂的销售人员配备问题

大风电视机厂有三个经销点，目前每个销售点各配备了四名销售人员，推销该厂生产的电视机。据统计，该三个销售点销售电视机所得收益随着销售人员数的增加而上升，并且是销售人员数的非线性函数，其函数形式如表 6.6.1 所示，其中 x_1、x_2、x_3 分别为销售点 1、2、3 上配备的销售人员。每个销售人员的年费用（包括工资、活动经费等）为 6 万元。所以，当前的年利润＝年收益－年费用＝$45x_1^{0.3}+10x_2^{0.8}+13x_3^{0.6}-6\times(x_1+x_2+x_3)=45\times4^{0.3}+10\times4^{0.8}+13\times4^{0.6}-6\times(4+4+4)=56.39$（万元）。问该电视机厂目前的销售人员配备状况是否合理？三个销售点各应配备多少销售人员才能获得最大利润？

表 6.6.1　收益与销售人员数的非线性关系

产　　品	配置销售人员数（人）	年收益（万元）
电视机 1	x_1	$45x_1^{0.3}$
电视机 2	x_2	$10x_2^{0.8}$
电视机 3	x_3	$13x_3^{0.6}$

解：本题中，利润等于销售收益与销售人员费用之差。当销售人员数增加时，销售收益将随之上升（其上升趋势是如表 6.6.1 中的非线性增长），但是销售人员的年费用也将随之上升。本问题是要找到一个合理的人员数及其在三个销售点上的分配，以使得总利润最大。本问题的 Spreadsheet 如表 6.6.2 所示。其求解步骤如下。

表 6.6.2　大风电视机厂销售人员配置优化模型

	A	B	C	D	E	F
1	例 6.6.1　大风电视机厂销售人员配置问题					
2						
3	销售收益函数					
4			销售点			
5			1	2	3	
6	常数	45.00	10.00	13.00		
7	指数	0.30	0.80	0.60		
8						
9	每个销售人员年费用（万元）		6.00			
10						
11	人员配置					
12			销售点			
13		1	2	3	总计	
14	人员配置数（人）	3.00	4.00	2.00	9.00	
15	收益（万元）	62.57	30.31	19.70	112.59	
16						
17	利润（万元）	58.59				

第一步：输入已知数据

首先在 Excel 的工作表上输入已知数据。在单元格 B8:D9 中输入收益函数中的参数，在单元格 C11 中输入每个销售人员的年费用。

第二步：确定决策变量

据题意，本问题的决策变量是三个销售点上配备的销售人员数。这三个决策变量分别用单元格 B16:D16 表示。

第三步：计算目标函数值

本问题的目标函数是总利润最大。设单元格 B17:D17 分别表示三个销售点的销售收益，其中，单元格 B17 表示销售点 1 的销售收益，它等于 $45x_1^{0.3}$，所以在单元格 B17 中输入：

＝B8 * B16^B9

将上述公式复制至单元格 C17:D17，得到销售点 2 和销售点 3 的销售收益。

用单元格 E16、E17 分别表示销售人员总数和总收益。其中，销售人员总数等于三个销售点上的销售人员数之和，总收益等于三个销售点的销售收益之和。所以，在单元格 E16 中输入：

＝sum(B16:D16)

在单元格 E17 中输入：

＝sum(B17:D17)

总利润（目标函数值）等于销售总收益与销售人员总费用之差，其中销售人员总费用等于每个销售人员的年费用乘以销售人员总数。用单元格 B19 表示总利润，并输入以下公式：

＝E17－C11 * E16

第四步：输入约束条件公式

根据题意，本问题共有两个约束条件。第一个约束是整数约束，即每个销售点上配置的销售人员数应为整数；第二个约束是非负约束。

第五步：利用"规划求解"功能求出非线性规划的解

在规划求解参数框中输入目标单元格（目标函数地址）、可变单元格（决策变量地址）和约束条件。其规划求解参数框如图 6.6.1 所示。

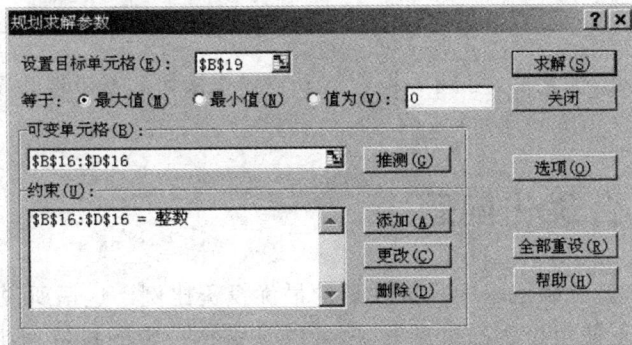

图 6.6.1　规划求解参数对话框

然后在规划求解选项参数框中选择"假定非负"（注意：本问题是非线性规划问题，所以不选择"采用线性模型"），最后在规划求解参数对话框中单击"求解"得到本问题的解。

第六步：判断用"规划求解"功能求出的解是否本问题的最优解

本问题的目标函数是总利润最大。总利润的计算公式如下：

总利润 ＝ 销售总收益 － 销售人员总费用

＝ 三个销售点的收益之和 － 每个销售人员费用 × 每个销售点配置的销售人员之和

＝ $45x_1^{0.3} + 10x_2^{0.8} + 13x_3^{0.6} - 6 \times (x_1 + x_2 + x_3)$

＝ $45x_1^{0.3} + 10x_2^{0.8} + 13x_3^{0.6} - 6x_1 - 6x_2 - 6x_3$ （6-6-1）

式（6-6-1）中的自变量 x_1、x_2、x_3 分别为三个销售点上配置的销售人员数。

本问题为最大化问题，其目标函数为总利润最大。由式（6-6-1）可知，总利润是决策变量的幂函数，由式（6-1-5）可知，以下幂函数是凹函数：

$$y = cx^a, \quad 0 \leqslant a \leqslant 1, \ c \geqslant 0, \ x \geqslant 0$$

可见式（6-6-1）中的前三项均为决策变量的凹函数；而后三项均为决策变量的线性函数，其斜率在自变量范围内总是非增的，所以也可以看作凹函数。因此，本问题的目标函数是若干个凹函数之和，它也是一个凹函数。此外，本问题的约束条件均为线性不等式，所以本问题满足运用"规划求解"功能正确求解非线性规划问题的条件，所求得的解是整体最优解。

模型运行结果见表 6.6.2。由该表可知，本问题的最优解是：三个销售点上配备的销售人员数分别为 3、4、2 人。这时，年利润最大，为 58.59 万元。表 6.6.3 列出了优化前后的人员配备状况与总利润。

表 6.6.3　优化前后的销售人员配置与总利润对比表

	销售人员总数（人）	其中：销售点 1（人）	其中：销售点 2（人）	其中：销售点 3（人）	总利润（万元）
优化前	12	4	4	4	56.39
优化后	9	3	4	2	58.59

从表 6.6.3 可见，优化后，可减少销售人员 3 人，总利润从 56.39 万元上升到 58.59 万元，增加利润 2.20 万元。

6.7　投资组合优化问题

投资组合优化，就是确定一组投资项目的最优投资比例。这里所说的"最优"，可以是指在一定风险水平下使得投资回报最大，也可以是指在一定的投资回报水平下使得风险最小。在 20 世纪 50 年代，Harry Markowitz 研究了一定期望投资回报水平下使得方差最小的最优投资比例问题，Harry Markowitz 在该问题上取得的研究成果以及关于投资的其他研究成果，使他荣获 1991 年诺贝尔经济学奖。

本节首先介绍关于均值、方差等基本概念,然后用一个例子说明投资组合优化问题的建模与求解方法。

6.7.1　单项投资的期望回报率与风险

如果投资对象只有一个,则该投资的回报可以用期望回报率来描述,该投资的风险可以用方差或均方差来描述。下面介绍期望值、方差与均方差的概念。

如果某人要对某一项目投资,例如购买某一种股票,他如何估计该项目的平均回报和风险呢? 设该项目的投资回报率为 X_i。该回报率是一个随机数,它表明在第 i 年每元钱投资的年回报率,例如当 $X_i = 0.15$ 时,说明在年初投资 1 元,在年末就增值到 $1 + 1 \times 0.15 = 1.15$ 元;当 $X_i = -0.15$ 时,说明在年初投资 1 元,在年末就变为 $1 + 1 \times (-0.15) = 0.85$ 元。该项目在前 n 年的回报率是由 n 个数组成的向量 $(X_1, X_2, \cdots, X_n)$。由于无法确切地知道该项目未来的回报率,所以通常只能用该项目的历史业绩来近似地估计未来的回报率,即用前 n 年的回报率 $(X_1, X_2, \cdots, X_n)$ 的期望值来估计本年的期望回报率。这 n 个数的期望值的计算公式如下:

$$\overline{X} = \frac{(X_1 + X_2 + \cdots + X_n)}{n} = \frac{\sum\limits_{i=1}^{n} X_i}{n} \tag{6-7-1}$$

式中,X_i 为第 i 年的回报率;$\overline{X}$ 为期望回报率;n 为数据的个数。

期望回报率 $\overline{X}$ 描述了投资的平均回报水平。不过,仅仅用期望回报率来描述投资效果是不够的,例如有一组回报率由 $(-0.10, 0.30, 0.70.)$ 组成,其期望回报率是 0.3,另一组回报率由 $(0.25, 0.30, 0.35)$ 组成,其期望回报率也是 0.30。两组数的期望回报率相同,但前一组中的数据比较分散,反映出前一项投资回报率的起落较大,或者说风险较大;而后一组中的数据则比较接近,反映出后一项投资回报率较平稳,或者说风险较小。所以,还需用离散趋势的量度来描述数据的起落,也就是风险的大小。表述一组回报率 $(X_1, X_2, \cdots, X_n)$ 离散趋势的常用测度是方差和标准方差。方差的计算公式如下:

$$\sigma^2 = \frac{\sum\limits_{i=1}^{n} (X_i - \overline{X})^2}{n - 1} \tag{6-7-2}$$

式中,σ^2 为回报率的方差;X_i 为第 i 年的回报率;$\overline{X}$ 为期望回报率;n 为数据的个数。

将方差开平方,得到的即为回报率的标准方差(也称标准差,或平均方差)。标准方差的计算公式如下:

$$\sigma = \sqrt{\frac{\sum\limits_{i=1}^{n} (X_i - \overline{X})^2}{n - 1}} \tag{6-7-3}$$

上式中,σ 为回报率的标准方差。

综上所述，一个投资项目的投资效果可以用投资回报率的期望值和方差（或标准方差）描述，前者反映了该项投资的回报水平；后者反映了该项投资的风险状况。

6.7.2　一组投资（即多项投资）的期望回报率与风险

如果投资对象不止一个，则该组投资的总回报率不仅与各投资项目的单项期望回报率有关，而且与各项目的投资比例有关。设一组投资由 m 个投资项目组成，它们的单项期望回报率为 $(\mu_1, \mu_2, \cdots, \mu_m)$，对该 m 个项目的投资比例为 $(r_1, r_2, \cdots, r_m)$，则该组投资的总回报率 R 的期望值为单项回报率与相应的投资比例的乘积之和。其估算公式如下：

$$R \text{ 的期望值} = r_1\mu_1 + r_2\mu_2 + \cdots + r_m\mu_m \tag{6-7-4}$$

式中，R 为投资组合的总回报率；

$\mu_1, \mu_2, \cdots, \mu_m$ 为第 1 至第 m 个项目的单项期望回报率；

$r_1, r_2, \cdots, r_m$ 为第 1 至第 m 个项目的投资比例。

投资组合的总回报率期望值描述了多项投资的总体平均回报水平。同样地，仅仅用总回报率期望值来描述投资组合的效果是不够的，还需描述总回报率的离散趋势，也就是整个投资组合风险的大小。一组投资的总回报率的风险（或离散趋势）的常用测度是总回报率的方差和标准方差。总回报率的方差与下面几个因素有关：

（1）与单项回报率的方差有关。因为单项回报率的方差越大（即单项投资的风险越大），总回报率的方差也越大（即投资组合的风险越大）；

（2）与各项目的投资比例有关。投资比例大的项目，对投资组合的风险影响也大；

（3）与各投资项目之间的相关性有关，一个投资项目的风险，可能影响另一个投资项目的风险状况，从而影响整个投资组合的风险。

总回报率 R 的方差的估算公式如下：

$$R \text{ 的方差} = r_1^2\sigma_1^2 + r_2^2\sigma_2^2 + \cdots + r_m^2\sigma_m^2 + \sum_{i \neq j} r_i r_j \rho_{ij} \sigma_i \sigma_j \tag{6-7-5}$$

式中，R 为投资组合的总回报率；

$r_1, r_2, \cdots, r_m$ 为第 1 至第 m 个项目的投资比例；

$\sigma_1^2, \sigma_2^2, \cdots, \sigma_m^2$ 为第 1 至第 m 个项目的单项回报率的方差；

$\sigma_1, \sigma_2, \cdots, \sigma_m$ 为第 1 至第 m 个项目的单项回报率的标准方差。

ρ_{ij} 为第 i 个投资项目与第 j 个投资项目的相关系数。$0 \leqslant \rho_{ij} \leqslant 1$，$\rho_{ij} = \rho_{ji}$，$\rho_{ii} = 1$。

式（6-7-5）的右边包含两个部分，第一部分是 $r_1^2\sigma_1^2 + r_2^2\sigma_2^2 + \cdots + r_m^2\sigma_m^2$，它是各投资项目的单项回报率的方差与该项目投资比例的平方的乘积之和，反映出总方差取决于各项目的单项方差与投资比例。第二部分是 $\sum_{i \neq j} r_i r_j \rho_{ij} \sigma_i \sigma_j$，它反映出总方差还取决于各投资项目之间的相关性，当相关系数 $\rho_{ij} = 0$ 时，第 i 个投资项目与第 j 个投资项目无相关关系，第二部分的值等于零；当相关系数 $\rho_{ij} \neq 0$ 时，由于项目之间的相关性，第 i 个投资项目的风险将影响第 j 个投资项目的风险，从而进一步影响整个投资组合的风险。其中，当

$\rho_{ij}>0$ 时,说明第 i 个投资项目的风险的增加将使得第 j 个投资项目的风险增加(称为正相关),从而使得整个投资组合的风险增加;当 $\rho_{ij}<0$ 时,说明第 i 个投资项目的风险的增加将使得第 j 个投资项目的风险减小(称为负相关),从而使得整个投资组合的风险减小。

综上所述,一组投资项目的投资效果可以用投资组合的总回报率的期望值和方差(或标准方差)描述,前者反映了该组投资的总体回报水平;后者反映了该组投资的总体风险状况。

6.7.3　用 Spreadsheet 计算期望值、方差、均方差和相关系数

前面介绍的期望值、方差、标准方差、相关系数等,均可以用 Excel 中的命令求得,见表 6.7.1。

表 6.7.1　Excel 中的有关命令

计 算 内 容	期望值	方差	标准方差	相关系数
Excel 中的相应公式符号	average	var	stdev	correl

下面通过例 6.7.1 来介绍用 Excel 命令计算投资回报率的期望值、方差、标准方差和相关系数的方法。

例 6.7.1　投资回报率的期望值、方差、标准方差和相关系数

现有三个可投资的项目:股票 1、股票 2 和债券。它们自 1981 年至 2000 年 20 年的投资回报率如表 6.7.2 所示。分别计算这三个项目的单项投资回报率的期望值、方差、标准方差,以及三个项目之间的相关系数矩阵。

表 6.7.2　三个投资项目的单项回报率历史数据

年份	股票 1	股票 2	债券
1981	0	0.07	0.06
1982	0.04	0.13	0.07
1983	0.13	0.14	0.05
1984	0.19	0.43	0.04
1985	−0.15	0.67	0.07
1986	−0.27	0.64	0.08
1987	0.37	0	0.06
1988	0.24	−0.22	0.04
1989	−0.07	0.18	0.05
1990	0.07	0.31	0.07
1991	0.19	0.59	0.1
1992	0.33	0.99	0.11
1993	−0.05	−0.25	0.15

年份	股票 1	股票 2	债券
1994	0.22	0.04	0.11
1995	0.23	−0.11	0.09
1996	0.06	−0.15	0.1
1997	0.32	−0.12	0.08
1998	0.19	0.16	0.06
1999	0.05	0.22	0.05
2000	0.17	−0.02	0.07

解：用 Excel 中的命令（见表 6.7.1）计算这三个投资项目的单项回报率的期望值、方差、标准方差，以及相关系数。其 Spreadsheet 中的公式如表 6.7.3 所示。

表 6.7.3 三个投资项目的期望值、方差与相关系数计算公式表

	A	B	C	D	E
1	例 6.7.1				
2	历史数据				
3	年份	股票 1	股票 2	债券	
4	1981	0	0.07	0.06	
5	1982	0.04	0.13	0.07	
6	1983	0.13	0.14	-0.05	
7	1984	0.19	0.43	0.04	
8	1985	−0.15	0.67	0.07	
9	1986	−0.27	0.64	0.08	
10	1987	0.37	0	0.06	
11	1988	0.24	−0.22	0.04	
12	1989	−0.07	0.18	0.05	
13	1990	0.07	0.31	0.07	
14	1991	0.19	0.59	0.1	
15	1992	0.33	0.99	0.11	
16	1993	−0.05	−0.25	0.15	
17	1994	0.22	0.04	0.11	
18	1995	0.23	−0.11	0.09	
19	1996	0.06	−0.15	0.1	
20	1997	0.32	−0.12	0.08	
21	1998	0.19	0.16	0.06	
22	1999	0.05	0.22	0.05	
23	2000	0.17	−0.02	0.07	
24					

续表

	A	B	C	D	E
25	统计量计算				
26	期望值	=AVERAGE(B4:B23)	=AVERAGE(C4:C23)	=AVERAGE(D4:D23)	
27	方差	=VAR(B4:B23)	=VAR(C4:C23)	=VAR(D4:D23)	
28	标准方差	=STDEV(B4:B23)	=STDEV(C4:C23)	=STDEV(D4:D23)	
29					
30	相关系数				
31		股票1	股票2	债券	
32	股票1	1	=CORREL(B4:B23,C4:C23)	=CORREL(B4:B23,D4:D23)	
33	股票2	=C32	1	=CORREL(C4:C23,D4:D23)	
34	债券	=D32	=D33	1	

由表 6.7.3 可知,计算期望值时只需在单元格中输入公式:

=average(数据组所在的地址)

计算方差时只需输入公式:

=var(数据组所在的地址)

计算标准方差时只需输入公式:

=stdev(数据组所在的地址)

计算三个项目的相关系数时,要分别计算项目 1 和 2 的相关系数、项目 1 和 3 的相关系数,以及项目 2 和 3 的相关系数。在计算项目 1 和 2 的相关系数时,在单元格中输入公式:

=correl(项目 1 的数据地址,项目 2 的数据地址)

同理可以计算出项目 1 和 3 的相关系数,以及项目 2 和 3 的相关系数。

计算相关系数的另一个方法是打开 Excel 中的"工具"菜单,选择项目"数据分析",就会出现一张数据分析表,如图 6.7.1 所示。

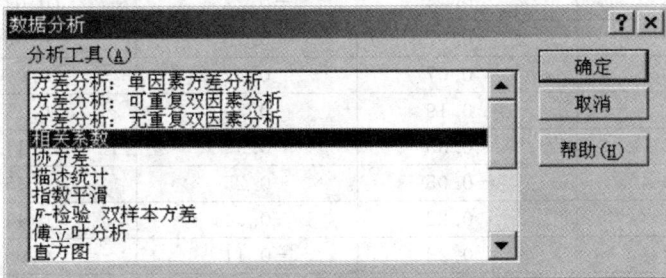

图 6.7.1　在数据分析表中选择相关系数功能

在图 6.7.1 的数据分析表上选择"相关系数",得到相关系数表,如图 6.7.2 所示。在

图 6.7.2 的相关系数表中填入三个项目的历史数据所在地址区域以及输出区域（只需填入输出区域左上角的单元格地址），就可得到三个项目的相关系数矩阵。

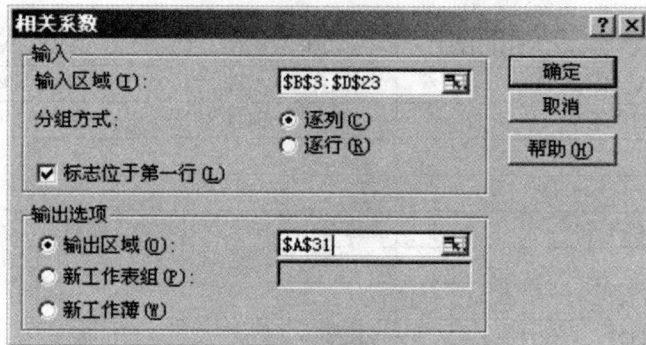

图 6.7.2　相关系数表

最终计算结果如表 6.7.4 所示。

表 6.7.4　三个投资项目的期望值、方差与相关系数计算结果

	A	B	C	D	E
1	例 6.7.1				
2	历史数据				
3	年份	股票 1	股票 2	债券	
4	1981	0	0.07	0.06	
5	1982	0.04	0.13	0.07	
6	1983	0.13	0.14	0.05	
7	1984	0.19	0.43	0.04	
8	1985	−0.15	0.67	0.07	
9	1986	−0.27	0.64	0.08	
10	1987	0.37	0	0.06	
11	1988	0.24	−0.22	0.04	
12	1989	−0.07	0.18	0.05	
13	1990	0.07	0.31	0.07	
14	1991	0.19	0.59	0.1	
15	1992	0.33	0.99	0.11	
16	1993	−0.05	−0.25	0.15	
17	1994	0.22	0.04	0.11	
18	1995	0.23	−0.11	0.09	
19	1996	0.06	−0.15	0.1	
20	1997	0.32	−0.12	0.08	
21	1998	0.19	0.16	0.06	

	A	B	C	D	E
22	1999	0.05	0.22	0.05	
23	2000	0.17	−0.02	0.07	
24					
25	统计量计算				
26	期望值	0.113	0.185	0.075 5	
27	方差	0.027 433	0.110 153	0.000 773	
28	标准方差	0.165 628	0.331 893	0.027 81	
29					
30	相关系数				
31		股票 1	股票 2	债券	
32	股票 1	1	−0.195 894	−0.028 908	
33	股票 2	−0.195 894	1	−0.013 4	
34	债券	−0.028 908	−0.013 4	1	
35					

6.7.4　投资组合优化模型

大部分投资者的目标是获得大的投资回报和小的投资风险。投资组合优化模型,就是确定一组投资项目的最优投资比例(或者各项目的最优投资额),在该投资组合的总回报率的方差不超过某个可接受的值的约束下(即在可接受的风险水平下),使得总回报率的期望值最大(即投资回报最大);或者,在投资组合的总回报率的期望值不低于某个所要求的值的约束下(即在所要求的投资回报水平下),使得总回报率的方差最小(即投资风险最小)。由于总回报率的方差通常总是投资比例的非线性函数,所以该规划是一个非线性规划。

例如,对于目标函数为风险最小的投资组合优化模型,由式(6-7-5)可以得到投资总回报率 R 的方差估计量,又由式(6-7-4)可以得到投资总回报率 R 的期望值。该模型的形式如下:

o.b. min　R 的方差 $= r_1^2\sigma_1^2 + r_2^2\sigma_2^2 + \cdots + r_m^2\sigma_m^2 + \sum_{i \neq j} r_i r_j \rho_{ij}\sigma_i\sigma_j$

s.t.　　　R 的期望值 $r_1\mu_1 + r_2\mu_2 + \cdots + r_m\mu_m \geqslant P$　　　　(6-7-6)

$$r_1 + r_2 + \cdots + r_m = 1$$

$$r_1, r_2, \cdots, r_m \geqslant 0$$

式中, R 为投资组合的总回报率;

$r_1, r_2, \cdots, r_m$ 为第 1 至第 m 个项目的投资比例(决策变量);

$\sigma_1^2, \sigma_2^2, \cdots, \sigma_m^2$ 为第 1 至第 m 个项目的单项回报率的方差；

$\sigma_1, \sigma_2, \cdots, \sigma_m$ 为第 1 至第 m 个项目的单项回报率的标准方差；

ρ_{ij} 为第 i 个投资项目与第 j 个投资项目的相关系数；

$\mu_1, \mu_2, \cdots, \mu_m$ 为第 1 至第 m 个项目的单项期望回报率；

P 为投资者所要求的回报率水平。

下面通过例 6.7.2 说明投资组合优化问题的建模与求解方法。

例 6.7.2　投资组合优化问题

计算例 6.7.1 中对三个投资项目的最优投资比例，要求在总投资回报率不低于 0.13 的前提下，使得投资的总风险最小。

解：本问题是以投资总风险最小为目标、以总回报率不低于要求值为约束条件的优化问题。该问题可以用式(6-7-6)建立非线性规划模型来求解。该问题的 Spreadsheet 如表 6.7.5 所示。其步骤如下。

第一步：输入已知数据

首先在 Spreadsheet 上输入已知数据。在 A4:D23 输入三个投资项目在各历史年份的回报率，以及所要求的总回报率期望值。

表 6.7.5　投资组合优化模型

	A	B	C	D	E	F	G	H
1	例 6.7.2　投资组合优化模型							
2	历史数据							
3	年份	股票 1	股票 2	债券				
4	1981	0	0.07	0.06				
5	1982	0.04	0.13	0.07				
6	1983	0.13	0.14	0.05				
7	1984	0.19	0.43	0.04				
8	1985	−0.15	0.67	0.07				
9	1986	−0.27	0.64	0.08				
10	1987	0.37	0	0.06				
11	1988	0.24	−0.22	0.04				
12	1989	−0.07	0.18	0.05				
13	1990	0.07	0.31	0.07				
14	1991	0.19	0.59	0.1				
15	1992	0.33	0.99	0.11				
16	1993	−0.05	−0.25	0.15				
17	1994	0.22	0.04	0.11				

续表

	A	B	C	D	E	F	G	H
18	1995	0.23	−0.11	0.09				
19	1996	0.06	−0.15	0.1				
20	1997	0.32	−0.12	0.08				
21	1998	0.19	0.16	0.06				
22	1999	0.05	0.22	0.05				
23	2000	0.17	−0.02	0.07				
24								
25	统计量计算							
26	单项期望值	0.113 0	0.185 0	0.075 5				
27	单项方差	0.027 4	0.110 2	0.000 8				
28	标准方差	0.165 6	0.331 9	0.027 8				
29								
30	相关系数							
31		股票 1	股票 2	债券				
32	股票 1	1.000 0	−0.195 9	−0.028 9				
33	股票 2	−0.195 9	1.000 0	−0.013 4				
34	债券	−0.028 9	−0.013 4	1.000 0				
35								
36	模型							
37								
38	决策变量							
39		股票 1	股票 2	债券	投资比例之和			
40	投资比例	0.506 3	0.324 3	0.169 3	1	=	1	
41	投资比例的平方	0.256 4	0.105 2	0.028 7				
42								
43	总回报率期望值							
44		实际值		要求值				
45		0.130 0	>=	0.13				
46								
47								
48	总回报率方差		0.015 1					
49								
50	总回报率标准差		0.122 8					

第二步：计算各投资项目的单项回报率期望值、单项回报率方差,及各投资项目之间的相关系数

根据前面介绍的 Excel 的命令,可计算出各投资项目的各个统计量。其计算方法与例 6.7.1 相同,这里不再重复。计算公式见表 6.7.6。

表 6.7.6　投资组合优化模型中统计量的计算公式

	A	B	C	D	E
25	统计量计算				
26	期望值	=AVERAGE(B4:B23)	=AVERAGE(C4:C23)	=AVERAGE(D4:D23)	
27	方差	=VAR(B4:B23)	=VAR(C4:C23)	=VAR(D4:D23)	
28	标准方差	=STDEV(B4:B23)	=STDEV(C4:C23)	=STDEV(D4:D23)	
29					
30	相关系数				
31		股票 1	股票 2	债券	
32	股票 1	1	=CORREL(B4:B23,C4:C23)	=CORREL(B4:B23,D4:D23)	
33	股票 2	=C32	1	=CORREL(C4:C23,D4:D23)	
34	债券	=D32	=D33	1	

第三步：建立非线性规划模型

下面建立非线性规划模型。

本问题的决策变量是各投资项目的投资比例。用单元格 B40:D40 分别表示对股票 1、股票 2 和债券的投资比例。如表 6.7.5 所示。

本问题的目标函数是投资组合的风险最小，即投资组合总回报率的方差最小。由式(6-7-5)可知，投资组合总回报率 R 的方差的计算公式如下：

$$R \text{ 的方差} = r_1^2\sigma_1^2 + r_2^2\sigma_2^2 + \cdots + r_m^2\sigma_m^2 + \sum_{i \neq j} r_i r_j \rho_{ij}\sigma_i\sigma_j$$

本题中有三个投资项目，所以上式变为：

$$R \text{ 的方差} = r_1^2\sigma_1^2 + r_2^2\sigma_2^2 + r_3^2\sigma_3^2 + r_1 r_2 \rho_{12}\sigma_1\sigma_2 + r_2 r_1 \rho_{21}\sigma_2\sigma_1 + r_1 r_3 \rho_{13}\sigma_1\sigma_3 +$$

$$r_3 r_1 \rho_{31}\sigma_3\sigma_1 + r_2 r_3 \rho_{23}\sigma_2\sigma_3 + r_3 r_2 \rho_{32}\sigma_3\sigma_2$$

$$= r_1^2\sigma_1^2 + r_2^2\sigma_2^2 + r_3^2\sigma_3^2 + 2r_1 r_2 \rho_{12}\sigma_1\sigma_2 + 2r_1 r_3 \rho_{13}\sigma_1\sigma_3 + 2r_2 r_3 \rho_{23}\sigma_2\sigma_3 \quad (6\text{-}7\text{-}7)$$

用单元格 C48 表示投资组合总回报率 R 的方差（即目标函数）。根据式(6-7-7)，在单元格 C48 中输入：

=sumproduct(B41:D41,B27:D27)+2 * B40 * C40 * C32 * B28 * C28+2 * B40 * D40 * D32 * B28 * D28+2 * C40 * D40 * D33 * C28 * D28

上式中，单元格 B41:D41 中的三个值分别为三个项目投资比例的平方；单元格 B27:D27 中的三个值分别为三个项目的单项回报率的方差；单元格 B28:D28 中的三个值分别为三个项目的单项回报率的标准方差，单元格 C32、D32、D33 中的值分别为股票 1 与股票 2、股票 1 与债券、股票 2 与债券之间的相关系数。

本问题有三个约束条件。第一个约束条件是投资组合总回报率的期望值约束。由式(6-7-4)可知，投资组合总回报率 R 的期望值的计算公式如下：

$$R \text{ 的期望值} = r_1\mu_1 + r_2\mu_2 + \cdots + r_m\mu_m$$

本题中有三个投资项目,所以上式变为:

$$R \text{ 的期望值} = r_1\mu_1 + r_2\mu_2 + r_3\mu_3 \tag{6-7-8}$$

用单元格 B45 表示实际投资组合总回报率 R 的期望值。根据式(6-7-8),在单元格 B45 中输入:

＝sumproduct(B26:D26,B40:D40)

上式中,单元格 B26:D26 中的三个值分别为三个项目的单项投资回报率期望值,单元格 B40:D40 中的值分别是三个项目的投资比例。上式计算得到的投资组合总回报率的期望值必须不小于要求达到的值,本题中要求达到的期望值为 0.13,用单元格 D45 表示。

第二个约束条件是投资比例之和应等于 1。用单元格 E40 表示投资比例之和,它可用下式计算:

＝sum(B40:D40)

它应等于 1。

第三个约束是非负约束。

第四步:利用"规划求解"功能求出非线性规划的解

在规划求解参数框中输入目标单元格(目标函数地址)、可变单元格(决策变量地址)和约束条件。其规划求解参数框如图 6.7.3 所示。

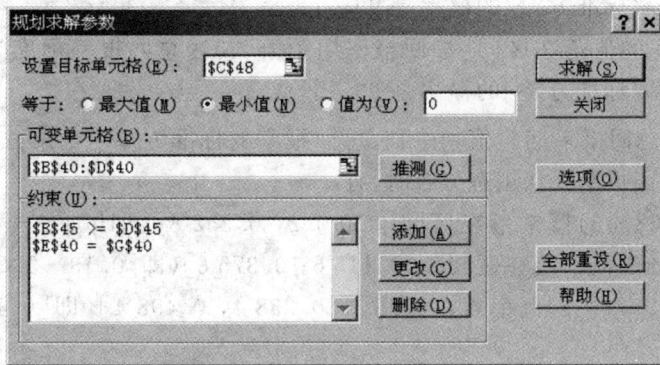

图 6.7.3　规划求解参数对话框

然后在规划求解选项参数框中选择"假定非负"(注意:本问题是非线性规划问题,所以不选择"采用线性模型"),最后在规划求解参数对话框中单击"求解"得到本问题的解。

第五步:判断用"规划求解"功能求出的解是否本问题的最优解

本问题的模型如式(6.7.6)所示:

$$\text{o. b. min} \quad R \text{ 的方差} = r_1^2\sigma_1^2 + r_2^2\sigma_2^2 + \cdots + r_m^2\sigma_m^2 + \sum_{i \neq j} r_i r_j \rho_{ij}\sigma_i\sigma_j \tag{6-7-9}$$

s. t. R 的期望值 $r_1\mu_1 + r_2\mu_2 + \cdots + r_m\mu_m \geqslant P$

$$r_1 + r_2 + \cdots + r_m = 1$$

$$r_1, r_2, \cdots, r_m \geqslant 0$$

本问题为最小化问题，其目标函数是总风险（总方差）最小。由式（6-7-9）可知，总风险是决策变量的幂函数。由式（6-1-2）可知，以下幂函数是凸函数：

$$y = cx^a, \quad a \geqslant 1, \, c \geqslant 0, \, x \geqslant 0$$

可见式（6-7-9）的目标函数是若干个凸函数之和，因此，本问题的目标函数是一个凸函数。此外，本问题的约束条件均为线性，所以本问题满足运用"规划求解"功能正确求解非线性规划问题的条件，所求得的解是整体最优解。

模型运行结果见表 6.7.5。由该表可得本问题的最优解如下：股票 1、股票 2、债券的投资比例为 0.506 3∶0.324 3∶0.169 3。这时，投资组合的总回报率期望值达到所要求的 0.13，而投资组合的总回报率的方差最小，为 0.015 1。

第六步：置信区间分析

当投资组合总回报率服从正态分布时，根据统计理论，总回报率的置信区间如下。

（1）总回报率的值落在区间［总回报率期望值－总回报率标准方差，总回报率期望值＋总回报率标准方差］的概率是 68％；

（2）总回报率的值落在区间［总回报率期望值－2×总回报率标准方差，总回报率期望值＋2×总回报率标准方差］的概率是 95％；

（3）总回报率的值落在区间［总回报率期望值－3×总回报率标准方差，总回报率期望值＋3×总回报率标准方差］的概率是 99.7％；

（4）本题中，总回报率期望值＝0.13，总回报率的标准方差＝$\sqrt{总方差}$＝$\sqrt{0.015\,1}$＝0.122 8，所以当总回报率服从正态分布时，有：

总回报率以 68％ 的概率落在区间［0.007 2, 0.252 8］（即［0.13－0.122 8, 0.13＋0.122 8］）；以 95％ 的概率落在区间［－0.115 6, 0.375 6］（即［0.13－2×0.122 8, 0.13＋2×0.122 8］）；以 99.7％ 的概率落在区间［－0.238 4, 0.498 4］（即［0.13－3×0.122 8, 0.13＋3×0.122 8］）。

CHAPTER 7
第 7 章

库 存 模 型

7.1 概述

供应链管理和 JIT 生产方式在管理实践中的应用,使人们越来越意识到库存问题是企业决策的一个重要问题,不良的库存决策可能导致企业资金大量积压,影响企业的物流效率。借助库存模型,可以帮助企业提高库存决策科学性和准确性。本章主要介绍一些常见的库存模型,包括确定型库存模型和随机库存模型,以及这些模型的 Spreadsheet 的求解方法。

首先通过某饮料配送中心的库存问题来介绍库存模型的基本要素。

例 7.1.1[①] 某饮料配送中心,主要经营啤酒的批发配送,同时经营一些白酒、碳酸饮料等产品。作为配送中心的大宗货种,某品牌啤酒占了该配送中心总营业品种的 40%,平均库存达 50 000 件,每件啤酒的购买成本为 8 元,因此,该品牌啤酒就占了该配送中心40 万元的资金。由于此品牌啤酒的重要性,配送中心经理打算运用库存模型重新考虑它的库存策略,即要确定该啤酒每次订货的最佳数量是多少? 什么时候向该啤酒生产商发出订单?

7.1.1 需求

为了解决啤酒库存问题,首先要确定该啤酒的需求情况。为此,配送中心经理从过去10 周的销售数据中,了解到该啤酒过去的需求情况,如表 7.1.1 所示。

表 7.1.1 某品牌啤酒需求量

周次	1	2	3	4	5	6	7	8	9	10	均值
需求量	2 000	2 025	1 950	2 000	2 100	2 050	2 000	1 975	1 900	2 000	2 000

运用库存模型求解问题之前,首先要确定该货种的需求量是否是定值,如果是,则可采用确定型库存模型,否则要采用随机模型。从表 7.1.1 可以看出,虽然啤酒需求量随着

---

① 本例参考 David R. Anderson, Dennis J. Sweeney, Thomas A. Williams: An Introduction to Management Science: Quantitative Approaches to Decision Making, p. 440

时间的变化而呈现出小幅度波动，但配送中心经理认为需求变动的偏差在允许范围内，可以按定值处理，因而可采用确定型库存模型求解。

7.1.2　补充

啤酒每周都要分送给不同的客户和零售商，库存中的啤酒不断地减少，配送中心就需要不断地从啤酒生产商处购进啤酒，这就是库存的补充。一般情况下，该配送中心向啤酒生产商发出订单之后，啤酒并不会立即到库，从订单发出到啤酒到库的这段时间间隔称为订货提前期，而两次订货之间的时间间隔称为订货周期。订货提前期可以从以往的购买数据中取得，订购周期则是通过模型求解算出。该配送中心经理从以往的购买数据中得出啤酒的提前期约为 2 天。

对库存的补充除了向其他厂家购买之外，也可自己生产。例如大型钢铁集团的生产线材所需的钢锭库存补充，就是由该集团炼钢车间的生产来实现的。

库存的需求和补充是货物库存数量的一出一进。除此之外，在确定库存策略时一条很重要的原则就是使库存涉及的总费用最小，为此有必要对费用进行详细的分析。

7.1.3　费用分析

1. 订购或装配费用，用 C_0 表示

如果物品需要从其他工厂购买，则有一订购费；如果由本厂生产，则有一装配费。订购费（装配费）的一个重要特性就是其费用的大小与一次订购（生产）的数量无关，仅与订购（生产）的次数有关，因而采购部门就希望一次订货的数量越多越好，这样单位产品分摊的订购费（装配费）就小。

该配送中心每完成一次订货所需的通信费用、纸张费用和交通费用等就构成了该啤酒的订购费用，它在每一次订货中是一个固定的值，其大小不随着每次订货的数量增加而变化。该配送中心经理估计啤酒每次的订货费用 $C_0 = 32$ 元。

装配费指一次生产所需要的调整和装配等费用，如工具的安装、模具的更换等。

2. 单位购买（生产）费用，用 C 表示

单位购买（生产）费用是指购买（生产）单位产品所需的费用，一般为产品的购进单价。例 7.1.1 中每件啤酒的购买成本 8 元，就是此货种的单位购买费用。通常单位购买（生产）费用是固定的，但有时也随着购买（生产）产品的数量而变化，如在有数量折扣的情况下，单位产品的购买费用就是订购数量的函数。

3. 库存费用，用（C_h）表示

库存费用是指为了维持一定的库存水平而发生的费用，费用的大小与库存量大小有

关,库存量越大,库存费用也越大。因而工厂采购部门同时也希望每次订货的数量越少越好,使库存量保持在一个较低的水平,降低库存费用。

库存费一般包括因占用资金而发生的成本和非资金成本两项。

如果采购部门是用借款来购买产品,则需利息;如果是本厂自有资金,则需机会成本,即这笔资金如果用于其他投资所带来的效益。库存费一般用单位商品单位时间的库存费用,或用单位商品在单位时间内占该项物资单位购买成本的百分数表示。该配送中心经理认为每件啤酒的年资金成本为 18%。

非资金成本一般包括仓库的折旧费用、仓库内部搬运费用和其他管理费用。同样也用单位商品单位时间的库存费用,或用单位商品在单位时间内占该项物资单位购买成本的百分数表示。例 7.1.1 中年非资金成本主要是每件商品的单位保管费率,它的大小为 7%。

由于每件啤酒的购买成本 C 为 8 元,而啤酒的资金成本和非资金成本分别为 18%、7%。因此每件啤酒的年库存费用 $C_h = 8 \times (18\% + 7\%) = 2$ 元。

4. 缺货损失费用

当需要某产品,而该产品库存已消耗完时,则会发生缺货损失费用,一般包括影响生产(停工待料或用代用品等)的损失费、减少的利润、信誉的损失费等。

7.1.4　库存策略

库存策略就是为订购数量和订货时间提供的各种备选方案。常见的库存策略有以下三种类型:

1. 循环策略

循环策略,即定时补充。每经过一个循环时间 t 就补充库存量 Q。

除此之外可以根据现有库存数量制定相应的库存策略,对于现有库存数量可以通过连续盘点取得,也可通过定期盘点取得。根据盘点的方式,可以分为两种策略。

2. 规定量策略,连续盘点

当库存低于一定数量(又称重新订货点)就进行补充。例如,规定库存水平为 M,重新订货点为 R,实际库存量为 x。当 $x \leqslant R$ 时,就进行补充,补充量为 $Q = M - x$,以使库存量保持在规定的水平上。

3. 混合策略,定期盘点

当库存量低于某再订货点 R,即行补充。例如,库存量为 x,规定库存水平为 M,每经过时间 t 就对库存量进行一次检查,当 $x \leqslant R$ 时,就进行补充,补充量为 $Q = M - x$;反之,

当 $x > R$ 时,则不进行补充。

下面将介绍几种常见的库存模型及其 Spreadsheet 的求解方法,其中包括确定型库存模型和随机库存模型。

7.2　确定型库存模型

7.2.1　经济订货批量模型

经济订货批量模型(economic order quantity,EOQ)是库存论中最基本的模型,由哈里斯(F. W. Harris)于 1915 年首次提出。本节主要说明经济订货批量模型的假设条件及基本计算公式,总费用分析和经济订货批量 Q^* 的计算公式。然后通过 Spreadsheet 求解例 7.1.1 的啤酒库存问题,并通过啤酒库存问题说明 EOQ 模型的特性。

1. EOQ 模型的假设条件及基本计算公式

此模型在以下 7 个假设条件下成立:

① 单位时间的需求量是常量。

② 每次订货量(Q)保持不变;库存水平在货物到库时达到最大值 Q,以后库存量沿着以需求速度为斜率的直线下降,直至 0,此时又一批货物到库。

③ 每次的订购费用(C_0)保持不变;计算期内的订购费用是 C_0 和订购次数的函数。

④ 单位购买成本(C)保持不变,不随订购数量的变化而变化。

⑤ 单位时间内单位商品的库存费用(C_h)保持不变;计算期内的库存费用是 C_h 和平均库存水平的函数。

⑥ 不允许缺货。

⑦ 订货提前期(L)是常量。

经济订货批量库存模式可用图 7.2.1 表示。

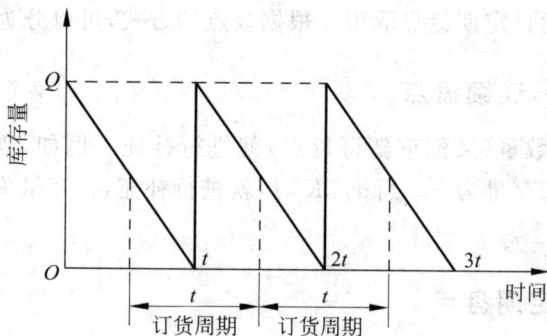

图 7.2.1　经济订货批量模型

（1）年订货次数和订货周期的计算公式如下：

$$年订货次数 = \frac{年需求量(D)}{订货批量(Q)} \qquad (7\text{-}2\text{-}1)$$

$$订货周期 = 1/年订货次数 = \frac{订货批量(Q)}{年需求量(D)}(年) \qquad (7\text{-}2\text{-}2)$$

$$以周为单位的订货周期 = 以年为单位的订货周期 \times 52 \qquad (7\text{-}2\text{-}3)$$

$$以天为单位的订货周期 = 以年为单位的订货周期 \times 365 \qquad (7\text{-}2\text{-}4)$$

（2）重新订货点的计算公式如下：

$$重新订货点 = 订货提前期(L) \times 年需求量(D) \qquad (7\text{-}2\text{-}5)$$

注：① 式(7-2-5)中的订货提前期的单位应该为年；

② 式(7-2-5)只适用于 $Q \geqslant L \times D$ 的情况，若 $Q < L \times D$，则有

$$重新订货点 = \text{Mod}((L \times D)/Q) \qquad (7\text{-}2\text{-}6)$$

如果订货批量已知，就可以通过式(7-2-1)～式(7-2-6)来确定年订货次数、订货周期和重新订货点，从而确定某商品的库存策略。

确定该配送中心啤酒的订货数量就是要寻找一个最优的订货批量(Q^*)，使得年总成本最小或年总收益最大。

2．EOQ 模型的总费用分析

由于此模型不允许缺货，所以总费用不包括缺货损失费，仅包括年订购费用、年购买费用和年库存费用三项。

（1）年订购费用

$$年订购费用 = 年订货次数 \times 每次订购费用(C_0) = \frac{D}{Q} \times C_0 \qquad (7\text{-}2\text{-}7)$$

（2）年库存费用

$$年库存费用 = 年平均库存量 \times 单位商品库存费用(C_h) \qquad (7\text{-}2\text{-}8)$$

计算年库存费用时首先要得到年平均库存量表达式。从图 7.2.1 中可以看出，库存量达到最大值 Q 之后，由于需求为定值，所以库存量就呈直线匀速减少直到 0，这样在 $0 \sim t$ 时间内平均库存量为 $\frac{1}{2}Q$；由于在所有订货周期长度内平均库存量都为 $\frac{1}{2}Q$，所以年平均库存量也为 $\frac{1}{2}Q$。

将年平均库存量代入式(7-2-8)得：

$$年库存费用 = \frac{1}{2}Q \times C_h \qquad (7\text{-}2\text{-}9)$$

（3）年购买费用

$$年购买费用 = 年需求量(D) \times 单位购买费用(C) \qquad (7\text{-}2\text{-}10)$$

（4）总费用,用 TC 表示

总费用为上面三项之和:

$$TC = \frac{D}{Q}C_0 + \frac{1}{2}QC_h + DC \tag{7-2-11}$$

3. 求解最优订货批量

最优订货批量 Q^* 就是使得总成本最小的 Q 值,用微分方法可求得式(7-2-11)取得最小值时

$$Q^* = \sqrt{\frac{2DC_0}{C_h}} \tag{7-2-12}$$

式(7-2-12)就是经济订货批量(EOQ)模型计算公式。

当 Q 取 Q^* 时,年订购费用和年库存费用相等。通过年订购费用曲线、年库存费用曲线和总费用曲线,如图 7.2.2 所示,可以看出当年订购费用和年库存费用相等时,总费用曲线最低。

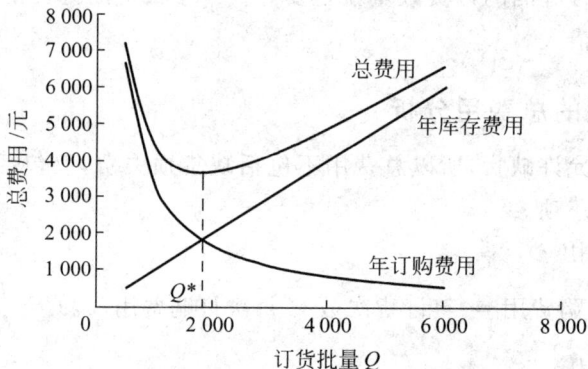

图 7.2.2   年库存费用、年订购费用和总费用曲线

同时通过式(7-2-12)也可看出 Q^* 的取值与年购买费用无关,只与订购费用和库存费用有关,因此,后面各节模型中,若年购买费用的大小不影响库存决策时,在计算总费用时就不再考虑在内。

4. 用 Spreadsheet 求解 EOQ 模型

Spreadsheet 求解过程如表 7.2.1 所示。

B4~B9 是模型的输入部分,其中需求量 B8 以年为基准,B8＝2 000×52;为了方便计算订货点 B16,提前期 B9 用年来表示,B9＝2/365。

B12~B19 是模型输出部分:

B12＝(年保管费率＋年利率)×购买单价＝(B4＋B5) * B7;

B13＝SQRT((2 * B8 * B6)/B12)；

B14＝B8/B13；

B15＝1/B14 * 365；

B16＝B8 * B9；

B17＝1/2 * B13 * B12；

表 7.2.1　EOQ 模型 Spreadsheet 求解表

	A	B	C	D
1		EOQ 模型计算		
2				
3	输入			
4	年利息率	17.00%		
5	年保管费用率/单位	8.00%		
6	订购费用/次(C_0)	32	元/次	
7	价格/件(C)	8	元/件	
8	年需求量(D)	104 000	件	
9	提前期(L)	0.005 479 452	年	
10				
11	输出			
12	年库存费用/单位(C_h)	2	元/件	
13	经济订货批量(Q^*)	1 824.280 68	件	
14	年订货次数	57.008 771 25	次	
15	订货时间间隔	6.244 653 097	天	
16	重新订货点	569.863 013 7	件	
17	年库存费用	1 824.280 68	元	
18	年订货费用	1 824.280 68	元	
19	总费用(TC)	3 648.561 36	元	

B18＝B14 * B6；

B19＝B17＋B18。

在实际操作中订货批量、订货次数和重新订货点必须是整数,因此经济订货批量应为
1 824 件(通过比较 Q 取 1 824 和 1 825 时总费用的值,来确定最终的经济订货批量);订货
次数为 57 次;重新订货点为 570 件。

该配送中心的啤酒库存策略属于循环策略，可以确定为，每次订货量为 1 824 件，当库存量为 570 件时，就开始订货。当然，在实际操作中为了适应需求的波动，可以根据需要制定一个安全库存，如果安全库存为 400 件，那么当库存量为 970 件时就要开始订货。增加安全库存虽适应了变化的需求，但库存费用也增加了 2×400＝800 元/年。

5. EOQ 模型特性分析

由于经济订货批量 Q^* 的取值只与 C_0、C_h 和 D 有关，其中 D 的值可以较为客观地通过销售数据取得，而 C_0 和 C_h 的值则需要一定的人为估计才能得出，如订货成本中的人工成本、库存费用中的资金成本等。所以希望 EOQ 模型在 C_0 和 C_h 值有一定变动时，经济订货批量和总成本变动不大。

仍以例 7.1.1 中啤酒的库存为例，通过 Spreadsheet 来计算最优订货批量和总成本随 C_0 和 C_h 的变化而变化的情况。

C_0 值分别为 1.92 元/件和 2.08 元/件；C_h 值分别为 30 元/次和 34 元/次，求解过程见表 7.2.2。

表 7.2.2　C_0 和 C_h 变化时 EOQ 模型的 Q^* 和 TC 变化情况

	E	F	G	H	I
1				TC(元)	TC(元)
2	C_h(元/件)	C_0(元/次)	Q^*（件）	$Q=Q^*$	$Q=1\,824$
3	1.92	30	1 803	3 461	3 462
4	1.92	34	1 919	3 685	3 690
5	2.08	30	1 732	3 603	3 607
6	2.08	34	1 844	3 835	3 836

表中单元格 E3～F6 为输入部分。

G3＝SQRT(2 * 104 000 * F3/E3)；

H3＝1/2 * G3 * E3＋104 000/G3 * F3；I3＝1/2 * 1 824 * E3＋104 000/1 824 * F3。

G4～I6 使用拖动柄复制求出。

从表 7.2.2 中可以看出，最优订货批量的变化范围在 1 700～2 000 件之间，总成本的变化范围在 3 400～3 800 元之间。即使 C_h 值取 1.92 元/件，C_0 值取 34 元/次，如果还用 C_h＝2 元/件，C_0＝30 元/次时的最优订货批量 1 824 件计算，总成本与用 C_h＝1.92 元/件，C_0＝34 元/次时的最优订货批量 1 919 件计算的总成本仅相差 5 元，即 3 690－3 685＝5(元)。这说明 EOQ 模型的最优订货批量和总费用对于 C_0 和 C_h 具有一种"刚性"，即当 C_0 和 C_h 变化时，最优订货批量和总费用的变化不大，这是 EOQ 模型的一个重要特性。正是因为这一特性，在成本估计不是十分准确的情况下，EOQ 模型仍然可以得出一个较为合理的库存策略。

7.2.2　生产批量模型

如果某货物是由本厂生产补充的,这样库存的补充过程就不同于 EOQ 模型的瞬时补充过程,而是一个逐渐补充过程,若其余的假设条件与 EOQ 模型相同,则此模型就是生产批量模型。

生产批量模型库存模式可用图 7.2.3 表示。

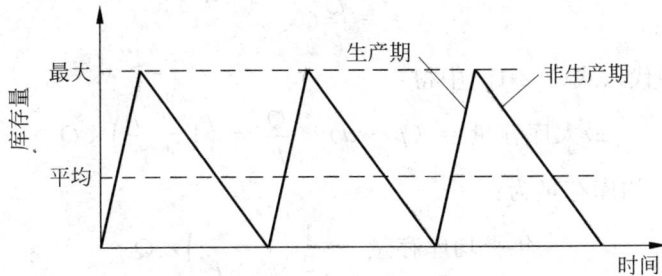

图 7.2.3　生产批量模型

在生产期内库存量因需求而不断减少,因生产而不断增加。设 p 为每天的生产数量,d 为每天的需求数量,并要求 $p \geqslant d$,则在生产期内库存量以 $(p-d)$ 的速度增加;非生产期内由于没有库存量的补充,所以库存量以速度 d 减少;最大库存量并不是生产期内的生产数量,设 t 为生产期的天数,则最大库存量为 $(p-d) \times t$。

生产批量库存模型与经济订货批量模型的分析方法相同,均以总费用最小来分析生产批量库存模型的库存策略。

1. 生产批量模型的总费用分析

首先说明模型中各个参数的意义。

Q——每次生产的批量;

p——每天的生产量;

t——每次的生产天数;

d——每天的需求量;

D——年需求量;

P——年生产量;

C_h——单位商品的库存费用;

C_0——每次生产的装配费用。

（1）年装配费用

$$年装配费用 = 年生产次数 \times C_0 = \frac{D}{Q} \times C_0 \qquad (7\text{-}2\text{-}13)$$

（2）年库存费用

$$年库存费用 = 年平均库存量 \times C_h \qquad (7\text{-}2\text{-}14)$$

从图 7.2.3 中可以看出：

$$最大库存量 = (p - d) \times t \qquad (7\text{-}2\text{-}15)$$

由于生产期内完成的生产量为 Q，所以 $Q = p \times t$，因此，

$$t = \frac{Q}{p}（天） \qquad (7\text{-}2\text{-}16)$$

将式(7-2-16)代入式(7-2-15)中得：

$$最大库存量 = (p - d) \times \frac{Q}{p} = \left(1 - \frac{d}{p}\right) \times Q \qquad (7\text{-}2\text{-}17)$$

由此可知年平均库存量为：

$$年平均库存量 = \frac{1}{2}\left(1 - \frac{d}{p}\right) \times Q \qquad (7\text{-}2\text{-}18)$$

由于式(7-2-18)中 $\dfrac{d}{p}$ 是比率关系，因此只要时间单位相同得出的比率就相同，平均库存量也相同，而不管需求速率和生产速率是用天、月还是年表示，因此式(7-2-18)还可以表示为：

$$年平均库存量 = \frac{1}{2}\left(1 - \frac{D}{P}\right) \times Q \qquad (7\text{-}2\text{-}19)$$

由式(7-2-14)和式(7-2-18)可得：

$$年库存费用 = \frac{1}{2}\left(1 - \frac{D}{P}\right) \times Q C_h \qquad (7\text{-}2\text{-}20)$$

（3）总费用 TC

总费用为年装配费用和年库存费用之和：

$$TC = \frac{D}{Q}C_0 + \frac{1}{2}\left(1 - \frac{D}{P}\right) \times Q C_h \qquad (7\text{-}2\text{-}21)$$

2. 求解最优订货批量

最优订货批量 Q^* 就是使得总成本最小的 Q 值，用微分方法可求得式(7-2-21)取得最小值时，有：

$$Q^* = \sqrt{\frac{2D C_0}{(1 - D/P)C_h}} \qquad (7\text{-}2\text{-}22)$$

3. 用 Spreadsheet 求解生产批量模型

本节通过厂间半制品的库存问题来说明生产批量模型的 Spreadsheet 求解过程。

例 7.2.1[①] 设某厂甲车间产品每年半制品需要量为 8 000 吨,而甲车间每年生产半制品能力为 200 000 吨,甲车间每次调拨半成品的手续费为 36 元,每吨每年的存储费为 0.4 元。要使费用最低,甲车间最佳的存储策略该如何?

Spreadsheet 求解过程如表 7.2.3 所示。

表 7.2.3 EOQ 模型 Spreadsheet 求解表

	A	B	C	D
1	生产批量模型计算			
2				
3	输入			
4	装配费用/次(C_0)	36	元/次	
5	年库存费用/单位(C_h)	0.4	元/吨	
6	年需求量(D)	8 000	吨	
7	年生产能力(P)	200 000	吨	
8				
9	输出			
10	最优生产批量(Q^*)	1 225	吨	
11	年生产次数	6.53	次	
12	调拨时间间隔	56	天	
13	年库存费用	235.151	元	
14	年装备费用	235.151	元	
15	总费用(TC)	470.302	元	

单元格 B4～B7 是模型的输入部分。

单元格 B10～B15 是模型输出部分:

B10＝ SQRT(2 * B6 * B4/((1－B6/B7) * B5));

B11＝B6/B10;

B12＝1/B11 * 365;

B13＝1/2 * (1－B6/B7) * B10 * B5;

B14＝B11 * B4;

B15＝B13＋B14。

由此可得甲车间最佳生产批量为 1 225 吨,两次调拨之间的时间间隔为 56 天。

---

① 本题目选自周志诚,《运筹学教程》,p.442,本节给出了运用 Spreadsheet 的新解法。

7.2.3　允许缺货的 EOQ 模型

在大多数情况下，缺货会造成利润减少，顾客流失等诸多不良后果，然而在有些情况下，允许一定数量的缺货会减少库存费用，降低库存总成本。例如，汽车销售商并不采取存贮大量汽车以及时满足顾客需求的库存策略，而是在有顾客需求时才开始订购汽车，主要原因就是由于汽车库存费用很高（主要是资金成本），所以在库存费用很高的情况下，允许一定程度的缺货，会大大降低库存费用、节约资金。

缺货时，顾客一般会有两种选择：一是到别的商家购买；二是等待此商家再次购进商品。本节介绍的允许缺货的 EOQ 模型中，假设没有及时购买商品的顾客会全部等待，商家再次购进商品时首先满足这些等待顾客的需求。允许缺货的 EOQ 模型其余假设条件与 EOQ 模型相同。

允许缺货的 EOQ 模型库存模式可用图 7.2.4 表示。

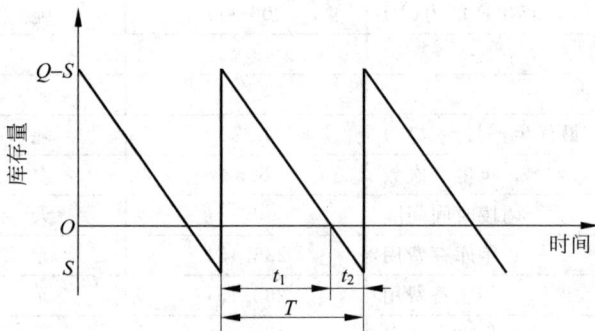

图 7.2.4　允许缺货的 EOQ 模型

设模型中的各参数为：

Q——每次订购的批量；

D——年需求量；

S——缺货数量；

d——每天的需求量；

C_h——单位商品的库存费用；

C_0——每次的订购费用；

C_b——单位产品缺货损失费用；

T——订货周期；

t_1——订货周期（T）内没有缺货的时间；

t_2——订货周期（T）内缺货的时间。

从图 7.2.4 可以看出，新一批商品购进时库存缺货量为 S，此时立刻满足等待的顾客需求 S，这样最大库存量就不是 Q，而是 $Q-S$。

订货周期 T 分为两个部分：t_1 和 t_2。在 t_1 时间内到达的需求立刻得到满足，在 t_2 时间内到达的需求需要等待，直到下一批商品进库时才能得到满足。

上述两点就是允许缺货的 EOQ 模型的特性。下面通过分析允许缺货的 EOQ 模型的总费用来确定允许缺货的 EOQ 模型的库存策略，并通过例题介绍允许缺货的 EOQ 模型的 Spreadsheet 求解过程。

1. 允许缺货的 EOQ 模型总费用分析

（1）年订购费用

$$年订购费用 = 年订购次数 \times C_0 = \frac{D}{Q} \times C_0 \qquad (7\text{-}2\text{-}23)$$

（2）年库存费用

$$年库存费用 = 年平均库存量 \times C_h \qquad (7\text{-}2\text{-}24)$$

因为最大库存量 $= Q - S$，所以在 t_1 时间段内平均库存量为 $(Q-S)/2$，而在 t_2 时间段内平均库存量为 0，所以在一个订货周期内平均库存量为：

$$平均库存量 = \frac{1/2(Q-S)t_1 + 0t_2}{t_1 + t_2} = \frac{1/2(Q-S)t_1}{T} \qquad (7\text{-}2\text{-}25)$$

因为，

$$t_1 = \frac{Q-S}{d} \qquad (7\text{-}2\text{-}26)$$

$$t_2 = \frac{S}{d} \qquad (7\text{-}4\text{-}27)$$

所以，

$$T = \frac{Q}{d} \qquad (7\text{-}2\text{-}28)$$

因此，将式（7-2-26）和式（7-2-28）代入式（7-2-25）得：

$$平均库存量 = \frac{1/2(Q-S)\left[(Q-S)/d\right]}{Q/d} = \frac{(Q-S)^2}{2Q} \qquad (7\text{-}2\text{-}29)$$

由式（7-2-29）和式（7-2-24）得，

$$年库存费用为 = \frac{(Q-S)^2}{2Q}C_h \qquad (7\text{-}2\text{-}30)$$

（3）缺货损失费用

$$年缺货损失费用 = 年平均缺货量 \times C_b \qquad (7\text{-}2\text{-}31)$$

平均缺货量的计算思路与平均库存量的计算思路相同。

$$平均缺货量 = \frac{0t_1 + (S/2)t_2}{T} = \frac{(S/2)t_2}{T} \qquad (7\text{-}2\text{-}32)$$

把式（7-2-27）和式（7-2-28）代入式（7-2-32）得，

$$平均缺货量 = \frac{(S/2)(S/d)}{Q/d} = \frac{S^2}{2Q} \qquad (7\text{-}2\text{-}33)$$

由式(7-2-33)和式(7-2-31)得，

$$年缺货损失费用 = \frac{S^2}{2Q}C_b \qquad (7\text{-}2\text{-}34)$$

（4）总费用 TC

总费用为年订购费用、年库存费用和年缺货损失费用之和，

$$TC = \frac{D}{Q}C_0 + \frac{(Q-S)^2}{2Q}C_h + \frac{S^2}{2Q}C_b \qquad (7\text{-}2\text{-}35)$$

2. 求解最优订货批量

最优订货批量 Q^* 和最大缺货量 S^* 就是使得总费用最小的 Q 和 S 值，用对 Q 和 S 的偏微分可求得式(7-2-35)取得最小值时，

$$Q^* = \sqrt{\frac{2DC_0}{C_h}\left(\frac{C_h + C_b}{C_b}\right)} \qquad (7\text{-}2\text{-}36)$$

$$S^* = Q^*\left(\frac{C_h}{C_h + C_b}\right) \qquad (7\text{-}2\text{-}37)$$

3. 用 Spreadsheet 求解允许缺货的 EOQ 模型

本节通过某厂某种材料的库存问题来说明生产批量模型的 Spreadsheet 求解过程。

例 7.2.2[①] 某厂对某种材料的全年需要量为 1 040 吨，每次采购该种材料的订货费为 2 040 元，每年保管费为 170 元/吨，允许缺货且损失费为每年每吨 500 元，试问每次最优订货量为多少？每年应订货几次？每年的存贮总费用为多少？

Spreadsheet 求解过程如表 7.2.4 所示。

表 7.2.4 允许缺货的 EOQ 模型 Spreadsheet 求解表

	A	B	C	D
1	允许缺货的 EOQ 模型			
2				
3	输入			
4	订货费用/次(C_0)	2 040	元/次	
5	年库存费用/单位(C_h)	170	元/吨	
6	年缺货费用/单位(C_b)	500	元/吨	
7	年需求量(D)	1 040	吨	
8				
9	输出			

---

① 本题目选自魏国华、傅家良、周仲良，《实用运筹学》，p.358，本节介绍了运用 Spreadsheet 的新解法。

续表

	A	B	C	D
10	最优生产批量(Q^*)	182.883 569 5	吨	
11	最大缺货量(S)	46.403 293 76	吨	
12	年订货次数	5.686 678 157	次	
13	订货时间间隔	64.185 098 92	天	
14	年库存费用	8 657.330 925	元	
15	年订购费用	11 600.823 44	元	
16	年缺货费用	2 943.492 515	元	
17	总费用(TC)	23 201.646 88	元	

单元格 B4～B7 是模型的输入部分。

单元格 B10～B17 是模型输出部分：

B10＝ SQRT(2 * B7 * B4/B5 * ((B5＋B6)/B6))；

B11＝ B10 * (B5/(B5＋B6))；

B12＝ B7/B10；

B13＝ 1/B12 * 365；

B14＝ 1/2 * (B10－B11)^2/B10 * B5；

B15＝ B12 * B4；

B16＝1/2 * B11^2/B10 * B6；

B17＝SUM(B14:B16)。

通过 Spreadsheet 计算得出，该厂每次的最优订货批量为 183 吨，最大缺货量为46 吨，订货的时间间隔为 64 天。

7.2.4　有数量折扣的 EOQ 模型

数量折扣是供应商提供给购买厂家的一种优惠条件，单位商品的购买费用随着购买量的增加而有一定程度下降，它是订货数量的函数。常见的商品折扣形式如图 7.2.5 所示。

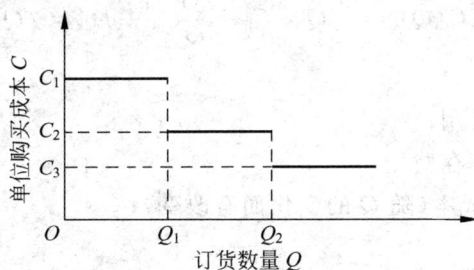

图 7.2.5　单位购置成本随订购数量的变化

从图 7.2.5 中可以看出订货数量 $0<Q<Q_1$ 时，单位购买成本为 C_1；当 $Q_1\leqslant Q<Q_2$ 时，商品的单位购买成本为 C_2，$C_2<C_1$；当 $Q\geqslant Q_2$ 时，单位购买成本为 C_3，$C_3<C_2$。

有数量折扣的 EOQ 模型假设条件与 EOQ 基本模型相同，只是单位购买费用随订货数量 Q 的变化而有所不同。

1. 求解有数量折扣的 EOQ 模型

本节通过某厂元件库存问题来说明有数量折扣的 EOQ 模型的求解思路。

例 7.2.3[①]　设某车间每月需要零件 30 000 只，每次的订购费是 500 元。每月每件的存储费是 0.2 元，零件批量的单价如下：

$0<Q<10\,000$ 时，单价为 1 元；

$10\,000\leqslant Q<30\,000$ 时，单价为 0.98 元；

$30\,000\leqslant Q<50\,000$ 时，单价为 0.94 元；

$Q\geqslant 50\,000$ 时，单价为 0.90 元。

试求此时该厂的最优订货量是多少？该厂为了最大限度享受数量折扣的优惠，而把每次的采购量定为 50 000 是否合算？

此库存的问题求解思路如下：

（1）按照经济订货批量模型计算最优订货批量 Q^*。

（2）若 $Q^*<10\,000$，则分别计算当订货量为 Q^*、10 000、30 000 和 50 000 时的总库存费用，其中使得总费用最小的订货批量值就是最优订货批量。

若 $10\,000\leqslant Q^*<30\,000$，则分别计算当订货量为 Q^*、30 000 和 50 000 时的总库存费用，其中使得总费用最小的订货批量值就是最优订货批量；

若 $30\,000\leqslant Q^*<50\,000$，则分别计算当订货量为 Q^* 和 50 000 时的总库存费用，其中使得总费用最小的订货批量值就是最优订货批量；

若 $Q^*\geqslant 50\,000$，则 Q^* 就是最优订货量。

（3）由于有数量折扣，这时单位购买成本对最终的库存决策就会产生影响，因而总费用计算公式为：

$$TC(Q)=\frac{1}{2}Q\times C_h+\frac{D}{Q}C_0+D\times C(Q) \tag{7-2-38}$$

其中：

C_0——每次的订购费用；

C_h——单位商品的库存费用；

$C(Q)$——单位购买成本（随 Q 的变化而有改变）；

TC——总费用。

---

① 本题目选自周志诚，《运筹学教程》，p.442，本节介绍了运用 Spreadsheet 的新解法。

（4）确定了最优订货批量后，就可以求解其他变量。

2．用 Spreadsheet 求解有数量折扣的 EOQ 模型

本节通过 Spreadsheet 求解例 7.2.3 的库存问题。

Spreadsheet 求解过程如表 7.2.5 所示。

表 7.2.5　有数量折扣的 EOQ 模型 Spreadsheet 求解表

	A	B	C	D
1		有数量折扣的 EOQ 模型		
2				
3	输入			
4	订购费用/次(C_0)	500	元/次	
5	月库存费用/单位(C_h)	0.2	元/只	
6	月需求量(D)	30 000	只	
7				
8	单位购买成本函数			
9	数量等级	单位购成本		
10	0	1	元	
11	10 000	0.98	元	
12	30 000	0.94	元	
13	50 000	0.9	元	
14				
15	输出			
16	EOQ 模型计算的 Q^*	12 247.448 7	只	
17	Q^* 总费用 1(TC)	31 849.489 7	元	
18	$Q=30\,000$ 的总费用 2(TC)	31 700	元	
19	$Q=50\,000$ 的总费用 3(TC)	32 300	元	
20	最优订货批量	30 000	只	
21	最小成本	31 700	元	

单元格 B4～B13 是模型的输入部分，其中：

单元格 B10 代表的 Q 的范围是 $0 < Q < 10\,000$；

单元格 B11 代表的 Q 的范围是 $10\,000 \leqslant Q < 30\,000$；

单元格 B12 代表的 Q 的范围是 $30\,000 \leqslant Q < 50\,000$；

单元格 B13 代表的 Q 的范围是 $Q \geqslant 50\,000$。

单元格 B16～B21 是模型输出部分：

B16＝ SQRT(2＊B6＊B4/B5)；

B17＝ 1/2＊B16＊B5＋B6/B16＊B4＋B6＊B11；

B18＝ 1/2＊A12＊B5＋B6/A12＊B4＋B6＊B12；

B19＝ 1/2＊A13＊B5＋B6/A13＊B4＋B6＊B13；

B20＝ IF(B21＝B17,B16,IF(B21＝B18,A12,A13))；

B21＝ MIN(B17：B19)。

通过 Spreadsheet 计算可以得出,该厂每次的最优订货批量为 30 000 只。如果该厂一味强调享受优惠价格而把订货批量制定为 50 000 只,虽然元件购进价格便宜,却因年库存费用的增加而使总费用较最优订货批量 30 000 只增加了 32 300－31 700＝600(元),所以该厂把每次的采购量定为 50 000 只并不合算。

7.2.5　同时为几种产品订货

当前有很多企业倾向于把采购业务外包出去,承接企业采购业务的服务商可以通过合理安排不同客户的订货策略为企业取得效益,服务商为客户降低采购成本的一个重要方面是通过同时为几种不同的产品订货,而降低采购成本。

两种产品同时订货的库存模式可用图 7.2.6 表示。

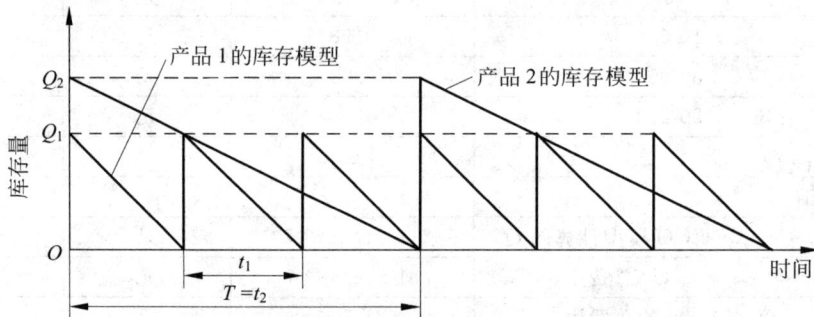

图 7.2.6　同时为几种产品订货库存模型

图 7.2.6 所示的订货策略是在一个订货周期内产品 1 单独订购 2 次,和产品 2 同时订购 1 次。

为了保证最小订货周期,规定产品 2 的订货时间间隔为同时订货策略的订货周期。

制定同时为几种产品订货的库存策略需确定 3 类变量:

(1) 各产品最优订货数量 Q_i;

(2) 各产品订货的时间间隔 t_i;

(3) 订货周期 T,$T＝\max(t_i)$。

随着订货品种的增加,模型中变量也会不断增加,模型也将变得更加复杂,因而本节只通过例题介绍同时为两种产品订货的库存模型,并介绍运用 Spreadsheet 的规划求解功能的求解过程。

例 7.2.4[①]　某床上用品经营商销售大号和特大号两种类型的床垫。此经营商从一家床垫制造商进货。经该经营商分析:大号床垫的年需求量为 2 200 个,单位购买成本为 100 元,年单位库存成本为 28 元,订购费用为 500 元;而特大号床垫的年需求量为 250 个,单位购买成本为 120 元,年单位库存成本为 30.6 元,订购费用与大号床垫相同为 500 元。然而如果两种产品同时订货,则两种产品同时订货的订货成本为 650 元,比分别订货节省了 500＋500－650＝350(元)。试求此床上用品经营商的床垫库存策略。

1. 模型参数和参数关系

(1) 模型参数

C_0^1——大号床垫的订购费用;C_0^2——特大号床垫的订购费用;C_0^{12}——同时两种类型床垫的订购费用;

C_h^1——单位大号床垫的年库存费用;C_h^2——单位特大号床垫的年库存费用;

C^1——大号床垫的购买成本;C^2——特大号床垫的购买成本;

Q_1——大号床垫的订货批量;Q_2——特大号床垫的订货批量;

t_1——大号床垫订货的时间间隔(用年表示);t_2——特大号床垫订货的时间间隔(年);T——订货周期(年);

n_1——订货周期内大号床垫的订货次数;n_2——订货周期内特大号床垫的订货次数。

(2) 订货周期、订货批量的计算

$$T = \max(t_1, t_2) \tag{7-2-39}$$

$$t_1 = \frac{T}{n_1}, \quad t_2 = \frac{T}{n_2} \tag{7-2-40}$$

$$Q_1 = D_1 t_1, \quad Q_2 = D_2 t_2 \tag{7-2-41}$$

$$年订货周期数 = \frac{1}{T} \tag{7-2-42}$$

2. 模型的规划求解

目标函数是规划求解的重要部分,因而首先介绍目标函数的构成,然后说明规划求解的约束条件。

---

① 本题目选自威尼斯·L. 温斯顿的《管理科学》,大连:东北财经大学出版社,p.487,本节介绍了运用 Spreadsheet 的新解法。

（1）目标函数

目标函数是总费用 TC 最小，即年库存费用与年订购费用之和最小。以 n_1、n_2 和 T 为变量，则

$$年订购费用 = 大号床垫的订购次数 \times 大号床垫的订购费用 +$$
$$特大号床垫订购次数 \times 特大号床垫的订购费用 +$$
$$同时订购次数 \times 同时订购费用 \tag{7-2-43}$$

其中：

$$一个订货周期内大号床垫的订购次数 = n_1 - 1 \tag{7-2-44}$$
$$一个订货周期内特大号床垫的订购次数 = n_2 - 1 \tag{7-2-45}$$
$$一个订货周期内同时订购次数 = 1 \tag{7-2-46}$$

因此，

$$一个订货周期内的订购费用 = C_0^1(n_1-1) + C_0^2(n_2-1) + C_0^{12} \tag{7-2-47}$$

由式（7-2-42）和式（7-2-47）可得，

$$年订购费用 = \frac{C_0^1(n_1-1) + C_0^2(n_2-1) + C_0^{12}}{T} \tag{7-2-48}$$

年库存费用为大号床垫年库存费用和特大号床垫年库存费用之和，它们的库存费用计算公式与 EOQ 模型中库存费用计算公式相同。

$$年库存费用 = \frac{1}{2}Q_1 C_h^1 + \frac{1}{2}Q_2 C_h^2 \tag{7-2-49}$$

由式（7-2-40），式（7-2-41）和式（7-2-49）可得，

$$年库存费用 = \frac{1}{2}D_1(T/n_1)C_h^1 + \frac{1}{2}D_2(T/n_2)C_h^2 \tag{7-2-50}$$

总费用 TC 为年订购费用与年库存费用之和，

$$TC = \frac{C_0^1(n_1-1) + C_0^2(n_2-1) + C_0^{12}}{T} + \frac{1}{2}D_1(T/n_1)C_h^1 + \frac{1}{2}D_2(T/n_2)C_h^2 \tag{7-2-51}$$

因此规划求解的目标函数为：

$$\min\left[\frac{C_0^1(n_1-1) + C_0^2(n_2-1) + C_0^{12}}{T} + \frac{1}{2}D_1(T/n_1)C_h^1 + \frac{1}{2}D_2(T/n_2)C_h^2\right] \tag{7-2-52}$$

（2）约束条件

约束条件包括非负约束和变量为 n_1、n_2 的整数约束。

3. 用 Spreadsheet 求解同时为几种产品订货模型

例 7.2.5 的 Spreadsheet 规划求解过程如表 7.2.6 所示。

表 7.2.6 同时为几种产品订货模型 Spreadsheet 规划求解表

	A	B	C	D	E
1	同时为几种产品订货模型计算				
2					
3	已知				
4	同时订货成本(C_0^{12})	650	元/次		
5		订购成本	购买成本	单位库存成本	年需求量
6	产品品种	（元/次）	（元/只）	（元/只）	（只）
7	大号床垫	500	100	28	2 200
8	特大号床垫	500	120	30.6	250
9					
10					
11	规划求解				
12		单位时间	订货时间		
13	产品品种	订货次数	间隔（天）	年订货次数	最优订货数量 Q^*（只）
14	大号床垫	2	0.122 289	8.177 381 039	269.034 791 2
15	特大号床垫	1	0.244 577	4.088 690 519	61.144 270 72
16					
17	订货周期（T）	0.244 577	年		
18					
19	年订货成本	4 701.994	元		
20	年库存成本	4 701.994	元		
21	总成本（TC）	9 403.989	元		

单元格 B4、B7~E8 是模型规划求解的已知数。

单元格 B14、B15 和 B17 是模型规划求解的可变单元格。

单元格 B21 是模型规划求解的目标函数。

C14＝＄B＄17/B14；D14＝1/C14；E14＝E7 * C14；

单元格 C15~E15 用拖动柄复制求得；

B19＝(B4＋(B14－1) * B7＋(B15－1) * B8)/B17；

B20＝0.5 * (E14 * D7＋E15 * D8)；

B21＝ SUM(B19：B20)。

由此可得该床上用品经销商的年订货周期数大约为 4 次,在一个订货周期内大号床垫单独订购 2 次,和特大号床垫同时订购 1 次。大号床垫的最优订货数量为 269 个,特大号床垫的最优订货数量为 61 个。

7.3　随机库存模型

前面各节介绍的库存模型中都假设需求量为定值，通过求解总费用最小时的订货批量和重新订货点来确定库存策略。当需求变化过大不能做定值处理时，需求量就不再是常量，而是随机变量，这时就需要借助另一类库存模型——随机库存模型。由于大部分随机库存模型都比较复杂，本节仅介绍随机库存模型中较为简单的两个模型——单时期库存模型和 (R,Q) 库存模型。

7.3.1　单时期库存模型

一个典型的单时期库存模型的例子就是在大街小巷卖报的小孩，因而此模型又称报童模型。

报童模型的库存模式是在某一时期内订货只有一次，到此时期结束时要么所有的产品全卖光，要么就折本销售剩余产品。由于折本销售，因而假设产品会在时期末全部卖光。除了报童卖报，时装和一些易腐烂产品的销售也基本符合单时期库存模型假设。

因为单时期库存模型仅订货一次，所以该模型的库存策略就是确定在期初的最优订货数量。本节通过例 7.3.1 说明单时期库存模型的求解公式和它的 Spreadsheet 求解过程。

例 7.3.1[①]　某商店拟在新年期间出售一批日历画片。每出售 1 000 张可盈利 7 元。如果在新年期间不能出售，必须削价处理，作为画片出售。由于降价，一定可以售完，此时每千张损失 4 元。根据以往的经验，市场需求的概率如表 7.3.1。每年只能订货一次。问应订购日历画片多少张，才能使总收益最大，或损失最小？

表 7.3.1　日历画片需求量的概率分布函数

需求量（D）（千张）	0	1	2	3	4	5
概率密度 $P(D)$	0.05	0.10	0.25	0.35	0.15	0.10

1. 模型的参数和最优订货批量

首先介绍单时期库存模型中各参数的意义。

单时期库存模型参数说明：

Q——期初订货量；

D——实际需求量，随机变量，例 7.3.1 中 D 服从表 7.3.1 的概率分布；

---

① 本题目选自《运筹学》教材编写组编写的《运筹学》，北京：清华大学出版社，p.369，本节介绍了运用 Spreadsheet 的新解法。

C_{over}——订货量 $Q > D$ 时,多订购的单位商品造成的利润损失。即由于降价出售而造成的单位损失成本,例 7.3.1 中 $C_{\text{over}} =$ 单位损失成本为 4 元;

C_{under}——订货量 $Q \leqslant D$ 时,少订购的单位商品造成的利润损失。即由于有需求而没有库存而造成的潜在利润损失,例 7.3.1 中 $C_{\text{under}} =$ 单位盈利 7 元。

采用边际分析方法[①]求解单时期库存模型可得最优订货批量 Q^* 是使不等式(7-3-1)成立的最小的 Q 值。

$$P(D \leqslant Q) \geqslant \frac{C_{\text{under}}}{C_{\text{over}} + C_{\text{under}}} \tag{7-3-1}$$

2. 用 Spreadsheet 求解单时期库存模型

例 7.3.1 的 Spreadsheet 求解过程如表 7.3.2。

单元格 B4、B5 和 B7 是模型的输入部分。

单元格 B11～G11、B12、B13 是模型输出部分:

B11=B8;C11=B8+C8;D11=SUM(B8:D8);E11=SUM(B8:E8);F11=SUM(B8:F8);G11=SUM(B8:F8);

B12=B5/(B4+B5);

B13=IF(B12<=B11,B7,IF(B12<=C11,C7,IF(B12<=D11,D7,IF(B12<=E11,E7,IF(B12<=F11,F7,G7)))))。

通过 Spreadsheet 计算可以得出,该商店期初最优的订货批量为 3 千张。

表 7.3.2　单时期库存模型 Spreadsheet 求解表

	A	B	C	D	E	F	G
1	单时期库存模型计算						
2							
3	输入						
4	单位损失成本 C_{over}	4	元/千张				
5	单位盈利 C_{under}	7	元/千张				
6	需求量(D)的概率分布						
7	D(千张)	0	1	2	3	4	5
8	D 的分布率 $P(D)$	0.05	0.1	0.25	0.35	0.15	0.1
9							

---

① 求解过程从略,见胡运权,郭耀煌的《运筹学教程》,清华大学出版社,1998,pp.332～333。

	A	B	C	D	E	F	G
10	输出						
11	D 的累积概率 $F(D)$	0.02	0.15	0.4	0.75	0.9	1
12	$C_{under}/(C_{over}+C_{under})$	0.636 364					
13	最优订货量 Q^*	3	千张				

7.3.2 （R,Q）库存模型

许多需求随机的库存问题并不是单时期的，而与 EOQ 模型的库存模式十分类似，这类模型的库存模式可用图 7.3.1 表示。

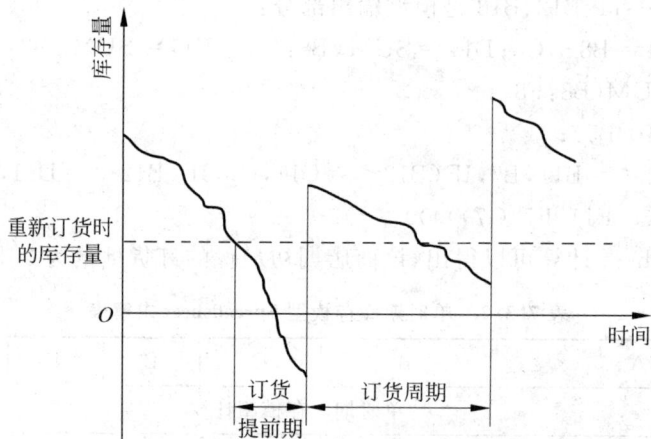

图 7.3.1　（R,Q）库存模型

由于需求量是随机变量，所以库存量的减少并不像 EOQ 模型那样呈直线下降，而是呈曲线下降，如图 7.3.1。同时，需求量的不断变化也导致了在提前期内的实际需求量也是一个随机变量，因此模型中重新订货点也不像 EOQ 模型中重新订货点那样可以保证满足提前期内的实际需求量，并使得库存水平在订货周期末为 0，所以在此类模型中重新订货点不仅影响库存费用的大小（当实际需求量小于重新订货点，期末库存不为 0，因而产生了比 EOQ 模型多的库存费用），而且影响缺货费用的大小（当实际需求大于重新订货点，在此订货周期内就产生了缺货）。因而此类模型中重新订货点是一个非常主要的量，所以就常把此类随机库存模型称为（R,Q）模型，R 是重新订货点，Q 是每次的订货批量。

1. 模型的参数和参数关系

(R,Q)模型的最优订货量Q虽然可以用EOQ模型中Q^*的计算公式近似求出,但本节通过例7.3.2介绍(R,Q)模型一种较为简单的求解方法——规划求解方法。

例7.3.2[①]　某商店出售照相机,该照相机的年需求量D服从$N(1\,200,70)$的分布,照相机的每次订货费用为35元,每年每台照相机的库存费用为10元,照相机从订单发出到照相机入库需要7天,试求该商店应该什么时候订货?每次的订货量是多少?

(1) 模型参数

D——年需求量,例7.3.2中年需求量服从正态分布。

L——提前期,例7.3.2中照相机的提前期为7天,即一个星期。

D_L——提前期内的需求量,已知年需求量可以算出提前期内的需求量分布。例7.3.1中因为$D\sim N(1\,200,70)$,所以提前期内的需求量D_L也服从正态分布:

$$D_L \sim \left(\frac{E(D)}{52}, \sqrt{\frac{1}{52}} \times \sigma_D \right) \tag{7-3-2}$$

R——重新订货点。在(R,Q)模型中,可以把重新订货点R表示为:

$$R = E(D_L) + k\sigma_L \tag{7-3-3}$$

在例7.3.2中,$E(D_L)=\dfrac{E(D)}{52}=1\,200/52\approx23$(台);$\sigma_L=\sqrt{1/52}\times\sigma_D=\sqrt{1/52}\times70\approx9.7$(台),所以照相机的重新订货点可以表示为:

$$R = 23 + 9.7k \tag{7-3-4}$$

s——需求能够及时得到满足的百分比,它表示商店的照相机服务水平,例7.3.2中商店照相机管理人员要求,必须有98%的顾客到达商店时均能购买到照相机;

B——一个周期内的缺货量,由于提前期内的需求量是随机变量,因而在提前期内的缺货量也是一个随机变量,B的分布函数由重新订货点R和提前期内需求量的分布函数决定;

C_0——订购费用,照相机的订购费用为35元/次;

C_h——单位库存费用,一台照相机的库存费用为10元/年。

(2) 模型中参数的关系

① 提前期内的需求量大于重新订货点的概率,$P(D_L > R)$

由式(7-3-3)得

$$P(D_L > R) = P(D_L > E(D_L) + k\sigma_L) = P\left(\frac{D_L - E(D_L)}{\sigma_L} > k\right) = P(Z > k) \tag{7-3-5}$$

[①]　本题目选自威尼斯·L. 温斯顿的《管理科学》,大连:东北财经大学出版社,p.512,本节介绍了运用Spreadsheet的新解法。

② s 和 B 的关系

由于 s 代表的是服务水平，而 B 代表的是周期内的缺货量，因而

$$s = (1 - E(B)/Q) \times 100\% \tag{7-3-6}$$

其中 $E(B)$ 是周期内的期望缺货量，照相机期望缺货量为：

$$E(B) = \sigma_L \left(\frac{1}{\sqrt{2\pi}} e^{-k^2/2} - kP(Z > k) \right) \tag{7-3-7}$$

2. （R, Q）库存模型的规划求解

（1）目标函数

应用 Spreadsheet 规划求解的一个重要步骤就是写出正确的目标函数，订货量 Q 和 k 为规划求解的可变变量，则（R, Q）模型的总费用函数是

$$TC = 年库存费用 + 年订购费用 \tag{7-3-8}$$

其中

$$年订购费用 = 年订购的次数 \times C_0 \tag{7-3-9}$$

$$年订购次数 = \frac{E(D)}{Q} \tag{7-3-10}$$

由式（7-3-8）和式（7-3-9）得，

$$年订购费用 = \frac{E(D)}{Q} \times C_0 \tag{7-3-11}$$

在任何一个订货周期内，库存量的期望最小值为 $k\sigma_L$，而商品进库时库存量达到最大，期望最大值为 $Q + k\sigma_L$，所以平均库存水平为

$$平均库存水平 = \frac{k\sigma_L + (Q + k\sigma_L)}{2} \tag{7-3-12}$$

因而，

$$年库存费用 = \frac{k\sigma_L + (Q + k\sigma_L)}{2} \times C_h = \left(\frac{Q}{2} + k\sigma_L \right) \times C_h \tag{7-3-13}$$

由式（7-3-8）、式（7-3-11）和式（7-3-13）得

$$TC = \frac{E(D)}{Q} \times C_0 + \left(\frac{Q}{2} + k\sigma_L \right) \times C_h \tag{7-3-14}$$

因此规划求解的目标函数为：

$$\min \left[\frac{E(D)}{Q} \times C_0 + \left(\frac{Q}{2} + k\sigma_L \right) \times C_h \right] \tag{7-3-15}$$

（2）约束条件

除了非负约束外，还要满足服务水平要求。照相机的服务水平要求 $s = 98\%$，即

$$1 - \left[\sigma_L \left(\frac{1}{\sqrt{2\pi}} e^{-k^2/2} - kP(Z > k) \right) \right] \Big/ Q = 0.98 \tag{7-3-16}$$

3. 用 Spreadsheet 求解(R,Q)库存模型

例 7.3.2 的 Spreadsheet 如表 7.3.3。

表 7.3.3　(R,Q)库存模型 Spreadsheet 求解表

	A	B	C
1	(R,Q)库存模型计算		
2	已知		
3	订购费用(C_0)：	35	元/次
4	年库存费用(C_h)：	10	元/台
5	平均需求量($E(D)$)：	1 200	台
6	需求量偏差(σ_D)：	70	台
7	提前期(L)：	0.019 231	年
8	服务水平(s)：	0.98	
9			
10	规划求解		
11	提前期内的需求量均值($E(D_L)$)：	23.076 92	台
12	提前期内需求量偏差(σ_L)：	9.707 253	台
13	最优订货批量 Q^*：	98.125 41	台
14	K：	0.485 953	
15	$k\sigma_L$：	4.717 265	
16	$P(Z>k)$：	0.313 5	
17	$1-E(B)/Q$：	0.98	
18	重新订货点(R)：	27.794 19	元
19	年订货成本：	428.023 7	元
20	年库存成本：	537.799 7	元
21	总成本(TC)：	965.823 4	元

单元格 B4～B9 是模型规划求解的已知数,其中提前期是以年为单位,B8＝1/52。

B14、B15 是模型规划求解的可变单元格。

单元格 B22 是模型规划求解的目标函数。

B12＝B8＊B6;B13＝SQRT(B8)＊B7;

B16＝B15＊B13;B17＝1－NORMSDIST(B15);

B18＝1－B13＊(NORMDIST(B15,0,1,FALSE)－B15＊B17)/B14;

B19＝B12＋B16;

B20＝B6/B14＊B4;B21＝0.5＊B14＊B5＋B5＊B16;

B22＝B20＋B21。

由此可得该商店应在照相机库存量为 28 台的时候开始订货,每次的订货量为 98 台。

库存模型求解的要点在于能够准确地描述总费用函数,最优的库存策略就是使总费用最低的策略。本章介绍的大部分库存模型,在总费用分析之后可以采用 Spreadsheet 的规划求解来得出最优订货批量和重新订货点。但是由于公式计算可以简化求解过程,因而本章给出了简单的确定型库存模型和单时期库存模型最优订货批量的计算公式。

关于确定型库存模型,本章主要介绍了 EOQ 模型、生产批量模型、允许缺货的 EOQ 模型、有数量折扣的 EOQ 模型和同时为几种产品订货模型。关于随机库存模型,本章主要介绍了单时期库存模型和 (R,Q) 库存模型。各种模型都是从总费用分析入手,求出使总费用最低的订货批量和重新订货点。

虽然本章介绍的部分模型看起来比较复杂,如同时为几个产品订货模型的目标函数和 (R,Q) 库存模型中的约束条件,然而本章介绍的库存模型依然是基本的、简单的库存模型。由于实际库存问题多种多样,因而需要许多复杂库存模型来解决多样的库存问题,一般对于复杂随机库存模型都采用了计算机模拟技术求解。

现代物流的兴起,库存问题也越来越成为影响企业效率的重要环节,借助本章介绍的库存模型可以帮助决策者制定合理的库存策略,降低库存费用,提高企业效率。

C HAPTER 8
第 8 章

模　　拟

　　模拟的思想由来已久,例如象棋就是模仿古代战争的一种游戏。现在,模拟已成为在决策过程中应用最广泛的定量方法之一。本章介绍模拟的基本概念、模拟模型的建立与运行,以及模拟模型在风险分析、企业销售决策、竞标决策、库存决策、排队系统等方面的应用。

8.1　模拟的基本概念

8.1.1　模拟的概念

　　模拟是对真实系统或过程在时间域中运行的模仿。

　　通常有两种研究系统的方法,第一种方法是直接研究法,即对所要研究的系统进行直接的研究;第二种方法是间接研究法,它不是对所要研究的系统进行直接的研究,而是通过对另一系统的研究来了解所要研究系统的特性。模拟就是一种间接研究法,它不是直接研究真实系统的行为,而是首先建立一个在各主要方面能反映真实系统特征的模型,通过对该模型的运行试验来研究真实系统的行为。由于这种间接研究的模拟方法是通过模型试验来重现真实系统在不同情况下的行为的,所以具有以下优点:

　　(1)当某些复杂系统难以用直接研究法进行研究,或者不能采用解析方法求解时,模拟提供了一种可行的方法。例如对于船舶在不同风浪下的性能的试验,若用直接研究法进行研究,可能会造成很大的经济损失,人们用船模在实验室的模拟风浪中进行试验,通过考察船模在模拟风浪下的性能来研究真实船舶在不同风浪下的性能,节约了费用和时间,有效地避免了经济损失。

　　(2)用电子计算机进行模拟,可以大大缩短研究周期、节约经费。例如对不同数量的服务台在不同的顾客到达密度情况下的服务水平的研究,如果采用直接研究法,需要花费大量的时间进行观察与分析,而采用计算机模拟方法,可以大大节省试验时间与费用。

　　模拟方法不属于优化的范畴,但是通过模拟可以使管理人员及时取得大量的相关信息,了解系统在不同环境下的行为品质,以及采取不同对策时系统的响应,从而作出最优决策。

　　模拟模型有两类输入变量:可控变量和不可控变量。可控变量是指系统可以决定的变量,例如在一个服务系统中应设立的服务台的数量等;不可控变量则是系统无法控制的变量,这类变量通常以某种概率出现,所以又称概率变量,例如服务系统中顾客到达的密度、服务时间等。

8.1.2　模拟模型的分类

模拟模型通常可以分成以下几种类型：

按模拟的形式分类，可以分为物理模拟、数学模拟和混合模拟。物理模拟又称实体模拟，这类模拟模型的物理性质或几何形状与真实系统相似，例如用船模模拟船舶就是一种物理模拟。数学模拟又称抽象模拟，这类模拟模型采用数学方程描述真实系统的特征，数学模拟还可分为数学解析法（用数学解析式来描述和模拟系统）、蒙特卡洛法（运用一连串随机数表示一项概率分配的模拟方法）和计算机模拟法（用计算机编程来描述系统、进行模拟）等。混合模拟模型是物理模拟与数学模拟相结合的模型。

按模拟系统中变量的性质分类，可以分为离散系统模拟模型与连续系统模拟模型。前者的变量是分立的、断续变化的离散变量，例如顾客到达率就是一个离散变量；后者的变量是平滑变化的连续变量，例如一个不断注入水的容器的水面高度就是一个连续变量。

此外，按变量是否随时间变化分类，可以分为动态模拟模型和静态模拟模型。变量随时间变化的模拟模型称为动态模拟模型，而变量与时间无关的模拟模型称为静态模型。例如对一个排队系统的模拟就是动态模拟，而对企业财务状况的模拟则常常是静态模拟。

8.1.3　随机数在模拟中的应用

如前所述，模拟模型有两类输入变量，即可控变量与不可控变量（或称概率变量）。如果可以用一系列随机产生的数值来表示不可控变量的概率分布，那么就可以得到不可控变量的抽样值，从而模拟系统的行为。这也是蒙特卡洛法的主要思想。下面用一个例子来说明如何运用随机数获得不可控变量的抽样值，进而描述系统的行为。

例 8.1.1　理发店系统模拟

方方的理发店中只有一位理发师。方方想了解顾客的等待状况，以决定是否需要再增加一位理发师。方方根据 100 个顾客的历史资料，得到顾客到达的时间间隔与理发时间的统计结果，如表 8.1.1 与表 8.1.2 所示。问如何采用模拟方法求出该理发店中顾客的平均等待时间。

表 8.1.1　顾客到达的时间间隔统计结果

顾客到达间隔（分钟）	概率	累计概率
10	0.3	0.3
30	0.3	0.6
50	0.3	0.9
≥50	0.1	1.0

表 8.1.2　理发时间统计结果

理发时间（分钟）	概率	累计概率
10	0.1	0.1
20	0.3	0.4
30	0.3	0.7
40	0.2	0.9
≥40	0.1	1.0

解：本题中有两个不可控输入变量，一个是顾客到达时间间隔，另一个是理发时间。表 8.1.1 与表 8.1.2 给出了它们的统计结果。其中，累计概率是指不可控变量的值小于等于某个值的概率，例如，顾客到达间隔小于等于 30 的累计概率＝顾客到达间隔为 10 的概率＋顾客到达间隔为 30 的概率＝0.3＋0.3＝0.6；顾客到达间隔小于等于 50 的累计概率＝顾客到达间隔小于等于 30 的概率＋顾客到达间隔为 50 的概率＝0.6＋0.3＝0.9，等等。

为产生"顾客到达间隔"这个不可控变量的抽样值，可以产生一系列 [0,100) 之间的整数随机数来代表上述概率分布。例如，当产生的随机数落在区间 [30,60) 中时，它表示的概率是 0.3，这是因为在 [0,100) 中共有 100 个随机数（即 0,1,2,…,99），而在这 100 个随机数中随机取出的一个随机数恰好落在区间 [30,60) 中的概率是 0.30。这个概率等于顾客到达间隔为 30（分钟）的概率，这样就得到了顾客到达间隔的一个抽样值，即为 30（分钟）。表 8.1.3 与表 8.1.4 分别列出了顾客到达时间与理发时间的概率分布对应的随机数。

表 8.1.3　用随机数表示顾客到达的时间间隔的概率分布

顾客到达间隔（分钟）	概率	累计概率	对应的随机数
10	0.3	0.3	[0, 30)
30	0.3	0.6	[30, 60)
50	0.3	0.9	[60, 90)
70	0.1	1.0	[90, 100)

表 8.1.4　用随机数表示理发时间的概率分布

理发时间（分钟）	概率	累计概率	对应的随机数
10	0.1	0.1	[0, 10)
20	0.3	0.4	[10, 40)
30	0.3	0.7	[40, 70)
40	0.2	0.9	[70, 90)
50	0.1	1.0	[90, 100)

本题中，首先要产生两个随机数系列，第一个随机数系列产生顾客到达时间间隔的抽样值，第二个随机数系列产生理发时间的抽样值。

设第一个随机数系列为 3,12,37,45,89,23,8,…。该随机数系列的第一个数是 3，它落在表 8.1.3 中的随机数区间 [0,30) 内，对应的顾客到达时间间隔抽样值是 10（分钟），如此类推可以得到对应的顾客到达时间间隔的抽样值为：10,10,30,30,50,10,10,…（分钟）。

设第二个随机数系列为 23,68,31,4,43,33,95,…。同理可以得到对应的理发时间抽样值为：20,30,20,10,30,20,50,…（分钟）。

然后将上述抽样值输入模拟模型,就可以模拟该理发店的行为特性了。可见顾客到达时间间隔抽样值与理发时间抽样值是根据其概率分布、由随机数系列得出的（随机数的产生方法见下节）。模拟模型如下：

顾客到达时刻＝前一个顾客到达时刻＋本顾客的到达间隔

顾客开始被服务时刻＝max{前一个顾客离开时刻,本顾客到达时刻}

顾客离开时刻＝顾客开始被服务时刻＋顾客理发时间

顾客总等待时间＝前一个顾客的总等待时间＋本顾客的等待时间

顾客的等待时间＝顾客开始被服务时刻－顾客到达时刻

模拟过程如表 8.1.5 所示,设模拟的起始时刻为 0。

根据模拟结果可以计算该理发店系统的性能,如顾客平均等待时间、服务台利用率等。其公式如下：

顾客平均等待时间＝顾客总等待时间/顾客数

理发店系统的服务台（即理发师）的利用率＝理发时间的总和/仿真时间长度。

值得注意的是,在进行模拟时,必须有足够多的抽样值,才能得到较为准确的模拟结果。此外,在计算系统性能时通常应删去前若干个模拟结果,这是因为当系统刚开始模拟时一般未达到稳定状态,前若干个模拟结果常常不能反映一般的情况。

表 8.1.5　理发店系统模拟表

顾客数	第一个随机系列	顾客到达间隔抽样值	顾客到达时刻	顾客开始被服务时刻	第二个随机数系列	顾客理发时间抽样值	顾客离开时刻	顾客总等待时间
1	3	10	10	10	23	20	30	0
2	12	10	20	30	68	30	60	10
3	37	30	50	60	31	20	80	20
4	45	30	80	80	4	10	90	20
5	89	50	130	130	43	30	160	20
6	23	10	140	160	33	20	180	40
7	8	10	150	180	95	50	230	70

8.2　用 Spreadsheet 产生代表某项概率分布的随机数

从上节的讨论可见,随机数在模拟中有着十分重要的作用。本节讨论如何用 Spreadsheet 中的命令产生各种随机数,并由此得到以某种概率分布的输入变量（即不可控变量）的抽样值。

8.2.1　用 Spreadsheet 产生在区间[0,1)中均匀分布的随机数

（1）用在区间[0,1)中均匀分布的随机数,得到在区间[0,1)中均匀分布的输入变量抽样值。

在区间[0,1)中的均匀分布的输入变量如图 8.2.1 所示。图中,X 为输入变量,P 为出现该变量的概率。从该图可以看出,在区间[0,1)中各输入变量出现的概率相等。

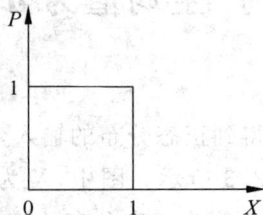

图 8.2.1　在区间[0,1)中的均匀分布的输入变量

运用在区间[0,1)之间均匀分布的随机数,可以得到在区间[0,1)之间均匀分布的输入变量的抽样值。

（2）用 Excel 中的公式产生在区间[0,1)中均匀分布的随机数。

在 Excel 的单元格中输入下述公式:

$$= \text{rand}() \tag{8-2-1}$$

便可得到在区间[0,1)中均匀分布的随机数。

8.2.2　用 Spreadsheet 产生在区间[a,b)中均匀分布的随机数

（1）用在区间[a,b)中均匀分布的随机数,得到在区间[a,b)中均匀分布的输入变量抽样值。

在区间[a,b)中均匀分布的输入变量如图 8.2.2 所示。图中,X 为输入变量,P 为出现该变量的概率。从该图可以看出,在区间[a,b)中各输入变量出现的概率相等。

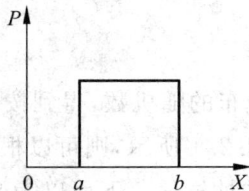

图 8.2.2　在区间[a,b)之间均匀分布的输入变量

用在区间[a,b)中均匀分布的随机数,可以得到在区间[a,b)中均匀分布的输入变量

的抽样值。

（2）用 Excel 中的公式产生在区间 $[a,b]$ 中均匀分布的随机数。

在 Excel 的单元格中输入下述公式：

$$= a + (b - a) * rand() \tag{8-2-2}$$

便可得到在区间 $[a,b]$ 中均匀分布的随机数。

8.2.3 用 Spreadsheet 产生均值为 μ、标准方差为 σ 的正态分布的随机数

（1）用按正态分布的随机数，得到正态分布的输入变量的抽样值。

正态分布的输入变量如图 8.2.3 所示。图中，X 为输入变量，P 为出现该变量的概率。用按正态分布的随机数，得到概率为正态分布的输入变量。

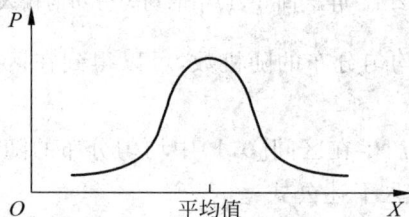

图 8.2.3　概率为正态分布的输入变量

（2）用 Excel 中的公式产生均值为 μ、标准方差为 σ 的正态分布的随机数。

在 Excel 的单元格中输入下述公式：

$$= NORMINV(RAND(), \mu, \sigma) \tag{8-2-3}$$

便可得到均值为 μ、标准方差为 σ 的正态分布的随机数。

8.2.4 用 Spreadsheet 产生按历史数据统计规律分布的随机数

（1）用按历史数据统计规律分布的随机数，得到按此概率分布的输入变量的抽样值。

如果某变量的历史数据如图 8.2.1 所示，则可以根据其分布规律来产生随机数，并由此得到按该规律分布的输入变量的抽样值。下面以表 8.2.1 为例加以说明。

表中 C 列表示单位产品的成本，它是一个随机变量。D 列表示该变量等于某数值的概率。例如单元格 D10 中的数值等于 0.10，单元格 C10 中的数值等于 43 元，表示单位产品的成本等于 43 元的概率为 0.10。C 列和 D 列中的数字都是已知的历史数据。

表 8.2.1 中单位产品成本的概率分布可用直方图描述,见图 8.2.4。

表 8.2.1　单位产品成本分布概率及其对应的随机数区间

	A	B	C	D
9	随机数区间的下限	随机数区间的上限	单位产品成本(元)	概率
10	0.00	0.10	43	0.10
11	0.10	0.30	44	0.20
12	0.30	0.70	45	0.40
13	0.70	0.90	46	0.20
14	0.90	1.00	47	0.10

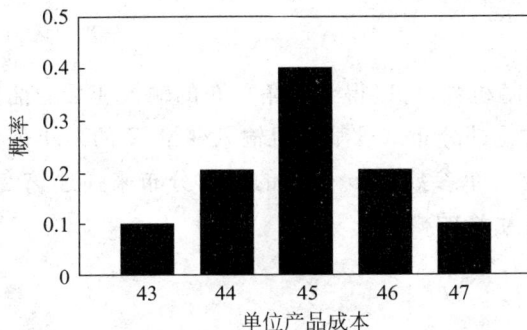

图 8.2.4　单位产品成本概率分布直方图

根据表 8.2.1 中 D 列的概率,可以得到代表这一概率的随机数区间。例如,根据历史数据可知,单位产品成本为 43 元的概率为 0.10,这个概率可以用随机数区间[0.00, 0.10)表示。这是因为在随机数区间[0.00,1.00)中共有 100 个随机数(0.00,0.01,0.02,…,0.99),从中任意产生的一个随机数落在区间[0.00,0.10)的概率等于 $10 \div 100 = 0.10$,它正好等于单位产品成本为 43 元的概率。同理,单位产品成本为 44 元的概率为 0.20,这个概率可以用随机数区间[0.10,0.30)表示。这是因为在随机数区间[0.00, 1.00)中的 100 个随机数中,任意产生的一个随机数落在区间[0.10,0.30)的概率等于 $20 \div 100 = 0.20$,它正好等于单位产品成本为 44 元的概率。由此可以得到表示不同单位产品成本的随机数区间。用 A 列与 B 列中的数字分别表示随机数区间的下限和上限,例如随机数区间为[0.00,0.10)时,A10=0.00,B10=0.10,依此类推。由此可以得到 A 列和 B 列的值。这样,就得到了一张由随机数区间下限、随机数区间上限、输入变量(本例中的输入变量是单位产品成本)这三列组成的随机数区间表,即表 8.2.4 中 A 列、B 列、C 列中的数据。

（2）用 Excel 中的公式产生按历史数据统计规律分布的随机数。

完成随机数区间表后，用 Excel 的命令可以产生输入变量的抽样值。其方法是在单元格中输入下述公式：

= VLOOKUP(RAND()，表左上角地址：表右下角地址，输入变量所在列数)

仍以表 8.2.4 为例，若要在单元格中产生一个反映该表规律的单位产品成本抽样值，只要在单元格中输入：

$$= \text{VLOOKUP(RAND()，} \$A\$10：\$C\$14,3) \qquad (8\text{-}2\text{-}4)$$

上式中，$\$A\$10：\$C\$14$ 是随机数抽样表的区间范围，"3"表示该表中的第 3 列是随机输入变量（即不可控变量，本题中为单位产品的成本）。

8.2.5 用 Spreadsheet 产生参数为 a, b, c 的三角分布的随机数

（1）用三角分布的随机数，可以得到三角分布的输入变量的抽样值。

三角分布是一种常见的分布。设某随机输入变量 X 的最小值为 a，最大值为 b，最可能值为 c，则可用具有这三个参数（a、b 和 c）的三角分布来描述该变量，如图 8.2.5 所示。图中 X 为输入变量，P 为 X 的概率。

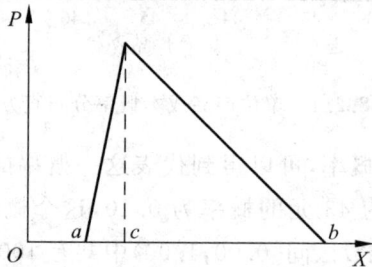

图 8.2.5　概率分布为三角分布的输入变量

（2）用 Excel 中的公式产生参数为 a, b, c 的三角分布随机数（其中 a 为下限值，b 为上限值，c 为最可能值）的步骤。

第一步：输入参数 a、b、c 的值，并对 c 标准化

在 Excel 的单元格中输入参数，例如在单元格 A5：C5 中分别输入 a、b、c 的值，见表 8.2.2。

用下式对 c 格式化：

$$= (c-a)/(b-a) \qquad (8\text{-}2\text{-}5)$$

用单元格 B8 表示格式化后的 c，根据公式 8-2-5，在该单元格中输入下述公式：

$$= (\$C\$5 - \$A\$5) * (\$B\$5 - \$A\$5)$$

即得到格式化了的 c 值。

第二步：产生在区间[0,1)中均匀分布的随机数

在单元格 B11 中输入下述公式：

$$= RAND()$$

即得到在区间[0,1)中均匀分布的一个随机数。

第三步：产生三角分布的随机数

用单元格 B14 表示一个服从三角分布的随机数,在单元格 B14 中输入下述公式：

$$= \$A\$5 + (\$B\$5 - \$A\$5) * if(B11 <= \$B\$8, sqrt(B11 * \$B\$8),$$
$$1 - sqrt((1 - \$B\$8) * (1 - B11))) \tag{8-2-6}$$

便可得到服从参数为 a,b,c 的三角分布的一个随机数。上式中,sqrt(B11 * $\$B\$8$)表示 (B11 * $\$B\$8$)的积的平方根。上述公式的 Spreadsheet 见表 8.2.2。

表 8.2.2　三角分布随机数的产生

	A	B	C
1		三角分布随机数的产生	
2			
3		参数	
4	*a*	*b*	*c*
5	1	2	6
6			
7		第一步:对 C 标准化:	
8		= ($\$C\$5 - \$A\$5$) * ($\$B\$5 - \$A\$5$)	
9			
10		第二步:产生区间[0,1)中均匀分布的随机数:	
11		= RAND()	
12			
13		第三步:产生三角分布随机数:	
14		= $\$A\$5 + (\$B\$5 - \$A\$5)$ * IF(B11 <= $\$B\$8$, SQRT(B11 * $\$B\$8$),1 - SQRT((1 - $\$B\$8$) * (1 - B11)))	

8.3　风险分析模拟

风险分析就是分析在不确定情况下某项决策可能会产生的结果。在许多情况下,人们在进行决策前都需要进行风险分析。例如某新产品投产前或对某项目投资前,都要预

先估计其收益与风险，以便作出正确的抉择。本节介绍采用模拟模型进行风险分析的方法及其应用。

传统的风险估计方法通常是估算出若干种不同情况下的系统性能，例如最好情况下的利润与最坏情况下的利润，然后进行分析。这种分析方法称为"what-if"分析法。但这种分析一般难以全面地、综合地、详细地描述风险的大小。模拟模型的实质，就是利用一系列的"what-if"运算，计算出以不同概率出现的各种不确定情况下的结果，并进行统计分析，可见采用模拟模型可以对系统行为作出更全面、更详细的描述和分析。下面通过例 8.3.1 来说明如何运用模拟模型进行风险分析。

例 8.3.1　健力按摩器厂新产品的风险分析

健力按摩器厂计划在明年生产一种新型的脚部按摩器。据市场调查，该产品的定价为 100 元时，下一年的需求量接近于一种均值为 20 000（台）、标准方差为 6 000（台）的正态分布。据专家估算，生产该产品需投入的固定成本为 900 000 元，单位产品的可变成本在 46 元至 50 元之间，其概率分布见表 8.3.1。此外，该新产品所需的广告费是一个在 100 000 元至 130 000 元之间均匀分布的随机数。该厂希望在投产前，对该产品的利润与风险进行分析。

表 8.3.1　新产品单位产品可变成本概率

单位产品可变成本（元）	46	47	48	49	50
概率	0.10	0.20	0.40	0.20	0.10

解：据题意，本题中有三个不可控的输入变量：需求量、可变成本和广告费；有两个具有固定数值的输入参数：产品的固定成本、产品单价。以上输入量如表 8.3.2 所示。

表 8.3.2　输入量

不可控输入变量			固定数值的输入量	
需求量（台）	可变成本（元）	广告费（元）	固定成本（元）	产品单价（元/台）
服从均值为 20 000、标准方差为 6 000 的正态分布	服从表 8.3.1 所示的概率分布	服从区间在 100 000 与 130 000 之间的均匀分布	900 000	100

首先采用传统的风险分析方法，然后采用模拟模型的风险分析方法进行分析，以便了解模拟模型的功能和意义。

方法一：传统的风险分析方法

传统的风险分析方法忽略了随机因素，而仅考虑若干情况下的结果，如最好结果与最差结果。本题中，有三个不可控的随机输入变量：需求量、可变成本、广告费。其中，需求量服从均值为 20 000、标准方差为 6 000 的正态分布,由此取其均值 20 000(台)作为产品的需求量;可变成本是在 46 元至 50 元之间,服从某种概率分布的随机数,所以,最低可变成本为 46 元,最高可变成本为 50 元;而该新产品所需的广告费是一个在100 000 元至 130 000 元之间均匀分布的随机数,即最高广告费用为 130 000 元,最低广告费用为 100 000 元。此外,已知产品的固定成本为 900 000 元,产品的单价为 100 元。由以上数据,可以得到该产品的最大利润与最小利润如下:

最大利润 =（单价 － 最低可变成本）× 平均需求量 － 最低广告费用 － 固定成本

$$= (100 - 46) \times 20\,000 - 100\,000 - 900\,000$$

$$= 80\,000(元)$$

最小利润 =（单价 － 最高可变成本）× 需求量 － 最高广告费用 － 固定成本

$$= (100 - 50) \times 20\,000 - 130\,000 - 900\,000$$

$$= -30\,000(元)$$

可见,在最好情况下,下一年该新产品的利润为 80 000 元;在最差情况下,下一年该新产品的利润为 －30 000 元,即亏损 30 000 元。

方法二:运用模拟模型的风险分析方法

运用模拟模型方法的基本步骤是,首先生成一系列随机数以代表不可控变量的概率分布,从而得到不可控变量的抽样值,然后输入到反映系统运行规律的相应的公式(模型)中进行模拟运算,最后对模拟结果进行统计计算与分析。本例的模拟模型的 Spreadsheet 见表 8.3.3。其具体步骤如下。

表 8.3.3　新产品风险分析模拟模型

	A	B	C	D	E
1	例 8.3.1　健力按摩器厂新产品的风险分析				
2					
3	输入已知数据				
4					
5	产品单价(元/台)	100			
6	固定成本(元)	900 000			
7					
8	(正态分布)	均值	标准方差		
9	需求量(台)	20 000	6 000		
10					
11	(均匀分布)	最小值	最大值		
12	广告费(元)	100 000	130 000		
13					
14	可变成本				

续表

	A	B	C	D	E
15		随机数区间下限	随机数区间上限	可变成本（元）	
16		0	0.1	46	
17		0.1	0.3	47	
18		0.3	0.7	48	
19		0.7	0.9	49	
20		0.9	1	50	
21					
22	模拟模型				
23					
24					
25	序号	需求量（台）	可变成本（元）	广告费（元）	利润（元）
26	1	18 548	46	125 454	−23 852
27	2	18 293	48	129 083	−77 841
28	3	12 108	49	108 746	−391 247
29	4	24 325	46	108 442	305 106
30	5	19 988	48	103 760	35 636
522	497	16 680	49	111 184	−160 513
523	498	26 916	49	112 175	360 563
524	499	10 978	46	122 576	−429 744
525	500	30 240	48	121 853	550 651
526					
527			统计分析		
528			平均利润		46 551
529			标准方差		307 770
530			最小利润		−903 099
531			最大利润		831 889
532			亏损次数		215
533			亏损的概率		0.43
534			利润超过 10 万元的次数		214
535			利润超过 10 万元的概率		0.43

第一步：输入已知数据

首先在 Excel 的工作表中输入已知数据，见表 8.3.3。在单元格 B5：B6 中分别输入产品的单价和固定成本；在单元格 B9：C9 中分别输入需求量（正态分布）的均值和标准方差；在单元格 B12：C12 中分别输入广告费（均匀分布）的最小值和最大值；在单元格 B16：D20 中输入可变成本，以及根据其概率分布得到的对应的随机数区间，其中单元格 D16：D20 为可变成本的各个可能值，单元格 B16：B20 和 C16：C20 分别为各可变成本对应的随机数区间的下限与上限。随机数区间的下限与上限是根据可变成本的概率和累积概率确定的。可变成本的概率分布及其对应的随机数区间见表 8.3.4。

表8.3.4 单位产品成本的概率分布及其对应的随机数区间

随机数区间的下限	随机数区间的上限	可变成本(元)	概 率	累积概率
0.00	0.10	46	0.10	0.10
0.10	0.30	47	0.20	0.30
0.30	0.70	48	0.40	0.70
0.70	0.90	49	0.20	0.90
0.90	1.00	50	0.10	1.00

第二步:生成一系列随机数,得到不可控输入变量的抽样值

本题中的不可控输入变量是:需求量、广告费和可变成本。通过在 Spreadsheet 上用有关命令产生一系列的随机数,可以得到不可控变量的抽样值。

用单元格 B26、C26、D26 分别表示需求量、广告费和可变成本的一组抽样值。在单元格 B26 中输入下述公式:

=norminv(rand(),$B$9,$C$9)

得到按正态分布的需求量抽样值,将上述公式复制到单元格 B27:B525,得到另外 499 个需求量抽样值。

在单元格 C26 中输入下述公式:

=vlookup(rand(),$B$16:$D$20,3)

得到按表 8.3.1 的概率分布得到的可变成本抽样值,将上述公式复制到单元格 C27:C525,得到另外 499 个可变成本抽样值。

在单元格 D26 中输入下述公式:

=$B$12+($C$12−$B$12)*rand()

得到按均匀分布的广告费抽样值,将上述公式复制到单元格 D27:D525,得到另外 499 个广告费抽样值。

上述公式的 Spreadsheet 见表 8.3.5 与表 8.3.6。

表8.3.5 需求量与可变成本抽样值

	A	B	C
25	序号	需求量(台)	可变成本(元)
26	1	=NORMINV(RAND(),$B$9,$C$9)	=VLOOKUP(RAND(),$B$16:$D$20,3)
27	=1+A26	=NORMINV(RAND(),$B$9,$C$9)	=VLOOKUP(RAND(),$B$16:$D$20,3)
28	=1+A27	=NORMINV(RAND(),$B$9,$C$9)	=VLOOKUP(RAND(),$B$16:$D$20,3)
29	=1+A28	=NORMINV(RAND(),$B$9,$C$9)	=VLOOKUP(RAND(),$B$16:$D$20,3)
30	=1+A29	=NORMINV(RAND(),$B$9,$C$9)	=VLOOKUP(RAND(),$B$16:$D$20,3)
521	=1+A520	=NORMINV(RAND(),$B$9,$C$9)	=VLOOKUP(RAND(),$B$16:$D$20,3)
522	=1+A521	=NORMINV(RAND(),$B$9,$C$9)	=VLOOKUP(RAND(),$B$16:$D$20,3)

续表

	A	B	C
523	＝1＋A522	＝NORMINV(RAND()，$B$9，$C$9)	＝VLOOKUP(RAND()，$B$16：$D$20,3)
524	＝1＋A523	＝NORMINV(RAND()，$B$9，$C$9)	＝VLOOKUP(RAND()，$B$16：$D$20,3)
525	＝1＋A524	＝NORMINV(RAND()，$B$9，$C$9)	＝VLOOKUP(RAND()，$B$16：$D$20,3)

表 8.3.6　广告费与利润抽样值

	D	E
25	广告费（元）	利润（元）
26	＝$B$12＋($C$12－$B$12)＊RAND()	＝($B$5－C26)＊B26－D26－$B$6
27	＝$B$12＋($C$12－$B$12)＊RAND()	＝($B$5－C27)＊B27－D27－$B$6
28	＝$B$12＋($C$12－$B$12)＊RAND()	＝($B$5－C28)＊B28－D28－$B$6
29	＝$B$12＋($C$12－$B$12)＊RAND()	＝($B$5－C29)＊B29－D29－$B$6
30	＝$B$12＋($C$12－$B$12)＊RAND()	＝($B$5－C30)＊B30－D30－$B$6
521	＝$B$12＋($C$12－$B$12)＊RAND()	＝($B$5－C521)＊B521－D521－$B$6
522	＝$B$12＋($C$12－$B$12)＊RAND()	＝($B$5－C522)＊B522－D522－$B$6
523	＝$B$12＋($C$12－$B$12)＊RAND()	＝($B$5－C523)＊B523－D523－$B$6
524	＝$B$12＋($C$12－$B$12)＊RAND()	＝($B$5－C524)＊B524－D524－$B$6
525	＝$B$12＋($C$12－$B$12)＊RAND()	＝($B$5－C525)＊B525－D525－$B$6

第三步：模拟运算

用单元格 E26 表示利润，据题意，可用下述公式计算利润：

利润＝（单价－可变成本）×需求量－广告费用－固定成本

所以，在单元格 E26 中输入下述公式：

＝($B$5－C26)＊B26－D26－$B$6

将上述公式复制到 E27：E525，得到另外 499 个抽样值下对应的利润。见表 8.3.5。

第四步：统计分析

为了使得结果更加符合实际情况，通常需要进行多次模拟。本题中已经进行了 500 次模拟，即对 500 个抽样值进行了模拟运算，得到了 500 个运行结果（利润）。最后要对这些运行结果进行统计分析。统计分析的内容主要包括：

（1）平均值

平均值反映该新产品的平均利润，用单元格 E528 表示平均利润，并输入下述公式：

＝average(E26：E525)

得到利润的平均值。

（2）标准方差

标准方差反映各个不同抽样值下利润值的差异，当利润的差异较大时，说明利润的不

确定性较大,即风险较大,所以常用标准方差(或方差)描述风险的大小。用单元格 E529
表示利润的标准方差,并输入下述公式:

$$=stdev(E26:E525)$$

得到利润的标准方差。

(3) 最大利润与最小利润

最大利润与最小利润反映利润的变动范围,用单元格 E530 与 E531 分别表示最小利
润与最大利润。在单元格 E530 中输入下述公式:

$$=min(E26:E525)$$

得到最小利润。在单元格 E531 中输入下述公式:

$$=max(E26:E525)$$

得到最大利润。

(4) 亏损的次数与概率

亏损的次数与概率反映风险的程度,用单元格 E532 与 E533 分别表示亏损次数与亏
损概率,在单元格 E532 中输入下述公式:

$$=countif(E26:E525,"<0")$$

命令 countif(单元格地址,"条件")用来计算这些单元格中满足条件的单元格个数。上式是
计算单元格 E26:E525 中数值小于 0 的单元格数目,也就是在 500 次模拟中亏损的次数。

在单元格 E533 中输入:

$$=E532/500$$

得到在 500 次模拟中亏损的概率。

(5) 其他统计量

除了上述的统计量外,还可以根据需要计算其他统计量。例如,可用 coutif 命令计算
利润超过 10 万元的概率,等等。

上述统计量的计算公式见表 8.3.7。

表 8.3.7 统计量计算公式

	C	D	E
527	统计分析		
528	平均利润		$=AVERAGE(E26:E525)$
529	标准方差		$=STDEV(E26:E525)$
530	最小利润		$=MIN(E26:E525)$
531	最大利润		$=MAX(E26:E525)$
532	亏损次数		$=COUNTIF(E26:E525,"<0")$
533	亏损的概率		$=E532/500$
534	利润超过 10 万元的次数		$=COUNTIF(E26:E525,">100000")$
535	利润超过 10 万元的概率		$=E534/500$

从表 8.3.3 所示的统计结果可知，该新产品的平均利润约为 4.65 万元，标准方差约为 30.8 万元，最小利润约为 -90.3 万元，最大利润约为 83.2 万元，亏损的概率是 43%。从上述统计数据可见，该新产品的标准方差较大，亏损的概率也较大，所以其风险较大。

从上面的模拟过程可知，采用模拟模型实际上综合了许多个"what-if"的统计结果（在本题中模拟了 500 次，也就是说，使用了 500 个"what-if"的结果进行统计分析），所以它能更加客观、全面地描述实际系统的行为，并且可以给出更加可靠与详细的分析。

8.4　库存系统模拟

用模拟方法可以对库存系统进行模拟，以得到合理的库存策略，如订购点、订货批量、库存水平等。例 8.4.1 对某企业主要原料在不同订货批量下的总成本进行了模拟，分析了最佳库存水平政策。

例 8.4.1　金山机械厂的库存问题[①]

金山机械厂要确定生产所需要的一种主要原料的库存水平。据该厂有关部门核算，该原料占有成本与储存费用为每件每周 10 元，订货成本为每批 25 元，缺货成本为每件 30 元。该厂的订货时间是一周的最后一个工作日，到货时间是下一周的第一个工作日，当前的库存控制政策是：对该原料的再订购点为 21 件（即库存低于 21 件时进行订货），订购量的确定原则是保持库存水平为 25 件。例如当周末库存为 20 件时，则需订货 5 件，以保证下周的期初库存量为 25 件；当周末库存不低于 21 件时则不订货。该厂发现，根据当前的订货政策，原料占有成本与库存储存费用较高，所以希望通过调整订货政策降低成本。根据以往资料分析，该厂每周对该原料的需求量是不确定的，其统计数据见表 8.4.1。

表 8.4.1　金山机械厂每周的原料需求量统计表

需求量(件)	次数	概率	累积概率	随机数区间
18	2	0.02	0.02	[0.00, 0.02)
19	8	0.08	0.10	[0.02, 0.10)
20	22	0.22	0.32	[0.10, 0.32)
21	34	0.34	0.66	[0.32, 0.66)
22	18	0.18	0.84	[0.66, 0.84)
23	9	0.09	0.93	[0.84, 0.93)
24	7	0.07	1.00	[0.93, 1.00)

解：本题通过运用 Spreadsheet 对该库存系统进行模拟，得到在当前库存水平政策和其他不同库存水平政策下的总成本，从而对当前的订货政策的合理性进行诊断，并且得出

---

① 例 8.4.1 的题目参考"系统工程"（沈泰昌主编，p.217），本节介绍了对该题目运用 Spreadsheet 的新解法。

合理的库存水平。该模拟模型的 Spreadsheet 见表 8.4.2。具体步骤如下:

表 8.4.2　库存问题模拟模型

	A	B	C	D	E	F	G	H	I	J
1	例 8.4.1　金山机械厂的库存问题									
2										
3	原料库存费用及占有资金成本(元/件周)			10						
4	订货成本(元/批)			25						
5	缺货成本(元/件)			30						
6										
7	再订购点(件)			21						
8	库存水平(件)			25						
9										
10	初期库存(件)			20						
11										
12										
13	需求量									
14		随机数下限	随机数上限	需求量(件)						
15		0.00	0.02	18						
16		0.02	0.10	19						
17		0.10	0.32	20						
18		0.32	0.66	21						
19		0.66	0.84	22						
20		0.84	0.93	23						
21		0.93	1.00	24						
22										
23	模拟模型									
24										
25	周数	本周需求量(件)	期初库存(件)	期末库存(件)	订货否	平均库存(件)	库存成本(元)	订货成本(元)	缺货费用(元)	总成本(元)
26	0			20	1					
27	1	22	25	3	1	14	140	25	0	165
28	2	20	25	5	1	15	150	25	0	175
29	3	20	25	5	1	15	150	25	0	175
1024	998	19	25	6	1	15.5	155	25	0	180
1025	999	21	25	4	1	14.5	145	25	0	170
1026	1 000	21	25	4	1	14.5	145	25	0	170

第一步:输入已知数据

首先在 Excel 的工作表上输入已知数据。在单元格 D3:D5 中分别输入原料的库存费用与资金占有成本、订货成本和缺货成本;在单元格 D7:D8 中分别为再订购点和库存水平;在单元格 D10 中输入初期库存;在单元格 B15:D21 中输入原料需求量,以及根据其概率分布得到的对应的随机数区间,其中单元格 D15:D21 为需求量的各个可能值,单元格 B15:B21 和 C15:C21 分别为各需求量对应的随机数区间的下限与上限。

第二步：生成一系列随机数，得到不可控输入变量的抽样值

本题中的不可控输入变量是每周的原料需求量。用单元格 B27 表示第一周的原料需求量，在单元格 B27 中输入下述公式：

$$=\text{vlookup}(\text{rand}(),\$B\$15:\$D\$21,3)$$

于是得到按表 8.4.1 的概率分布的第一周需求量抽样值. 将上述公式复制到单元格 B28：B1026，得到从第 2 周到第 1 000 周的需求量抽样值。

第三步：模拟运算

模拟运算从零周开始。假定用数字"1"表示"订货"，用数字"0"表示"不订货"，即：

$$=\begin{cases} 1 & \text{订货} \\ 0 & \text{不订货} \end{cases}$$

用单元格 E26 表示对第零周末是否订货的判断，在单元格 E26 中输入判断是否订货的公式：

$$=\text{if}(D26<\$D\$7,''1'',''0'')$$

上式表明，当周末的库存小于订货点时，则订货；否则，则不订货。本题中，初始的周末库存为 20 件，由于再订货点是 21 件，所以需要订货，即单元格 E26＝1。

将上述公式复制到单元格 E27：E1026，得到对于第一周到第 1 000 周周末是否订货的判断。然后对第一周至第 1 000 周的库存系统状况进行模拟。

用单元格 B27：B1026 表示 1 000 周的需求量，它是不确定的，已经在第二步中获得。用单元格 C27：C1026 表示各周的期初库存，它们取决于上周末是否订货，若上周末未订货，它应等于上周末库存，若上周末已订货，则它应达到要求的库存水平，所以有：

$$\text{各周期初库存}=\begin{cases} 25（\text{要求的库存水平}) & \text{若上周末订货} \\ \text{上周末库存} & \text{若上周末未订货} \end{cases}$$

在单元格 C27 中输入下述公式：

$$=\text{if}(E26=''1'',\$D\$8,D26)$$

得到第一周的期初库存。将上述公式复制至单元格 C28：C1026，得到以后各周的期初库存。

用单元格 D27：D1026 表示期末库存，当需求量小于期初库存时，它应等于（期初库存－需求量），当需求量大于期初库存时则为零。即：

$$\text{各周期末库存}=\begin{cases} \text{期初库存}－\text{需求量} & \text{若期初库存}>\text{需求量} \\ 0 & \text{否则} \end{cases}$$

在单元格 D27 中输入下述公式：

$$=\text{if}(C27－B27>0,C27－B27,0)$$

得到第一周的期末库存。将上述公式复制至单元格 D28：D1026，得到以后各周的期末库存。

用单元格 E27:E1026 表示是否需要订货,前面已输入了它的公式。

上述公式见表 8.4.3。

表 8.4.3 库存系统模拟公式(1)

	A	B	C	D	E
25	周数	本周需求量(件)	期初库存(件)	期末库存(件)	订货否
26	0			=＄D＄10	=IF(D26<＄D＄7, "1","0")
27	=1+A26	=VLOOKUP(RAND(), ＄B＄15:＄D＄21,3)	=IF(E26="1", ＄D＄8,D26)	=IF(C27－B27>0, C27－B27,0)	=IF(D27<＄D＄7, "1","0")
28	=1+A27	=VLOOKUP(RAND(), ＄B＄15:＄D＄21,3)	=IF(E27="1", ＄D＄8,D27)	=IF(C28－B28>0, C28－B28,0)	=IF(D28<＄D＄7, "1","0")
29	=1+A28	=VLOOKUP(RAND(), ＄B＄15:＄D＄21,3)	=IF(E28="1", ＄D＄8,D28)	=IF(C29－B29>0, C29－B29,0)	=IF(D29<＄D＄7, "1","0")

用单元格 F27:F1026 表示各周平均库存,为简单起见,用期初库存与期末库存的平均值计算。在单元格 F27 中输入下述公式:

$$=(C27+D27)/2$$

得到第一周的平均库存。将上述公式复制至单元格 F28:F1026,得到以后各周的平均库存。

最后计算各种成本。用单元格 G27:G1026 表示原料资金成本与储存成本的总和(这里统称为库存成本),它等于单位原料的库存成本与平均库存的乘积。在单元格 G27 中输入:

$$=＄D＄3 * F27$$

得到第一周的库存成本,将上述公式复制至单元格 G28:G1026,得到以后各周的库存成本。

用单元格 H27:H1026 表示订货成本,它是仅在订货时才发生的成本,即当判断是否订货的单元格 E27 为 1 时才发生的成本(当 E27=0 时,则订货成本=0)。在单元格 H27 中输入:

$$=＄D＄4 * E27$$

得到第一周的订货成本。将上述公式复制至单元格 H28:H1026,得到以后各周的订货成本。

用单元格 I27:I1026 表示缺货费用,它是仅在缺货时才发生的费用。当期初库存小于需求量时,出现缺货,缺货费用=缺货成本×缺货量。即:

$$缺货费用=\begin{cases} 缺货成本\times(需求量-期初库存) & 若期初库存<需求量 \\ 0 & 否则 \end{cases}$$

在单元格 I27 中输入：

$$=if(C27-B27>0,0,\$D\$5*(B27-C27))$$

得到第一周的缺货费用。将上述公式复制至单元格 I28:I1026，得到以后各周的缺货成本。

用单元格 J27:J1026 表示总成本，它等于库存成本、订货成本和缺货费用之和。在单元格 J27 中输入：

$$=sum(G27:I27)$$

得到第一周的总成本。将上述公式复制至单元格 J28:J1026，得到以后各周的总成本。

上述公式见表 8.4.4。

表 8.4.4　库存系统模拟公式（2）

	F	G	H	I	J
25	平均库存(件)	库存成本(元)	订货成本(元)	缺货费用(元)	总成本(元)
26					
27	=(C27+D27)/2	=\$D\$3*F27	=\$D\$4*E27	=IF(C27-B27>0,0,\$D\$5*(B27-C27))	=SUM(G27:I27)
28	=(C28+D28)/2	=\$D\$3*F28	=\$D\$4*E28	=IF(C28-B28>0,0,\$D\$5*(B28-C28))	=SUM(G28:I28)
29	=(C29+D29)/2	=\$D\$3*F29	=\$D\$4*E29	=IF(C29-B29>0,0,\$D\$5*(B29-C29))	=SUM(G29:I29)

第四步：统计分析

本题进行了 1 000 周的模拟，得到了 1 000 周的库存成本、订货成本、缺货成本与总成本。下面对这些运行结果进行统计分析。

（1）平均值

用单元格 G1029、H1029、I1029、J1029 分别表示库存成本、订货成本、缺货成本与总成本的平均值。在单元格 G1029 中输入下述公式：

$$=average(G27:G1026)$$

得到库存成本的平均值。将上述公式复制至单元格 H1029:J1029，分别得到订货成本、缺货成本与总成本的平均值。

（2）标准方差

用单元格 G1030、H1030、I1030、J1030 分别表示库存成本、订货成本、缺货成本与总成本的标准方差。在单元格 G1030 中输入下述公式：

$$=stdev(G27:G1026)$$

得到库存成本的标准方差。将上述公式复制至单元格 H1030:J1030，分别得到订货成本、缺货成本与总成本的标准方差。

（3）各种成本占总成本的比例

用单元格 G1031、H1031、I1031 分别表示库存成本、订货成本、缺货成本占总成本的比例。在单元格 G1031 中输入下述公式：

$$=G1029/\$J\$1029$$

得到库存成本占总成本的比例。将上述公式复制至单元格 H1031:J1031,分别得到订货成本、缺货成本占总成本的比例。

上述公式见表 8.4.5。

表 8.4.5　库存系统成本的统计量计算公式

	F	G	H	I	J
1028		库存成本(元)	订货成本(元)	缺货费用(元)	总成本(元)
1029	均值	= AVERAGE (G27: G1026)	= AVERAGE (H27: H1026)	= AVERAGE (I27: I1026)	= AVERAGE (J27: J1026)
1030	标准方差	= STDEV (G27: G1026)	= STDEV (H27: H1026)	=STDEV(I27:I1026)	=STDEV(J27:J1026)
1031	占总成本比例	=G1029/＄J＄1029	=H1029/＄J＄1029	=I1029/＄J＄1029	

统计分析结果见表 8.4.6。

表 8.4.6　库存系统成本的统计结果

	F	G	H	I	J
1028		库存成本(元)	订货成本(元)	缺货费用(元)	总成本(元)
1029	均值	144.5	25.0	0.00	169.5
1030	标准方差	7.02	0	0.00	7.02
1031	占总成本比例	0.85	0.15	0.00	

从表 8.4.6 可知,在现有订货政策下,库存成本占总成本的比例高达 85% 左右,而缺货未发生。为寻找合理的库存水平,下面采用不同的订货政策进行模拟,并计算不同政策下的成本,从中找出使得总成本最小的政策。

第五步:对不同库存水平下的库存系统进行模拟

当前的库存水平为 25 件,即每次订货量的确定原则是使得库存达到 25 件。为了找到最佳的库存水平,下面模拟当库存水平从 15 件变化至 50 件时的成本。使用 Excel 中的模拟运算表(Data Table)功能可以很容易地完成这一工作。其步骤如下。

(1) 在 Spreadsheet 上构造模拟运算表的输入变量与输出变量

首先构造模拟运算表的输入变量与输出变量。输入变量是库存水平,在单元格 B1035:B1070 中输入 36 个不同的库存水平(从 15 件至 50 件)。输出变量是各种成本,在单元格 C1034:F1034 中分别输入库存成本、订货成本、缺货成本与总成本的平均值,它们分别等于第四步中表示这些统计量的单元格。例如,单元格 C1034 表示库存成本,它等于单元格 G1029,等等。输入与输出变量见表 8.4.7。为便于阅读起见,表中第 1037 至 1067 行被隐藏。

表 8.4.7　模拟运算表的输入与输出变量

	B	C	D	E	F
1033	库存水平	库存成本	订货成本	缺货成本	总成本
1034		144.5	25.0	0	169.5
1035	15				
1036	16				
1068	48				
1069	49				
1070	50				

输出变量的计算公式见表 8.4.8。

表 8.4.8　模拟运算表的输出变量公式

	B	C	D	E	F
1033	库存水平	库存成本	订货成本	缺货成本	总成本
1034		=G1029	=H1029	=I1029	=J1029
1035	15				
1036	16				
1068	48				
1069	49				
1070	50				

（2）用模拟运算表的功能进行模拟

用鼠标选择模拟数据表所在的区域，即选择单元格 B1034：F1070 的区域，见表 8.4.9。

表 8.4.9　鼠标选择的区域

	B	C	D	E	F
1033	库存水平	库存成本	订货成本	缺货成本	总成本
1034		144.5	25.0	0	169.5
1035	15				
1036	16				
1068	48				
1069	49				
1070	50				

然后在 Excel 中选择"数据"子菜单，在该子菜单中选择"模拟运算表"选项，这时会出现一个模拟运算表，见图 8.4.1。

本题中，输入变量是"库存水平"，其相应的单元格地址是 $D$8，所以在模拟运算表中的"输入引用列的单元格"栏目中输入该地址"＄D＄8"。在模拟运算表中的"输入引用行的单元格"中不填入任何数据,这是因为本题中要模拟的输入变量是在单元格 B1035:B1070 这一列而不是行中的数据。然后选择"确定"。见图 8.4.2。

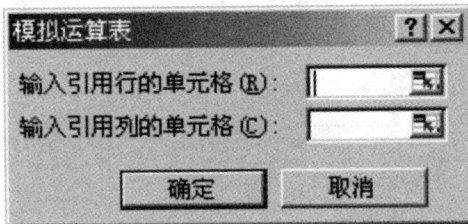

图 8.4.1　模拟运算表表格

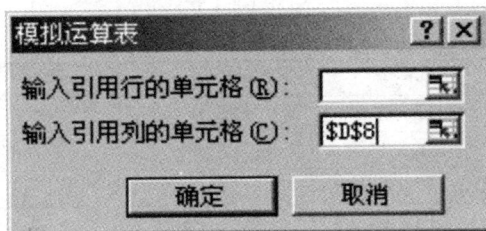

图 8.4.2　模拟运算表的填写

于是,得到不同订货政策下的仿真结果。见图 8.4.3 与表 8.4.10。

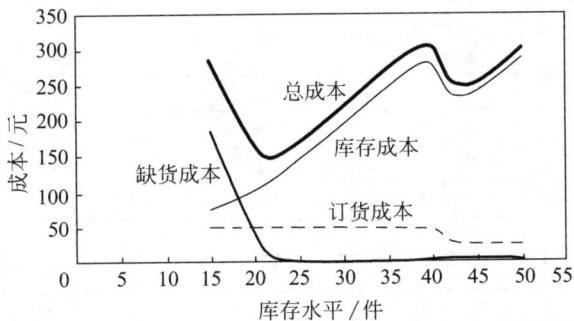

图 8.4.3　不同订货政策下的总成本平均值

图 8.4.3 描述了总成本是如何随着库存水平的变化而变化的。图中的横坐标是库存水平(件),纵坐标是总成本平均值(元)。

表 8.4.10 是由模拟运算表得到的不同库存水平下的库存成本、订货成本、缺货成本和总成本。

表 8.4.10　用模拟运算表对不同订货政策的模拟结果

	B	C	D	E	F
1033	库存水平	库存成本	订货成本	缺货成本	总成本
1034		144.5	25.0	0.0	169.5
1035	15	75.0	25.0	185.4	285.4
1036	16	80.0	25.0	153.1	258.1
1037	17	85.0	25.0	125.0	235.0
1038	18	90.0	25.0	93.6	208.6
1039	19	95.1	25.0	63.8	183.9
1040	20	100.5	25.0	38.5	164.0
1041	21	107.3	25.0	16.8	149.1
1042	22	115.7	25.0	7.1	147.8
1043	23	124.6	25.0	1.8	151.5
1044	24	133.9	25.0	0.0	158.9
1045	25	144.4	25.0	0.0	169.4
1046	26	154.2	25.0	0.0	179.2
1047	27	164.1	25.0	0.0	189.1
1048	28	174.2	25.0	0.0	199.2
1049	29	184.4	25.0	0.0	209.4
1050	30	194.6	25.0	0.0	219.6
1051	31	204.5	25.0	0.0	229.5
1052	32	214.3	25.0	0.0	239.3
1053	33	224.3	25.0	0.0	249.3
1054	34	234.4	25.0	0.0	259.4
1055	35	244.6	25.0	0.0	269.6
1056	36	254.5	25.0	0.0	279.5
1057	37	264.2	25.0	0.0	289.2
1058	38	274.5	25.0	0.0	299.5
1059	39	281.3	24.6	0.2	306.1
1060	40	278.2	22.8	1.2	302.2
1061	41	257.3	18.9	3.7	279.9
1062	42	233.7	15.0	4.2	252.9
1063	43	229.6	13.4	2.9	245.9
1064	44	233.0	12.8	1.4	247.2
1065	45	239.0	12.5	1.3	252.7
1066	46	249.3	12.5	0.3	262.1
1067	47	258.3	12.5	0.1	270.8
1068	48	269.2	12.5	0.0	281.7
1069	49	279.0	12.5	0.0	291.5
1070	50	289.1	12.5	0.0	301.6

第六步：结果分析

从模拟结果可作出如下分析：

（1）当库存水平从 15 件起逐渐增加时，缺货成本逐渐下降，库存成本逐渐上升，订货成本保持不变，其结果是总成本逐渐下降。当库存水平增加到 22 件时，每周的总成本（指总成本平均值，下同）达到局部最小值，为 147 元，比当前订货政策下的总成本节省了约 22 元。

（2）当库存水平从 22 件起继续增加时，缺货成本下降缓慢，最终下降到零，而库存成本继续上升，订货成本保持不变，其结果是总成本逐渐上升。当库存水平为 39 件时总成本达到最大值。

（3）当库存水平从 39 件起继续增加时，缺货水平略有上升，而订货成本和库存成本均下降，这是因为库存水平较高时可以减少订货次数，同时，这时的平均库存也在下降，其结果是总成本逐渐下降。当库存水平增加到 43 至 44 件时，每周的平均总成本达到第二次局部最小值，约为 246～249 元。

（4）当库存水平从 44 件起继续增加时，缺货成本略有下降，订货成本基本不变，而库存成本则有较快上升，所以，总成本上升。

（5）据题意，需求量的变化范围是 18 至 24 件，库存成本为每件 10 元，订货成本为每批 25 元，缺货成本为每件 30 元，所以库存水平从 15 件至 50 件的模拟范围已经可以包括各种可能的合理库存水平了。

（6）综上所述，当前的订货政策尚需改进。最合理的库存水平为 22 件，即该厂的订货政策为：当每周的期末库存低于 21 件时，进行订货，而且订货量的确定原则是使得下周的期初库存为 22 件。

从例 8.4.1 可见，采用模拟方法可以模拟库存系统的行为，从而分析其库存政策。本题模拟了不同库存水平下的库存系统的行为。此外，应用模拟模型还可以进一步模拟不同再订货点下的库存系统行为，用以分析最佳的再订货点。

8.5 飞机票预订决策问题

用模拟方法可以对生产销售系统进行模拟，从而得到合理的生产销售决策。本节以飞机票预订决策模型为例，说明如何采用模拟方法进行这类决策。飞机票预订决策模拟模型也可以应用于旅馆预订、车辆出租预订等决策问题。

在飞机票预订系统中常会出现的一个问题是，一些乘客在预订机票后并没有到达机场乘坐飞机，造成航空公司的经济损失，因此，航空公司考虑增加飞机票的预订限量，例如

飞机票预订限量可以大于飞机的容量,这样,当某些预订机票的乘客没有到达时,仍可以
保持较高的满载率。不过,这时航空公司要冒着部分预订了机票的乘客不能如期乘坐飞
机的风险,例如当所有的预订者都到达时,由于预订的飞机票大于飞机的容量,有些乘客
便不能乘坐该次飞机,航空公司必须对他们进行赔偿。那么,如何确定最合理的预订限
量,可以使航空公司的净利润最大呢? 这就是飞机票预订决策要解决的问题。在该问题
中,输入的不可控变量是以某种概率分布的乘客到达数量,而决策变量则是飞机票预订限
量。本节通过例 8.5.1 对飞机票销售中的预订决策问题进行模拟,得到不同的飞机票预
订政策下的利润,最后得到合理的飞机票预订限量。

例 8.5.1 飞机票预订决策问题

中原航空公司每周有一架飞机来回飞行于长沙和上海之间。该飞机拥有 30 个乘客
座位。航空公司在扣除各种成本后,从每个乘坐飞机的乘客可获利润 100 元。该航空公
司现有的飞机票预订限量是 30 个乘客,由于在以往大多数情况下,乘客的实际到达量平
均仅为 28 个,造成了经济上的损失,所以航空公司考虑实行一项新的预订政策,即:将飞
机票预订限量增加到 32 个乘客。为不影响航空公司的信誉,当实际到达的乘客数超过飞
机容量时,公司将对预订了机票而未能乘坐该次飞机的乘客实行赔偿。据调查,当赔偿数
额达到 150 元时即可有效地消除乘客的不满心理。据公司有关部门的调查分析,当飞机
票预订限量为 32 个乘客时,实际到达的乘客数是在 28～32 之间的随机数,其概率如
表 8.5.1 所示。问该航空公司是否应采取该项新的预订政策?

表 8.5.1 飞机票预订限量为 32 时,实际到达乘客的概率分布

实际到达的乘客数	28	29	30	31	32
概率	0.05	0.25	0.50	0.15	0.05

解:下面通过运用 Spreadsheet 对该飞机票预订问题进行模拟,得到新的预订政策下
的利润。具体步骤如下。

第一步:输入已知数据

首先在 Excel 的工作表上输入已知数据。在单元格 C5 中输入从每个乘客得到的利
润,在单元格 C6 中输入对每个到达机场却未能乘坐该飞机的乘客的赔偿金额,在单元格
C8 中输入飞机的容量,在单元格 C10 中输入新的预订政策下的预订限量。如表 8.5.2
所示。

本问题的不可控输入变量是乘客的实际到达数。由表 8.5.1 可得各实际到达乘客数
及其对应的随机数区间。如表 8.5.3 所示。

表 8.5.2　输入已知数据

	A	B	C
1	例 8.5.1　飞机票预订决策问题		
2			
3	已知数据		
4			
5	利润（元/座）		100
6	赔偿成本（元/座）		150
7			
8	飞机容量（座）		30
9			
10	预订乘客数（座）		32
11			
12	预订 32 个座位时实际到达的乘客数：		
13	随机数下限	随机数上限	乘客数
14	0.00	0.05	28
15	0.05	0.30	29
16	0.30	0.80	30
17	0.80	0.95	31
18	0.95	1.00	32

表 8.5.3　实际到达乘客数对应的随机数区间

实际到达的乘客数	概率	累积概率	对应随机数区间
28	0.05	0.05	[0.00,0.05)
29	0.25	0.30	[0.05,0.30)
30	0.50	0.80	[0.30,0.80)
31	0.15	0.95	[0.80,0.95)
32	0.05	1.00	[0.95,1.00)

　　在单元格 C14:C18 中输入实际到达乘客数的各种可能值；在单元格 A14:B18 中输入根据到达乘客数的概率分布得到的对应的随机数区间的下限与上限。如表 8.5.2 所示。

　　第二步：生成一系列随机数，得到不可控输入变量的抽样值

　　本题中的不可控变量是实际到达的乘客数，在单元格 B24:B523 中产生 500 个不可控变量抽样值，用以进行 500 次模拟。单元格 B24:B523 表示实际到达乘客数的抽样值，在单元格 B24 中输入下述公式：

=Vlookup(rand()，$A$14：$C$18，3)

得到实际到达乘客数抽样值，将上述公式复制到单元格 B25：B523，得到其他 499 个抽样值。其公式和数值分别见表 8.5.4 和表 8.5.5。

表 8.5.4 飞机票预订决策问题模拟模型公式

	A	B	C	D	E	F	G
21	模拟模型						
22					到达机场而未能		
23	次数	实际到达的乘客数	乘坐飞机的乘客数	机票利润	乘坐飞机的乘客数	赔偿费用	净利润
24	1	=VLOOKUP(RAND()，$A$14；$C$18，3)	=MIN(B24，$C$8)	=$C$5*C24	=B24−C24	=E24*$C$6	=D24−F24
25	=1+A24	=VLOOKUP(RAND()，$A$14；$C$18，3)	=MIN(B25，$C$8)	=$C$5*C25	=B25−C25	=E25*$C$6	=D25−F25
26	=1+A25	=VLOOKUP(RAND()，$A$14；$C$18，3)	=MIN(B26，$C$8)	=$C$5*C26	=B26−C26	=E26*$C$6	=D26−F26
521	=1+A520	=VLOOKUP(RAND()，$A$14；$C$18，3)	=MIN(B521，$C$8)	=$C$5*C521	=B521−C521	=E521*$C$6	=D521−F521
522	=1+A521	=VLOOKUP(RAND()，$A$14；$C$18，3)	=MIN(B522，$C$8)	=$C$5*C522	=B522−C522	=E522*$C$6	=D522−F522
523	=1+A522	=VLOOKUP(RAND()，$A$14；$C$18，3)	=MIN(B523，$C$8)	=$C$5*C523	=B523−C523	=E523*$C$6	=D523−F523

表 8.5.5 飞机票预订决策问题模拟模型

	A	B	C	D	E	F	G
21	模拟模型						
22					到达机场而未能		
23	次数	实际到达的乘客数	乘坐飞机的乘客数	机票利润	乘坐飞机的乘客数	赔偿费用	净利润
24	1	29	29	2 900	0	0	2 900
25	2	31	30	3 000	1	150	2 850
26	3	30	30	3 000	0	0	3 000
520	497	29	29	2 900	0	0	2 900
521	498	31	30	3 000	1	150	2 850
522	499	29	29	2 900	0	0	2 900
523	500	30	30	3 000	0	0	3 000

第三步：模拟运算

模拟的目的是计算净利润。净利润由下式计算：

净利润＝机票利润－赔偿费用

为此，首先要计算乘坐飞机的实际乘客数以及由此带来的机票利润，还要计算因飞机满员未能乘坐飞机的乘客数以及由此带来的赔偿费用。

用单元格 B24:B523 、C24:C523 分别表示实际到达的乘客数和乘坐飞机的乘客数，在第二步中已经得到了实际到达的乘客数抽样值，下面计算乘坐飞机的乘客数。当实际到达的乘客数没有超过飞机容量（30 个乘客）时，乘坐飞机的乘客数等于实际到达的乘客数；当实际到达的乘客数超过飞机容量时，有部分乘客不能乘坐，这时乘坐飞机的乘客数等于飞机容量（30 个乘客）。其公式如下：

$$乘坐飞机的乘客数＝\begin{cases} 实际到达的乘客数 & 若实际到达的乘客数＜飞机容量 \\ 飞机容量 & 否则 \end{cases}$$

它等价于下述公式：

$$乘坐飞机的乘客数＝\min\{实际到达的乘客数，飞机容量\}$$

在单元格 C24 中输入下述公式：

＝min(B24,＄C＄8)

得到第一次模拟中乘坐飞机的乘客数，将上述公式复制到单元格 C25:C523，得到其他 499 次模拟中乘坐飞机乘客数的值。

用单元格 D24:D523 表示和机票利润，其计算公式为：

机票利润＝每张机票的利润×乘坐飞机的乘客数

在单元格 D24 中输入下述公式：

＝＄C＄5＊C24

得到第一次模拟中的机票利润，将上述公式复制到单元格 D25:D523，得到其他 499 次模拟中的机票利润。

用单元格 E24:E523 表示到达机场却未能乘坐飞机的乘客数。其中，到达机场而未能乘坐飞机的乘客数应等于实际到达乘客数与乘坐飞机乘客数之差。在单元格 E24 中输入下述公式：

＝B24－C24

得到第一次模拟中的到达机场而未能乘坐飞机的乘客数，将上述公式复制到单元格 E25:E523，得到其他 499 次模拟中的到达机场而未能乘坐飞机的乘客数。

用单元格 F24:F523 表示赔偿费用，它可用下式计算：

赔偿费用＝每个乘客的赔偿成本×到达机场而未能乘坐飞机的乘客数

在单元格 F24 中输入下述公式：

＝＄C＄6＊E24

得到第一次模拟中的赔偿费用,将上述公式复制到单元格 F25:F523,得到其他 499 次模拟中的赔偿费用。

用单元格 G24:G523 表示净利润,它等于机票利润与赔偿费用之差。在单元格 G24 中输入下述公式：

$$=D24-F24$$

得到第一次模拟中的净利润,将上述公式复制到单元格 G25:G523,得到其他 499 次模拟中的净利润。

模拟运行的结果如表 8.5.5 所示。

第四步：统计分析

本题进行了 500 次模拟,得到了 500 个不同抽样值下的净利润。通过对 500 次模拟运行结果进行统计分析,可得到净利润的平均值、标准方差、最小值、最大值和服务水平等统计值。统计结果见表 8.5.6。

表 8.5.6　飞机票预订决策模拟的统计结果

	E	F	G
525	统计分析		
526	平均利润		2 929.8
527	标准方差		81.579 84
528	最小利润		2 700
529	最大利润		3 000
530	服务水平		0.992 761

表 8.5.6 中,服务水平表示乘客及时得到服务的程度,它是实际到达的乘客中能乘坐飞机的乘客数的比例。其计算公式如下：

服务水平＝500 次模拟中乘坐飞机的乘客数总和/500 次模拟中实际到达的
乘客数总和

用单元格 B525 表示 500 次模拟中实际到达的乘客数总和,在其中输入：
＝sum(B24:B523)

用单元格 C525 表示 500 次模拟中乘坐飞机的乘客数总和,在其中输入：
＝sum(C24:C523)

用单元格 G530 表示服务水平,在其中输入：
＝C525/B525

得到采取新的预订政策后的服务水平。上述统计分析的公式见表 8.5.7。

表 8.5.7　飞机票预订决策问题模拟统计的公式

	E	F	G
525	统计分析		
526	平均利润		＝AVERAGE(G24:G523)
527	标准方差		＝STDEV(G24:G523)
528	最小利润		＝MIN(G24:G523)
529	最大利润		＝MAX(G24:G523)
530	服务水平		＝C525/B525

第五步：结论与建议

从模拟的统计结果可作出如下分析：

（1）在现有的飞机票预订政策下，由于预订机票数为 30 张，而实际到达乘客数平均为 28 人，所以其平均净利润为 $100 \times 28 = 2\,800$（元）。在新的飞机票预订政策下，由模拟得到其平均净利润为 2 929.8 元，标准方差为 81.6 元。所以采用新的机票预订政策可以获得更大的净利润。

（2）在新的机票预订政策下，仍可达到较高的服务水平（约 99%）。

（3）综上所述，建议采用新的飞机票预订政策。

8.6　排队系统模拟

在日常生活中，人们经常遇到排队现象。例如到公共食堂买饭、到银行取钱、到医院看病时，常常需要排队。在经济活动中也有大量的排队现象，例如船舶等待进港、损坏的机器等待修理、积压的货物等待运输等，都涉及排队问题。实际上，在日常生活、生产活动、城市交通系统、银行系统、通信系统、计算机网络等社会经济系统中都普遍存在着排队现象。排队系统由两部分组成，一方面是要求得到服务的人或设备（称之为顾客）；另一方面是服务人员或服务机构（称之为服务机构，又称服务员、服务台）。由于排队系统中顾客的到达和服务时间具有随机性，所以排队系统又称随机服务系统。任何一个排队系统，都可以抽象地概括为以下过程：①顾客到达服务台；②当服务台有空闲时立刻得到服务，当服务台不空闲时则排队等待，直到服务台出现空闲时接受服务；③服务完毕后顾客离去。排队系统可用图 8.6.1[①] 表示。

图 8.6.1　排队系统图

研究排队系统的理论称为排队论（queueing theory），也称随机服务系统理论。它最

---

① 范呔昌著. 实用管理运筹学. 天津：天津大学出版社,1995

早是由丹麦哥本哈根电话公司的职员爱尔朗（A. K. Erlang)在 1917 年研究电话排队系统时提出的。排队系统是由顾客和服务机构组成的,当服务设备不足时,会产生严重的排队现象,造成该服务系统服务水平低下以致失去顾客,这时,可行的方法是增加服务设备;但是,服务设备的增加需要对服务机构投资,而且当服务设备过多时,可能会使得服务设备的空闲时间增加、利用率降低,造成成本过高和浪费。所以,对排队系统的设计应从整个排队系统的整体利益出发,寻求整个排队系统的最优化。排队论的研究目的,就是通过研究排队系统的性能与行为,对排队系统的设计或控制作出最佳决策,从而达到排队系统的整体最优。

现有的排队理论可以对一些典型的排队系统进行分析,并采用解析法计算出其稳态性能指标。但是,由于排队系统的随机性,对较复杂的排队系统的数学描述和求解常常十分困难,这时运用模拟模型可以有效地进行处理。

运用模拟方法处理排队问题时,通常要建立动态模拟模型。在本章前面几节所介绍的风险系统、库存系统和飞机票预订问题的模拟模型中,都是对所研究的问题进行了多次模拟（例如模拟 500 次或 1 000 次）,然后进行统计分析。其中,每次模拟都是独立的,这就是说,每次模拟都不受到前几次或后几次模拟结果的影响。这类模拟模型称为静态模拟模型。在本节将要介绍的排队系统中,每次模拟均受到前一次或前几次模拟结果的影响,例如在只有一个服务台的情况下,当前一个顾客未被服务完毕时,后一个顾客必须等待,直到前一个顾客离开服务台,后一个顾客才能被服务。这时,需要用一个模拟时钟来记录各顾客的到达时刻、被服务时刻与离去时刻等。这类模拟模型称为动态模拟模型。由于顾客到达或离开排队系统的时刻是不连续的（或称分立的、离散的）,这类模拟模型又称为离散事件模拟模型。

本节在例 8.6.1 和例 8.6.2 中,通过对船舶到港排队系统的模拟,介绍运用动态模拟模型研究排队系统的方法。其中,例 8.6.1 是对具有一个泊位的船舶到港排队系统的模拟,即对单服务台排队系统的模拟;例 8.6.2 是对具有两个泊位的船舶到港排队系统的模拟,即对多服务台排队系统的模拟。

例 8.6.1 具有一个泊位的港口系统模拟

某港口只有一个可供装卸的泊位,但供船舶等待的泊位无限制。当船舶到达港口时,如果泊位内已有船舶,则需排队等待,排队的规则是先到先服务。根据 100 艘船舶来港口停泊的记录,它们到达港口的时间间隔分布和装卸时间分布分别用图 8.6.2 和图 8.6.3 中的频数直方图表示。在图 8.6.2 中,横坐标为船舶到达时间间隔,纵坐标为具有不同到达时间间隔的船舶数（频数）;在图 8.6.3 中,横坐标为装卸时间,纵坐标为具有不同装卸时间的船舶数（频数）。试用模拟方法研究这一排队系统的性能。

解:船舶到港后,排队进入码头进行装卸,然后离开码头。服务台是泊位,这是一个单服务台排队问题。其中,不可控变量有两个,一个是船舶到达时间间隔,另一个是装卸时间。首先用随机数产生不可控变量的抽样值,然后对该系统进行模拟,最后得到关于该排队系统的性能指标的统计量。其步骤如下。

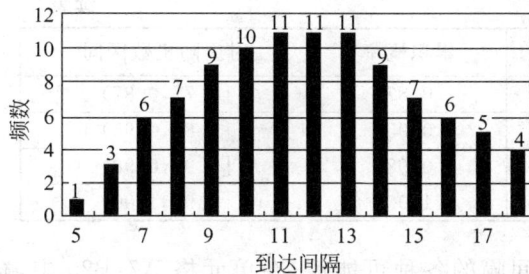

图 8.6.2 100 艘船舶到港时间间隔频数直方图

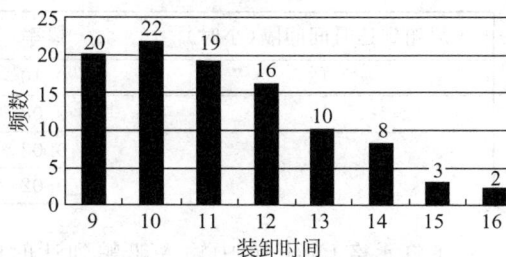

图 8.6.3 100 艘船舶装卸时间频数直方图

第一步：输入已知数据

首先在 Excel 的工作表上输入已知数据。由图 8.6.2 和图 8.6.3 可得到船舶到达时间间隔和装卸时间这两个不可控变量的概率分布及其对应的随机数区间，见表 8.6.1 与表 8.6.2。

表 8.6.1 船舶到达时间间隔的概率分布及其对应的随机数区间

船舶到达时间间隔（小时）	概率	累积概率	对应随机数区间
5	0.01	0.01	[0.00, 0.01)
6	0.03	0.04	[0.01, 0.04)
7	0.06	0.10	[0.04, 0.10)
8	0.07	0.17	[0.10, 0.17)
9	0.09	0.26	[0.17, 0.26)
10	0.10	0.36	[0.26, 0.36)
11	0.11	0.47	[0.36, 0.47)
12	0.11	0.58	[0.47, 0.58)
13	0.11	0.69	[0.58, 0.69)
14	0.09	0.78	[0.69, 0.78)
15	0.07	0.85	[0.78, 0.85)
16	0.06	0.91	[0.85, 0.91)
17	0.05	0.96	[0.31, 0.96)
18	0.04	1.00	[0.96, 1.00)

表 8.6.2 船舶装卸时间的概率分布及其对应的随机数区间

船舶装卸时间（小时）	概率	累积概率	对应随机数区间
9	0.20	0.20	[0.00, 0.20)
10	0.22	0.42	[0.20, 0.42)
11	0.19	0.61	[0.42, 0.61)
12	0.16	0.77	[0.61, 0.77)

续表

船舶到达时间间隔（小时）	概率	累积概率	对应随机数区间
13	0.10	0.87	[0.77,0.87)
14	0.08	0.95	[0.87,0.95)
15	0.03	0.98	[0.95,0.98)
16	0.02	1.00	[0.98,1.00)

在单元格 C7:C20 中输入船舶到达时间间隔的各种可能值；在单元格 A7:B20 中输入对应随机数区间的下限与上限。同理，在单元格 G7:G14 中输入船舶装卸时间的各种可能值；在单元格 E7:F14 中输入对应随机数区间的下限与上限。如表 8.6.3 所示。

表 8.6.3　输入已知数据

	A	B	C	D	E	F	G
1	例 8.6.1　具有一个泊位的港口系统模拟						
2							
3	历史统计数据						
4							
5	船舶到达间隔				装卸时间		
6	随机数下限	随机数上限	到达间隔（小时）		随机数下限	随机数上限	装卸时间（小时）
7	0.00	0.01	5		0.00	0.20	9
8	0.01	0.04	6		0.20	0.42	10
9	0.04	0.10	7		0.42	0.61	11
10	0.10	0.17	8		0.61	0.77	12
11	0.17	0.26	9		0.77	0.87	13
12	0.26	0.36	10		0.87	0.95	14
13	0.36	0.47	11		0.95	0.98	15
14	0.47	0.58	12		0.98	1.00	16
15	0.58	0.69	13				
16	0.69	0.78	14				
17	0.78	0.85	15				
18	0.85	0.91	16				
19	0.91	0.96	17				
20	0.96	1.00	18				

第二步：生成一系列随机数，得到不可控输入变量的抽样值

本题中的不可控变量是船舶到达时间间隔和装卸时间，在单元格 B26:B1025 中产生

1 000 个船舶到达时间间隔的抽样值,在单元格 F26:F1025 中产生 1 000 个船舶装卸时间的抽样值,用以进行 1 000 次模拟。其产生方法是在单元格 B26 中输入下述公式:

　　　= vlookup(rand(),$ A $ 7:$ C $ 20,3)

得到船舶到达时间间隔的一个抽样值,将上述公式复制到单元格 B27:B1025,得到其他 999 个抽样值。在单元格 F26 中输入下述公式:

　　　= vlookup(rand(),$ E $ 7:$ G $ 14,3)

得到船舶装卸时间的一个抽样值,将上述公式复制到单元格 F27:F1025,得到其他 999 个抽样值。产生不可控变量抽样值的公式见表 8.6.4 和表 8.6.5。

表 8.6.4　船舶到达间隔抽样值的产生

	B
25	到达间隔
26	= VLOOKUP(RAND(),$ A $ 7:$ C $ 20,3)
27	= VLOOKUP(RAND(),$ A $ 7:$ C $ 20,3)
28	= VLOOKUP(RAND(),$ A $ 7:$ C $ 20,3)
29	= VLOOKUP(RAND(),$ A $ 7:$ C $ 20,3)
30	= VLOOKUP(RAND(),$ A $ 7:$ C $ 20,3)
1021	= VLOOKUP(RAND(),$ A $ 7:$ C $ 20,3)
1022	= VLOOKUP(RAND(),$ A $ 7:$ C $ 20,3)
1023	= VLOOKUP(RAND(),$ A $ 7:$ C $ 20,3)
1024	= VLOOKUP(RAND(),$ A $ 7:$ C $ 20,3)
1025	= VLOOKUP(RAND(),$ A $ 7:$ C $ 20,3)

表 8.6.5　船舶装卸时间抽样值的产生

	F
25	装卸时间
26	= VLOOKUP(RAND(),$ E $ 7:$ G $ 14,3)
27	= VLOOKUP(RAND(),$ E $ 7:$ G $ 14,3)
28	= VLOOKUP(RAND(),$ E $ 7:$ G $ 14,3)
29	= VLOOKUP(RAND(),$ E $ 7:$ G $ 14,3)
30	= VLOOKUP(RAND(),$ E $ 7:$ G $ 14,3)
1021	= VLOOKUP(RAND(),$ E $ 7:$ G $ 14,3)
1022	= VLOOKUP(RAND(),$ E $ 7:$ G $ 14,3)
1023	= VLOOKUP(RAND(),$ E $ 7:$ G $ 14,3)
1024	= VLOOKUP(RAND(),$ E $ 7:$ G $ 14,3)
1025	= VLOOKUP(RAND(),$ E $ 7:$ G $ 14,3)

第三步：模拟运算

下面对本问题中的排队系统进行模拟。本排队系统的主要过程是：①船舶到达；②当泊位空闲时船舶立刻开始装卸，当泊位不空闲时船舶排队等待，直到泊位有空闲时开始装卸；③完成装卸，船舶离港。在进行模拟之前，首先要对本排队系统的状态进行描述。本排队系统的状态主要有：泊位（即服务台）的繁忙状态或空闲状态，系统中船舶（即顾客）的数量、排队队列的长度等。这些状态是动态的，即随时间变化的，它们在下列事件发生时会发生变化：船舶到达事件；船舶开始装卸事件，船舶完成装卸离开系统事件。系统的状态随着事件的发生而变化，同时，这些事件的处理也与系统的状态有关。例如，当船舶到达事件发生时，若泊位状态是繁忙的，则排队队列长度增加；若泊位状态是空闲的，则船舶开始装卸，泊位状态由空闲转变为繁忙，同时出现前一艘船舶完成装卸离开港口事件。又如，当船舶完成装卸离开港口事件发生时，若有排队等待的船舶，则安排下一艘船舶开始装卸，排队的队长减少一艘；若无排队等待的船舶，则泊位状态由繁忙转变为空闲。

在第二步中，已经得到了到达时间间隔和装卸时间的抽样值，下面对船舶开始装卸时刻、等待事件、完成时刻、在港逗留时间进行模拟运算。模拟模型的 Spreadsheet 如表 8.6.6 所示。

表 8.6.6 具有一个泊位的港口排队系统模拟模型

	A	B	C	D	E	F	G	H
25	船舶序号	到达间隔	到达时刻	开始装卸时刻	等待时间	装卸时间	完成时刻	在港逗留时间
26	1	14	14.0	14.0	0.0	9	23.0	9.0
27	2	13	27.0	27.0	0.0	11	38.0	11.0
28	3	12	39.0	39.0	0.0	11	50.0	11.0
29	4	12	51.0	51.0	0.0	12	63.0	12.0
30	5	16	67.0	67.0	0.0	9	76.0	9.0
1021	996	13	11 812.0	11 814.0	2.0	11	11 825.0	13.0
1022	997	11	11 823.0	11 825.0	2.0	10	11 835.0	12.0
1023	998	12	11 835.0	11 835.0	0.0	12	11 847.0	12.0
1024	999	13	11 848.0	11 848.0	0.0	10	11 858.0	10.0
1025	1000	16	11 864.0	11 864.0	0.0	12	11 876.0	12.0

（1）到达时刻

用单元格 C26:C1025 表示到达时刻，设本题中开始模拟的时钟为 0，则第一艘船舶到达的时刻＝0＋到达间隔。在单元格 C26 中输入：

=B26

得到第一艘船舶的到达时刻。从第二艘船舶起,船舶到达时刻的计算公式如下:

$$船舶到达时刻=前一艘船舶到达时刻+到达间隔$$

在单元格 C27 中输入下述公式:

=C26+B27

得到第二艘船舶的到达时刻。将上述公式复制到单元格 C28:C1025,得到以后 998 艘船舶的到达时刻。

(2) 开始装卸时刻

用单元格 D26:D1025 表示开始装卸时刻。当第一艘船舶到达时,由于泊位肯定处于空闲状态,可以立即装卸,所以,其开始装卸时刻应等于到达时刻。在单元格 D26 中输入:

=C26

得到第一艘船舶的开始装卸时刻。从第二艘船舶起,船舶开始装卸时刻取决于前一艘船舶是否完成装卸离开港口,当船舶到达时刻早于前一艘船舶的完成装卸时刻时,泊位不空闲,船舶将排队等待,直到前一艘船舶完成装卸才能开始装卸;当船舶到达时刻晚于前一艘船舶的完成装卸时刻时,泊位空闲,可以立刻装卸。所以,其计算公式如下:

$$船舶开始装卸时刻=\begin{cases} 船舶到达时刻 & 船舶到达时刻>前一艘船舶完成装卸时刻 \\ 前一艘船舶完成装卸时刻 & 否则 \end{cases}$$

在单元格 D27 中输入下述公式:

=if(C27>G26,C27,G26)

或者输入与上式等价的公式,如下:

=max(C27,G26)

得到第二艘船舶的开始装卸时刻,其中单元格 G26 表示第一艘船舶完成装卸的时刻。将上述公式复制到单元格 D28:D1025,得到以后 998 艘船舶的开始装卸时刻。

(3) 等待时间

用单元格 E26:E1025 表示船舶等待时间。船舶等待时间等于到达时刻与开始装卸时刻之差。其计算公式如下:

$$等待时间=开始装卸时刻-到达时刻$$

在单元格 E26 中输入下述公式:

=D26-C26

得到第一艘船舶的等待时间。将上述公式复制到单元格 E27:E1025,得到以后 999 艘船舶的等待时间。

到达时刻、开始装卸时刻、等待时间的计算公式见表 8.6.7。

表 8.6.7　具有一个泊位的港口排队系统模拟模型的公式（1）

	B	C	D	E
25	到达间隔	到达时刻	开始装卸时刻	等待时间
26	=VLOOKUP(RAND(),$A$7:$C$20,3)	=B26	=C26	=D26−C26
27	=VLOOKUP(RAND(),$A$7:$C$20,3)	=C26+B27	=MAX(C27,G26)	=D27−C27
28	=VLOOKUP(RAND(),$A$7:$C$20,3)	=C27+B28	=MAX(C28,G27)	=D28−C28
29	=VLOOKUP(RAND(),$A$7:$C$20,3)	=C28+B29	=MAX(C29,G28)	=D29−C29
30	=VLOOKUP(RAND(),$A$7:$C$20,3)	=C29+B30	=MAX(C30,G29)	=D30−C30
1021	=VLOOKUP(RAND(),$A$7:$C$20,3)	=C1020+B1021	=MAX(C1021,G1020)	=D1021−C1021
1022	=VLOOKUP(RAND(),$A$7:$C$20,3)	=C1021+B1022	=MAX(C1022,G1021)	=D1022−C1022
1023	=VLOOKUP(RAND(),$A$7:$C$20,3)	=C1022+B1023	=MAX(C1023,G1022)	=D1023−C1023
1024	=VLOOKUP(RAND(),$A$7:$C$20,3)	=C1023+B1024	=MAX(C1024,G1023)	=D1024−C1024
1025	=VLOOKUP(RAND(),$A$7:$C$20,3)	=C1024+B1025	=MAX(C1025,G1024)	=D1025−C1025

（4）完成装卸时刻

用单元格 G26:G1025 表示船舶完成装卸的时刻。它等于开始装卸时刻与装卸时间之和。其公式如下：

船舶完成装卸时刻＝开始装卸时刻＋装卸时间

在单元格 G26 中输入：

＝D26＋F26

得到第一艘船舶的完成装卸时刻。将上述公式复制到单元格 G27:G1025，得到以后 999 艘船舶的完成装卸时刻。

（5）在港逗留时间

在港逗留时间是船舶在整个港口系统中逗留的时间，它等于船舶完成装卸离开系统时刻与船舶到达系统时刻之差。用单元格 H26:H1025 表示在港逗留时间，其计算公式如下：

船舶在港逗留时间＝船舶完成装卸时刻－船舶到达时刻

在单元格 H26 中输入：

＝G26－C26

得到第一艘船舶的在港逗留时间。将上述公式复制到单元格 H27:H1025，得到以后 999 艘船舶的在港逗留时间。

装卸时间、完成装卸时刻和在港逗留时间的计算公式见表 8.6.8。

表 8.6.8 具有一个泊位的港口排队系统模拟模型的公式（2）

	F	G	H
25	装卸时间	完成装卸时刻	在港逗留时间
26	=VLOOKUP(RAND()，$E$7：$G$14,3)	=D26+F26	=G26－C26
27	=VLOOKUP(RAND()，$E$7：$G$14,3)	=D27+F27	=G27－C27
28	=VLOOKUP(RAND()，$E$7：$G$14,3)	=D28+F28	=G28－C28
29	=VLOOKUP(RAND()，$E$7：$G$14,3)	=D29+F29	=G29－C29
30	=VLOOKUP(RAND()，$E$7：$G$14,3)	=D30+F30	=G30－C30
1021	=VLOOKUP(RAND()，$E$7：$G$14,3)	=D1021+F1021	=G1021－C1021
1022	=VLOOKUP(RAND()，$E$7：$G$14,3)	=D1022+F1022	=G1022－C1022
1023	=VLOOKUP(RAND()，$E$7：$G$14,3)	=D1023+F1023	=G1023－C1023
1024	=VLOOKUP(RAND()，$E$7：$G$14,3)	=D1024+F1024	=G1024－C1024
1025	=VLOOKUP(RAND()，$E$7：$G$14,3)	=D1025+F1025	=G1025－C1025

第四步：统计分析

本题进行了 1 000 次模拟，得到了 1 000 艘船舶的模拟结果。下面对运行结果进行统计分析。由于在模拟开始时泊位是空闲状态，所以，前若干艘船舶的模拟结果往往不能确切反映泊位达到稳定工作状态时的行为，为此，在进行结果分析时，不计前 100 艘船舶的运行结果，而仅对后 900 艘船舶的运行结果进行统计分析。统计结果见表 8.6.9。

表 8.6.9 具有一个泊位的港口排队系统模拟的统计结果

	B	C	D	E
1027	统计分析			
1028	需等待的船次（艘）			663
1029	需等待的概率			0.736 7
1030	船舶平均等待时间（小时）			6.97
1031	船舶平均逗留时间（小时）			18.10
1032	最大等待时间（小时）			43.0
1033	泊位利用率			0.936 7
1034	等待时间大于 10 小时的船舶数（艘）			220
1035	等待时间大于 10 小时的概率			0.244 4

其中，单元格 E1028 表示需等待的船次，它是指在到达港口后需要排队等待的船舶数目，也就是等待时间不等于零的船舶数目。可以用 countif 命令进行计数。在单元格

E1028 中输入下述公式：

　　=countif(E126:E1025,">0")

上式中，单元格 E126:E1025 是后 900 艘船舶的等待时间，该命令表示计算出等待时间大于 0 的船舶数目。用单元格 E1029 表示需等待的概率，它是指需要等待的船舶数占所有船舶数的比例。在单元格 E1029 中输入：

　　=E1028/900

得到后 900 艘船需要等待的概率。用单元格 E1034 表示等待时间大于 10 小时的船舶数，它是指在到达港口后需要排队等待 10 小时以上才能开始装卸的船舶数目。在单元格 E1034 中输入下述公式：

　　=countif(E126:E1025,">10")

得到后 900 艘船等待 10 小时以上的概率。用同样的方法可以计算出等待时间大于 5 小时、15 小时等情况下的船舶数目。

　　单元格 E1033 表示泊位利用率，它是指在 900 艘船舶从开始到最后离开的时间内（即仿真长度内），使用泊位进行装卸作业的时间所占的比例。它等于 900 艘船舶的装卸时间之和除以仿真长度。这里的仿真长度等于（第 1 000 艘船的离开时刻）－（第 100 艘船的离去时刻）。在单元格 E1033 中输入下述公式：

　　=sum(F126:F1025)/(G1025－G125)

得到泊位利用率。

　　上述统计分析的公式见表 8.6.10。

表 8.6.10　具有一个泊位的港口排队系统的模拟结果统计量计算公式

	B	C	D	E
1027	统计分析			
1028	需等待的船次（艘）			=COUNTIF(E126:E1025,">0")
1029	需等待的概率			=E1028/900
1030	船舶平均等待时间（小时）			=AVERAGE(E126:E1025)
1031	船舶平均逗留时间（小时）			=AVERAGE($H$126:$H$1025)
1032	最大等待时间（小时）			=MAX(E126:E1025)
1033	泊位利用率			=SUM(F126:F1025)/(G1025－G125)
1034	等待时间大于 10 小时的船舶数（艘）			=COUNTIF(E126:E1025,">10")
1035	等待时间大于 10 小时的概率			=E1034/900

第五步：结论

根据模拟结果可作出如下分析：

（1）当前具有一个泊位的情况下，泊位利用率高达 93.67%，船舶的平均等待时间为

6.97 小时,其中约有 24% 的船舶需等待 10 小时以上才能开始装卸。所以,可能造成失去部分客户。

(2) 当前的情况难以满足日益增长的运输需求。但是否需要增加泊位,以及应增加多少泊位,则还需进行增加泊位后的模拟(见例 8.6.2)。

例 8.6.2 具有两个泊位的港口系统模拟

在例 8.6.1 中,由于船舶等待时间过长,港口考虑再增加一个泊位,用模拟方法研究该港口排队系统具有两个泊位时的性能。

解:当港口有两个泊位时,情况要比只有一个泊位时复杂得多。这时排队系统的主要过程是:①船舶到达港口;②当两个泊位均空闲时,船舶进入其中一个泊位并立刻开始装卸;当只有一个泊位空闲时,船舶进入该泊位并立刻开始装卸;当两个泊位均不空闲时船舶排队等待,直到有一个泊位空闲时开始装卸;③完成装卸,船舶离港。所以,关键在于判断当前和未来两个泊位的状态,并据此处理船舶到达事件、开始装卸事件和离去事件。具有两个泊位的港口系统模拟模型的 Spreadsheet 如表8.6.11 所示。

两个泊位时的港口排队系统模拟模型与一个泊位时相比,其到达时间间隔、到达时刻、等待时间、装卸时间、完成时刻、在港逗留时间的计算方法都相同,两者的主要区别在于:

(1)"开始装卸时刻"的计算

在两个泊位情况下,判断何时能够开始装卸要看两个泊位的状态。当船舶到达时刻比两个泊位的开始空闲时刻都早时,船舶需排队等待,直到至少有一个泊位达到空闲状态才能开始装卸,所以这时的"开始装卸时刻"应等于先进入空闲状态的那个泊位的"开始空闲时刻"(即最早开始空闲时刻);当船舶到达时刻比任意一个泊位的开始空闲时刻晚时,船舶可以立刻开始装卸,所以这时的"开始装卸时刻"应等于船舶到达时刻。综上所述,开始装卸时刻的计算公式如下:

$$\text{船舶开始装卸时刻} = \begin{cases} \text{船舶到达时刻} & \text{船舶到达时刻} > \text{泊位的最早开始空闲时刻} \\ \text{最早开始空闲时刻} & \text{否则} \end{cases}$$

用单元格 D26:D1025 表示开始装卸时刻,由于第一艘船舶不需等待,所以其开始装卸时刻等于其到达时刻,所以,在单元格 D26 中输入:

    =C26

得到第一艘船舶的开始装卸时刻。从第二艘船舶开始,要判断两个泊位的状态。在单元格 D27 中输入下述公式:

    =if(C27<=min(I26,J26),min(I26,J26),C27)

得到第二艘船舶的开始装卸时刻,其中单元格 I26 和 J26 分别表示泊位 1 和泊位 2 的开始空闲时刻。将上述公式复制到单元格 D28:D1025,得到以后 998 艘船舶的开始装卸时刻。见表 8.6.11。

表 8.6.11　具有两个泊位的港口排队系统模拟模型

	A	B	C	D	E	F	G	H	I	J
23	模拟									
24									开始空闲时刻	
25	船舶序号	到达间隔	到达时刻	开始装卸时刻	等待时间	装卸时间	完成时刻	在港逗留时间	泊位1	泊位2
26	1	12	12.0	12.0	0.0	14.0	26.0	14.0	26.0	0.0
27	2	11	23.0	23.0	0.0	11.0	34.0	11.0	26.0	34.0
28	3	13	36.0	36.0	0.0	11.0	47.0	11.0	47.0	34.0
29	4	8	44.0	44.0	0.0	11.0	55.0	11.0	47.0	55.0
30	5	17	61.0	61.0	0.0	9.0	70.0	9.0	70.0	55.0
1021	996	15	11 760.0	11 760.0		10.0	11 770.0	10.0	11 770.0	11 755.0
1022	997	15	11 775.0	11 775.0		10.0	11 785.0	10.0	11 770.0	11 785.0
1023	998	12	11 787.0	11 787.0		11.0	11 798.0	11.0	11 798.0	11 785.0
1024	999	7	11 794.0	11 794.0		15.0	11 809.0	15.0	11 798.0	11 809.0
1025	1 000	6	11 800.0	11 800.0	0.0	11.0	11 811.0	11.0	11 811.0	11 809.0

（2）每个泊位的"开始空闲时刻"的计算

在计算"开始装卸时刻"时，需要计算每个泊位的"开始空闲时刻"。用单元格 I26：I1025 和 J26：J1025 分别表示泊位1和泊位2的开始空闲时刻。为方便起见，假设当两个泊位的"开始空闲时刻"相等时，船舶进入泊位1进行装卸。所以，第一艘船舶在0时刻到达后立刻进入泊位1进行装卸，这时泊位1的开始空闲时刻等于装卸完成时刻，而泊位2保持空闲状态。在单元格 I26 中输入：

　　＝G26

得到第一艘船到达后泊位1的开始空闲时刻。在单元格 J26 中输入：

　　＝0

得到第一艘船到达后泊位2的开始空闲时刻。

当船舶继续到达时，需要比较哪个泊位先达到空闲状态。如果泊位1早于泊位2（或与泊位2同时）达到空闲状态，该船舶将进入泊位1，这时泊位1的下一个开始空闲时刻等于该船舶的装卸完成时刻，泊位2的开始空闲时刻不变；如果泊位2早于泊位1达到空闲状态，则该船舶将进入泊位2，这时泊位2的下一个开始空闲时刻等于该船舶的装卸完成时刻，而泊位1的开始空闲时刻不变。其计算公式如下：

泊位1的开始空闲时刻＝

$$\begin{cases} \text{本次装卸完成时刻} & \text{上一次泊位1的开始空闲时刻≤上一次泊位2的开始空闲时刻} \\ \text{上一次泊位1的开始空闲时刻} & \text{否则} \end{cases}$$

泊位 2 的开始空闲时刻＝

$$\begin{cases} \text{本次装卸完成时刻} & \text{上一次泊位 1 的开始空闲时刻} > \text{上一次} \\ & \text{泊位 2 的开始空闲时刻} \\ \text{上一次泊位 2 的开始空闲时刻} & \text{否则} \end{cases}$$

在单元格 I27 中输入下述公式：

＝if(I26＝min(I26,J26),G27,I26)

得到泊位 1 的下一个开始空闲时刻。将上述公式复制到单元格 I28:I1025,得到泊位 1 的以后 998 个开始空闲时刻。

在单元格 J27 中输入下述公式：

＝if(J26＝I26,J26,if(J26＝min(I26,J26),G27,J26))

得到泊位 2 的下一个开始空闲时刻。上述公式中使用了有相嵌语句的 if 语句,表示当泊位 1 和泊位 2 的开始空闲时刻相等时,泊位 2 的下一个开始空闲时刻不变;否则,当泊位 2 比泊位 1 先达到空闲状态时,泊位 2 的下一个开始空闲时刻等于船舶的装卸完成时刻,当泊位 2 未能先达到空闲状态时,则泊位 2 的下一个开始空闲时刻不变。将上述公式复制到单元格 J28:J1025,得到泊位 2 的以后 998 个开始空闲时刻。见表 8.6.11。

上述模拟模型的公式见表 8.6.12～表 8.6.14。

表 8.6.12　具有两个泊位的港口排队系统模拟模型的公式（1）

15	B 到达间隔	C 到达时刻	D 开始装卸时刻	E 等待时间
26	＝VLOOKUP(RAND(),$A$7:$C$20,3)	＝B26	＝C26	＝D26－C26
27	＝VLOOKUP(RAND(),$A$7:$C$20,3)	＝C26＋B27	＝IF(C27<=MIN(I26,J26),MIN(I26,J26),C27)	＝D27－C27
28	＝VLOOKUP(RAND(),$A$7:$C$20,3)	＝C27＋B28	＝IF(C28<=MIN(I27,J27),MIN(I27,J27),C28)	＝D28－C28
29	＝VLOOKUP(RAND(),$A$7:$C$20,3)	＝C28＋B29	＝IF(C29<=MIN(I28,J28),MIN(I28,J28),C29)	＝D29－C29
30	＝VLOOKUP(RAND(),$A$7:$C$20,3)	＝C29＋B30	＝IF(C30<=MIN(I29,J29),MIN(I29,J29),C30)	＝D30－C30
1021	＝VLOOKUP(RAND(),$A$7:$C$20,3)	＝C1020＋B1021	＝IF(C1021<=MIN(I1020,J1020),MIN(I1020,J1020),C1021)	＝D1021－C1021
1022	＝VLOOKUP(RAND(),$A$7:$C$20,3)	＝C1021＋B1022	＝IF(C1022<=MIN(I1021,J1021),MIN(I1021,J1021),C1022)	＝D1022－C1022
1023	＝VLOOKUP(RAND(),$A$7:$C$20,3)	＝C1022＋B1023	＝IF(C1023<=MIN(I1022,J1022),MIN(I1022,J1022),C1023)	＝D1023－C1023
1024	＝VLOOKUP(RAND(),$A$7:$C$20,3)	＝C1023＋B1024	＝IF(C1024<=MIN(I1023,J1023),MIN(I1023,J1023),C1024)	＝D1024－C1024
1025	＝VLOOKUP(RAND(),$A$7:$C$20,3)	＝C1024＋B1025	＝IF(C1025<=MIN(I1024,J1024),MIN(I1024,J1024),C1025)	＝D1025－C1025

表 8.6.13 具有两个泊位的港口排队系统模拟模型的公式（2）

	F	G	H
25	装卸时间	完成时刻	在港逗留时间
26	=VLOOKUP(RAND(),$E$7:$G$14,3)	=D26+F26	=G26−C26
27	=VLOOKUP(RAND(),$E$7:$G$14,3)	=D27+F27	=G27−C27
28	=VLOOKUP(RAND(),$E$7:$G$14,3)	=D28+F28	=G28−C28
29	=VLOOKUP(RAND(),$E$7:$G$14,3)	=D29+F29	=G29−C29
30	=VLOOKUP(RAND(),$E$7:$G$14,3)	=D30+F30	=G30−C30
1021	=VLOOKUP(RAND(),$E$7:$G$14,3)	=D1021+F1021	=G1021−C1021
1022	=VLOOKUP(RAND(),$E$7:$G$14,3)	=D1022+F1022	=G1022−C1022
1023	=VLOOKUP(RAND(),$E$7:$G$14,3)	=D1023+F1023	=G1023−C1023
1024	=VLOOKUP(RAND(),$E$7:$G$14,3)	=D1024+F1024	=G1024−C1024
1025	=VLOOKUP(RAND(),$E$7:$G$14,3)	=D1025+F1025	=G1025−C1025

表 8.6.14 具有两个泊位的港口排队系统模拟模型的公式（3）

	I	J
24	开始空闲时刻	
25	泊位 1	泊位 2
26	=G26	0
27	=IF(I26=MIN(I26,J26),G27,I26)	=IF(J26=I26,J26,IF(I26=MIN(I26,J26),G27,J26))
28	=IF(I27=MIN(I27,J27),G28,I27)	=IF(J27=I27,J27,IF(I27=MIN(I27,J27),G28,J27))
29	=IF(I28=MIN(I28,J28),G29,I28)	=IF(J28=I28,J28,IF(I28=MIN(I28,J28),G29,J28))
30	=IF(I29=MIN(I29,J29),G30,I29)	=IF(J29=I29,J29,IF(I29=MIN(I29,J29),G30,J29))
1021	=IF(I1020=MIN(I1020,J1020),G1021,I1020)	=IF(J1020=I1020,J1020,IF(I1020=MIN(I1020,J1020),G1021,J1020))
1022	=IF(I1021=MIN(I1021,J1021),G1022,I1021)	=IF(J1021=I1021,J1021,IF(I1021=MIN(I1021,J1021),G1022,J1021))
1023	=IF(I1022=MIN(I1022,J1022),G1023,I1022)	=IF(J1022=I1022,J1022,IF(I1022=MIN(I1022,J1022),G1023,J1022))
1024	=IF(I1023=MIN(I1023,J1023),G1024,I1023)	=IF(J1023=I1023,J1023,IF(I1023=MIN(I1023,J1023),G1024,J1023))
1025	=IF(I1024=MIN(I1024,J1024),G1025,I1024)	=IF(J1024=I1024,J1024,IF(I1024=MIN(I1024,J1024),G1025,J1024))

下面对模拟结果进行统计分析。统计结果见表 8.6.15，计算统计量的公式见表 8.6.16。其中泊位利用率是指每个泊位的平均利用率。

表 8.6.15 具有两个泊位的港口排队系统模拟的统计结果

	B	C	D	E
1027	统计分析			
1028	需等待的船次（艘）			5
1029	需等待的概率			0.005 6
1030	船舶平均等待时间（小时）			0.007 8
1031	船舶平均逗留时间（小时）			11.29
1032	最大等待时间（小时）			2.0
1033	泊位利用率			0.479 7
1034	等待时间大于 5 小时的船舶数（艘）			2
1035	等待时间大于 5 小时的概率			0.002 2

表 8.6.16 具有两个泊位的港口排队系统的模拟结果统计量计算公式

	B	C	D	E
1027	统计分析			
1028	需等待的船次（艘）			=COUNTIF(E126:E1025,">0")
1029	需等待的概率			=E1028/900
1030	船舶平均等待时间（小时）			=AVERAGE($E$126:$E$1025)
1031	船舶平均逗留时间（小时）			=AVERAGE($H$126:$H$1025)
1032	最大等待时间（小时）			=MAX(E126:E1025)
1033	泊位利用率			=SUM(F126:F1025)/(2*(G1025−G125))
1034	等待时间大于 5 小时的船舶数（艘）			=COUNTIF(E126:E1025,">5")
1035	等待时间大于 5 小时的概率			=E1034/900

综上所述,提出如下结论与建议:

(1) 当该港口的泊位增加至两个时,泊位利用率下降到 48% 左右,船舶的平均等待时间仅为 0.007 8 小时,在 900 艘船舶中只有 5 艘船舶需要等待,其中只有 2 艘船舶的等待时间超过 5 小时。可见这时与一个泊位时相比,服务水平有明显改善。

(2) 模拟结果表明,在当前的需求水平下,拥有两个泊位时,已经可以满足运输需求,但是泊位利用率略低,不过考虑到日益增长的运输需求,增加一个泊位是一个可取的方案。但是否需要增加泊位,还需进行进一步的论证,例如进行可行性分析、财务分析与经济分析等。

8.7　模拟中的几个问题

近年来,模拟已经成为管理科学中应用最为广泛的方法之一。本章第一节至第六节对模拟的基本概念、模拟模型的建立、模拟模型的应用等进行了讨论,本节则将涉及模拟中的其他几个问题。首先讨论模拟模型的检验问题,然后总结模拟方法的优点和缺点,最后介绍现有的几种模拟软件。

8.7.1　模拟模型的检验

模拟模型的检验是模拟方法中的重要环节。一个好的模拟模型,应能反映真实系统的各主要方面,同时又应当是目标明确、思路清晰、求解可行的。如果一个模拟模型不能描述和反映所要研究的真实系统的各主要方面,那么采用这个模拟模型得到的结论必定是不可靠的,甚至是完全错误的。模拟模型的检验通常包括以下内容:

1. 模拟模型的程序检验

模拟模型的程序检验是检查模拟的步骤和过程是否合乎逻辑、计算公式是否正确无误。

2. 假设的合理性检验

假设的合理性检验是检查在模拟模型中的假设和简化是否合理,以及由这些假设和简化得到的结果是否仍然能够反映真实系统的各主要方面。

3. 模型的有效性检验

模型的有效性检验是检验模型运行结果的精度。通常可以采用历史数据检验法。例如当采用 1990—2000 年的数据模拟 2001 年的情况时,首先可用 1990—1999 年的数据运行模型,用以模拟 2000 年的系统行为,并将此结果与 2000 年的实际情况进行比较。如果两者足够接近,则认为该模型是有效的;如果两者相差甚远,则认为该模型是无效的。

8.7.2　模拟方法的优点和缺点

1. 模拟模型的主要优点

(1) 特别擅长于处理不确定问题

随着社会经济的高速发展,世界的变化越来越迅速,在实际系统中充满了不确定因素。现有的许多模型未考虑不确定因素,或对真实系统的复杂性进行了许多简化的假设,难以准确地反映真实系统的行为。而模拟模型则充分考虑了不确定因素,根据其概率分布建模,因而可以较准确地反映真实系统的行为。

（2）易于建模和运行求解

模拟模型的建模比较方便,模型的意义易于理解,同时运行求解可行。此外,对于较为复杂的不确定系统,用解析法往往难以求解,而用模拟方法一般都可以奏效。

（3）提供了一个"政策实验室"

模拟模型在改变其输入条件的情况下可以再运行,从而得到不同政策下的系统行为。因此,模拟方法提供了一个快速、低成本的政策实验室。

（4）适用范围广泛

模拟方法适用于许多实际问题,例如生产决策、销售决策、风险分析、库存系统、排队系统、招标决策等。

（5）模拟软件包的帮助

人们已经开发了许多用于模拟的计算机软件包,使得模拟模型的建立与运行更为方便,同时使得对更复杂系统的模拟变为可能。

2．模拟模型的主要缺点

（1）对于十分复杂的系统,模拟模型的建立和检验需要较多的时间。

（2）由于模拟模型是基于抽样值的模拟,所以它不能完全精确地反映真实系统,根据统计结果得到的解也不一定是最优解。不过,只要样本足够大、建模正确、模拟次数足够多,则可以比较准确地描述真实系统,并且得到较满意的解。

8.7.3　模拟软件

随着模拟模型的广泛应用,大量模拟软件应运而生。这些软件大体可以分为三类。

1．在 Spreadsheet 中的内置软件（spreadsheet add-in）

目前已经开发了不少内置于 Spreadsheet 的软件,它们使得建模更加容易,并且可以得到更多的统计分析结果。其中最有名的两种软件是 Crystal Ball 和@Risk。它们对于教学和一般研究均十分有用,但通常仅适用于不太大的、不太复杂的系统。

2．专用软件包

专用软件包是专门用于模拟的软件。由于模拟模型有许多共性,例如都需要产生随机数以得到不可控变量的抽样值,都需要输入已知数据、建模、运行以及进行统计分析,所以人们开发了不少专用软件。这里简单介绍几种常用的模拟软件。

ARENA、EXTEND、ProModel 均属于通用仿真软件,其中 ARENA 用于进行离散事件模拟，适用于制造流程、物流营运等过程的模拟；EXTEND 可用于进行离散事件仿真、连续系统仿真、流体系统仿真及其混合系统仿真，其应用领域不仅局限于物流供应链和制造企业，而且适用于各类复杂系统和复杂流程的仿真；ProModel 仿真软件则常用于生产、服务、交通运输系统的仿真，绩效评价和分析，以及进行各种方案比较等。

FlexSim 是一种三维物流仿真软件，可用于系统建模、仿真以及实现业务流程可视化。借助于 FlexSim，决策者可在计算机中构建及监控下属企业的分散式流程。

Witness 仿真软件是由英国 Lanner 公司推出的功能强大的仿真软件系统。它既可以用于离散事件系统的仿真，又可以用于连续流体系统的仿真。目前该软件已成功运用于国际数千家知名企业的解决方案项目，包括机场设施布局优化、机场物流规划、电气公司的流程改善、化学公司的供应链物流系统规划、工厂布局优化和分销物流系统规划等。

eM-Plant（原名 SIMPLE^{++}）是一种系统规划分析模拟软件，用于平面离散系统生产线仿真，可用于设施规划方案选择、设备投资评估、生产线均衡、瓶颈分析、派工及产能的模拟分析等。

此外，还有 AUTOMOD SIMAnimation、ShowFlow 等三维仿真软件，以及可应用于仿真软件中的优化工具 OptQuest 等。

3．用通用语言编写的模拟软件

使用专用软件包往往难以描述那些十分复杂的系统，这时需要用通用语言编写程序。用通用语言编写模拟软件，可以根据实际系统的特点建模，由此能够满足复杂系统的特定要求。建立模拟模型常用的通用语言有 BASIC，FORTRAN，PASCAL，C，C^{++} 等。

在进行模拟时，应根据实际系统的特点和模拟要求，选择合适的软件工具。

第 9 章

决 策 分 析

　　人类的决策活动由来已久。当一个原始部落的领袖赞同某一首领的提议,从一个地区迁移至另一地区时,就是在进行决策。在社会经济活动中,一个国家、一个企业或团体,都面临着大量的决策问题,例如一个国家的外交政策、一个企业的投资决策等,而决策的正确与否往往是关系到生存与发展的重大问题。每个人几乎每天都面临着大量的决策,其中,大的决策包括对职业的选择,小的决策包括对下一个小时要做什么的决定,等等。随着社会经济的发展,人们所面临的决策问题越来越复杂,许多决策往往涉及社会、经济、技术、环境、心理诸多因素,这时,仅根据一己的经验难以作出可靠的判断与选择。这样,决策分析技术作为一门科学发展起来,其目的是帮助人们作出正确的决策。

　　本章讨论单目标决策方法,分别从确定型决策、非确定型决策、风险型决策这三种基本的决策问题入手,介绍以最大获益为目标的常见决策方法,以及采用 Spreadsheet 建模和求解的方法与应用。

9.1　概述

9.1.1　决策与决策分析的基本概念

　　决策是为了达到某种预定的目标,在若干可供选择的行动方案中,确定一个合适的方案的过程。广义地说,决策还包括在作出最终抉择前进行的一切活动,通常包含以下内容。

　　(1) 情报活动:通过收集资料与调查研究,明确问题,确定决策的目标。

　　(2) 设计活动:发现、探索和拟定各种可能的可行方案。

　　(3) 抉择活动:从各种可能方案中选择出最满意的方案。

　　(4) 审查活动:决策的实施和检查。

　　在决策过程中,人们若能事先了解所要决策问题的未来状态以及采取不同的行动方案产生的后果,就比较容易作出正确的判断。但是,由于实际问题的复杂性,人们事先对未来的情况往往不甚明了,而且还可能出现某些不确定事件,使得正确地进行决策变得困难。决策分析就是对所要决策的问题的有关方面进行全面的、深入的、科学的分析,通过充分的论证,选择出满意的可行决策方案,为决策方案的最后制定提供科学依据。

9.1.2　决策过程

决策过程通常由以下五个部分组成。

（1）定义问题。首先要明确问题，包括通过调查研究，明确所要决策的问题及其所处的环境，确定决策目标等。

（2）拟定可行方案。根据决策的目标和所获得的信息，发现与拟定达到目标的各种可行方案。

（3）确定评价准则。这里的评价准则是指根据决策目标的要求去衡量行动方案优劣的数量或价值标准。

（4）对可行方案进行评价。用评价准则对各可行方案进行评价，其中，应充分考虑未来环境的不确定性。未来环境可能出现的各种状况称为自然状态，这些状态出现的概率称为自然状态概率。在各种自然状态下，采取每一种行动方案所得到的利润值和亏损值称为损益值（效益）。各可行方案的损益值可用损益表描述，损益表的一般形式见表 9.1.1。表中，a_i 表示第 i 个行动方案（action），s_j 表示第 j 个自然状态（state），U_{ij} 表示第 i 个行动方案在第 j 个自然状态下的效益（utility）。然后用评价准则对各可行方案进行评价。

表 9.1.1　损益表

效益值　　自然状态 行动方案	s_1	s_2	...	s_n
a_1	U_{11}	U_{12}	...	U_{1n}
a_2	U_{21}	U_{22}	...	U_{2n}
⋮	⋮	⋮	⋮	⋮
a_m	U_{m1}	U_{m2}	...	U_{mn}

（5）选择方案。根据评价结果选择出最优的或满意的可行方案。由于对可行方案的评价和对未来不确定因素的估计难免存在着主观臆断，所以，往往难以判断所得到的最优方案的可信程度，灵敏度分析有助于改善这一状况。在灵敏度分析中，可以按一定的规则改变各个参数（例如各自然状态的概率、效益值等），观察其对方案后果的影响程度，直到方案的优化次序变更为止，这样就找出了各参数的最大容许偏差。在此偏差范围内，最优方案的结论是可信的。

上述过程可用图 9.1.1 描述。

9.1.3　决策的分类

决策的分类方法很多。常见的有以下几种：

（1）按自然状态分类，可分为确定型决策、风险型决策和非确定型决策。自然状态是指未来可能出现的状况。若自然状态完全确定，即已知未来某种自然状态一定会出现，这种情况下的决策问题称为确定型决策问题。若既不能确定未来某种自然状态一定会出现，也不能确定各种自然状态出现的可能性,这种情况下的决策问题称为非确定型决策问题。若虽不能确定未来某种自然状态一定会发生,但可以估计出各种自然状态发生的可能性,即可以得到各种自然状态出现的概率,这种情况下的决策问题称为风险型决策问题。

（2）按决策目标分类,可以分为单目标决策和多目标决策。单目标决策是只有一个决策目标的决策;多目标决策是有两个或两个以上决策目标的决策。

（3）按决策内容分类,可以分为战略决策和战术决策(也称策略决策)。战略决策是关系全局的决策,如企业的发展规划等;战术决策是为实现战略决策而作出的局部或短期的具体决策,如企业的日常业务决策等。

此外,还可以按决策方法分为定量化决策和非定量化决策;按决策变量的性质分为静态决策和动态决策;按决策对象的地位分为高层决策、中层决策和基层决策等。

本章后面几节将分别讨论确定型决策、非确定型决策和风险型决策的决策技术和方法。

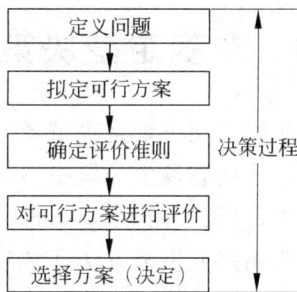

图 9.1.1　决策过程

9.2　确定型决策

确定型决策是决策者对所需决策问题的未来发展有十分把握的决策,即对未来的自然状态完全确定情况下的决策。这时,决策者只需在多个行动方案中选择在该自然状态下最优的方案。下面用例 9.2.1 说明确定型决策问题的决策方法。

例 9.2.1　**红旗圆珠笔厂新产品价格的确定型决策问题**

红旗圆珠笔厂生产一种新型圆珠笔,据核算,该笔的价格应在 3 元至 4 元较为合适。现有三种价格方案:3 元、3.5 元和 4 元。该圆珠笔未来的市场状况可能为畅销、一般和滞销,该圆珠笔在不同市场状况下、不同价格下的年利润如表 9.2.1 所示。该厂经周密的市场调查,确定该圆珠笔未来的市场状况为"一般"。问该厂应选择哪个价格方案,才能使得年利润最大?

表 9.2.1　圆珠笔厂新产品损益表

年利润/万元 方案	市场状况		
	s_1 畅销	s_2 一般	s_3 滞销
a_1 单价 3.0 元/支	140	120	80
a_2 单价 3.5 元/支	200	150	40
a_3 单价 4.0 元/支	340	140	−20

解:由损益表可知,当市场状况为"一般"时,方案 a_2 的年利润最大,为 150 万元。所以 a_2 为最优方案。即该圆珠笔的单价应定为 3.5 元/支。

9.3 非确定型决策及其 Spreadsheet 解法

非确定型决策是决策者对所需决策问题的未来发展有一定程度的了解，但无法确定各种自然状态发生的概率情况下的决策。本节介绍常用的解决非确定型决策问题的方法和技术，以及应用 Spreadsheet 求解非确定型决策问题的方法。

非确定型决策方法通常有：优势法，PERT 决策法，乐观决策法（好中求好法，最大最大法）与悲观决策法（坏中求好法，最大最小法，保守法），乐观系数法（折中决策准则），最小的最大后悔值法，最大最可能获益法，最低水准法，拉普拉斯决策法（平均主义算法）等。下面以例 9.3.1 为背景，讨论非确定型决策方法，并采用 Spreadsheet 建模与求解。

例 9.3.1　红旗圆珠笔厂新产品价格的非确定型决策问题

本例的已知条件、可行方案和损益表与例 9.2.1 基本相同，不同之处是本例中的圆珠笔厂只了解到未来可能出现畅销、一般、滞销三种市场状况，但无法判断各种市场状况出现的概率。问该厂应选择哪个价格方案，才能使得年利润最大？

9.3.1～9.3.7 节中，将运用多种方法求解上例中的非确定型决策问题。

9.3.1　优势法

优势法（dominance）遵循这样一个原则：若某一个决策方案 A 在任一自然状态下的结局总是比另一个决策方案 B 好，或者方案 A 在某些自然状态下的结局比方案 B 好，而在其余的自然状态下的结局与方案 B 相同，则称方案 A 比方案 B 具有优势。这时可以删去方案 B。运用优势法可以对可行方案进行初步筛选，以简化决策问题。

若在例 9.3.1 中有四个可行方案。它们的损益表如表 9.3.1 所示。

表 9.3.1　四个方案的损益表

年利润/万元　市场 方案	市场状况		
	s_1 畅销	s_2 一般	s_3 滞销
a_1 单价 3.0 元/支	140	120	80
a_2 单价 3.5 元/支	200	150	40
a_3 单价 4.0 元/支	340	140	－20
a_4 单价 4.5 元/支	190	150	30

从表 9.3.1 可见，方案 a_2 在市场状况为"畅销"和"滞销"时的年利润均大于方案 a_4，在市场状况为"一般"时的年利润与方案 a_4 相同，所以方案 a_2 比方案 a_4 具有优势。因此，在作决策时可以舍弃劣势方案 a_4，从而减少待选择的可行方案数目。

9.3.2　PERT 决策法

PERT 决策法(performance evaluation and review technique)是对未来的自然状态作出最乐观、最可能和最悲观三种估计,然后由下式计算各个方案的效益期望值。

$$E[a_i] = \frac{U_{i1} + 4U_{i2} + U_{i3}}{6} \quad (i = 1, 2, \cdots, n) \tag{9-3-1}$$

上式中,$E[a_i]$ 为第 i 个方案的效益期望值;n 为方案的个数;U_{i1}、U_{i2}、U_{i3} 分别为第 i 个方案在最乐观、最可能和最悲观的自然状态下的结局(效益值)。

然后比较各方案的效益期望值,其中具有最大效益期望值的方案就是最优方案。

下面用 PERT 决策法求解例 9.3.1。假定红旗圆珠笔厂经仔细分析后,认为未来最乐观的市场状态为“畅销”,最悲观的市场状态为“滞销”,最可能的市场状态为“一般”,则可用公式(9-3-1)计算三个方案的年利润期望值。

$$E[a_1] = \frac{U_{11} + 4U_{12} + U_{13}}{6} = \frac{140 + 4*120 + 80}{6} = 116.7(万元)$$

$$E[a_2] = \frac{U_{21} + 4U_{22} + U_{23}}{6} = \frac{200 + 4*150 + 40}{6} = 140(万元)$$

$$E[a_3] = \frac{U_{31} + 4U_{32} + U_{33}}{6} = \frac{340 + 4*140 + (-20)}{6} = 146.7(万元)$$

可见方案 a_3 具有最大的年利润期望值,所以方案 a_3 为最优方案。

上述计算可以采用 Spreadsheet 进行。PERT 决策模型的 Spreadsheet 如表 9.3.2 所示。从表 9.3.2 可见,方案 a_3 具有最大的年利润期望值(146.7 万元),所以方案 a_3 为最优方案。

表 9.3.3 是该模型的公式表示,在单元格 F6:F8 中用公式(9-3-1)计算出三个方案的年利润期望值,其中,在单元格 G6:G8 中运用了“IF”命令。例如在单元格 G6 中输入的公式是:

＝if(F6＝＄F＄10,A6,″″)

上述公式表示,当单元格 F6(方案 a_1 的年利润期望值)等于 ＄F＄10(最大年利润期望值)时,方案 a_1 为最优方案,这时在单元格 G6 中输入 A6 的内容(“方案 a_1”);否则,方案 a_1 不是最优方案,这时在单元格 G6 中不输入任何内容。

表 9.3.2　PERT 决策模型

	A	B	C	D	E	F	G
1	例 9.3.1　红旗圆珠笔厂产品定价问题:PERT 决策法						
2							

续表

	A	B	C	D	E	F	G
3	损益表						
4				市场状况			
5	可行方案	s_1畅销	s_2一般	s_3滞销	最可能值	期望值	推荐的最优方案
6	a_1	140	120	80	120	116.7	
7	a_2	200	150	40	150	140.0	
8	a_3	340	140	−20	140	146.7	a_3
9							
10	最大期望值					146.7	

表 9.3.3　PERT 决策模型的公式表示

	A	B	C	D	E	F	G
1	例 9.3.1		红旗圆珠笔厂产品定价问题：PERT 决策法				
2							
3	损益表						
4			市场状况				
5	可行方案	s_1畅销	s_2一般	s_3滞销	最可能值	期望值	推荐的最优方案
6	a_1	140	120	80	120	=(MAX(B6:D6)+MIN(B6:D6)+4*E6)/6	=IF(F6=\$F\$10,A6,"")
7	a_2	200	150	40	150	=(MAX(B7:D7)+MIN(B7:D7)+4*E7)/6	=IF(F7=\$F\$10,A7,"")
8	a_3	340	140	−20	140	=(MAX(B8:D8)+MIN(B8:D8)+4*E8)/6	=IF(F8=\$F\$10,A8,"")
9							
10	最大期望值					=MAX(F6:F8)	

9.3.3　乐观决策法

乐观决策法(optimistic approach,好中求好法,最大最大法)的基本思路是,认为在最乐观的自然状态下具有最大效益值的那个方案即为最佳方案。这种决策仅以最好的自然状态下的结果为决策依据,而不考虑较差的自然状态下的结果,因此它是一种乐观的决策方法。它的具体算法是:首先求出每个行动方案在各种自然状态下的最大效益值,然后求出各个最大效益值中的最大值,该最大值对应的方案就是最佳方案。

下面用乐观决策法求解例 9.3.1。乐观决策法的 Spreadsheet 如表 9.3.4 所示。

表 9.3.4　乐观决策法模型

	A	B	C	D	E	F
1	例 9.3.1　红旗圆珠笔厂产品定价问题：乐观法					
2						
3	损益表					
4			市场状况			
5	可行方案	s_1畅销	s_2一般	s_3滞销	最大年利润	推荐的最优方案
6	a_1	140	120	80	140	
7	a_2	200	150	40	200	
8	a_3	340	140	−20	340	a_3
9						
10	最大年利润				340	

在单元格 E6:E8 中分别求出三个方案的最大年利润,然后在单元格 E10 中求出三个方案的最大年利润中的最大值,它对应的方案即为最优方案。从表 9.3.4 可见,方案 a_3 的最大年利润最大(340 万元),所以方案 a_3 为最优方案。模型的公式见表 9.3.5。

表 9.3.5　乐观决策法模型的公式表示

	A	B	C	D	E	F
1	例 9.3.1　红旗圆珠笔厂产品定价问题：乐观法					
2						
3	损益表					
4			市场状况			
5	可行方案	s_1畅销	s_2一般	s_3滞销	最大年利润	推荐的最优方案
6	a_1	140	120	80	=MAX(B6:D6)	=IF(E6=\$E\$10,A6,"")
7	a_2	200	150	40	=MAX(B7:D7)	=IF(E7=\$E\$10,A7,"")
8	a_3	340	140	−20	=MAX(B8:D8)	=IF(E8=\$E\$10,A8,"")
9						
10	最大年利润				=MAX(E6:E8)	

9.3.4　悲观决策法

悲观决策法(conservative approach,坏中求好法,最大最小法,保守法)的基本思路是,认为在最悲观的自然状态下具有最大效益值的那个方案即为最佳方案。这种决策仅以最差的自然状态下的结果为决策依据,而不考虑较好的自然状态下的结果,因此它是一种悲观的决策方法。它的具体算法是:首先求出每个行动方案在各种自然状态下的最小效益值,然后求出各个最小效益值中的最大值,该最大值对应的方案就是最佳方案。

下面用悲观决策法求解例 9.3.1。悲观决策法的 Spreadsheet 如表 9.3.6 所示。

表 9.3.6 悲观决策法模型

	A	B	C	D	E	F
1	例 9.3.1 红旗圆珠笔厂产品定价问题：悲观法					
2						
3	损益表					
4			市场状况			
5	可行方案	s_1畅销	s_2一般	s_3滞销	最小年利润	推荐的最优方案
6	a_1	140	120	80	80	a_1
7	a_2	200	150	40	40	
8	a_3	340	140	−20	−20	
9						
10	最大年利润				80	

在单元格 E6：E8 中分别求出三个方案的最小年利润，然后在单元格 E10 中求出三个方案的最小年利润中的最大值，它对应的方案即为最优方案。从表 9.3.6 可见，方案 a_1 的最小年利润最大（80 万元），所以方案 a_1 为最优方案。模型的公式见表9.3.7。

表 9.3.7 悲观决策法模型的公式表示

	A	B	C	D	E	F
1	例 9.3.1 红旗圆珠笔厂产品定价问题：悲观法					
2						
3	损益表					
4			市场状况			
5	可行方案	s_1畅销	s_2一般	s_3滞销	最小年利润	推荐的最优方案
6	a_1	140	120	80	=MIN(B6:D6)	=IF(E6=\$E\$10,A6,"")
7	a_2	200	150	40	=MIN(B7:D7)	=IF(E7=\$E\$10,A7,"")
8	a_3	340	140	−20	=MIN(B8:D8)	=IF(E8=\$E\$10,A8,"")
9						
10	最大年利润				=MAX(E6:E8)	

9.3.5 乐观系数法

乐观系数法（折中决策准则）又称折中决策准则。该法的决策准则介于乐观法和悲观法这两种极端的态度之间。首先确定一个乐观系数 α，$0 \leqslant \alpha \leqslant 1$，将 α 作为权系数，可以计算出各方案的最乐观结局与最悲观结局的折中值。其公式如下。

$$U[a_i] = \alpha U_i^* + (1-\alpha) U_i^0 \quad (i=1,2,\cdots,n) \tag{9-3-2}$$

上式中，$U[a_i]$ 为第 i 个方案的效益折中值；α 为乐观系数，$0 \leqslant \alpha \leqslant 1$；$U_i^*$、$U_i^0$ 分别为第 i 个方案的最乐观的结局（最大效益）和最悲观的结局（最小效益）。

从式(9-3-2)可知,当乐观系数 $\alpha=0$ 时,该方法就是悲观法;当乐观系数 $\alpha=1$ 时,该方法就是乐观法。

下面用乐观系数法解例 9.3.1。乐观系数法的 Spreadsheet 如表 9.3.8 所示。

在单元格 E6:E8 中用公式(9-3-2)分别计算三个方案的最乐观结局与最悲观结局的折衷值,然后在单元格 E10 中求出三个方案折中值中的最大值,它对应的方案即为最优方案。从表 9.3.8 可见,方案 a_3 的年折中值最大(160 万元),所以方案 a_3 为最优方案。模型的公式表示见表 9.3.9。

表 9.3.8 乐观系数法模型

	A	B	C	D	E	F
1	例 9.3.1 红旗圆珠笔厂产品定价问题:乐观系数法					
2						
3	损益表					
4			市场状况			
5	可行方案	s_1畅销	s_2一般	s_3滞销	折中值	推荐的最优方案
6	a_1	140	120	80	110	
7	a_2	200	150	40	120	
8	a_3	340	140	−20	160	a_3
9						
10	最大折中值				160	
11						
12	乐观系数	0.5				

表 9.3.9 乐观系数法模型的公式表示

	A	B	C	D	E	F
1	例 9.3.1 红旗圆珠笔厂产品定价问题:乐观系数法					
2						
3	损益表					
4			市场状况			
5	可行方案	s_1畅销	s_2一般	s_3滞销	折中值	推荐的最优方案
6	a_1	140	120	80	=\$B\$12*MAX(B6:D6)+(1−\$B\$12)*MIN(B6:D6)	=IF(E6=\$E\$10,A6,"")
7	a_2	200	150	40	=\$B\$12*MAX(B7:D7)+(1−\$B\$12)*MIN(B7:D7)	=IF(E7=\$E\$10,A7,"")
8	a_3	340	140	−20	=\$B\$12*MAX(B8:D8)+(1−\$B\$12)*MIN(B8:D8)	=IF(E8=\$E\$10,A8,"")
9						
10	最大折中值				=MAX(E6:E8)	
11						
12	乐观系数	0.5				

9.3.6 最小的最大后悔值法

最小的最大后悔值法（minimax regret approach）是塞维奇（Savage）提出的一种决策方法，它首先计算由于未选择最优方案而造成的最大后悔值（或机会损失），然后在各方案中选择出具有最小的最大后悔值的方案作为最优方案。其计算公式如下：

某一方案在某一自然状态下的后悔值 =（在该自然状态下的最大效益）-（该方案在该自然状态下的效益）。

某一方案的最大后悔值 = max{该方案在各种自然状态下的后悔值}

最优方案 = 具有最小的最大后悔值的方案。

下面用最小的最大后悔值法求解例 9.3.1。该例中最小的最大后悔值法模型的 Spreadsheet 如表 9.3.10 所示。

表 9.3.10 最小的最大后悔值法模型

	A	B	C	D	E	F	G
1	例 9.3.1 红旗圆珠笔厂产品定价问题：最小的最大后悔值法						
2							
3	损益表						
4			市场状况				
5	可行方案	s_1 畅销	s_2 一般	s_3 滞销			
6	a_1	140	120	80			
7	a_2	200	150	40			
8	a_3	340	140	-20			
9							
10							
11	后悔值表						
12			市场状况				
13	可行方案	s_1 畅销	s_2 一般	s_3 滞销	最大后悔值	推荐的最优方案	
14	a_1	200	30	0	200		
15	a_2	140	0	40	140		
16	a_3	0	10	100	100	a_3	
17							
18	最小的最大后悔值				100		

用最小的最大后悔值法进行决策的步骤如下。

（1）计算各方案在各种自然状态下的后悔值

首先在单元格 B14:D16 中计算各方案在不同自然状态下的后悔值。如前所述，某一方案的后悔值等于各自然状态下的最大效益值与该方案在该自然状态下的效益值之差。例如：方案 a_1 在自然状态为"畅销"时的后悔值 =（"畅销"时可能得到的最大年利润）-

（方案 a_1 在"畅销"时的年利润）。其中，自然状态为畅销时的最大年利润等于 $\max(B6;B8)$ $=\max(140,200,340)=340$，而方案 a_1 在畅销时的年利润等于 140，所以其后悔值等于两者之差，即为：$340-140=200$。以上计算可以通过在单元格 B14 中输入下述公式实现：

$=\max(\$B\$6;\$B\$8)-B6$

将上述公式复制至单元格 B15;B16，分别得到方案 a_2 和 a_3 在自然状态为"畅销"时的后悔值。

同理，在单元格 C14 中输入下式：

$=\max(\$C\$6;\$C\$8)-C6$

得到方案 a_1 在自然状态为"一般"时的后悔值。将上述公式复制至单元格 C15;C16，分别得到方案 a_2 和 a_3 在自然状态为"一般"时的后悔值。

在单元格 D14 中输入下式：

$=\max(\$D\$6;\$D\$8)-D6$

得到方案 a_1 在自然状态为"滞销"时的后悔值。将上述公式复制至单元格 D15;D16，分别得到方案 a_2 和 a_3 在自然状态为"滞销"时的后悔值。

（2）计算各方案的最大后悔值

在单元格 E14;E16 中分别计算三个方案的最大后悔值，即在单元格 E14 中输入：

$=\max(B14;D14)$

得到方案 a_1 的最大后悔值。将上述公式复制至单元格 E15;E16，得到方案 a_2 和 a_3 的最大后悔值。

（3）选择出具有最小的最大后悔值的方案，该方案即为最优方案

为计算三个方案的最大后悔值中的最小值。在单元格 E18 中输入下式：

$=\min(E14;E16)$

得到最小的最大后悔值，它对应的方案即为最优方案。从表 9.3.10 可见，方案 a_3 具有最小的最大后悔值（100 万元），所以方案 a_3 为最优方案。

模型的公式表示见表 9.3.11。

表 9.3.11　最小的最大后悔值模型的公式表示

	A	B	C	D	E	F
1			例 9.3.1			
2						
3	损益表					
4			市场状况			
5	可行方案	s_1 畅销	s_2 一般	s_3 滞销		
6	a_1	140	120	80		
7	a_2	200	150	40		
8	a_3	340	140	-20		
9						
10						

续表

	A	B	C	D	E	F
11	后悔值表					
12			市场状况			
13	可行方案	s_1 畅销	s_2 一般	s_3 滞销	最大后悔值	推荐的最优方案
14	a_1	= MAX（\$B\$6：\$B\$8）−B6	= MAX（\$C\$6：\$C\$8）−C6	= MAX（\$D\$6：\$D\$8）−D6	=MAX(B14:D14)	=IF(E14=\$E\$18,A14,"")
15	a_2	= MAX（\$B\$6：\$B\$8）−B7	= MAX（\$C\$6：\$C\$8）−C7	= MAX（\$D\$6：\$D\$8）−D7	=MAX(B15:D15)	=IF(E15=\$E\$18,A15,"")
16	a_3	= MAX（\$B\$6：\$B\$8）−B8	= MAX（\$C\$6：\$C\$8）−C8	= MAX（\$D\$6：\$D\$8）−D8	=MAX(B16:D16)	=IF(E16=\$E\$18,A16,"")
17						
18	最小的最大后悔值				=MIN(E14:E16)	

9.3.7 拉普拉斯决策法

在不确定决策问题中，各种自然状态出现的可能性是未知的，拉普拉斯决策法（Laplace criterion，平均主义算法）假设所有自然状态出现的可能性都是相同的。设有 n 种可能发生的自然状态，假定每种自然状态发生的概率均相等，则每种自然状态发生的概率等于 $\dfrac{1}{n}$，由此可以计算出各方案的期望效益，其中期望效益最大的方案即为最优方案。

下面用拉普拉斯决策法求解例 9.3.1。拉普拉斯决策模型的 Spreadsheet 如表 9.3.12 所示。

表 9.3.12 拉普拉斯决策法模型

	A	B	C	D	E	F	G
1	例 9.3.1 红旗圆珠笔厂产品定价问题：Laplace 决策法						
2							
3	损益表						
4			市场状况				
5	可行方案	s_1畅销	s_2一般	s_3滞销	期望值	推荐的最优方案	
6	a_1	140	120	80	113.3		
7	a_2	200	150	40	130.0		
8	a_3	340	140	−20	153.3	a_3	
9							
10	最大期望值				153.3		

本题有三种自然状态，设每种自然状态出现的可能性相等，即每种自然状态发生的概率为 1/3，这时各方案的期望值等于该方案在各自然状态下的年利润值乘以该自然状态

发生的概率的积之和,它也就是该方案在各自然状态下的年利润的期望值。

在单元格 E6:E8 中分别计算三个方案的年利润期望值。在单元格 E6 中输入下式:
= average(B6:D6)

得到方案 a_1 的年利润期望值。将上述公式复制至单元格 E7:E8,得到方案 a_2 和 a_3 年利润期望值。

然后在单元格 E10 中求出三个方案的年利润期望值的最大值,它对应的方案即为最优方案。

模型的公式见表 9.3.13。

表 9.3.13　拉普拉斯决策法模型的公式表示

	A	B	C	D	E	F	G
1	例 9.3.1	红旗圆珠笔厂产品定价问题:Laplace 决策法					
2							
3	损益表						
4			市场状况				
5	可行方案	s_1 畅销	s_2 一般	s_3 滞销	期望值	推荐的最优方案	
6	a_1	140	120	80	= AVERAGE(B6:D6)	= IF(E6 = \$E\$10,A6,"")	
7	a_2	200	150	40	= AVERAGE(B7:D7)	= IF(E7 = \$E\$10,A7,"")	
8	a_3	340	140	−20	= AVERAGE(B8:D8)	= IF(E8 = \$E\$10,A8,"")	
9							
10	最大期望值				= MAX(E6:E8)		

从表 9.3.12 可见,方案 a_3 的年利润期望值最大(153.3 万元),所以方案 a_3 为最优方案。

从上述分析可见,采用不同的决策准则得到的最优方案往往是不同的。在本例中,只有在采用悲观的决策准则时得到的最优方案是方案 a_1,而采用其他决策准则时得到的最优方案均为方案 a_3。

9.4　风险型决策:决策树技术及其 Spreadsheet 解法

风险型决策是决策者对所需决策问题的未来发展虽不能完全确定,但可以确定其各种自然状态发生的概率情况下的决策。解决风险型决策问题的有效工具之一是决策树技术,它是一种在期望值准则下的风险型决策方法。本节介绍决策树方法,并采用 Spreadsheet 进行建模与运算。

9.4.1　最大期望值准则

最大期望值准则是以效益的期望值最大作为决策标准来选择最优行动方案的准则。

按照该准则,当决策目标是最大利润或最大收益时,选择利润期望值或收益期望值最大的方案作为最优方案;当决策目标是最小成本或最小亏损时,则选择成本期望值或亏损期望值最小的方案作为最优方案。下面以例 9.4.1 为背景,采用期望值准则进行决策。

例 9.4.1 红旗圆珠笔厂价格的风险型决策问题

在例 9.3.1 中,如果厂方经调查分析,对未来可能出现的畅销、一般、滞销三种市场状况的概率作出了估计,见表 9.4.1。问该厂应选择哪个价格方案,才能使得年利润最大?

表 9.4.1　圆珠笔损益表

年利润/万元　　市场　方案	市场状况		
	s_1 畅销 $P(s_1)=0.3$	s_2 一般 $P(s_2)=0.5$	s_3 滞销 $P(s_3)=0.2$
a_1 单价 3.0 元/支	140	120	80
a_2 单价 3.5 元/支	200	150	40
a_3 单价 4.0 元/支	340	140	-20

表 9.4.1 中,$P(s_1)$、$P(s_2)$、$P(s_3)$ 分别为三种自然状态(即畅销、一般和滞销)出现的概率。

各方案的年利润期望值应等于该方案在每种自然状态下的年利润与该自然状态发生的概率的乘积之和。因此,可以分别计算出方案 a_1、a_2 和 a_3 的年利润期望值 $E[a_1]$、$E[a_2]$ 和 $E[a_3]$。

$$E[a_1] = P(s_1) \times 140 + P(s_2) \times 120 + P(s_3) \times 80 = 0.3 \times 140 + 0.5 \times 120 + 0.2 \times 80 = 118(万元)$$

$$E[a_2] = P(s_1) \times 200 + P(s_2) \times 150 + P(s_3) \times 40 = 0.3 \times 200 + 0.5 \times 150 + 0.2 \times 40 = 143(万元)$$

$$E[a_3] = P(s_1) \times 340 + P(s_2) \times 140 + P(s_3) \times (-20) = 0.3 \times 340 + 0.5 \times 140 + 0.2 \times (-20) = 168(万元)$$

比较三个方案的年利润期望值可知,方案 a_3 的年利润期望值最大(168 万元),所以,应选择方案 a_3。

9.4.2　决策树技术

在运用最大期望值准则解决风险型决策问题时,还可以借助于决策树技术。决策树技术按照逻辑关系,将行动方案、自然状态、自然状态发生的概率、损益值用一个树状图形表示出来,然后从右向左计算各方案的期望效益,并选择出期望效益最大的方案作为最优方案。该方法的特点是层次清晰、一目了然、计算简便,尤其在多级决策问题中非常方便。

图 9.4.1 是一个决策树,决策树中的主要符号及其含义如下:

□（矩形）：表示决策节点，由此引出的分支（用直线段表示）称为方案分支。这表示决策节点面临着若干方案的选择。每个方案分支代表一个行动方案，方案分支的数目等于行动方案的个数。在每个方案分支的末端画上一个圆圈，就是状态节点。在状态节点上方用数字表示该行动方案的效益期望值。

○（圆圈）：表示状态节点，由此引出的分支称为概率分支。这表示状态节点面临着若干无法控制的自然社会环境（即自然状态）。每个概率分支代表一种自然状态，概率分支的数目等于所有可能的自然状态数目。在概率分支上标明自然状态的名称及其出现的概率，在每个概率分支的末端画上一个三角形，就是结局节点。

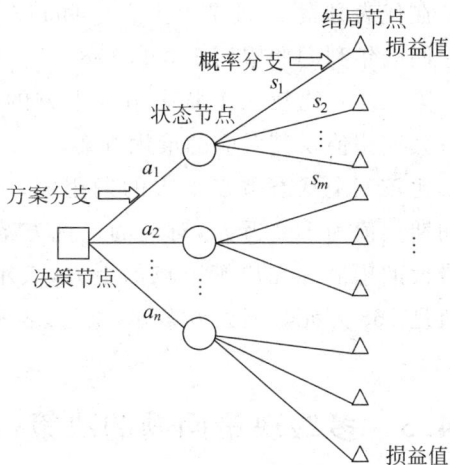

图 9.4.1　决策树的结构

△（三角形）：表示结局节点（结局末梢），它旁边的数字是每一行动方案在相应自然状态下的效益值。结局节点通常用三角形表示，并在旁边标上数字，也可以不画三角形，直接将数字标在概率分支的末端。

借助于决策树，可以计算出各方案的期望值，然后运用最大期望值准则进行决策。具体步骤如下：

（1）绘制决策树；

（2）从右到左，计算各个行动方案的效益期望值，并将结果标在相应的状态节点上；

（3）选择效益期望值最大的行动方案作为最优方案。

下面运用决策树法求解例 9.4.1 中的决策问题。

解：第一步：根据已知数据构造决策树

决策树的最左边是决策节点（用矩形表示）。在决策节点的右边，引出三个方案分支，每个方案分支代表一个行动方案，在三个方案分支上面分别标明方案名称 a_1、a_2 和 a_3。在每个方案分支末端是状态节点（用圆圈表示），在每个状态节点右边引出三个概率分支，每个概率分支代表一个自然状态，在三个概率分支上面分别标明三种自然状态的名称 s_1、s_2、s_3 及其发生的概率。在每个概率分支的末端是结局节点（用三角形表示），在结局节点的右边标出方案在该自然状态下的结局（本题中是年利润）。决策树如图 9.4.2 所示。

第二步：从右到左计算各方案的年利润期望值，并将结果标在状态节点（圆圈）上方。

各方案的年利润期望值是从右到左计算的，首先计算三个方案的年利润期望值，方案 a_1 的年利润期望值为：

$$E[a_1] = P(s_1) \times 140 + P(s_2) \times 120 + P(s_3) \times 80$$

$$= 0.3 \times 140 + 0.5 \times 120 + 0.2 \times 80 = 118（万元）$$

在代表方案 a_1 的节点上方标明 118。同理可在代表方案 a_2 和 a_3 的节点上方分别标明它们的年利润期望值 143 和 168。

第三步：比较三个状态节点上方的期望值，得到最大期望值及其对应的最优方案。

比较三个状态节点上方的期望值，可知最大年利润期望值为 168 万元，对应的最优方案是 a_3。将该最大期望值标在决策节点的上方，表示最大的期望值是 168 万元。划去方案 a_1 和 a_2，表示最优方案是 a_3。

年利润

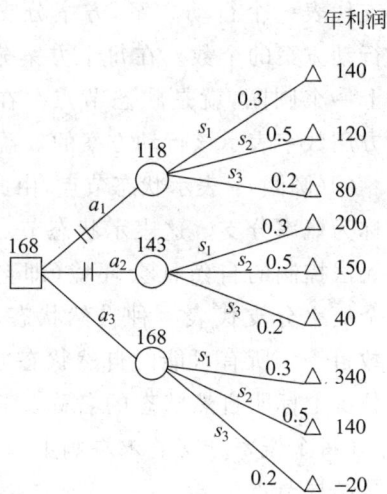

图 9.4.2　圆珠笔定价问题的决策树

9.4.3　多级决策问题的决策树解法

如果在一个决策问题中包含两个或两个以上的待决策问题，则称这类决策问题为多级决策问题。这时，在决策树中有多个决策节点。若有 n 个（$n \geqslant 2$）待决策问题，则其决策树有 n 个决策节点，该问题称为 n 级决策问题，该决策树称为 n 级决策树。下面用一个例子说明多级决策问题的决策树解法。

例 9.4.2　铸工车间的熔炉更新问题[①]

某铸工车间需要在熔炉更新问题上作出抉择。第一种方案是修理旧炉子；第二种方案是卖掉旧炉子，购入新炉子。无论是购新炉还是修理旧炉，均可以节约成本，其中购新炉节约的成本较大。

据调查，修理旧炉子的费用为 8 000 元，卖掉旧炉子可得 6 000 元，而购买一个新炉子的费用为 25 000 元。无论修理后的旧炉子或购买的新炉子，最多可以再使用 8 年。它们使用 8 年后的残值如表 9.4.2 所示。

同时，据有关部门预计，第三年末在炉子的技术上可能有重大突破。据估计，第三年末设计并制造出一种新式炉子的可能性为 60%，该种新式炉子使得现有炉子在技术上无法竞争的可能性为 90%，而新式炉子比现有炉子只作少许改进的可能性为 10%。

因此，出现了第三种方案，即先修理旧炉子，如果第三年末出现新式炉子，可将修理好的旧炉子卖掉，再购买新式炉子。这时，修理好的旧炉子可卖得 9 000 元，购买新式炉子的费用为 50 000 元。使用新式炉子后，如果该种新式炉子使得现有炉子在技术上无法竞

---

① 本题目摘自胡运权等著"运筹学习题集"（清华大学出版社，1985，p. 83），本节给出了运用 Spreadsheet 的新解法。

争,则每年可节约 10 000 元,而且购买的新式炉子于第五年年末卖掉可值 15 000 元;如果新式炉子比现有炉子只作少许改进,则每年可节约 8 000 元,而且购买的新式炉子于第五年年末卖掉可值 12 000 元。更新炉子后的有关数据见表 9.4.2。

表 9.4.2　未来不同状态下不同决策方案的结局

状态	购 新 炉 子		修理旧炉子	
	每年节约	使用 8 年后的残值	每年节约	使用 8 年后的残值
N_1	6 000	8 000	2 000	4 000
N_2	2 000	2 000	1 000	2 000
N_3	3 000	4 000	1 000	3 000

表 9.4.2 第一列中各状态符号的含义如下:

状态 N_1——表示不出现新式炉子;

状态 N_2——表示第三年年末出现新式炉子并使得现有炉子在技术上无法竞争,从表 9.4.2 中的数据可见,这时旧式炉子的残值将有很大下降;

状态 N_3——表示第三年年末出现新式炉子但比现有炉子只作少许改进,从表 9.4.2 中的数据可见,这时旧式炉子的残值也会下降,但下降幅度比状态 N_2 时小。

试用决策树法确定该铸工车间的熔炉最优更新策略。

解:这是一个多级决策问题。第一级决策是购买新炉还是修理旧炉;如果是修理旧炉,那么,若三年后出现新式炉子,则又面临着第二级决策,即是否要再次更新炉子(卖掉修理好的旧炉,购买新式炉子)的问题。该问题的决策树如图 9.4.3 所示。

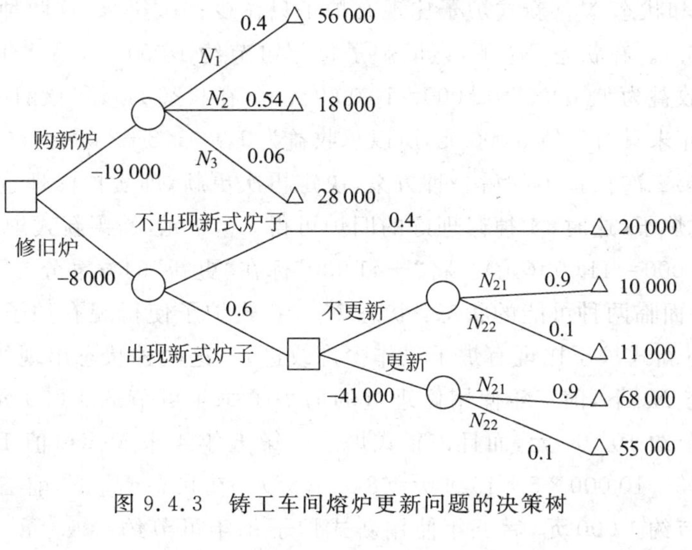

图 9.4.3　铸工车间熔炉更新问题的决策树

下面对图 9.4.3 中的决策树作一个说明。本问题首先遇到的抉择是：①卖掉旧炉、购买新炉；②修理旧炉。如果选择前一种方案（卖掉旧炉、购买新炉），那么，卖掉旧炉可得 6 000 元，购买新炉要花费 25 000 元，则总费用 = 25 000 − 6 000 = 19 000（元）。将"−19 000"标在"购新炉"的方案分支下，其中负值表示支出。这时，将面临三种可能出现的未来状态 N_1、N_2、N_3。据题意，状态 N_1（不出现新式炉子）的概率是 0.4，出现新式炉子的概率是 0.6；而新式炉子出现时使得现有炉子在技术上无法竞争的概率是 0.9，仅作少许改进的概率是 0.1。因此，状态 N_2（第三年年末出现新式炉子并使得现有炉子在技术上无法竞争）出现的概率 = 0.6 × 0.9 = 0.54，状态 N_3（第三年年末出现新式炉子但比现有炉子只作少许改进）出现的概率 = 0.6 × 0.1 = 0.06。由表 9.4.2 可知，出现状态 N_1（不出现新式炉子）时，每年可以节约 6 000 元，8 年后残值为 8 000 元，所以 8 年年末的总收益为 6 000 × 8 + 8 000 = 56 000（元）。同理，可以计算出状态 N_2（第三年年末出现新式炉子并使得现有炉子在技术上无法竞争）和状态 N_3（第三年年末出现新式炉子但比现有炉子只作少许改进）下的总收益分别为 18 000 元和 28 000 元。

如果选择后一种方案（修理旧炉），则需支付修理费用 8 000 元。将"−8 000"标在"修旧炉"的方案分支下，其中负值表示支出。这时，第三年年末将面临两种可能出现的未来状态："不出现新式炉子"和"出现新式炉子"。如果不出现新式炉子，那么就不存在再次更新问题，修理好的旧炉每年可节约 2 000 元，在使用 8 年后具有残值 4 000 元，所以 8 年末的总收益为 2 000 × 8 + 4 000 = 20 000（元）。如果第三年年末出现新式炉子，那么就将面临第二次抉择：①不再次更新；②再次更新。

如果选择第二次抉择中的前一种方案，即不再次更新，仍使用修理过的旧炉子，则没有新的支出发生。不过这时有两种可能出现的状态：状态 N_{21}（新式炉子使得现有炉子在技术上无法竞争）和状态 N_{22}（新式炉子比现有炉子只作少许改进）。这两种状态出现的概率分别为 0.9 和 0.1。在状态 N_{21} 下，该旧炉子每年可节约 1 000 元，第八年年末具有残值 2 000 元，所以总收益为 1 000 × 8 + 2 000 = 10 000（元）。在状态 N_{22} 下，该旧炉子每年可节约 1 000 元，第八年年末具有残值 3 000 元，所以总收益为 1 000 × 8 + 3 000 = 11 000 元。

如果选择第二次抉择中的后一种方案，决定再次更新，即卖掉修理过并使用了三年的旧炉子、购买新式炉子，这时，卖掉修理好的旧炉可得 9 000 元，购买新式炉子需 50 000，总费用为 50 000 − 9 000 = 41 000（元）。将"−41 000"标在"更新"的方案分支下，其中负值表示支出。这时，将面临两种可能的状态：状态 N_{21}（新式炉子使得现有炉子在技术上无法竞争）和状态 N_{22}（新式炉子比现有炉子只作少许改进）。这两种状态出现的概率分别为 0.9 和 0.1。在状态 N_{21} 下，前三年使用修理过的旧炉子每年可节约 1 000 元，后五年使用新式炉子每年可节约 10 000 元，而且该新式炉子于第五年年末卖掉可值 15 000 元，所以总收益为 1 000 × 3 + 10 000 × 5 + 15 000 = 68 000（元）。在状态 N_{22} 下，前三年使用修理过的旧炉子每年可节约 1 000 元，后五年使用新式炉子每年可节约 8 000 元，该新式炉子于第五年年末卖掉可值 12 000 元,所以总收益为 $1\,000 \times 3 + 8\,000 \times 5 + 12\,000 = 55\,000$(元)。

　　决策树的构造完成后,就可以自右向左计算出各种方案的期望收益,然后通过比较,找出期望收益最高的方案作为最优方案。本例的计算过程如下:

　　(1) 进行第二级决策

　　由图 9.4.3 的决策树可得,方案"不更新"的期望收益 $= 10\,000 \times 0.9 + 11\,000 \times 0.1 = 10\,100$(元),未产生新费用,所以其总收益 $= 10\,100$ 元。

　　方案"更新"的期望收益 $= 68\,000 \times 0.9 + 55\,000 \times 0.1 = 66\,700$(元),此外,若采用"更新"方案,还会产生新费用 41\,000 元。将该方案下的期望收益减去采用该方案产生的新费用,得到"更新"方案下的总收益 $= 66\,700 - 41\,000 = 25\,700$(元)。

　　比较上述两种方案的总收益,可知方案"更新"具有较大的总收益。剪除"不更新"方案分支,选择"更新"方案,并在第二级决策点上方注明期望收益值 25\,700 元。

　　(2) 进行第一级决策

　　方案"修旧炉"的期望收益 $= 20\,000 \times 0.4 + 25\,700 \times 0.6 = 23\,420$(元),此外,由于"修旧炉"方案的费用为 8\,000 元,所以方案"修旧炉"的总收益 $= 23\,420 - 8\,000 = 15\,420$(元)。

　　方案"购新炉"的期望收益 $= 56\,000 \times 0.4 + 18\,000 \times 0.54 + 28\,000 \times 0.06 = 33\,800$(元),此外,由于"购新炉"方案的费用为 19\,000 元,所以方案"购新炉"的总收益 $= 33\,800 - 19\,000 = 14\,800$(元)。

　　比较上述两个方案的总收益后可知,应剪除"购新炉"的方案分支,选择"修旧炉"方案。这时,总收益为 15\,420 元。将该收益值标注在第一级决策节点上方。

　　(3) 结论

　　最优方案是:修旧炉;使用三年后,若不出现新式炉子则不再更新;若出现新式炉子,而且该新式炉子使得现有炉子在技术上无法竞争,则再次更新;若出现新式炉子,但该新式炉子比现有炉子只作少许改进,则不再更新。

　　以上分析结果见图 9.4.4 中的决策树。

9.4.4　贝叶斯决策:具有事前信息的决策树技术及信息价值分析

　　风险型决策所面临的未来自然状态是不确定的,在进行决策时,对未来自然状态的概率分布 $P(s)$ 所作的估计的准确程度,直接影响到各方案的期望收益值。因此,决策者常常要考虑是否应通过调查或咨询得到有关的新信息(称为抽样信息),然后利用这些新信息修正原先对 $P(s)$ 所作的估计,并利用经修正后的概率分布作出决策,这就是所谓的贝叶斯决策。运用贝叶斯决策方法进行概率修正的决策树技术,称为具有事前信息的决策树技术。

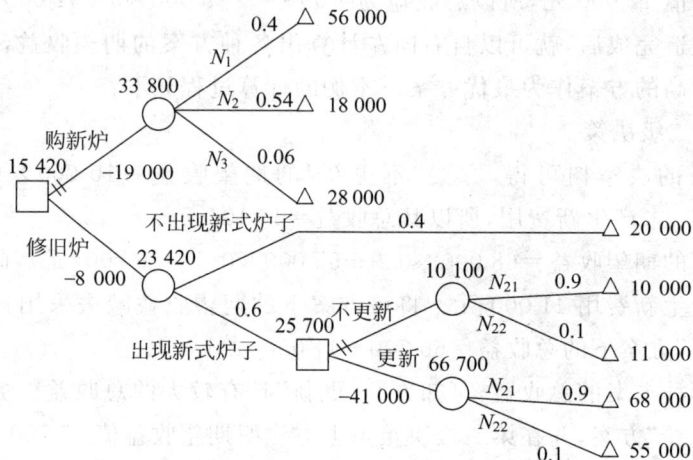

图 9.4.4　运用决策树技术进行铸工车间熔炉更新问题决策

1. 贝叶斯决策的步骤

（1）估计自然状态的先验概率（验前概率）$P(s)$。

自然状态的先验概率是指未经过调查或咨询，决策者根据自己的经验或判断对各种自然状态出现的概率作出的估计。用 s 表示自然状态的集合，$s=\{s_1,s_2,\cdots,s_n\}$；用 $P(s)$ 表示这些自然状态对应的先验概率，$P(s)=\{P(s_1),P(s_2),\cdots,P(s_n)\}$。

（2）估算客观自然状态为 s_j 时、调查结果为 I_k 的条件概率 $P(I_k|s_j)$（$k=1$，$2,\cdots,m$；$j=1,2,\cdots,n$）。

设调查或咨询得到的可能的结果共有 m 种，用 I 表示这些结果的集合，$I=\{I_1,I_2,\cdots,I_m\}$。这些调查结果并不一定与客观的自然状态相符合，根据历史资料或经验，可以估算出在客观自然状态为 s_j、而调查结果为 I_k 的条件概率 $P(I_k|s_j)$，（$k=1,2,\cdots,m$；$j=1,2,\cdots,n$）。

（3）用贝叶斯公式计算各自然状态的后验概率（验后概率）$P(s_j|I_k)$（$k=1,2,\cdots,m$；$j=1,2,\cdots,n$）。

各自然状态的后验概率是指经调查或咨询，根据所得的结果 I，利用贝叶斯公式对先验概率进行修正所得到的修正后的各自然状态的概率估计。该后验概率就是在调查结果为 I_k 条件下、客观自然状态为 s_j 的条件概率 $P(s_j|I_k)$，（$k=1,2,\cdots,m$；$j=1,2,\cdots,n$）。用贝叶斯公式计算后验概率的公式如下：

$$P(s_j|I_k)=\frac{P(I_k|s_j)P(s_j)}{\sum_{j=1}^{n}P(I_k|s_j)P(s_j)} \quad (k=1,2,\cdots,m;j=1,2,\cdots,n) \quad (9\text{-}4\text{-}1)$$

上式左边为自然状态 s_j 的后验概率；上式右边的分子＝（客观自然状态为 s_j、而调查结果为 I_k 的条件概率）×（自然状态 s_j 的先验概率）；右边的分母＝调查结果为 I_k 的概率 $P(I_k)$，它是用概率论中的全概率公式计算的，即：

$$I_k = \sum_{j=1}^{n} P(I_k \mid s_j) P(s_j) \quad (k = 1, 2, \cdots, m) \tag{9-4-2}$$

（4）在决策树中，用各自然状态的后验概率代替先验概率，运用决策树方法从右向左计算各方案的期望效益并选择出最优方案。

2．信息的价值分析

在进行调查或咨询前，首先要判断这种调查或咨询是否值得，这就是信息的价值分析。判断信息的价值时需要考虑两点：一是要认识到经调查或咨询得到的抽样信息未必与未来的自然状态相符，因为这些信息不是绝对准确的，而且抽样信息也可能抽到无代表性的样本，咨询专家的意见也可能有偏见；二是要考虑调查或咨询的费用。所以，在进行调查或咨询前，先要对调查或咨询的费用与抽样信息带来的收益进行权衡，以判断这样做是否值得，从而作出是否要进行调查或咨询的抉择。

评价信息价值的主要指标如下。

（1）抽样信息价值 EVSI

通过调查或咨询得到的信息不是绝对准确的，这样的信息称为不完全信息或抽样信息。抽样信息价值反映出信息带来的效益，如果获得该信息的费用超过了其价值，则获得该信息是不值得的。抽样信息的价值可用下式计算：

$$EVSI = \mid EVwSI - EVwoSI \mid \tag{9-4-3}$$

上式中各符号的含义如下：

EVSI（expected value of sample information）—抽样信息的期望价值；

EVwSI（expected value with sample information about the states of nature）—有自然状态抽样信息时的期望效益；

EVwoSI（expected value without sample information about the states of nature）—无自然状态抽样信息时的期望效益。

（2）完全信息价值 EVPI

所谓完全信息就是能确切地预计未来状态的信息。它反映出通过进一步获取信息而使期望收益增加的潜力与极限。其计算公式如下：

$$EVPI = \mid EVwPI - EVwoPI \mid \tag{9-4-4}$$

上式中各符号的含义如下：

EVPI（expected value of perfect information）—完全信息的期望价值；

EVwPI（expected value with perfect information about the states of nature）—有自

然状态的完全信息时的期望效益；

EVwoPI (expected value without perfect information about the states of nature)—无自然状态的完全信息时的期望效益。

（3）信息的效率 E

信息的效率等于抽样信息价值与完全信息价值的比例。它表示通过调查或咨询得到的抽样信息价值离完全信息价值有多远，因而可以反映出该抽样信息的质量。其计算公式如下：

$$E = \text{EVSI}/\text{EVPI} \tag{9-4-5}$$

上式中，E 表示抽样信息的效率。

9.4.5　决策树的 Spreadsheet 解法

运用 Spreadsheet 可以很方便地求解决策树问题。下面以例 9.4.3 为背景，说明决策树的 Spreadsheet 解法。

例 9.4.3　油田开发问题[①]

某石油公司打算投资开发某油田。根据现有资料，预计这口油井有高产、低产两种状态，分别记为 s_1、s_2。高产时可获利润 400 万元，而低产时将净亏损 200 万元。已知该两种情况出现的概率分别为：$P(s_1) = 0.60$，$P(s_2) = 0.40$。一般来说，常见的地质结构有"好"、"中等"、"差"三种，分别记为 C_1、C_2、C_3。为判断该地区属于哪种结构，可作进一步勘测。勘测费用为 10 万元。已知在不同的油井状态下，勘测结果为不同地质结构的概率如下：

$$P(C_1|s_1) = 0.70, P(C_2|s_1) = 0.20, P(C_3|s_1) = 0.10;$$
$$P(C_1|s_2) = 0.30, P(C_2|s_2) = 0.10, P(C_3|s_2) = 0.60。$$

问：（1）应采取何种行动方案，才能获得最大收益（包括：是否要进行进一步勘测？若进行进一步勘测，那么在勘测后应采取何种行动方案）

（2）分析勘测信息的价值

解：据题意，这是一个多级决策问题，也是一个具有事前信息的决策树问题。本问题的第一级决策中有三个可选择的方案：①不开发油井；②不勘测就开发油井；③先勘测，再作出是否开发油田的决策。如果先勘测，则对油井状态有三种可能的勘测结果：结构好（C_1），结构中等（C_2），结构差（C_3）。在每一种勘测结果的情况下，都面临着第二级决策问题，即：不开发油井，还是开发油井。此外，如果先勘测，还可利用勘测得到的新信息修正原先对油井状态出现的概率 $P(s)$ 所作的估计，并利用经修正后的概率分布作出决策，这也就是具有事前信息的决策树技术。

[①]　本题目参考范贻昌等著"实用管理运筹学"，p.327，本节给出了运用 Spreadsheet 的新解法。

下面介绍本题的求解过程。

第一步：将已知数据输入 Spreadsheet

首先在 Spreadsheet 内输入已知数据，如表 9.4.3 所示。

表 9.4.3 输入已知数据

	A	B
1	例 9.4.3 油田开发决策	
2		
3	开发结果为高产油井时的利润(万元)	400
4	开发结果为低产油井时的亏损额(万元)	−200
5		
6	据资料,油井为高产油井的概率 $P(s_1)$	60%
7	据资料,油井为低产油井的概率 $P(s_2)$	40%
8		
9	勘测费用(万元)	−10
10		
11	据统计资料,不同状态油井的各种勘测结果:	
12	高产油井被勘测为"结构好"的概率 $P(C_1|s_1)$	0.70
13	高产油井被勘测为"结构中等"的概率 $P(C_2|s_1)$	0.20
14	高产油井被勘测为"结构差"的概率 $P(C_3|s_1)$	0.10
15	低产油井被勘测为"结构好"的概率 $P(C_1|s_2)$	0.30
16	低产油井被勘测为"结构中等"的概率 $P(C_2|s_2)$	0.10
17	低产油井被勘测为"结构差"的概率 $P(C_3|s_2)$	0.60

第二步：用贝叶斯公式计算各自然状态的后验概率 $P(s_j|C_k)$；用概率论中的全概率公式计算勘测结果为 C_k 的概率 $P(C_k)$

由公式(9-4-1),计算在不同勘测结果下、油井状态为高产或低产的后验概率,如下：

$$P(s_j|C_k) = \frac{P(C_k|s_j)P(s_j)}{\sum_{j=1}^{2} P(C_k|s_j)P(s_j)} \quad (k=1,2,3; \; j=1,2)$$

由公式(9-4-2),计算勘测结果为 C_k 的概率 $P(C_k)$,如下：

$$C_k = \sum_{j=1}^{2} P(C_k|s_j)P(s_j) \quad (k=1,2,3)$$

在相关的单元格中输入上述公式。其计算结果见表 9.4.4。

表 9.4.4　后验概率与全概率的计算结果

	A	B
19	不同地质结构的概率:	
20	"结构好"的概率 $P(C_1)$	0.54
21	"结构中等"的概率 $P(C_2)$	0.16
22	"结构差"的概率 $P(C_3)$	0.30
23		
24	计算不同勘测结果下出现不同状态的概率:	
25	被勘测为"结构好"实为高产油井的概率 $P(s_1|C_1)$	0.78
26	被勘测为"结构好"实为低产油井的概率 $P(s_2|C_1)$	0.22
27	被勘测为"结构中等"实为高产油井的概率 $P(s_1|C_2)$	0.75
28	被勘测为"结构中等"实为低产油井的概率 $P(s_2|C_2)$	0.25
29	被勘测为"结构差"实为高产油井的概率 $P(s_1|C_3)$	0.20
30	被勘测为"结构差"实为低产油井的概率 $P(s_2|C_3)$	0.80

表 9.4.4 中的相应公式见表 9.4.5。

表 9.4.5　后验概率与全概率的计算公式

	A	B
19	不同地质结构的概率:	
20	"结构好"的概率 $P(C_1)$	＝B12 * B6＋B15 * B7
21	"结构中等"的概率 $P(C_2)$	＝B13 * B6＋B16 * B7
22	"结构差"的概率 $P(C_3)$	＝B14 * B6＋B17 * B7
23		
24	计算不同勘测结果下出现不同状态的概率:	
25	被勘测为"结构好"实为高产油井的概率 $P(s_1|C_1)$	＝B6 * B12/B20
26	被勘测为"结构好"实为低产油井的概率 $P(s_2|C_1)$	＝1－B25
27	被勘测为"结构中等"实为高产油井的概率 $P(s_1|C_2)$	＝B6 * B13/B21
28	被勘测为"结构中等"实为低产油井的概率 $P(s_2|C_2)$	＝1－B27
29	被勘测为"结构差"实为高产油井的概率 $P(s_1|C_3)$	＝B6 * B14/B22
30	被勘测为"结构差"实为低产油井的概率 $P(s_2|C_3)$	＝1－B29

第三步：构造决策树

本问题的决策树如图 9.4.5 所示。下面对图 9.4.5 中的决策树作一个说明。

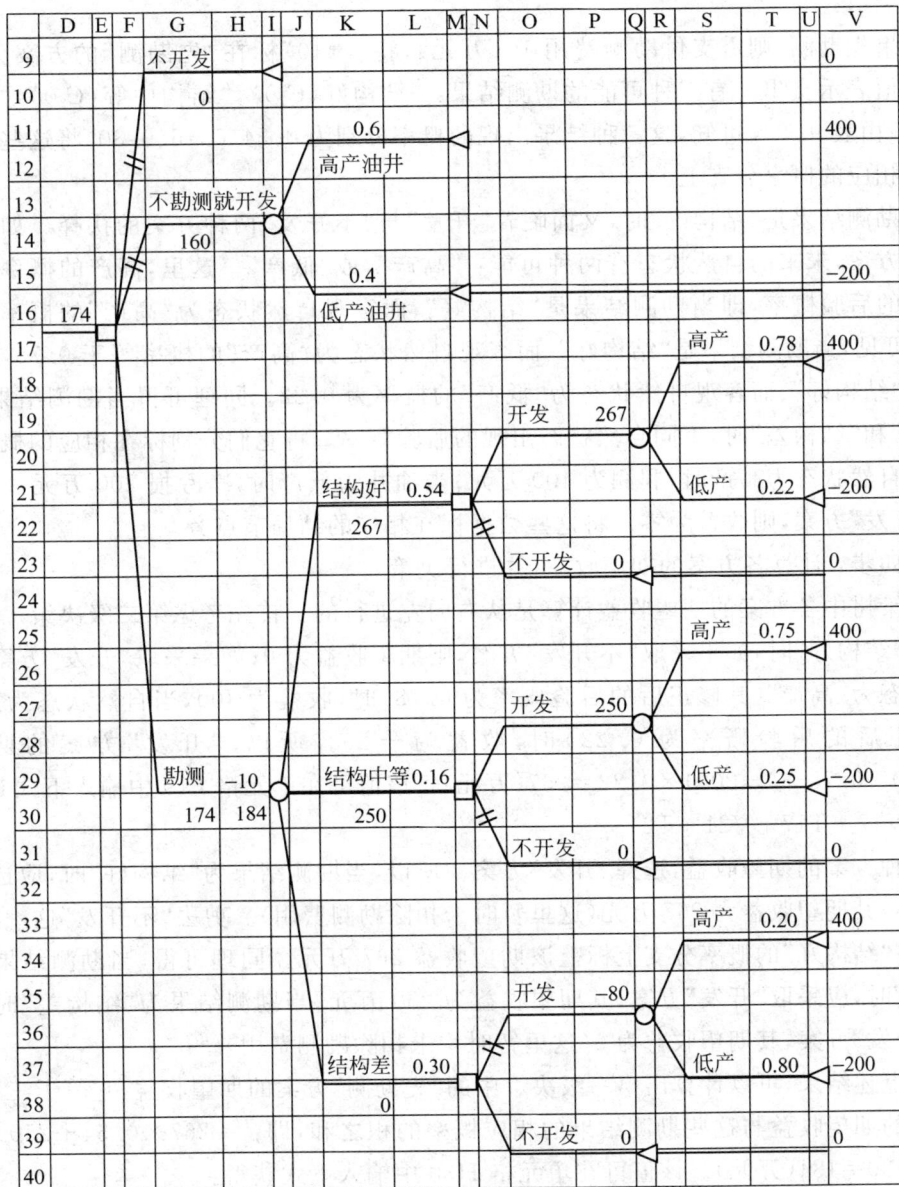

不开发　0

高产油井　0.6

不勘测就开发　160

低产油井　0.4　−200

174

高产　0.78　400

开发　267

结构好　0.54　267

低产　0.22　−200

不开发　0　0

高产　0.75　400

开发　250

勘测　−10　结构中等 0.16　250

174　184

低产　0.25　−200

不开发　0　0

高产　0.20　400

开发　−80

结构差　0.30　0

低产　0.80　−200

不开发　0　0

400

图 9.4.5　石油开发问题的决策树

本问题首先遇到的抉择是："不开发"，"不勘测就开发"，"先勘测"三个方案。如果"不开发"，则既无费用，也无收益。如果"不勘测就开发"，则面临着两种可能的自然状态：

"高产（s_1）"或"低产（s_2）"，其概率分别为 0.6 和 0.4。当油井为高产时，利润为 400（万元）；当油井为低产时，净亏损 200（万元）。将这些数据标在相应的概率分支和结局节点旁。

如果先勘测，则需支付勘测费用 10（万元），将"—10"标在"先勘测"的方案分支下。其中负值表示支出。有三种可能的勘测结果："结构好（C_1）"，"结构中等（C_2）"，"结构差（C_3）"。由表 9.4.4 可知，这三种结果出现的概率分别为 0.54、0.16、0.30，将这些概率分别标在相应的概率分支上。

当勘测结果是"结构好"时，又面临着"开发"与"不开发"两种方案的抉择。如果采用"开发"方案，未来的自然状态有两种可能："高产"，或"低产"。这里，高产的概率是经过修正后的后验概率，即当勘测结果是"结构好"、而客观自然状态为"高产"的概率。由表 9.4.4 可见，当勘测结果是"结构好"、而客观自然状态为"高产"的概率等于 0.78，当勘测结果是"结构好"、而客观自然状态为"低产"的概率为 0.22。同理可得当勘测结果是"结构中等"和"结构差"时，不同自然状态出现的后验概率。将它们分别标在相应的概率分支上。当自然状态为高产时，利润为 400 万元；当油井为低产时，净亏损 200 万元。如果采用"不开发"方案，则收益为零。将这些数据标在相应的结局节点旁。

第四步：计算各方案的期望收益，并进行决策

决策树中各方案的期望收益计算是从右向左进行的。首先考虑第二级决策。当勘测结果是"结构好"时，如果采取"不开发"方案，则期望收益为 0；如果采取"开发"方案，则当自然状态为"高产"（其修正后的后验概率为 0.78）时，收益为 400，当自然状态为"低产"（其修正后的后验概率为 0.22）时，收益为 —200，所以，"开发"方案的期望收益＝$400 \times 0.78 + (-200) \times 0.22 = 267$（万元）。该值可在单元格 P19 中输入下式获得：

$$=V17 * T17 + V21 * T21$$

比较两种方案的期望收益，选择"开发"方案。所以，当勘测结果为"结构好"时，应选择"开发"方案，其期望收益为 267 万元（这里暂时未扣除勘测费用）。剪去"不开发"这一方案分支，并在"结构好"的概率分支上标上该期望收益 267 万元。同理可得，当勘测结果为"结构中等"时，应采取"开发"方案，其期望收益为 250 万元；当勘测结果为"结构差"时，应采取"不开发"方案，其期望收益为 0（这里暂时均未扣除勘测费用）。

由上述结果，可以计算出第一级决策中的"先勘测"方案的期望收益，它等于三种勘测结果下的期望收益与这些勘测结果的相应概率的积之和，即：＝$267 \times 0.54 + 250 \times 0.16 + 0 \times 0.30 = 184$（万元）。该值可在单元格 H30 中输入下式获得：

$$=K22 * L21 + K30 * L29 + K38 * L37$$

上式计算得出的期望收益扣除勘测费用，就是"先勘测"方案下的净期望收益。"先勘测"方案下的净期望收益＝$184 - 10 = 174$（万元），将该值标在"勘测"方案分支上。

然后计算第一级决策中的"不开发"与"不勘测就开发"方案的期望收益。不开发时，

收益为零;不勘测就开发时,期望收益＝400×0.6+(−200)×0.4＝160(万元)。该值可在单元格 G14 中输入下式计算获得:

　　＝V11 * K11＋V15 * K15

比较三个方案的期望收益,取期望效益最大的方案作为最优方案。在单元格 D16 中输入:

　　＝MAX(G10,G14,G30)

得到最大期望收益值为 174,可见方案"先勘测"的期望收益最大,为最佳方案。

因此,本问题的最优决策是:先勘测;当勘测结果为"结构好"或者"结构中等"时,开发;当勘测结果为"结构差"时,不开发。该决策的期望收益为 174 万元。

第五步:计算信息的价值

(1) 抽样信息价值 EVSI

由公式(9-4-3),抽样信息的价值 EVSI 的计算公式如下:

$$EVSI=|EVwSI−EVwoSI|$$

其中:EVwSI 为有抽样信息时的期望效益,本题中即为勘测信息产生的期望效益,它等于 184 万元;EVwoSI 为无抽样信息时的期望效益,即不勘测时的期望收益,本题中,它等于 max{160,0}＝160(万元)。

于是有:EVSI＝184−160＝24(万元)

(2) 完全信息价值 EVPI

由公式(9-4-4),完全信息价值 EVPI 的计算公式如下:

$$EVPI=|EVwPI − EVwoPI|$$

其中:EVwPI 为有完全信息时的期望效益,本题中即为能准确判断油田是"高产"还是"低产"时的期望效益。这时,当油田为"高产"时(其概率为 0.6),采取"开发"方案,可得利润 400 万元;当油田为"低产"时(其概率为 0.4),采取"不开发"方案,利润为 0。期望效益＝400 * 0.6＋0 * 0.4＝240(万元)。EVwoPI 为无完全信息时的期望效益,它等于 160 万元。

于是有:EVPI＝240−160＝80(万元)。

(3) 信息的效率 E

由公式(9-4-5),信息的效率 E 的计算公式如下:

$$E=EVSI/EVPI$$

于是有:E＝24/80＝0.30。

表 9.4.6 为利用 Spreadsheet 进行信息价值计算的结果。其中,抽样信息的期望价值为 24 万元,可见本题中勘测信息是有效的。不过,它仅为完全信息价值的 30%,说明还可以通过进一步提高勘测信息的质量以得到更大的收益。

表 9.4.6　信息价值的计算

	A	B
32	计算抽样信息的期望价值 EVSI：	
33	有勘测信息时的油井期望收益 EVwSI(万元)	184
34	无勘测信息时的油井期望收益 EVwoSI(万元)	160
35	勘测信息的期望价值 EVSI	24
36		
37	计算完全信息的期望价值 EVPI	
38	有完全信息时的油井期望收益 EVwPI(万元)	240
39	无完全信息时的油井期望收益 EVwoI(万元)	160
40	完全信息的期望价值 EVPI（万元）	80
41		
42	计算抽样信息的效率 E	0.30

上述信息价值在 Spreadsheet 上的计算公式见表 9.4.7。

表 9.4.7　信息价值计算公式

	A	B
32	计算抽样信息的期望价值 EVSI：	
33	有勘测信息时的油井期望收益 EVwSI(万元)	＝H30
34	无勘测信息时的油井期望收益 EVwoSI(万元)	＝MAX(G10,G14)
35	勘测信息的期望价值 EVSI	＝B33－B34
36		
37	计算完全信息的期望价值 EVPI	
38	有完全信息时的油井期望收益 EVwPI(万元)	＝V11＊K11＋V9＊K15
39	无完全信息时的油井期望收益 EVwoI(万元)	＝MAX(G10,G14)
40	完全信息的期望价值 EVPI（万元）	＝B38－B39
41		
42	计算抽样信息的效率 E	＝B35/B40

CHAPTER 10
C 第 10 章

多目标决策

在上一章中所涉及的决策方法均为单目标决策方法,即只有一个目标的决策方法,最优方案则是使得某一个目标函数达到最优的那个方案,例如使得期望利润最高,或总费用最小的方案。然而在实际问题中,所要决策的问题往往具有多个目标,这就是说,人们希望所选择的方案不仅要能满足某一个目标,而且要尽可能同时满足若干个预定目标。这就是多目标决策问题。例如,当某市政府做出一项重大决策时,其目标常常涉及城市发展、市民就业、环境保护等多个目标;当一家企业在确定营销策略时,其目标不仅涉及利润,而且还要考虑市场份额、声誉等;当一位大学毕业生选择工作时,其目标可能包括较高的工资、较多的机会、未来提升的可能性、良好的工作环境,等等。

目前,对于多目标规划的处理方法还在不断的探讨之中。本章将介绍三种已被广泛应用的多目标决策方法,即目标规划方法,层次分析法和数据包络分析法。

10.1 目标规划

10.1.1 目标规划模型

1. 目标规划的基本思路

美国学者查恩斯(A. Charnes)和库伯(W. W. Cooper)于 1961 年提出了一种多目标规划的处理方法,该方法首先确定各个目标函数希望达到的预定值,并按重要程度对这些目标排序,然后运用线性规划方法求出一个使得离各目标预定值的总偏差最小的方案。这种在多个目标中进行权衡折中、最终找到一个尽可能同时接近多个预定目标值的方案的数学方法称为目标规划(goal programming)。在目标规划模型中,如果每个目标函数都是决策变量的线性函数,则称该目标规划为线性目标规划(linear goal programming, LGP)。本节只介绍线性目标规划问题。

线性目标规划在求解的算法上可以看作一般线性规划的延伸,但其建模的思路与一般线性规划有很大的不同。主要表现在以下两个方面:

(1)线性规划是在满足所有的约束条件下求出最优解,也就是说,其最优解必定在可行域内;而线性目标规划则可以在互相有冲突的约束条件下(即可行域之外)寻找满意解。

（2）线性规划对所有的约束条件都同等看待，而线性目标规划可以根据实际情况区分约束条件的轻重缓急。

线性目标规划由于具备了以上特点，所以它具有统筹兼顾地处理多个目标的能力。

2. 线性目标规划模型

在多目标决策问题中，如果不可能同时满足所有的目标，那么就需要在多个目标之间进行权衡。因此，首先要判断这些目标的重要程度的次序，即确定各个目标的优先级。一般地说，并不是所有的预定目标值都能同时实现的，这种实际值与预定目标值之间的差距称为偏差变量。若实际值比预定目标值小，则称其差距为负偏差；若实际值超出预定目标值，则称其差距为正偏差。

应用线性目标规划模型处理有优先级的多目标决策问题时，与一般线性规划模型相比，有以下主要区别：

（1）模型的决策变量除了问题所要求的决策变量外，还要将各目标的偏差（包括正偏差和负偏差）均作为决策变量，以确定各实际值与各预定目标值的最佳差距。

（2）根据偏差的定义，目标规划模型应增加一个约束条件：

$$实际值 + 负偏差 - 正偏差 = 预定目标值$$

（3）目标规划的求解是经过多次规划求解实现的。

目标规划的求解分以下几步进行：

第一步是将第一目标（即优先级最高的目标）的偏差最小化作为目标函数，求出第一次最优解。这表明，首先尽可能满足第一目标的要求。

第二步是再增加一个如下的约束条件：

$$第一目标的偏差 = 第一步已求出的最优偏差$$

然后将第二目标偏差最小化作为目标函数，求出第二次最优解。这表明，在第一目标的满足状态不变的前提下，尽可能满足第二目标的要求。

第三步是再增加一个如下的约束条件：

$$第二目标的偏差 = 第二步已求出的最优偏差$$

然后将第三目标偏差最小化作为目标函数，求出第三次最优解。这表明，在第一目标和第二目标的满足状态不变的前提下，尽可能满足第三目标的要求。

如此进行下去，直到以最后一个目标的偏差最小化作为目标函数进行优化求解为止。这时所得到的最优解就是问题的满意解。

可见目标规划模型是按目标的优先级进行权衡，最终在多个目标下，甚至在多个相互矛盾的目标下，寻找满意解。同时，目标规划模型的求解过程是经过多次规划求解实现的。

10.1.2　目标规划的 Spreadsheet 解法

由于目标规划模型是经过多次规划求解来寻找满意解的,所以其计算工作量较大。幸运的是,Spreadsheet 为规划求解提供了极大的方便。下面用一个广告决策问题来说明目标规划的 Spreadsheet 解法。

例 10.1.1　南方广告公司的广告决策问题

南方广告公司面临着下月的电视广告决策。经比较,公司认为有两种电视广告效果较好,一种是在足球赛中穿插的广告,另一种是在黄金时间播出的电视剧中穿插的广告。两种广告的成本与它们在不同收入人群中的可达人数如表 10.1.1 所示。公司的目标按其重要程度依次是:

(1) 广告在中等收入人群中的可达人数不少于 35 万人;

(2) 广告在高收入人群中的可达人数不少于 40 万人;

(3) 广告在低收入人群中的可达人数不少于 60 万人。

公司的广告预算为 600 000 元。该公司应如何进行广告计划,才能尽可能好地满足上述目标?

表 10.1.1　广告可达人数及成本

广告种类	单位广告可达人数(万人)			单位广告成本(元)
	高收入人群	中等收入人群	低收入人群	
足球广告	7	5	10	100 000
电视剧广告	3	4	5	60 000

解:这是一个多目标决策问题,它要求同时满足三个目标。首先判断一下该问题是否存在可行解,为此可将三个目标值作为约束条件。当然,除了这三个约束条件外,还有广告成本预算约束和非负约束。该问题的决策变量是每种广告的数目,设计划做足球广告 X 个、电视剧广告 Y 个。则该问题的模型如下:

$$
\begin{aligned}
\text{s.t.} \quad & 5X + 4Y \geqslant 35 && \text{(中等收入人群中的可达人数约束)} \\
& 7X + 3Y \geqslant 40 && \text{(高收入人群中的可达人数约束)} \\
& 10X + 5Y \geqslant 60 && \text{(低收入人群中的可达人数约束)} \\
& 100\,000X + 60\,000Y \leqslant 600\,000 && \text{(广告成本预算约束)} \\
& X, Y \geqslant 0 && \text{(非负约束)}
\end{aligned}
$$

该模型的 Spreadsheet 见表 10.1.2。首先输入已知数据:在单元格 B5:C7 中输入两种广告在不同收入人群中的可达人数;在单元格 B9:C9 中输入两种广告的成本;在单元格 D16 中输入预算成本;在单元格 D20:D22 中输入预定的目标值。

表 10.1.2　运行结果表明不存在满足所有目标值的可行解

	A	B	C	D
1	10.1.1　广告决策:是否能够满足所有目标?			
2				
3	单位广告可达人数			
4		足球广告	电视剧广告	
5	中等收入	5	4	
6	高收入	7	3	
7	低收入	10	5	
8				
9	单位广告成本	100 000	60 000	
10				
11	广告计划			
12		足球广告	电视剧广告	
13	广告数量	5	1.67	
14				
15	成本约束	总成本		预算
16		600 000	<=	600 000
17				
18	目标			
19		实际可达人数		预定目标值
20	1. 中等收入	32	>=	35
21	2. 高收入	40	>=	40
22	3. 低收入	58	>=	60

　　模型的决策变量是两种广告的数量,用单元格 B13:C13 表示。

　　模型的第一个约束条件是预算成本约束。用单元格 B16 表示总成本,它应等于各广告的单位广告成本与广告数的乘积之和。在 B16 中输入以下公式:

　　＝sumproduct(B9:C9,B13:C13)

得到总成本,它应不超过预算值。

　　模型的第二个约束条件是满足预定的目标值约束。用单元格 B20 表示广告在中等收入人群中的可达人数,它应等于两种广告在该人群中的单位广告可达人数分别与广告数的乘积之和。在 B20 中输入以下公式：

＝sumproduct(B5：C5，＄B＄13：＄C＄13)

将上述公式复制到 B21：B22，分别得到广告在高收入人群和低收入人群中的可达人数。
得到的这三种可达人数应分别不小于其相应的预定目标值。

规划求解参数表见图 10.1.1。

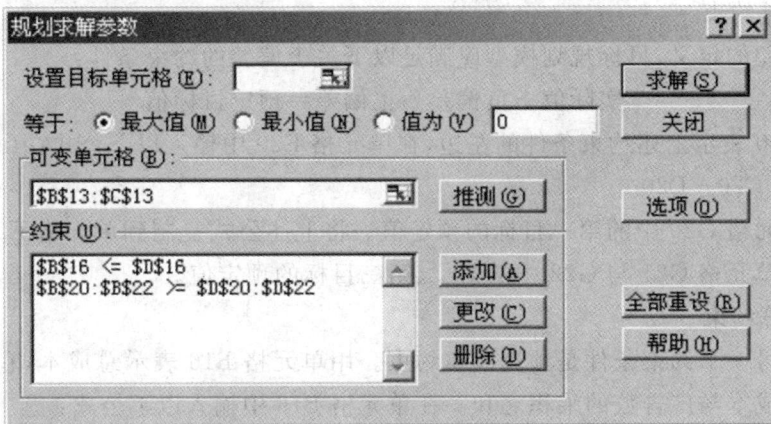

图 10.1.1　规划求解参数表

运用 Excel 的"规划求解"功能解该问题，其结果是找不到同时满足所有约束条件的
解，也就是说，不存在同时满足所有目标的可行解。所以，该问题没有最优解，无法用一般
的线性规划模型解决。而线性目标规划模型则可以处理这类问题，因为它可以通过权衡
来寻找本问题的满意解。运用目标规划寻求满意解的步骤如下。

第一步：第一次规划求解——寻找尽可能满足第一目标的最优解

首先引入偏差变量作为增加的决策变量。用单元格 C20：C22 分别表示三个目标的
实际值不足预定目标值的差距，称为负偏差变量；用单元格 D20：D22 分别表示三个目标
的实际值超出目标值的差距，称为正偏差变量。这些偏差变量实际上反映出不同的协调
方案，现在要寻找的是：每个目标应该满足到什么程度才是合理的。第一步就是寻找尽
可能满足第一目标(也就是最优先要满足的目标)的最优解。下面是第一步规划求解模型
的目标函数、决策变量和约束条件。

(1) 目标函数

据题意，第一目标是广告在中等收入人群中的可达人数不少于预定目标值(35 万
人)。在目标规划中，可将这个目标扩展为在该人群中广告的可达人数距离预定目标值的
差距尽可能小，为此，将第一目标的负偏差最小化作为目标函数。用单元格 B25 表示第
一目标的负偏差，并输入以下公式：

＝C20

这就是第一步规划求解的目标函数。将上述公式复制到单元格 B26：B27，分别得到第二、第三目标的负偏差。

（2）决策变量

本问题的决策变量有两部分。第一部分是两种广告的数量，分别用单元格 B13 和 C13 表示；第二部分是三个目标的偏差，用单元格 C20：D22 表示。

（3）偏差约束

根据偏差的定义，目标规划模型应满足以下关于偏差的约束条件：

$$实际值＋负偏差－正偏差＝预定目标值$$

用单元格 E20 表示上述约束条件的左边，在单元格 E20 中输入以下公式：

＝B20＋C20－D20

它应等于单元格 G20 中的第一目标的预定值。将上述公式复制到单元格 E21：E22，它们分别应等于单元格 G21 与 G22 中的第二、第三目标的预定值。

（4）预算约束

模型的另一个约束条件是预算成本约束。用单元格 B16 表示总成本，它等于各广告的单位广告成本与广告数的乘积之和。在单元格 B16 中输入以下公式：

＝sumproduct(B9：C9，B13：C13)

得到总成本，它应不超过预算值。

上述模型的 Spreadsheet 如表 10.1.3 所示。

第一步模型的规划求解参数表见图 10.1.2。

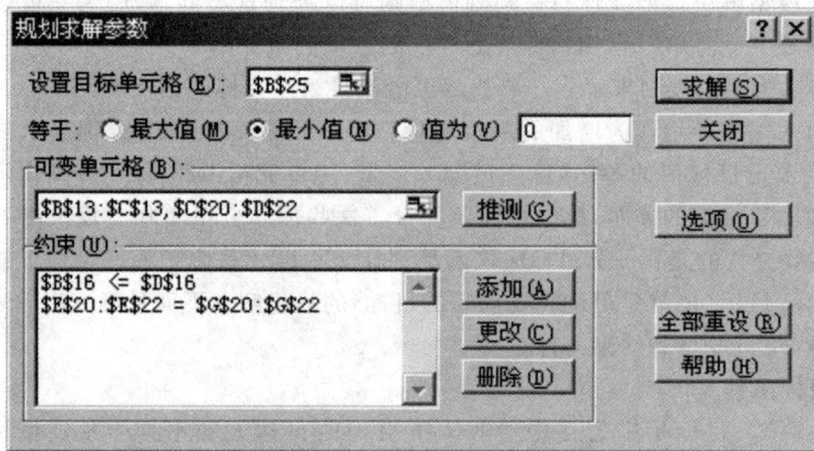

图 10.1.2　规划求解参数表（第一步）

由表 10.1.3 可见，当以第一目标的负偏差最小为目标函数时，其最优解为：足球广告 3 个，电视剧广告 5 个；第一目标的负偏差为零，第二目标的负偏差为 4，第三目标的负偏差为 5。由于三个目标均未超过预定目标值，所以其正偏差均为零。

表 10.1.3　广告决策目标规划模型（第一步）

	A	B	C	D	E	F	G
1	10.1.1　广告决策		目标规划模型第一步				
2							
3	单位广告可达人数						
4		足球广告	电视剧广告				
5	中等收入	5	4				
6	高收入	7	3				
7	低收入	10	5				
8							
9	单位广告成本	100 000	60 000				
10							
11	广告计划						
12		足球广告	电视剧广告				
13	广告数量	3	5				
14							
15	成本约束	总成本		预算			
16		600 000	<=	600 000			
17							
18	目标						
19		实际可达人数	不足目标值的数量	超出目标值的数量	合计		目标值
20	1.中等收入	35	0	0	35	=	35
21	2.高收入	36	4	0	40	=	40
22	3.低收入	55	5	0	60	=	60
23							
24				偏差已达数			
25	1.中等收入可达人数偏差	0	=				
26	2.高等收入可达人数偏差	4	=				
27	3.低等收入可达人数偏差	5					

第二步：第二次规划求解——在保证已求得的第一目标负偏差不变的前提下，寻找尽可能地满足第二目标的最优解。

第二步规划求解是在保证第一步中已求得的第一目标负偏差不变的前提下，寻找尽可能满足第二目标的最优解。为此，在第一步规划模型的基础上，作如下改变：

（1）目标函数

将第二目标负偏差（单元格 B26）最小化作为模型的目标函数，表示尽可能满足第二目标的要求。

（2）增加一个约束条件

为保证优先级最高的第一目标负偏差不变，需要增加一个约束条件，那就是第一步得到的第一目标负偏差不变。为此，用单元格 B25 表示第二步中的第一目标负偏差，在单元格 D25 中输入第一步得到的第一目标负偏差值（在本题中为零），则增加的约束条件表示如下：

B25＝D25

上述约束条件的左边是第一目标的负偏差，右边是第一目标负偏差已达值。

第二步中规划模型的 Spreadsheet 以及规划求解参数表分别见表 10.1.4 和图 10.1.3。

表 10.1.4　广告决策目标规划模型（第二步）

	A	B	C	D	E	F	G
1	10.1.1　广告决策		目标规划模型第一步				
2							
3	单位广告可达人数						
4		足球广告	电视剧广告				
5	中等收入	5	4				
6	高收入	7	3				
7	低收入	10	5				
8							
9	单位广告成本	100 000	60 000				
10							
11	广告计划						
12		足球广告	电视剧广告				
13	广告数量	3	5				
14							
15	成本约束	总成本		预算			
16		600 000	<=	600 000			
17							
18	目标						
19		实际可达人数	不足目标值的数量	超出目标值的数量	合计		目标值
20	1.中等收入	35	0	0	35	=	35
21	2.高收入	36	4	0	40	=	40
22	3.低收入	55	5	0	60	=	60
23							
24				偏差已达数			
25	1.中等收入可达人数偏差	0	=	0			
26	2.高等收入可达人数偏差	4	=				
27	3.低等收入可达人数偏差	5					

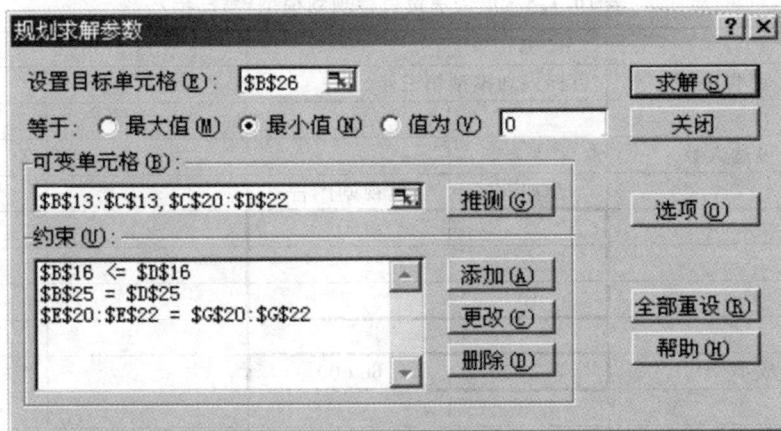

图 10.1.3　规划求解参数表(第二步)

由表 10.1.4 可见,当第一目标负偏差保持不变,同时将第二目标的负偏差最小为模型的目标函数时,最优解为:足球广告 3 个,电视剧广告 5 个;第一目标的负偏差为零,第二目标的负偏差为 4,第三目标的负偏差为 5。

第三步:第三次规划求解——在保证已求得的第一、第二目标负偏差不变的前提下,寻找尽可能地满足第三目标的最优解。

第三步规划求解是在保证第一步和第二步中已求得的第一目标和第二目标负偏差不变的前提下,寻找尽可能满足第三目标的最优解。为此,在第二步规划模型的基础上,作如下改变:

(1) 目标函数

将第三目标负偏差(单元格 B27)最小化作为模型的目标函数。表示尽可能满足第三目标的要求。

(2) 再增加一个约束条件

为保证优先级较高的第一、第二目标负偏差不变,将第二步得到的第二目标负偏差不变作为约束条件(第一目标负偏差不变已在第二步中作为约束条件加入)。用单元格 B26 表示第三步中的第二目标负偏差,在单元格 D26 中输入第二步中得到的第二目标负偏差值(在本题中为 4),则再增加的约束条件如下:

B26＝D26

上述约束条件的左边是第三步中的第二目标负偏差,右边是第二目标负偏差的已达值。

第三步中模型的 Spreadsheet 以及规划求解参数表分别见表 10.1.5 和图 10.1.4。

表 10.1.5　广告决策目标规划模型（第三步）

	A	B	C	D	E	F	G
1	10.1.1　广告决策	目标规划模型第三步					
2							
3	单位广告可达人数						
4		足球广告	电视剧广告				
5	中等收入	5	4				
6	高收入	7	3				
7	低收入	10	5				
8							
9	单位广告成本	100 000	60 000				
10							
11	广告计划						
12		足球广告	电视剧广告				
13	广告数量	3	5				
14							
15	成本约束	总成本		预算			
16		600 000	<=	600 000			
17							
18	目标						
19		实际可达人数	不足目标值的数量	超出目标值的数量	合计		目标值
20	1. 中等收入	35	0	0	35	=	35
21	2. 高收入	36	4	0	40	=	40
22	3. 低收入	55	5	0	60	=	60
23							
24				偏差已达数			
25	1. 中等收入可达人数偏差	0	=	0			
26	2. 高等收入可达人数偏差	4	=	4			
27	3. 低等收入可达人数偏差	5					

由表 10.1.5 可见,当第一、第二目标负偏差保持不变,同时将第三目标的负偏差最小为模型的目标函数时,最优解为:足球广告 3 个,电视剧广告 5 个;第一目标的负偏差为零,第二目标的负偏差为 4,第三目标的负偏差为 5。

综上所述,本问题的满意解为:足球广告 3 个,电视剧广告 5 个。这时,第一目标达到 35 万,完全实现了预定目标;第二目标(高收入人群中的广告可达人数)达到 36 万,比预定目标值 40 万尚差 4 万;第三目标(低收入人群中的广告可达人数)达到 55 万,比预定目标值 60 万尚差 5 万。

本题中,如果改变目标的优先级,则将得到不同的满意解。

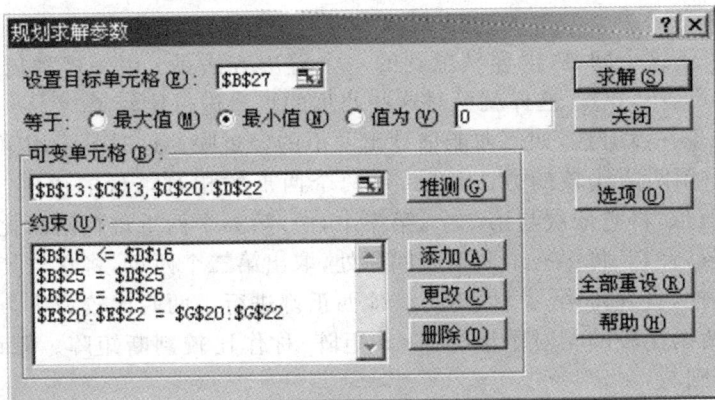

图 10.1.4　规划求解参数表(第三步)

10.2　层次分析法

层次分析法(analytic hierarchy process,AHP)是一种实用的多准则决策方法。它把一个复杂问题表示为一个有序的递阶层次结构,利用人们的判断,对决策方案的优劣进行排序。这种方法能够统一处理决策中的定性与定量因素,具有实用性、系统性、简洁性等优点。

层次分析法是美国著名运筹学家、匹兹堡大学教授 T. L. Saaty 于 20 世纪 70 年代中期提出的。Saaty 在 1971 年曾为美国国防部研究"应急计划",1972 年为美国科学基金会研究电力在工业部门的分配问题,1973 年为苏丹政府研究苏丹的运输问题。在此期间,由于研究工作的需要,他感到需要有一种方法,可以综合定性与定量分析,使人脑的决策思维过程模型化。1977 年,Saaty 正式提出了层次分析法。1980 年以来,Saaty 出版了多部专著,全面论述层次分析法的原理、应用及数学基础。

层次分析法的基本思路是评价者首先将复杂问题分解为若干组成要素,并将这些要素按支配关系形成有序的递阶层次结构;然后通过两两比较,确定层次中诸要素的相对重要性;最后综合各层次要素的重要程度,得到诸要素的综合评价值,并据此进行决策。层次分析法体现了人们在决策思维过程中进行分解、判断、综合的基本特征。

10.2.1　层次分析法的引出

1. 一个例子

下面用一个例子来说明层次分析法的基本思路。

假定现在有 n 个西瓜,它们的重量可用一个向量$[W_1,W_2,\cdots,W_n]^T$ 表示。这些西瓜的重量未知,如果要想知道这些西瓜按重量大小的排序情况,应该怎样获得? 也就是说,如何才能估计出这些西瓜的相对重量? 或者说,如何才能得到它们的重量向量$[W_1,$

$W_2, \cdots, W_n]^T$？

方法一：对于这个问题，很容易想到的一个解决方法是：用一杆秤依次称出各个西瓜的重量 $W_1, W_2, \cdots, W_n$。这样就可对这些西瓜的重量进行比较了。

但是，如果现在没有秤，如何才能估计出西瓜的轻重呢？这时可采用第二种方法。

方法二：采用两两比较的方法，判断每两个西瓜的相对重量的比例。具体做法是：先取出第一个西瓜，将它依次与第二个，第三个，$\cdots$，第 n 个西瓜进行两两比较（可用两只手掂一掂来比较）；然后将第一个西瓜放回原处，取出第二个西瓜，将它与其他西瓜进行两两比较；依此类推，直到将第 n 个西瓜与其他西瓜都进行了两两比较为止。这样就得到了一个反映西瓜两两比较的相对重量的 $n \times n$ 矩阵，称作比较判断矩阵。假设用 A 表示该比较判断矩阵，则有：

$$A = \begin{bmatrix} \dfrac{W_1}{W_1} & \dfrac{W_1}{W_2} & \cdots & \dfrac{W_1}{W_j} & \cdots & \dfrac{W_1}{W_n} \\ \dfrac{W_2}{W_1} & \dfrac{W_2}{W_2} & \cdots & \dfrac{W_2}{W_j} & \cdots & \dfrac{W_2}{W_n} \\ \vdots & \vdots & & \vdots & & \vdots \\ \dfrac{W_i}{W_1} & \dfrac{W_i}{W_2} & \cdots & \dfrac{W_i}{W_j} & \cdots & \dfrac{W_i}{W_n} \\ \vdots & \vdots & & \vdots & & \vdots \\ \dfrac{W_n}{W_1} & \dfrac{W_n}{W_2} & \cdots & \dfrac{W_n}{W_j} & \cdots & \dfrac{W_n}{W_n} \end{bmatrix}_{n \times n} = (a_{ij})_{n \times n} \quad (i, j = 1, 2, \cdots, n) \quad (10\text{-}2\text{-}1)$$

上式中，

$$a_{ij} = \frac{W_i}{W_j} \quad (i, j = 1, 2, \cdots, n) \quad (10\text{-}2\text{-}2)$$

显然有：

$$a_{ij} = \frac{1}{a_{ji}} \quad (i, j = 1, 2, \cdots, n) \quad (10\text{-}2\text{-}3)$$

$$a_{ii} = 1 \quad (i = 1, 2, \cdots, n) \quad (10\text{-}2\text{-}4)$$

$$a_{ij} = \frac{a_{ik}}{a_{jk}} \quad (i, j, k = 1, 2, \cdots, n) \quad (10\text{-}2\text{-}5)$$

用重量向量 $W = [W_1, W_2, \cdots, W_n]^T$ 右乘等式(10-2-1)两边，得：

$$AW = \begin{bmatrix} \dfrac{W_1}{W_1} & \dfrac{W_1}{W_2} & \cdots & \dfrac{W_1}{W_j} & \cdots & \dfrac{W_1}{W_n} \\ \dfrac{W_2}{W_1} & \dfrac{W_2}{W_2} & \cdots & \dfrac{W_2}{W_j} & \cdots & \dfrac{W_2}{W_n} \\ \vdots & \vdots & & \vdots & & \vdots \\ \dfrac{W_i}{W_1} & \dfrac{W_i}{W_2} & \cdots & \dfrac{W_i}{W_j} & \cdots & \dfrac{W_i}{W_n} \\ \vdots & \vdots & & \vdots & & \vdots \\ \dfrac{W_n}{W_1} & \dfrac{W_n}{W_2} & \cdots & \dfrac{W_n}{W_j} & \cdots & \dfrac{W_n}{W_n} \end{bmatrix}_{n \times n} \begin{bmatrix} W_1 \\ W_2 \\ \vdots \\ W_j \\ \vdots \\ W_n \end{bmatrix} = n \begin{bmatrix} W_1 \\ W_2 \\ \vdots \\ W_j \\ \vdots \\ W_n \end{bmatrix} = nW \quad (10\text{-}2\text{-}6)$$

从式(10-2-6)可见：

（1）重量向量 W 是比较判断矩阵 A 的特征向量；

（2）重量向量的元素个数 n（即西瓜的个数）是比较判断矩阵 A 的特征值；

（3）只要求出判断矩阵 A 的特征向量，则该特征向量就是重量向量 W。

从以上分析可知，确定 n 个西瓜的相对重量排序（即重量向量 W）有两种方法。第一种方法是用秤逐个称出西瓜的重量，加以比较；第二种方法是用两两比较的方法构造出比较判断矩阵，然后采用数学方法计算出该比较判断矩阵的特征值与特征向量，该特征向量就是所要求出的重量向量 W。

第一种方法简单、直观，但仅适用于有度量标尺的问题。在前面所述的西瓜例子中当然可采用第一种方法，但是在社会经济系统中，很多测度对象具有相对的性质，无法确定统一的标度，例如对环境、安全、舒适这类问题就很难提出一种标度。这时第二种方法就十分有效。因此，第二种方法适用于社会、政治、人的行为、管理等难以度量的问题。在采用第二种方法时，重量向量的含义就演变为重要性向量，或称相对重要性排序权值向量。层次分析法就是采用第二种方法来进行评价与决策的。

2. 判断尺度

如上所述，第二种方法的关键之一是构造比较判断矩阵。比较判断矩阵是描述对于上一层次某要素来说本层次相关要素之间相对重要性的矩阵，它是以上一层次某要素为评价准则、对本层次的要素进行两两比较得出的。为了将两两比较的结果数量化，需要有一个表示两个要素的相对重要性的数量尺度，称为判断尺度。层次分析法采用 1～9 标度的判断尺度，其定义如表 10.2.1 所示。

表 10.2.1　判断尺度定义表

判断尺度	定　　义
1	表示两个要素相比，具有同样的重要性。
3	表示两个要素相比，一个要素比另一个要素稍微重要。
5	表示两个要素相比，一个要素比另一个要素明显重要。
7	表示两个要素相比，一个要素比另一个要素强烈重要。
9	表示两个要素相比，一个要素比另一个要素极端重要。
2,4,6,8	介于上述两个相邻判断尺度的中间。

表中各数的倒数表示否定的意思，例如，如果要素 i 比要素 j 明显重要，则 $a_{ij}=\dfrac{W_i}{W_j}=5$。反之，如果要素 j 比要素 i 明显不重要，则 $a_{ji}=\dfrac{W_j}{W_i}=\dfrac{1}{a_{ij}}=\dfrac{1}{5}$。

10.2.2 层次分析法的基本步骤

应用层次分析法进行决策分析的基本步骤如下。

1. 建立递阶层次结构模型

在进行决策时,首先要明确决策的目标、准则以及待决策的方案。为此,先要分析待决策问题中所包含的要素,并按照要素间的相互关联影响以及隶属关系,将各要素按不同层次聚集组合,形成一个多层次的结构模型,这就是递阶层次结构模型。在递阶层次结构模型中,通常第一层是目标层(最高层),它表示问题的目的、总目标;第二层是准则层,它是总目标的具体体现,是决策所要考虑的多个子目标,也是决策的具体准则;第三、四、…层是子准则层,它们将准则更加细化;从第二层起的准则层和所有的子准则层都属于中间层;最下面的一层是方案层(最低层),它表示待选择的方案、措施、政策等。这样就形成了递阶层次结构模型,如图 10.2.1 所示。

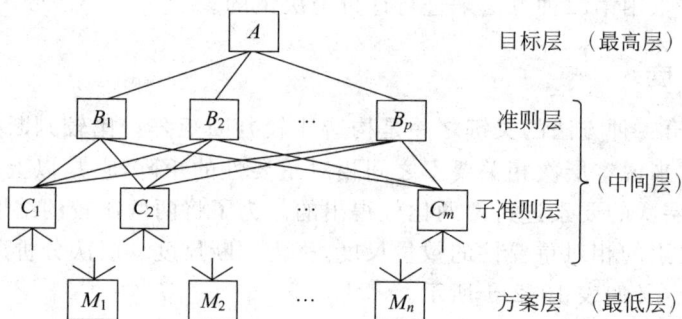

图 10.2.1 递阶层次结构图

下面用一个例子说明如何运用层次分析法进行多目标决策。

例 10.2.1 东方港务公司设备选择决策问题

东方港务公司拟增添一台新设备。现有三种不同型号的设备 P_1, P_2, P_3 供选择。选择设备的主要考虑要素是功能、价格和维护。建立这一决策问题的递阶层次结构模型。

解:这是一个多目标决策问题,根据题意可知该决策问题的目标、准则与方案,由此可建立本问题的递阶层次结构模型,如图 10.2.2 所示。

2. 构造比较判断矩阵

递阶层次结构建立后,第二步就是在各层要素中进行两两比较,并引入判断尺度将其量化,构造出比较判断矩阵。

设比较判断矩阵 $A = \{a_{ij}\}, (i, j = 1, 2, \cdots, n)$。比较判断矩阵中的元素 a_{ij} 是以上一层次某要素(比如说,要素 A)为准则,对本层次的 n 个要素(比如说,要素 C_1,

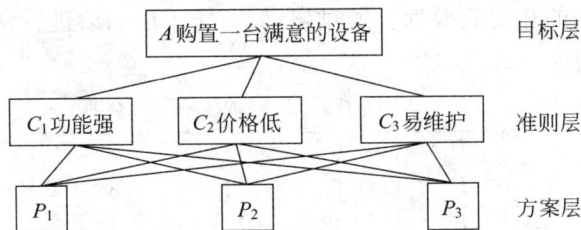

图 10.2.2 设备购买决策的递阶层次结构图

$C_2, \cdots, C_n$)进行两两比较来确定的。其形式如下：

A	C_1	C_2	$\cdots$	C_j	$\cdots$	C_n
C_1	a_{11}	a_{12}	$\cdots$	a_{1j}	$\cdots$	a_{1n}
C_2	a_{21}	a_{22}	$\cdots$	a_{2j}	$\cdots$	a_{2n}
$\vdots$	$\vdots$	$\vdots$		$\vdots$		$\vdots$
C_i	a_{i1}	a_{i2}	$\cdots$	a_{ij}	$\cdots$	a_{in}
$\vdots$	$\vdots$	$\vdots$		$\vdots$		$\vdots$
C_n	a_{n1}	a_{n2}	$\cdots$	a_{nj}	$\cdots$	a_{nn}

其中,比较判断矩阵中的元素 a_{ij} 表示对上一层要素 A 而言,本层要素 C_i 对于 C_j 的相对重要程度。即:

$$a_{ij} = \frac{W_i}{W_j} \qquad (i, j = 1, 2, \cdots, n)$$

上式中,W_i 和 W_j 分别为准则层要素 C_i 和 C_j 的相对重要性权值。根据判断尺度将上式量化,即可得到比较判断矩阵。

例 10.2.2 构造例 10.2.1 中的比较判断矩阵

解：在例 10.2.1 中,A 为目标层,其下一层的相关要素有三个:功能 C_1,价格 C_2,维护 C_3。现通过咨询,由专家对要素 C_1、C_2、C_3 进行两两比较,得到了如下结果:"功能(C_1)"比"价格(C_2)"明显重要,比"维护(C_3)"稍微重要;"价格(C_2)"比"功能(C_1)"明显不重要,比"维护(C_3)"稍微不重要。由此可构造出比较判断矩阵 A_{-C} 如下:

A	C_1	C_2	C_3
C_1	1	5	3
C_2	1/5	1	1/3
C_3	1/3	3	1

所以

$$\boldsymbol{A}_{-C} = \begin{bmatrix} 1 & 5 & 3 \\ 1/5 & 1 & 1/3 \\ 1/3 & 3 & 1 \end{bmatrix}$$

然后再看下一层要素。先考虑相对于上一层次的第一个要素 C_1（功能）而言,本层

相关要素 P_1, P_2, P_3 的相对重要性。通过咨询，对 P_1, P_2, P_3 进行两两比较，可构造出比较判断矩阵 C_{1-p} 如下：

C_1	P_1	P_2	P_3
P_1	1	1/4	2
P_2	4	1	8
P_3	1/2	1/8	1

所以

$$C_{1-p} = \begin{bmatrix} 1 & 1/4 & 2 \\ 4 & 1 & 8 \\ 1/2 & 1/8 & 1 \end{bmatrix}$$

比较判断矩阵 C_{1-p} 表明，对于"功能 C_1"这个准则而言，方案 P_1 与 P_2 相比，其贡献的重要性介于稍微不重要与明显不重要之间；方案 P_1 与 P_3 相比，其贡献的重要性介于同等重要与稍微重要之间，等等。

同理可构造出比较判断矩阵 C_{2-p} 与 C_{3-p} 如下：

$$C_{2-p} = \begin{bmatrix} 1 & 4 & 1/3 \\ 1/4 & 1 & 1/8 \\ 3 & 8 & 1 \end{bmatrix}, \quad C_{3-p} = \begin{bmatrix} 1 & 1 & 1/3 \\ 1 & 1 & 1/5 \\ 3 & 5 & 1 \end{bmatrix}$$

3. 层次单排序

如前所述，比较判断矩阵的特征向量 W 即为各要素的相对重要性向量。因此，在得到比较判断矩阵后，接下去应计算比较判断矩阵的特征向量 W 和特征值 λ_{max}（可以证明，该特征值是该矩阵的最大特征值）。这就是层次单排序要完成的工作。因此，层次单排序就是计算同一层次相应要素对于上一层次某要素的相对重要性排序权值，层次单排序的做法是计算各比较判断矩阵的最大特征值及其对应的特征向量。

矩阵的特征值及其对应的特征向量的估算方法有和积法、方根法、幂法等多种方法。本节介绍其中的和积法。

设有 $n \times n$ 矩阵 $A = \{a_{ij}\}$，$(i, j = 1, 2, \cdots, n)$，用和积法估算矩阵 A 的最大特征值及其对应特征向量的步骤如下：

（1）计算比较判断矩阵 A 中每一列要素的列和 S_j

$$S_j = \sum_{i=1}^{n} a_{ij}, \qquad (j = 1, 2, \cdots, n) \tag{10-2-7}$$

（2）将比较判断矩阵 A 中的各个要素除以该要素所在列的列和 S_j，得到一个归一化了的新矩阵 A_{norm}，这里的归一化矩阵是指每一列的列和等于 1 的矩阵。设 $A_{norm} = \{a_{ij}^*\}$，则有：

$$a_{ij}^* = \frac{a_{ij}}{S_j} \qquad (i, j = 1, 2, \cdots, n) \tag{10-2-8}$$

（3）计算新矩阵 A_{norm} 中每一行的均值 W_i，得到特征向量 W，它就是 A 矩阵中各要素

的层次单排序权值

$$W_i = \frac{\sum\limits_{j=1}^{n} a_{ij}^*}{n} \qquad (i = 1, 2, \cdots, n) \tag{10-2-9}$$

则 $W = [W_1, W_2, \cdots, W_i, \cdots, W_n]^T$ 为所求之特征向量

（4）计算比较判断矩阵的最大特征值 $\lambda_{\max}$

$$\lambda_{\max} = \sum_{i=1}^{n} \frac{(AW)_i}{nW_i} \tag{10-2-10}$$

例 10.2.3 计算例 10.2.2 中各比较判断矩阵的最大特征值及其对应的特征向量。

解： $A_{-c} = \begin{bmatrix} 1 & 5 & 3 \\ 1/5 & 1 & 1/3 \\ 1/3 & 3 & 1 \end{bmatrix}$,

由公式(10-2-7)至公式(10-2-10)可以进行以下计算：

① 计算比较判断矩阵中各列的列和

$$S_1 = \sum_{i=1}^{3} a_{i1} = 1.533, \quad S_2 = \sum_{i=1}^{3} a_{i2} = 9.000, \quad S_3 = \sum_{i=1}^{3} a_{i3} = 4.333$$

② 计算归一化的新矩阵

$$a_{11}^* = \frac{a_{11}}{S_1} = \frac{1}{1.533} = 0.652, a_{12}^* = \frac{a_{12}}{S_2} = \frac{5}{9.000} = 0.556, a_{13}^* = \frac{a_{13}}{S_3} = \frac{3}{4.333} = 0.692$$

$$a_{21}^* = \frac{a_{21}}{S_1} = \frac{1/5}{1.533} = 0.130, a_{22}^* = \frac{a_{22}}{S_2} = \frac{1}{9.000} = 0.111, a_{23}^* = \frac{a_{23}}{S_3} = \frac{1/3}{4.333} = 0.077$$

$$a_{31}^* = \frac{a_{31}}{S_1} = \frac{1/3}{1.533} = 0.217, a_{32}^* = \frac{a_{32}}{S_2} = \frac{3}{9.000} = 0.333, a_{33}^* = \frac{a_{33}}{S_3} = \frac{1}{4.333} = 0.231$$

$$A_{\text{norm}} = \begin{bmatrix} 0.652 & 0.556 & 0.692 \\ 0.130 & 0.111 & 0.077 \\ 0.217 & 0.333 & 0.231 \end{bmatrix}$$

③ 估算比较判断矩阵的特征向量

$$W_1 = \frac{\sum\limits_{j=1}^{3} a_{1j}^*}{n} = \frac{0.652 + 0.556 + 0.692}{3} = 0.633$$

$$W_2 = \frac{\sum\limits_{j=1}^{3} a_{2j}^*}{n} = \frac{0.130 + 0.111 + 0.077}{3} = 0.106$$

$$W_3 = \frac{\sum\limits_{j=1}^{3} a_{3j}^*}{n} = \frac{0.217 + 0.333 + 0.231}{3} = 0.260$$

所以 $W = (0.633 \quad 0.106 \quad 0.260)^T$ 为判断矩阵 A_{-c} 之特征向量，亦即要素 C_1, C_2，

C_3 对应于第一层 A（目标层）的相对重要性排序权值。它说明，对于总目标 A 来说，准则 C_1（功能强），C_2（价格低），C_3（易维护）的相对重要性权值分别为 $0.633,0.106,0.260$。

④ 估算比较判断矩阵的特征根

$$A_{-C}W = \begin{bmatrix} 1 & 5 & 3 \\ 1/5 & 1 & 1/3 \\ 1/3 & 3 & 1 \end{bmatrix}\begin{bmatrix} 0.633 \\ 0.106 \\ 0.260 \end{bmatrix} = \begin{bmatrix} 1.946 \\ 0.320 \\ 0.790 \end{bmatrix}$$

所以 $\lambda_{\max} = \sum_{i=1}^{n} \frac{(A_{-C}W)_i}{nW_i} = \frac{1.946}{3 \times 0.633} + \frac{0.320}{3 \times 0.106} + \frac{0.790}{3 \times 0.260} = 3.038$，$\lambda_{\max}$ 即为判断矩阵 A_{-C} 之特征值。

同理可得：

C_{1-p} 矩阵的特征向量 $W = (0.182 \quad 0.727 \quad 0.091)^T$，特征值 $\lambda_{\max} = 3.000$。可见对于准则 C_1（功能强）来说，方案 P_1, P_2, P_3 的贡献的相对重要性权值分别为 $0.182,0.727,0.091$。

C_{2-p} 矩阵的特征向量 $W = (0.257 \quad 0.074 \quad 0.669)^T$，特征值 $\lambda_{\max} = 3.018$。可见对于准则 C_2（价格低）来说，方案 P_1, P_2, P_3 的贡献的相对重要性权值分别为 $0.257,0.074,0.669$。

C_{3-p} 矩阵的特征向量 $W = (0.187 \quad 0.158 \quad 0.655)^T$，特征值 $\lambda_{\max} = 3.029$。可见对于准则 C_3（易维护）来说，方案 P_1, P_2, P_3 的贡献的相对重要性权值分别为 $0.187,0.158,0.655$。

4．层次总排序

层次单排序给出了相对于上一层次某要素，本层次相应要素的相对重要性排序权值。而最终要求出的是最低层（方案层）相对于最高层（目标层）的相对重要性排序权值，这样就可得到综合各方案在各决策准则下的优劣之后的总结果。而某层次对于最高层的相对重要性排序权值就称为该层次的层次总排序权值。层次总排序权值最大的方案就是对总目标贡献最大的方案，也就是最优方案。因此，层次总排序的目的是计算同一层次所有要素对于最高层（总目标）的相对重要性排序权值。

层次总排序是由上而下进行的。其计算过程如下：

设：在递阶层次结构模型中，最高层为 A 层；第二层为 B 层（对于第二层而言，由于它的上一层次就是最高层，所以其层次单排序权值等于层次总排序权值），B 层有 m 个要素 $B_1, B_2, \cdots, B_i, \cdots, B_m$，它们关于最高层 A 层的相对重要性排序权值分别为 $b_1, b_2, \cdots, b_i, \cdots, b_m$；$B$ 层的下一层为 C 层，设 C 层有 n 个要素 $C_1, C_2, \cdots, C_i, \cdots, C_n$，它们关于 B 层中任一要素 B_i 的层次单排序的排序权值分别为 $c_1^i, c_2^i, \cdots, c_j^i, \cdots, c_n^i$（如果 C 层中某要素 C_k 与要素 B_i 无关，则该项权值 c_k^i 为零），则 C 层中各要素对于最高层 A 层的层次总排序权值 $c_1, c_2, \cdots, c_j, \cdots, c_n$ 为：

$$c_j = \sum_{i=1}^{m} b_i c_j^i \qquad (j = 1, 2, \cdots, n) \tag{10-2-11}$$

即 C 层对于总目标 A 的层次总排序权值,是以上一层次 B 的层次总排序权值为权重、对 C 层的层次单排序权值进行加权和得出的。如表 10.2.2 所示。

表 10.2.2　层次总排序

B 层要素 B 层层次单排序权值 C 层要素　C 层层次单排序权值	B_1	B_2	$\cdots$	B_i	$\cdots$	B_m	C 层层次总排序权值
	b_1	b_2	$\cdots$	b_i	$\cdots$	b_m	c_j
C_1	c_1^1	c_1^2	$\cdots$	c_1^i	$\cdots$	c_1^m	$c_1 = \sum\limits_{i=1}^{m} b_i c_1^i$
C_2	c_2^1	c_2^2	$\cdots$	c_2^i	$\cdots$	c_2^m	$c_2 = \sum\limits_{i=1}^{m} b_i c_2^i$
$\vdots$	$\vdots$	$\vdots$		$\vdots$		$\vdots$	$\vdots$
C_j	c_j^1	c_j^2	$\cdots$	c_j^i	$\cdots$	c_j^m	$c_j = \sum\limits_{i=1}^{m} b_i c_j^i$
$\vdots$	$\vdots$	$\vdots$		$\vdots$		$\vdots$	$\vdots$
C_n	c_n^1	c_n^2	$\cdots$	c_n^i	$\cdots$	c_n^m	$c_n = \sum\limits_{i=1}^{m} b_i c_n^i$

如果 C 层下还有 D 层,D 层有 p 个要素 $D_1, D_2, \cdots, D_i, \cdots, D_p$,则由式(10-2-11)得,$D$ 层的层次总排序权值(即 D 层对于最高层 A 层的相对重要性排序权值)为:

$$d_j = \sum_{i=1}^{n} c_i d_j^i \qquad (j = 1, 2, \cdots, p)$$

上式中,c_i 为上一层次(C 层)的要素 $C_i (i = 1, 2, \cdots, n)$ 的层次总排序权值,d_j^i 为本层次(D 层)要素 $D_j (j = 1, 2, \cdots, p)$ 对于上一层次的要素 C_i 的层次单排序权值。若 D 层下还有 E 层,F 层,$\cdots$ 则用同法依次往下递推计算,最终可求出最低层(即方案层)对于总目标的总排序权值,其中总排序权值最高的方案就是最优方案。

例 10.2.4　对例 10.2.1 至例 10.2.3 中的问题进行层次总排序。

解:将例 10.2.3 中层次单排序的结果列入表 10.2.2 中,得到表 10.2.3。

表 10.2.3　层次总排序结果

C 层要素 C 层层次总排序权值 P 层要素　P 层层次单排序权值	C_1	C_2	C_3	P 层层次总排序权值
	0.633	0.106	0.260	
P_1	0.182	0.257	0.187	$0.182 \times 0.633 + 0.257 \times 0.106 +$ $0.187 \times 0.260 = 0.191$
P_2	0.727	0.074	0.158	$0.727 \times 0.633 + 0.074 \times 0.106 +$ $0.158 \times 0.260 = 0.510$
P_3	0.091	0.669	0.655	$0.091 \times 0.633 + 0.669 \times 0.106 +$ $0.655 \times 0.260 = 0.299$

P 层的总排序权值为 $(0.191 \quad 0.510 \quad 0.299)^{\mathrm{T}}$，因此，方案 P_2 为最优方案，其次是方案 P_3，而最次方案是 P_1。

5．一致性检验

如前所述，比较判断矩阵是由评价者通过两两比较得到的，但评价者往往很难精确地判断出比较判断矩阵中各元素的值，而只能对它们进行估计。如果在估计时偏差过大，出现严重的思维判断不一致的情况，就必须对比较判断矩阵进行修正。这种思维不一致主要表现为两种逻辑错误：

（1）克星逻辑错误

克星逻辑错误是一种根本性的判断错误。在上述购买设备的例子中，当"功能"比"维护"重要，而"维护"又比"价格"重要时，如果认为"价格"比"功能"更重要，那就不符合逻辑了。这种自相矛盾的逻辑错误就是克星逻辑错误。

（2）量度逻辑错误

量度逻辑错误是一种对重要程度的判断错误。当"功能"与"维护"相比的相对重要程度为 3，而"维护"与"价格"相比的相对重要程度是 5 时，如果认为"功能"与"价格"相比的相对重要程度仅为 3，那就在程度上不符合逻辑了。这种程度上的判断错误就是量度逻辑错误。

一致性检验就是检验各比较判断矩阵是否存在这两类逻辑错误，同时确定这种错误是属于可接受的、还是不可接受的。只有通过一致性检验的比较判断矩阵才被认为是有效的，否则就应进行修正。

设有 $n \times n$ 比较判断矩阵 A，研究发现，当 A 矩阵完全一致时，则有 $\lambda_{\max} = n$（其中 n 为 A 矩阵的阶数）；当 A 矩阵稍有不一致时，$\lambda_{\max} \gtrsim n$（表示 $\lambda_{\max} > n$，同时 $\lambda_{\max}$ 又接近于 n 的值）；A 矩阵的不一致越大，$\lambda_{\max}$ 与 n 的差就越大。因此可以用 $(\lambda_{\max} - n)$ 来作为度量不一致性的指标。

定义一致性指标 CI 为：

$$CI = \frac{\lambda_{\max} - n}{n - 1} \tag{10-2-12}$$

定义随机一致性比率 CR 为：

$$CR = \frac{CI}{RI} \tag{10-2-13}$$

其中，RI 为平均随机一致性指标，它是仅与比较判断矩阵的阶数有关的指标。RI 的值如表 10.2.4 所示。

表 10.2.4[①]　平均随机一致性指标 RI 的值

矩阵阶数 n	1	2	3	4	5	6	7	8	9	10
RI	0	0	0.52	0.89	1.11	1.25	1.35	1.40	1.45	1.49

注：事实上，当矩阵阶数 $n \leqslant 2$ 时，矩阵不存在不一致问题，所以不必检验。

一致性检验的步骤如下：

(1) 由式(10-2-10)计算比较判断矩阵的最大特征值 λ_{max}；

(2) 由式(10-2-12)、式(10-2-13)与表 10.2.4 计算随机一致性比率 CR；

(3) 当 $CR \leqslant 0.1$ 时，比较判断矩阵具有满意的一致性；当 $CR > 0.1$ 时，比较判断矩阵不一致，必须进行修正。

例 10.2.5　对例 10.2.1～例 10.2.4 中的比较判断矩阵进行一致性检验。

解：在例 10.2.4 中已得出比较判断矩阵 A_{-C}、C_{1-p}、C_{2-p}、C_{3-p} 的最大特征值 λ_{max}，下面对这四个矩阵进行一致性检验。

比较判断矩阵 A_{-C} 的最大特征值为 $\lambda_{max} = 3.038$，A_{-C} 为 3×3 矩阵，即 $n = 3$。由式 (10-2-12)可得：

$$CI = \frac{\lambda_{max} - n}{n - 1} = \frac{3.038 - 3}{3 - 1} = 0.019,$$

查表 10.2.4 得，$n = 3$ 时，$RI = 0.52$，由式 (10-2-13)可得，$CR = \frac{CI}{RI} = \frac{0.019}{0.52} = 0.037 < 0.1$。

所以比较判断矩阵 A_{-C} 具有满意的一致性。

同理可得，比较判断矩阵 C_{1-p} 的 $CR = 0.000 < 0.1$；C_{2-p} 的 $CR = 0.018 < 0.1$；C_{3-p} 的 $CR = 0.029 < 0.1$。

所以比较判断矩阵 C_{1-p}、C_{2-p}、C_{3-p} 均具有满意的一致性。

10.2.3　层次分析法的 Spreadsheet 解法

用层次分析法进行多目标决策时，需要计算各个比较判断矩阵的特征值和特征向量，计算量较大。采用 Spreadsheet 可以有效地解决这个困难，并且，当比较判断矩阵变化时，只需改变相关数据，就可以得到新的结果。此外，对于递阶层次结构类似的模型，可以运用同一个 Spreadsheet 框架，只需输入新模型的各相关数据，便可立刻得到该模型的运算结果。下面仍以上节的设备购买决策为例，说明层次分析法的 Spreadsheet 解法。

例 10.2.6　用 Spreadsheet 求解设备购买决策问题。

解：用 Spreadsheet 求解的基本步骤如下：

---

① 表 10.2.4 摘自 Thomas L. Saaty 著 "Decision Making in Economics，Political，Social and Technological Environments with Analytic Hierarchy Process"，RWS，1994，p.9

（1）输入比较判断矩阵

首先在 Excel 的工作表上输入已知的比较判断矩阵。在单元格 B7:D9 内输入 A_{-c} 矩阵，在单元格 B15:D17、B23:D25、B31:D33 内分别输入 C_{1-p} 矩阵、C_{2-p} 矩阵、C_{3-p} 矩阵。

（2）层次单排序（即计算各比较判断矩阵的特征向量）

由公式（10-2-7）至式（10-2-9）可知，用和积法估算特征向量时，首先求出矩阵中各列的列和；再将各要素除以该要素所在列的列和，得到一个归一化矩阵；然后计算该归一化矩阵中每一行的平均值，所得到的平均值向量就是层次单排序权值向量。下面计算 A_{-c} 矩阵的层次单排序权值向量。

在单元格 B10 中输入以下公式：

＝sum(B7:B9)

得到 A_{-c} 矩阵中第一列的列和。将上述公式复制到单元格 C10 和 D10，分别得到第二列和第三列的列和。

在单元格 H7 中输入以下公式：

＝B7/B$10

然后将上述公式复制到单元格 H8:H9 和 I7:J9，所得到的单元格 H7:J9 的值就构成归一化矩阵。

在单元格 L7 中输入以下公式：

＝average(H7:J7)

然后将上述公式复制到单元格 L8:L9，所得到的单元格 L7:L9 中的值就是 A_{-c} 矩阵的层次单排序权值。

用同样的方法，分别在单元格 L15:L17、L23:L25、L31:L33 中得到 C_{1-p} 矩阵、C_{2-p} 矩阵、C_{3-p} 矩阵的层次单排序权值。

层次单排序的公式如表 10.2.5 所示。

（3）一致性检验

一致性检验首先要计算各个比较判断矩阵的最大特征值 $\lambda_{\max}$。由公式（10-2-10）可知：

$$\lambda_{\max} = \sum_{i=1}^{n} \frac{(AW)_i}{nW_i}$$

然后由公式（10-2-12）和公式（10-2-13）计算其一致性指标：

$$CI = \frac{\lambda_{\max} - n}{n-1}$$

以及随机一致性比率：

$$CR = \frac{CI}{RI}$$

当 $CR \leqslant 0.1$ 时，认为该矩阵具有满意的一致性。

表 10.2.5　层次单排序计算公式

	A	B	C	D	E	F	G	H	I	J	K	L
1	例 10.2.5											
2												
3	比较判断矩阵					归一化矩阵						
4	指标						指标					
5												层次单排序
6		功能	价格	维护				功能	价格	维护		权重向量
7	功能	1	5	3			功能	=B7/B$10	=C7/C$10	=D7/D$10		=AVERAGE(H7:J7)
8	价格	0.2	1	1/3			价格	=B8/B$10	=C8/C$10	=D8/D$10		=AVERAGE(H8:J8)
9	维护	1/3	3	1			维护	=B9/B$10	=C9/C$10	=D9/D$10		=AVERAGE(H9:J9)
10	列和	=SUM(B7:B9)	=SUM(C7:C9)	=SUM(D7:D9)								
11												
12												
13	功能						功能					层次单排序
14		P_1	P_2	P_3								权重向量
15	P_1	1	0.25	2			P_1	=B15/B$18	=C15/C$18	=D15/D$18		=AVERAGE(H15:J15)
16	P_2	4	1	8			P_2	=B16/B$18	=C16/C$18	=D16/D$18		=AVERAGE(H16:J16)
17	P_3	0.5	8	1			P_3	=B17/B$18	=C17/C$18	=D17/D$18		=AVERAGE(H17:J17)
18	列和	=SUM(B15:B17)	=SUM(C15:C17)	=SUM(D15:D17)								
19												
20												
21	价格						价格					层次单排序
22		P_1	P_2	P_3								权重向量
23	P_1	1	4	1/3			P_1	=B23/B$26	=C23/C$26	=D23/D$26		=AVERAGE(H23:J23)
24	P_2	0.25	1	0.125			P_2	=B24/B$26	=C24/C$26	=D24/D$26		=AVERAGE(H24:J24)
25	P_3	3	8	1			P_3	=B25/B$26	=C25/C$26	=D25/D$26		=AVERAGE(H25:J25)
26	列和	=SUM(B23:B25)	=SUM(C23:C25)	=SUM(D23:D25)								
27												
28												
29	维护						维护					层次单排序
30		P_1	P_2	P_3								权重向量
31	P_1	1	1	1/3			P_1	=B31/B$34	=C31/C$34	=D31/D$34		=AVERAGE(H31:J31)
32	P_2	1	1	0.2			P_2	=B32/B$34	=C32/C$34	=D32/D$34		=AVERAGE(H32:J32)
33	P_3	3	5	1			P_3	=B33/B$34	=C33/C$34	=D33/D$34		=AVERAGE(H33:J33)
34	列和	=SUM(B31:B33)	=SUM(C31:C33)	=SUM(D31:D33)								

下面先对 $\boldsymbol{A}_{-c}$ 矩阵进行一致性检验。在单元格 N7 中输入以下公式：

＝B7＊＄L＄7＋C7＊＄L＄8＋D7＊＄L＄9

将上述公式复制到单元格 N8：N9，所得到的单元格 N7：N9 中的值构成向量 $\boldsymbol{AW}$。

在单元格 O7 中输入以下公式：

＝N7/L7

将上述公式复制到单元格 O8：O9，所得到的单元格 O7：O9 中的值分别为 $\frac{(AW)_1}{W_1}$，$\frac{(AW)_2}{W_2}$，$\frac{(AW)_3}{W_3}$。

在单元格 O10 中输入以下公式：

＝((average(O7：O9)－3)/2)/0.52

得到 CR 的值。上式中，average(O7：O9)的值就是 $\sum_{i=1}^{n} \frac{(AW)_i}{nW_i}$，它也就是 $\lambda_{\max}$。由于该矩阵是一个三阶矩阵，$n=3$，查表得 $RI=0.52$。计算得 $CR=0.037<0.1$，所以 $\boldsymbol{A}_{-c}$ 矩阵具有满意的一致性。

用同样的方法，在单元格 O18、O26、O34 中分别得到 $\boldsymbol{C}_{1-p}$ 矩阵、$\boldsymbol{C}_{2-p}$ 矩阵、$\boldsymbol{C}_{3-p}$ 矩阵的随机一致性比率 CR 的值。计算结果表明，它们均具有满意的一致性。

一致性检验的公式见表 10.2.6。

（4）层次总排序

首先输入层次总排序表。在单元格 B39：D39 中输入 C 层中各要素对于总目标 A 的相对重要性排序权值，即在单元格 B39：D39 中输入以下公式：

＝transpose(L7：L9)

得到 C 层中要素 C_1、C_2、C_3 对于总目标 A 的相对重要性排序权值向量的转置。

然后在单元格 B40 中输入：

＝L15

将上述公式复制到单元格 B41：B42，单元格 B40：B42 中的数值就是 P 层相对于 C 层中第一个要素 C_1 的层次单排序权值。

在单元格 C40 中输入：

＝L23

将上述公式复制到单元格 C41：C42，单元格 C40：C42 中的数值就是 P 层相对于 C 层中第二个要素 C_2 的层次单排序权值。

在单元格 D40 中输入：

＝L31

将上述公式复制到单元格 D41：D42，单元格 D40：D42 中的数值就是 P 层相对于 C 层中第三个要素 C_3 的层次单排序权值。

表 10.2.6　一致性检验计算公式

	N	O
1	一致性检验	
2		
3		
4	加权向量	一致性计算
5	=B7 * ＄L＄7+C7 * ＄L＄8+D7 * ＄L＄9	=N7/L7
6	=B8 * ＄L＄7+C8 * ＄L＄8+D8 * ＄L＄9	=N8/L8
7	=B9 * ＄L＄7+C9 * ＄L＄8+D9 * ＄L＄9	=N9/L9
8	CR	=((AVERAGE(O7:O9)−3)/2)/0.52
9		
10		
11		
12	加权向量	一致性计算
13	=B15 * ＄L＄15+C15 * ＄L＄16+D15 * ＄L＄17	=N15/L15
14	=B16 * ＄L＄15+C16 * ＄L＄16+D16 * ＄L＄17	=N16/L16
15	=B17 * ＄L＄15+C17 * ＄L＄16+D17 * ＄L＄17	=N17/L17
16	CR	=((AVERAGE(O15:O17)−3)/2)/0.52
17		
18		
19		
20	加权向量	一致性计算
21	=B23 * ＄L＄23+C23 * ＄L＄24+D23 * ＄L＄25	=N23/L23
22	=B24 * ＄L＄23+C24 * ＄L＄24+D24 * ＄L＄25	=N24/L24
23	=B25 * ＄L＄23+C25 * ＄L＄24+D25 * ＄L＄25	=N25/L25
24	CR	=((AVERAGE(O23:O25)−3)/2)/0.52
25		
26		
27		
28	加权向量	一致性计算
29	=B31 * ＄L＄31+C31 * ＄L＄32+D31 * ＄L＄33	=N31/L31
30	=B32 * ＄L＄31+C32 * ＄L＄32+D32 * ＄L＄33	=N32/L32
31	=B33 * ＄L＄31+C33 * ＄L＄32+D33 * ＄L＄33	=N33/L33
32	CR	=((AVERAGE(O31:O33)−3)/2)/0.52

　　然后计算层次总排序权值。层次总排序是某一层次对总目标的相对重要性排序权值,它等于以上一层次的层次总排序权值为权重、对本层次的单排序权值进行加权和得出的。由公式(10-2-11)知:

$$c_j = \sum_{i=1}^{m} b_i c_j^i, \qquad (j = 1, 2, \cdots, n)$$

在单元格 H40 中输入以下公式：

＝sumproduct(B40:D40, $B$39:$D$39)

将上述公式复制到单元格 H41:H42,在单元格 H40:H41 中得到层次总排序权值向量为 (0.191　0.510　0.299)^{T}。结果表明,方案 P_2 为最优方案,其次是方案 P_3,而最次方案是 P_1。

层次总排序公式见表 10.2.7。

表 10.2.7　层次总排序公式

	A	B	C	D	E	F	G	H
37	层次总排序							
38		功能	价格	维护			层次总排序权值	
39	权重	=TRANSPOSE(L7:L9)	=TRANSPOSE(L7:L9)	=TRANSPOSE(L7:L9)				
40	P_1	=L15	=L23	=L31			P_1	=sumproduct(B40:D40, $B$39:$D$39)
41	P_2	=L16	=L24	=L32			P_2	=sumproduct(B41:D41, $B$39:$D$39)
42	P_3	=L17	=L25	=L33			P_3	=sumproduct(B42:D42, $B$39:$D$39)

本问题的模型与运行结果如表 10.2.8 所示。

表 10.2.8　东方港务公司设备购买决策 AHP 模型运行结果表

	A	B	C	D	E	F	G	H	I	J	K	L	M	N	O
1	例 10.2.1　东方港务公司设备购买决策														
2															
3	比较判断矩阵						归一化矩阵					一致性检验			
4															
5	指标						指标					层次单排序			
6		功能	价格	维护				功能	价格	维护		权重向量		加权向量	一致性计算
7	功能	1.000	5.000	3.000			功能	0.652	0.556	0.692		0.633		1.946	3.072
8	价格	0.200	1.000	0.333			价格	0.130	0.111	0.077		0.106		0.320	3.011
9	维护	0.333	3.000	1.000			维护	0.217	0.333	0.231		0.260		0.790	3.033
10	列和	1.533	9.000	4.333								CR			0.037
11															
12															
13	功能						功能					层次单排序			
14		P_1	P_2	P_3				P_1	P_2	P_3		权重向量		加权向量	一致性计算
15	P_1	1.000	0.250	2.000			P_1	0.182	0.182	0.182		0.182		0.545	3.000
16	P_2	4.000	1.000	8.000			P_2	0.727	0.727	0.727		0.727		2.182	3.000
17	P_3	0.500	0.125	1.000			P_3	0.091	0.091	0.091		0.091		0.273	3.000
18	列和	5.500	1.375	11.000								CR			0.000
19															
20															

续表

	A	B	C	D	EF	G	H	I	J	K	L	M	N	O
21	价格					价格					层次单排序			
22		P_1	P_2	P_3			P_1	P_2	P_3		权重向量		加权向量	一致性计算
23	P_1	1.000	4.000	0.333		P_1	0.235	0.308	0.229		0.257		0.775	3.015
24	P_2	0.250	1.000	0.125		P_2	0.059	0.077	0.086		0.074		0.222	3.004
25	P_3	3.000	8.000	1.000		P_3	0.706	0.615	0.686		0.669		2.031	3.036
26	列和	4.250	13.000	1.458									CR	0.018
27														
28														
29	维护					维护					层次单排序			
30		P_1	P_2	P_3			P_1	P_2	P_3		权重向量		加权向量	一致性计算
31	P_1	1.000	1.000	0.333		P_1	0.200	0.143	0.217		0.187		0.563	3.015
32	P_2	1.000	1.000	0.200		P_2	0.200	0.143	0.130		0.158		0.476	3.015
33	P_3	3.000	5.000	1.000		P_3	0.600	0.714	0.652		0.655		2.005	3.058
34	列和	5.000	7.000	1.533									CR	0.028
35														
36														
37	层次总排序													
38		功能	价格	维护		层次总排序权值								
39	权重	0.633	0.106	0.260										
40	P_1	0.182	0.257	0.187		P_1	0.191							
41	P_2	0.727	0.074	0.158		P_2	0.510							
42	P_3	0.091	0.669	0.655		P_3	0.299							

10.3 数据包络分析

数据包络分析(data envelopment analysis,DEA)是由著名运筹学家查恩斯(A. Charnes)、库伯(W. W. Cooper)和罗兹(E. Rhodes)于 1978 年首先提出的一种多目标决策方法。数据包络分析实际上是线性规划模型的一项应用,它可用于评价单位(部门或企业)内部各运作单元的相对效率,例如用于比较公司下属各快餐连锁店的效益,评估各医院、银行、法院、学校等下属机构的相对效率等。投资分析者也可运用 DEA 比较某行业内各不同竞争企业的相对效益,以便作出其投资决策。它能分析一个企业与其他同类企业相比、在将其投入转化为产出过程中的相对有效性。运用 DEA 方法可以确定哪些企业或部门是低效的,从而采取相应的改进措施。下面用一个例子说明 DEA 的应用。

例 10.3.1 王先生的快餐连锁店

王先生是一家快餐连锁公司在某地分公司的经理。在该地区,王先生管理着 10 个下属的快餐连锁店。王先生正在对这 10 家快餐连锁店去年的业绩进行评估,并依据或部分依据各连锁店的相对效率,提出关于这 10 家快餐连锁店经理年终奖的分配方案。王先生收集了反映该 10 家快餐连锁店效率的有关数据,见表 10.3.1。其中,连锁店的输出包括三个项目:净利润,平均顾客满意度和增长率。连锁店的输入包括两个项目:总工作时间和生产成本。王先生希望采用 DEA 分析这些数据，以确定每个连锁店的效率。本例中的输入、输出目标有多个，运用 DEA 可以很方便地处理这类问题。

表 10.3.1　10 家快餐连锁店的输入与输出数据

连锁店序号	顾客满意度	净利润（百万元）	增长率（%）	工作时间（万小时）	生产成本（千万元）
1	93	10	7.9	13	6.75
2	90	14	8.4	20	9.07
3	95	12	7.6	22	8.69
4	92	10	8.0	16	6.31
5	93	6	8.5	16	7.34
6	91	4	10.0	9	4.43
7	85	10	9.0	24	7.28
8	90	6	9.2	17	3.23
9	96	15	6.7	15	7.42
10	89	10	8.7	21	6.35

10.3.1　数据包络分析方法的基本思路和模型

1. 基本思路

例 10.3.2　快餐连锁店 4 的效率评估

王先生要采用 DEA 模型对表 10.3.1 中连锁店 4 的效率进行评估，以连锁店 4 去年的业绩，作为对该连锁店经理的奖励依据。

解：首先，构造一个基于 10 个连锁店的输入与输出数据的、虚拟的合成连锁店，该合成连锁店的三项输出指标（净利润，满意度和增长率）等于 10 个连锁店相应输出指标的加权平均值；而该合成连锁店的输入指标（工作时间和生产成本）则等于 10 个连锁店相应输入指标的加权平均值。其中，当计算 10 个连锁店的输入的加权平均值时，各连锁店所取的权重与计算输出加权平均值时所取的权重必须相同。然后，建立一个线性规划模型，该规划的约束条件是该虚拟合成连锁店的各项输出均必须大于或等于连锁店 4（即要求评价其相对效率的连锁店）的输出。这时，如果可以证明该合成连锁店的输入小于连锁店 4 的输入，那就表明合成连锁店与连锁店 4 相比，在较少的输入下，可以获得相同的或更多的输出。在这种情况下，合成连锁店比连锁店 4 的效率更高，换句话说，连锁店 4 比合成连锁店的效率低。由于合成连锁店的输入与输出是基于所有 10 个连锁店的数据的加权平均之上的，它反映所有 10 个连锁店的总体状况，所以在这种情况下，连锁店 4 与其他连锁店相比，相对效率较低。

本例的数据包络分析模型及其 Spreadsheet 解法见下面。

2. 数据包络分析模型

在计算虚拟合成连锁店的输入与输出时,首先要确定每个连锁店的权重。设第 i 个连锁店的权重为 w_i,其中 $i=1,2,\cdots,10$。DEA 模型要求这些权重之和等于 1。由此得到模型的第一个约束条件:

$$w_1+w_2+w_3+\cdots+w_{10}=1 \qquad (10\text{-}3\text{-}1)$$

虚拟合成连锁店的输出等于所有 10 个连锁店的相应输出的加权平均值。例如,合成连锁店的输出指标"满意度"用下式计算:

合成连锁店的满意度 =(连锁店 1 的满意度)$\times w_1$ +(连锁店 2 的满意度)$\times w_2$ +

(连锁店 3 的满意度)$\times w_3$ + $\cdots$ +

(连锁店 10 的满意度)$\times w_{10}$

将各连锁店的满意度代入上式,得:

合成连锁店的顾客满意度 $=93w_1+90w_2+95w_3+92w_4+93w_5+91w_6+$

$$85w_7+90w_8+96w_9+89w_{10}$$

同理可得合成连锁店的其他输出指标。

对应于每一个输出指标,均有一个约束条件,那就是:合成连锁店的各个输出指标必须大于或等于连锁店 4 的相应输出指标。已知连锁店 4 的满意度是 92,所以对应于满意度指标的约束条件是:

$$93w_1+90w_2+95w_3+92w_4+93w_5+91w_6+$$
$$85w_7+90w_8+96w_9+89w_{10}\geqslant 92 \qquad (10\text{-}3\text{-}2)$$

同理可得其他两个输出指标对应的约束条件。在这些关于输出的约束条件中,权重 w_i 是通过求解具有这些约束条件的线性规划模型得出的。因此,如果能够找到满足这些约束条件的解,那就说明合成连锁店的输出不小于连锁店 4 的输出。

然后考虑合成连锁店的输入,并写出合成连锁店各输入指标对应的约束条件。例如,合成连锁店的输入指标"工作时间"用下式计算:

合成连锁店的工作时间 =(连锁店 1 的工作时间)$\times w_1$ +(连锁店 2 的工作时间)$\times$

w_2 +(连锁店 3 的工作时间)$\times w_3$ + $\cdots$ +

(连锁店 10 的工作时间)$\times w_{10}$

同理可得合成连锁店的生产成本指标。每个输入指标对应于一个约束条件,这些约束条件的左边分别是合成连锁店的各个输入指标,右边则是合成连锁店的资源可提供量。在数据包络分析模型中,设合成连锁店的可用资源(即约束条件右边)等于连锁店 4 的相应可用资源输入量乘以某个百分比 E。这里的 E 是一个决策变量,它表示可提供给合成连锁店的输入资源与连锁店 4 的输入资源的比率。

在数据包络分析模型中,如果合成单元能够以低于待评价单元的输入,获得不低于待评价单元的输出，则可以断定该待评价单元是相对低效率的。本例中，已知连锁店 4 的生产成本是 6.31，而(6.31E)表示合成连锁店的生产成本提供量。当 $E=1$ 时，合成连锁店的生产成本提供量为 6.31，这说明合成连锁店与连锁店 4 具有相同的生产成本提供量；当 $E>1$ 时，合成连锁店比连锁店 4 具有更多的生产成本资源提供量；当 $E<1$ 时，合成连锁店比连锁店 4 具有较少的可用生产成本。可见，E 可以直接影响合成连锁店的输入资源提供量，所以 E 又称为效率指数。

数据包络分析模型的目标函数是使得 E 的值最小化，也就是使得合成连锁店的输入资源最小化。这里的 E 既是决策变量又是目标函数。如果求解结果为 $E=1$ 或 $E>1$（实际上 $E>1$ 在理论上是不可能的），则表明合成连锁店需要与连锁店 4 相同或更多的输入资源，以获得不低于连锁店 4 的输出，这时无法断定连锁店 4 是相对低效的；如果 $E<1$，则表明合成连锁店可用比连锁店 4 低的输入资源，却可得到不低于连锁店 4 的输出。因此合成连锁店具有更高的效率，这是可以断定连锁店 4 是相对低效的。

根据上述分析可得本例的 DEA 模型如下：

$$\min \quad E$$

$$\text{s.t.} \quad w_1 + w_2 + w_3 + w_4 + w_5 + w_6 + w_7 + w_8 + w_9 + w_{10} = 1$$

$$93w_1 + 90w_2 + 95w_3 + 92w_4 + 93w_5 + 91w_6 + 85w_7 +$$
$$90w_8 + 96w_9 + 89w_{10} \geqslant 92$$

$$10w_1 + 14w_2 + 12w_3 + 10w_4 + 6w_5 + 4w_6 + 10w_7 +$$
$$6w_8 + 15w_9 + 10w_{10} \geqslant 10$$

$$7.9w_1 + 8.4w_2 + 7.6w_3 + 8w_4 + 8.5w_5 + 10w_6 + 9w_7 +$$
$$9.2w_8 + 6.7w_9 + 8.7w_{10} \geqslant 8$$

$$13w_1 + 20w_2 + 22w_3 + 16w_4 + 16w_5 + 9w_6 + 24w_7 +$$
$$17w_8 + 15w_9 + 21w_{10} \leqslant 16E$$

$$6.75w_1 + 9.07w_2 + 8.69w_3 + 6.31w_4 + 7.34w_5 + 4.43w_6 +$$
$$7.28w_7 + 3.23w_8 + 7.42w_9 + 6.35w_{10} \leqslant 6.31E$$

上述模型的 Spreadsheet 解法见下节。

10.3.2 运用 Spreadsheet 建立与求解 DEA 模型

本节仍以例 10.3.2 为背景，说明采用 Spreadsheet 建立与求解数据包络分析模型的方法与步骤。例 10.3.2 中 DEA 模型的 Spreadsheet 如表 10.3.2 所示。其基本步骤如下。

1. 输入已知数据

首先输入已知数据。在单元格 B4：K6 中输入 10 个连锁店的输出数据，在单元格 B9：K10 中输入 10 个连锁店的输入数据。见表 10.3.2。

2.决策变量

本题的决策变量是各连锁店的权重和连锁店 4 的效率指数 E。用单元格 B18：L18 分别表示 10 个连锁店的权重和连锁店 4 的效率指数。

3.目标函数

本题的目标函数是使得连锁店 4 的效率指数 E 最小化。用单元格 I20 表示目标函数 E，它也就是单元格 L18 中的决策变量 E。在单元格 I20 中输入：

＝L18

表 10.3.2 快餐连锁店 DEA 模型的 Spreadsheet

	A	B	C	D	E	F	G	H	I	J	K	L
1	例 10.3.2	快餐连锁店 4 的效率评估										
2						连锁店						
3	输出指标	1	2	3	4	5	6	7	8	9	10	
4	满意度	93	90	95	92	93	91	85	90	96	89	
5	净利润	10	14	12	10	6	4	10	6	15	10	
6	增长率	7.9	8.4	7.6	8	8.5	10	9	9.2	6.7	8.7	
7												
8	输入指标											
9	工作时间	13	20	22	16	16	9	24	17	15	21	
10	生产成本	6.75	9.07	8.69	6.31	7.34	4.43	7.28	3.23	7.42	6.35	
11												
12												
13	模型											
14												
15												
16							权重					效率
17		w_1	w_2	w_3	w_4	w_5	w_6	w_7	w_8	w_9	w_{10}	E
18	最优解	0	0	0	0	0	0.231	0	0.273	0.496	0	0.885
19												
20	约束条件	左边		右边				Min E	0.885			
21	权重之和＝1	1		＝	1							
22	满意度	93.206		>=	92							
23	净利润	10.00		>=	10							
24	增长率	8.145		>=	8							
25	工作时间	14.160		<=	14.160							
26	生产成本	5.585		<=	5.584							

4. 约束条件

如前所述，所有 10 个连锁店的权重之和应等于 1，同时每一个输出与输入指标都有一个对应的约束条件。所以本题共有 6 个约束条件。第一个约束条件是 10 个连锁店的权重之和等于 1。用单元格 C21 表示该约束条件的左边，并键入下式：

= sum(B18:K18)

得到 10 个连锁店的权重之和。用单元格 E21 表示第一个约束条件右边，并键入数字 1。该约束条件的左边应等于右边。

第二个约束条件是输出指标"满意度"对应的约束条件。用单元格 C22 表示第二个约束条件的左边，并键入下式：

= sumproduct(B4:K4，$B$18:$K$18)

得到合成连锁店的满意度。将上述公式复制到单元格 C23:C24，分别得到第三和第四个约束条件的左边，它们分别表示合成连锁店的净利润和增长率的输出指标。用单元格 E22 表示第二个约束条件的右边，并键入下式：

=E4

得到连锁店 4 的满意度。合成连锁店的满意度应不小于连锁店 4 的满意度。将上述公式复制到单元格 E23:E24，分别得到第三和第四个约束条件的右边，它们分别表示连锁店 4 的净利润和增长率。合成连锁店的净利润和增长率应不小于连锁店 4 的相应指标。

第五个约束条件是输入指标"工作时间"对应的约束条件。用单元格 C25 表示第五个约束条件的左边，并键入下式：

= sumproduct(B9:K9，$B$18:$K$18)

得到合成连锁店的工作时间。将上述公式复制到单元格 C26，得到第六个约束条件左边的合成连锁店的生产成本。用单元格 E25 表示第五个约束条件的右边，并键入下式：

= E9 * $L$18

得到连锁店 4 的工作时间与效率指数 E 的乘积，它表示可提供给合成连锁店的工作时间资源。合成连锁店的工作时间应不超过其工作时间可提供量。将上述公式复制到单元格 E26，得到第六个约束条件的右边，它表示允许的合成连锁店的生产成本，合成连锁店的生产成本应不超过生产成本的允许量。

模型的公式如表 10.3.3 所示。

5. 运用 Spreadsheet 求解

运用 Excel 的规划求解功能，可以求出本问题的解。在规划求解参数框内键入目标函数、决策变量和约束条件，如图 10.3.1 所示；单击"选择"项，选择"线性规划"和"假定非负"，单击"确定"；选择"求解"，即在 Spreadsheet 上得到规划的解。

从表 10.3.2 可见，最优解为：

$w_1 = w_2 = w_3 = w_4 = w_5 = w_7 = w_{10} = 0$，　　$w_6 = 0.231$，　　$w_8 = 0.273$，

$w_9=0.496$,　　　$E=0.885$。这时目标函数 $E=0.885$。

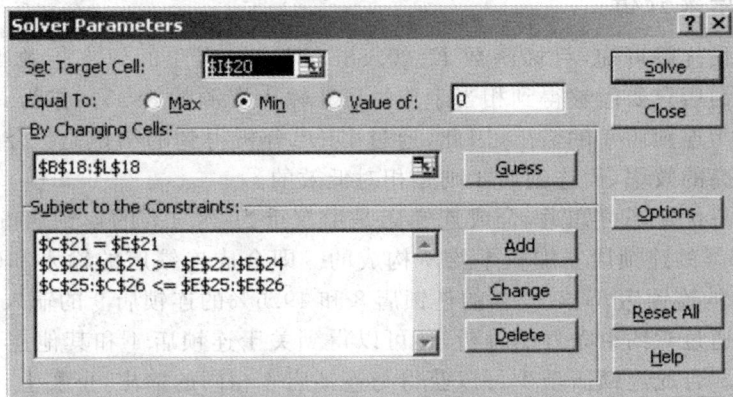

图 10.3.1　规划求解参数框

表 10.3.3　快餐连锁店 DEA 模型的公式

	A	B	C	D	E	F	G	H	I	J	K	L
1	例 10.3.2　快餐连锁店 4 的效率评估											
2						连锁店						
3	输出指标	1	2	3	4	5	6	7	8	9	10	
4	满意度	93	90	95	92	93	91	85	90	96	89	
5	净利润	10	14	12	10	6	4	10	6	15	10	
6	增长率	7.9	8.4	7.6	8	8.5	10	9	9.2	6.7	8.7	
7												
8	输入指标											
9	工作时间	13	20	22	16	16	9	24	17	15	21	
10	生产成本	6.75	9.07	8.69	6.31	7.34	4.43	7.28	3.23	7.42	6.35	
11												
12												
13	模型											
14												
15												
16							权重					效率
17		w_1	w_2	w_3	w_4	w_5	w_6	w_7	w_8	w_9	w_{10}	E
18	最优解	0	0	0	0	0	0.231	0	0.273	0.496	0	0.885
19												
20	约束条件		左边		右边			Min E = L18				
21	权重之和＝1	= SUM(B18:K18)		=	1							
22	满意度	= sumproduct(B4:K4,$B$18:$K$18)		>=	= E4							
23	净利润	= sumproduct(B5:K5,$B$18:$K$18)		>=	= E5							
24	增长率	= sumproduct(B6:K6,$B$18:$K$18)		>=	= E6							
25	工作时间	= sumproduct(B9:K9,$B$18:$K$18)		<=	= E9 * L$18							
26	生产成本	= sumproduct(B10:K10,$B$18:$K$18)		<=	= E10 * L$18							

6. 求解结果分析

从本题的最优解可知,目标函数 $E=0.885$,即连锁店 4 的效率指数得分为 0.885。这说明合成连锁店只要能够得到相当于连锁店 4 输入资源的 88.5％作为其输入资源,就可以获得不小于连锁店 4 的输出,因此,通过 DEA 分析得到的结论是:合成连锁店比连锁店 4 具有更高的效率,而连锁店 4 则是相对低效的。

从本题的最优解还可知道,合成连锁店是由权重为 23.1％的连锁店 6,27.3％的连锁店 8 和 49.6％的连锁店 9 加权平均所构成的。即合成连锁店的输入和输出分别是由权重为 23.1％的连锁店 6,27.3％的连锁店 8 和 49.6％的连锁店 9 的输入和输出加权平均所得出的。通过对约束条件的分析,还可以得到关于连锁店 4 和其他连锁店的效率比较方面的信息。合成连锁店至少可以获得与连锁店 4 相同的输出,事实上,合成连锁店能够以小于连锁店 4 的输入资源,获得比连锁店 4 大 1.206 的满意度,以及比连锁店 4 高 0.146 的增长率(比较单元格 C22:C24 和单元格 E22:E24 可得)。从表 10.3.2 中的工作时间约束可见,合成连锁店使用的工作时间仅相当于连锁店 4 的工作时间的 88.5％左右(比较单元格 C25 和 E9 可得)。显然合成连锁店比连锁店 4 具有更高的效率。可以确定,连锁店 4 与其他连锁店相比,是相对低效的。根据 DEA 分析得到的结果,管理者应进一步考察和改善连锁店 4 的运作情况,以确定采取哪些措施可以使得连锁店 4 更有效地使用资源,并获得更多的产出。

采用同样的方法可分别对其他连锁店进行 DEA 分析。通过这些分析,最终得到如表 10.3.4 所示的结论。

表 10.3.4　连锁店 DEA 分析的结论

连锁店	1	2	3	4	5	6	7	8	9	10
$E=$	0.944	1	1	0.885	0.76	1	0.967	1	1	0.945

从表 10.3.4 可见,连锁店 2、3、6、8、9 的效率指数为 100％,因此根据 DEA 分析结果,它们是有效率的,而其他连锁店均为 DEA 相对低效的。值得注意的是,这里得到的某连锁店的效率指数为 100％,并不一定表明该连锁店的运作已经处于最佳状态了。它只表明其他连锁店的各种线性组合均不能构成一个比该连锁店更有效的合成连锁店。另一方面,对于 DEA 低效的连锁店而言,则存在其他有效连锁店的某个线性组合,可以得到一个合成连锁店,该合成连锁店能够以小于该低效连锁店的输入获得不小于该低效连锁店的输出。DEA 认为,一个待评价单元应该能够具有与虚拟合成单元相同的运作效率,否则该待评价决策单元就是 DEA 低效的。

DEA 的目的是确定某决策单元是否相对低效。应当指出的是,这种方法不能判断一个运作单元是否绝对有效。事实上,一个运作单元的输出指标中,只要有一个最大输出,就不能被 DEA 判断为相对低效。

参 考 文 献

1. 许国志. 现代管理科学手册. 北京：北京大学出版社,1994
2. 胡运权. 运筹学习题集. 北京：清华大学出版社,1985
3. 胡运权. 运筹学习题集. 北京：清华大学出版社,1994
4. 胡运权,郭耀煌. 运筹学教程. 北京：清华大学出版社,1998
5. 范贻昌. 实用管理运筹学. 天津：天津大学出版社,1995
6. 魏国华,傅家良,周仲良. 实用运筹学. 上海：复旦大学出版社,1987
7. 关柏辉,李焯章,茅奇等. 运筹学. 北京：高等教育出版社,1988
8. 沈泰昌. 系统工程. 杭州：浙江教育出版社,1986
9. 周三多. 管理学原理与方法. 上海：复旦大学出版社,1997
10. 汪应洛. 系统工程理论方法与应用. 北京：高等教育出版社,1994
11. 姚德明,李汉铃. 系统工程实用教程. 哈尔滨：哈尔滨工业大学出版社,1984
12. 周听祥,梁素云. 管理科学. 北京：企业管理出版社,1995
13. 哈罗德·孔茨,海因茨·韦里克. 管理学. 北京：经济科学出版社,1996
14. 郑德如,胡清友. 统计学. 上海：立信会计出版社,1998
15. 边丽洁,高淑东. 统计学原理与工业统计学. 上海：立信会计出版社,1999
16. 刘强. 运筹学. 北京：石油工业出版社,2001
17. 系统工程编写组. 系统工程. 上海：上海海运学院,1998
18. 胡式如,林定伟,陈永德等. 英汉经济管理词典. 上海：上海外语教育出版社,1990
19. 张一弛. 管理经济学. 北京：经济日报出版社,1997
20. 吴德庆,马月才. 管理经济学. 北京：中国人民大学出版社,1996
21. 王福保等. 概率论及数理统计. 上海：同济大学出版社,1993
22. 李向东. 运筹学－管理科学基础. 北京：北京理工大学出版社,1995
23. 杨君昌. 新编西方经济学. 上海：上海社会科学院出版社,1995
24. 夏绍玮,杨家本. 系统工程概论. 北京：清华大学出版社,1995
25. 钱颂迪,王中贤,孙东川. 新编系统工程简明教程. 南京：东南大学出版社,1995
26. 喻漠南,王家骅,卢韦. 运输系统工程. 大连：大连海事大学出版社,1989
27. 尤丕基,金士伟. 管理科学的现代方法. 上海：立信会计出版社,1997
28. 杨文士,张雁. 管理学原理. 北京：中国人民大学出版社,1995
29. 李国纲,李宝山. 管理系统工程. 北京：中国人民大学出版社,1996
30. 运筹学适用教材编写组. 运筹学. 北京：清华大学出版社,1990
31. 李德,钱颂迪. 运筹学. 北京：清华大学出版社,1982

32. 喻国宝,赵霜枫,李卫星等译. Reed Jacobson. Microsoft Excel 2000 VBA 基础. 北京：人民邮电出版社,1999

33. 《现代数学手册》编纂委员会. 现代数学手册随机过程卷. 武汉：华中科技大学出版社,2000

34. 戴维·R. 安德森,丹尼斯·J. 斯威尼,托马斯·A. 威廉姆斯. 管理科学导论（第 8 版）. 北京：机械工业出版社,1998

35. 威尼斯·L. 温斯顿,S. 克利斯第安. 阿布莱特. 管理科学. 大连：东北财经大学出版社,1998

36. 周志诚. 运筹学教程. 上海：立信会计出版社,1988

37. 杨兆升. 运输系统规划与模型. 北京：人民交通出版社,1996

38. 孙东川,陆明生. 系统工程简明教程. 长沙：湖南科学技术出版社,1987

39. 张国伍,钱大琳,张秀媛. 交通运输规划决策支持系统. 北京：中国铁道出版社,1996

40. 石井一郎. 交通运输学概论. 北京：人民交通出版社,1983

41. 石宝林. 区域公路网效应的平均与方法. 交通网络规划方法及其评估论文选集. 北京：交通部科学技术情报研究所,1991

42. 交通部科学技术情报研究所. 交通运输理论方法的研究与应用. 北京：交通部科学技术情报研究所出版,1991

43. 吴育华,杜纲. 管理科学基础. 天津：天津大学出版社,2001

44. 《运筹学》教材编写组. 运筹学. 北京：清华大学出版社,2005

45. 胡运权,郭耀煌. 运筹学教程（第 2 版）. 北京：清华大学出版社,2003

46. 方仲民. 物流系统规划与设计. 北京：机械工业出版社,2003

47. 孙东川,林福永. 系统工程引论. 北京：清华大学出版社,2004

48. 谢如鹤,罗荣武,张得志. 物流系统规划原理与方法. 北京：中国物资出版社,2004

49. 朱耀祥,朱立强. 设施规划与物流. 北京：机械工业出版社,2004

50. 邢文训,谢金星. 现代优化计算方法. 北京：清华大学出版社（第 2 版）,2005

51. 马庆国. 应用统计学：数理统计方法、数据获取与 SPSS 应用（精要版）. 北京：科学出版社,2005

52. 王新平. 管理系统工程：方法论及建模. 北京：机械工业出版社,2011

53. 戴维·安德森,丹尼斯·斯维尼,托马. 数据、模型与决策：管理科学篇（第 13 版）. 北京：机械工业出版社,2012

54. 弗雷德里克·S. 希利尔,马克·S. 希利尔,卡尔·施梅德斯,等. 数据、模型与决策：运用电子表格建模与案例研究（管理科学篇）（第 3 版）. 中国财政经济出版社,2010

55. 西宝,马永驰. 管理科学研究方法. 北京：高等教育出版社,2008

56. 彼得·德鲁克. 管理的实践（珍藏版）. 北京：机械工业出版社,2009

57. Wayne L. Winston, S. Christian Albright and Mark Broadie. *Management Science：Spreadsheet Modeling and Applications*, Duxbury Press, 1997

58. David R. Anderson, Dennis J. Sweeney and Thomas A. Williams. *Contemporary Management Science*, International Thomson Publishing, South-Western College Publishing, Cincinnati, Ohio, USA, 1998

59. C. Ragsdale, *Spreadsheet Modeling and Decision Analysis*, South-Western College Publishing, Thomson Learning, 2001

60. Heizer，J. and Render，B.，*Principles of Operations Management*，Prentice Hall，Inc. Upper Saddle River，New Jersey，07458，2001

61. Stevenson，W.，*Operations Management*，McGraw-Hill Companies，Inc. 1221 Avenue of the Americas，New York，NY，10020，2002

62. C. W. Churchman，R. L. Ackoff and E. L. Arnoff. *Introduction to Operation Research*，New York：Wiley，1957

63. G. D. Eppen，F. J. Gould and C. P. Schmidt. *Introductory Management Science*，Simon & Schuster Company，Englewood Cliffs，New Jersey 07632，1993

64. S. Christian Albright，Wayne L. Winston and Christopher Zappe. *Data Analysis and Decision Making with Microsoft Excel*，Duxbury Press，1999